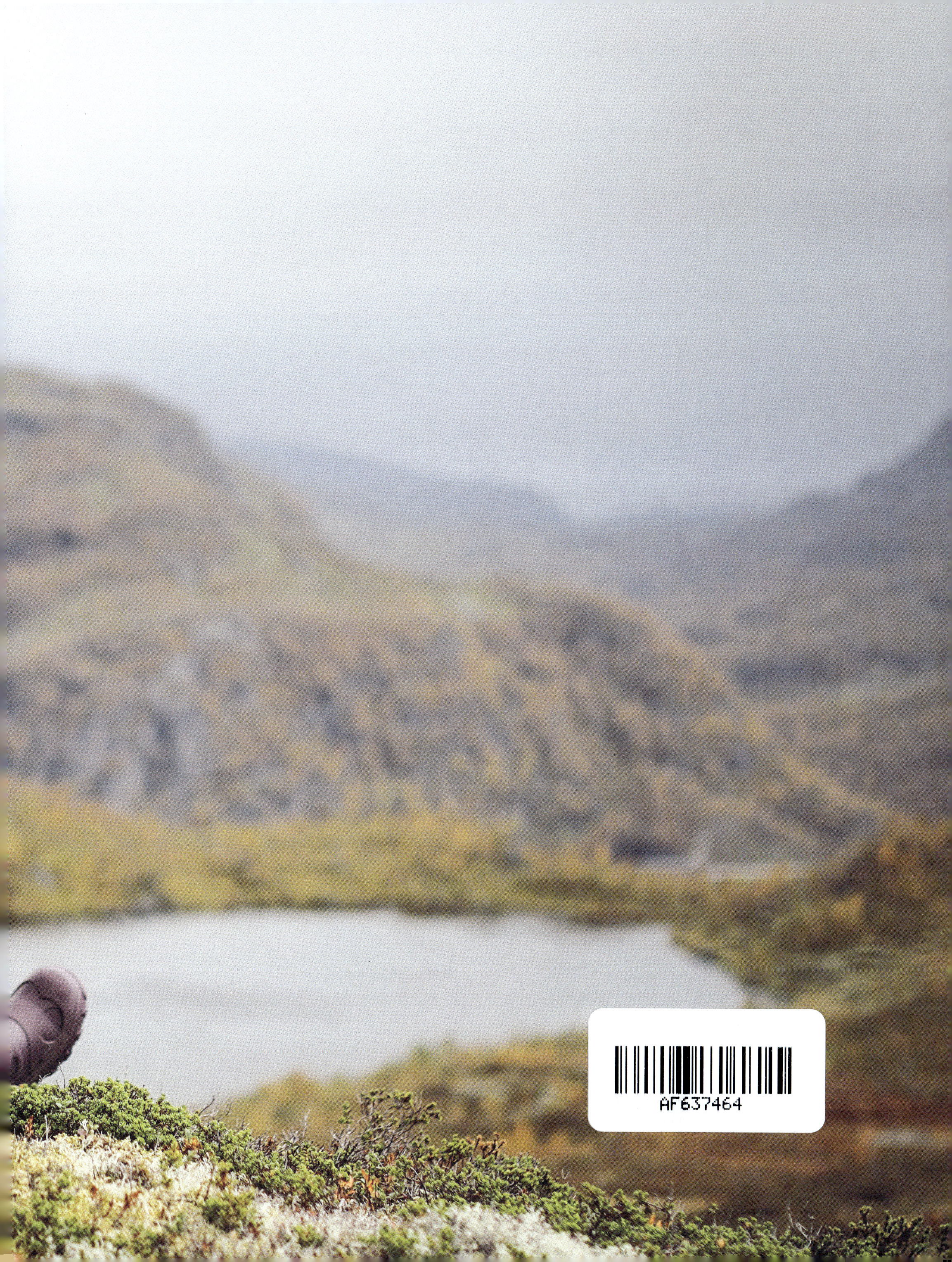

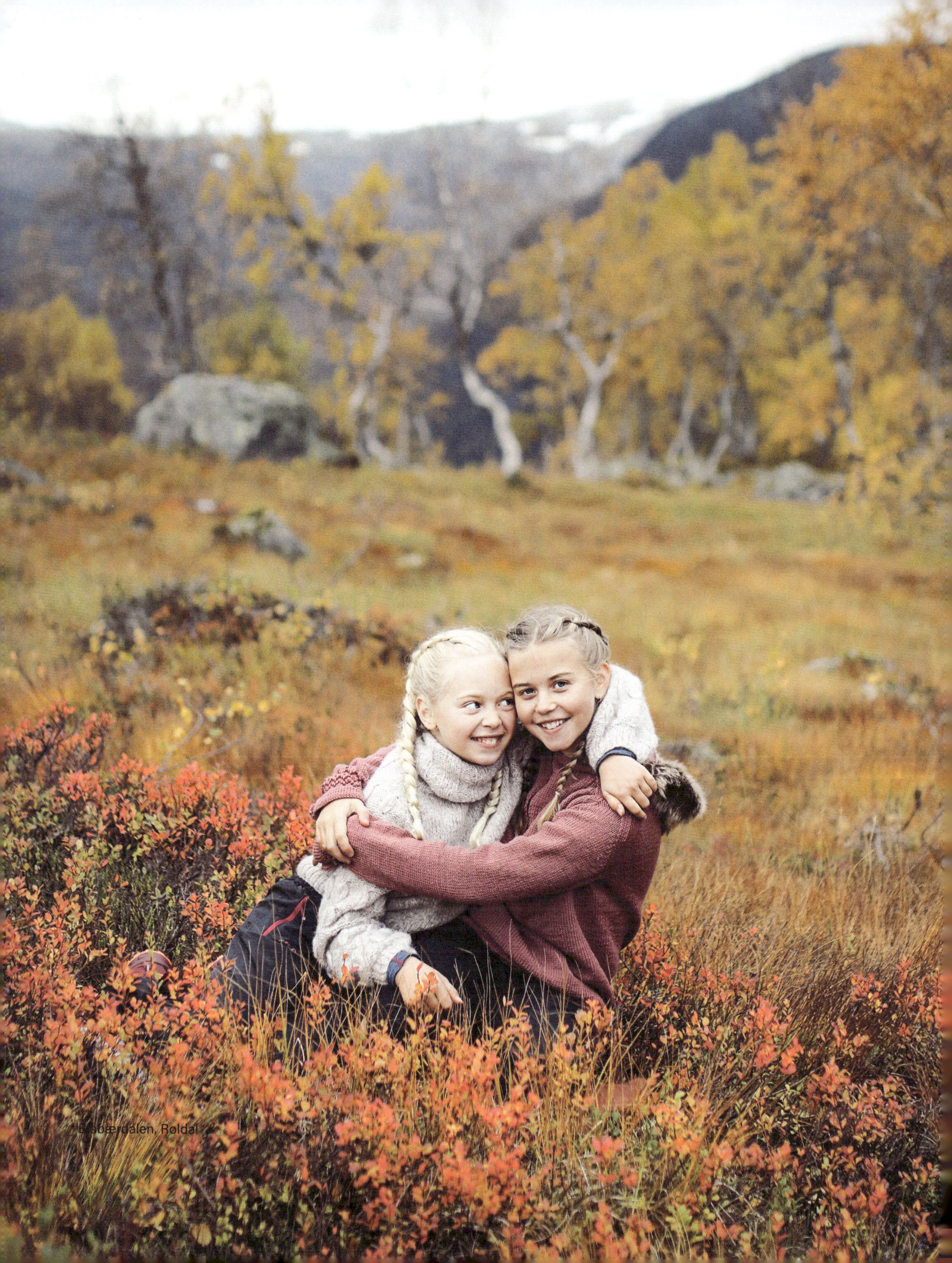

Blåbærdalen, Røldal

Hanne Andreassen Hjelmås og Torunn Steinsland

KLOMPELOMPE OUTDOOR-MASCHEN

Pullover und Accessoires fürs Leben draußen

Foto: Hanne Andreassen Hjelmås

stiebner

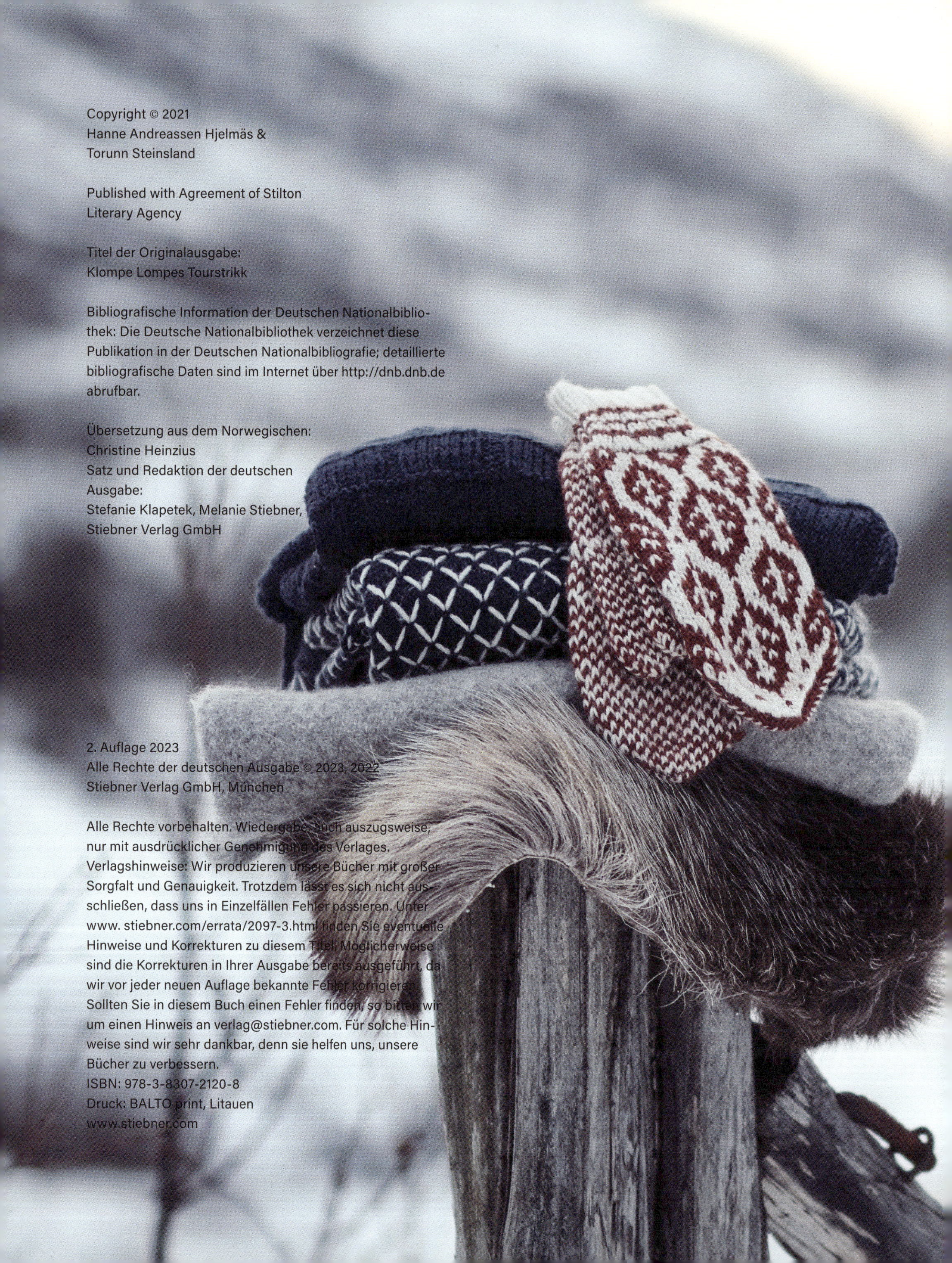

Published with Agreement of Stilton
Literary Agency

Titel der Originalausgabe:
Klompe Lompes Tourstrikk

Bibliografische Information der Deutschen Nationalbibliothek: Die Deutsche Nationalbibliothek verzeichnet diese Publikation in der Deutschen Nationalbibliografie; detaillierte bibliografische Daten sind im Internet über http://dnb.dnb.de abrufbar.

Übersetzung aus dem Norwegischen:
Christine Heinzius
Satz und Redaktion der deutschen
Ausgabe:
Stefanie Klapetek, Melanie Stiebner,
Stiebner Verlag GmbH

2. Auflage 2023

Verlagshinweise: Wir produzieren unsere Bücher mit großer Sorgfalt und Genauigkeit. Trotzdem lässt es sich nicht ausschließen, dass uns in Einzelfällen Fehler passieren. Unter www. stiebner.com/errata/2097-3.html finden Sie eventuelle Hinweise und Korrekturen zu diesem Titel. Möglicherweise sind die Korrekturen in Ihrer Ausgabe bereits ausgeführt, da wir vor jeder neuen Auflage bekannte Fehler korrigieren. Sollten Sie in diesem Buch einen Fehler finden, so bitten wir um einen Hinweis an verlag@stiebner.com. Für solche Hinweise sind wir sehr dankbar, denn sie helfen uns, unsere Bücher zu verbessern.
ISBN: 978-3-8307-2120-8
Druck: BALTO print, Litauen
www.stiebner.com

Inhalt

VORWORT 5

FRÜHLING IN HARDANGER
Kuscheliger Zopfpulli Damen 9
Hardangerstrickjacke Kind 13
Småtroll-Hipstermütze 17
Kronenpullover Kind 18

WILDBLUMEN IN LIA
Kronenpullover Damen 24
Kronenstirnband mit Knoten 29
Tannenpulli Kind 31

RUDERAUSFLUG
Fischnetzpulli Kind 37
Fischnetzpulli Herren 39
Hipstermütze 42

AUF DER INSEL
Leinenjacke Damen 47
Leinentop Damen 49
Strandnetz 53

BLUMENPFLÜCKEN
Sommerblumenjacke Damen 59
Sommerblumenjacke Kind 63

SPÄTSOMMER AM STRAND
Kuscheliger Zopfpulli Kind 66
Kuschelige Zopfmütze 69

UNTERWEGS MIT HÄNGEMATTE
Tannensocken Damen 75
Valldals-Loop 76
Kuscheldecke 78
Valldals-Mütze 81
Klompelompe- Pulli Damen 83

GIPFELTOUR
Erling-Pullover 88
Erle-Pullover Damen 92
Tannenmütze 97
Kringsjåpullover 99
Lillemors Stirnband 101
Gebirgseintopf 103
Naanbrot mit roter Bete 105

HERBST IM GEBIRGE
Fichtenschössling-Pulli Kind 108
Fichtenschössling-Pulli Damen 110
Klompelompe Sitzunterlage 112
Tannenpullover Erwachsene 115
Klompelompe-Pulli 116

IM WALD
Kringsjå-Overall 122
Rippenmütze 126
Minsten Balaclava 129
Kringsjå-Kapuzenpulli unisex 131

LANGLAUF
Kronenstirnband ohne Knoten 136
Valldals-Fäustlinge 138
Dicke Socken 143
Kringsjå-Brustwärmer 147
Erling-Pulli Kind 149

SPIEL UND SPASS IM SCHNEE
Hardangerstrickjacke Damen 155
Fischernetzmütze 158
Omas Decke 160
Dicke Handschuhe 162

Dank 167
Register 169

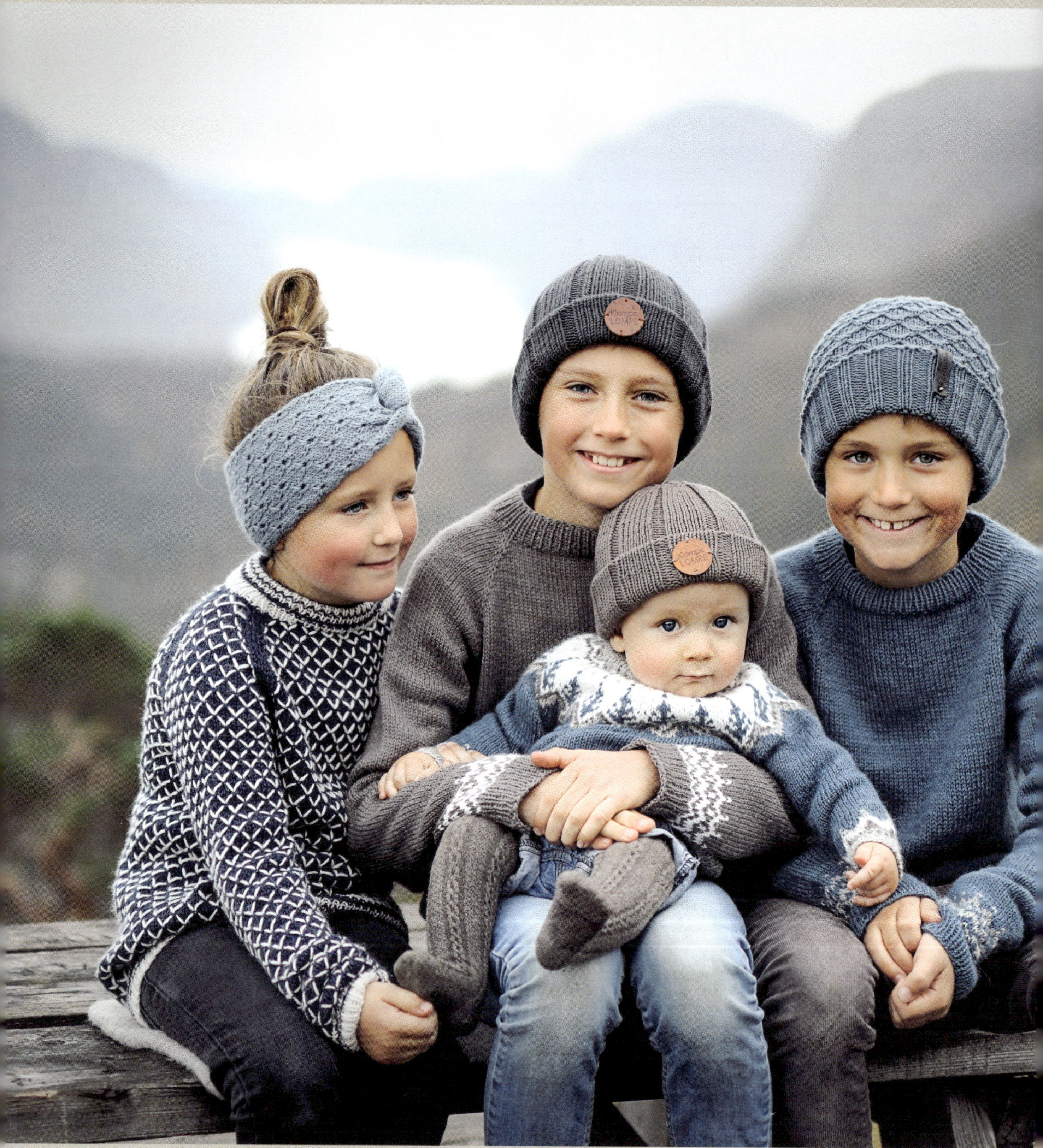

Vorwort

Ein Jahr voller Herausforderungen und neuer Chancen liegt hinter uns. Wie so viele andere auch, haben wir die Natur wieder ganz neu entdeckt. All die Zeit, die wir im Homeoffice und mit den Kindern im Homeschooling zu Hause verbracht haben, führte dazu, dass wir jeden Tag einen neuen Spaziergang gemacht haben. Er wurde zum Höhepunkt des Tages, egal, ob es nur eine halbe Stunde war oder eine längere Wanderung. Wir waren so viel in der freien Natur und haben neue Orte entdeckt, dass wir inspiriert wurden, Kleidungsstücke für Ausflüge zu entwerfen. Die Kleider passen sowohl für große Wanderungen oder Bootsausflüge als auch für kleine Touren direkt hinterm Haus. Denn es gibt ja so viele Möglichkeiten, in der Natur unterwegs zu sein. Und immer braucht man passende Kleidung.
Unser Ziel waren Kleidungsstücke, die gleichzeitig praktisch und bequem sind und das im Klompelompe-Stil. Dieses neue Buch enthält Kleidungsstücke zum Wandern in allen Jahreszeiten, schnell Gestricktes genauso wie Anspruchsvolleres.
Wir wollten gern schöne Ausflugsziele in unserer Nähe zeigen, aber auch andere Orte im Westen Norwegens.
Wir haben die Ausflüge genossen, vom Lysefjord bis nach Hardanger. Die Fotos für das Buch führten zu tollen Touren, wir haben in Hütten übernachtet, Blaubeeren gepflückt, waren auf Bergen und Seen. Wir haben gemerkt, dass das Interesse am Thema des Buchs groß ist und finden es toll, dass die Models und Teststricker so positiv reagiert haben. Mehrere der Kinder, die Fotomodelle waren, wollten die Kleider am liebsten mit nach Hause nehmen. Wir finden, das ist ein gutes Zeichen.
Wir haben bemerkt, dass in diesem Jahr das Interesse sowohl am Stricken als auch am Wandern gestiegen ist. Da wir so viel Zeit zu Hause verbringen mussten, ohne soziale Kontakte, wurde das Stricken zu einem positiven Tagespunkt im Alltag, etwas, auf das man sich konzentrieren und bei dem man seine Hände nutzen kann. Ähnliches gilt fürs Wandern, das für viele fast eine Art Therapie geworden ist. Wir hoffen, dass die Anleitungen in diesem Buch zu vielen schönen Strickstunden führen.

Viel Spaß draußen und beim Stricken!

ABKÜRZUNGEN

abh = abheben
abk = abketten
abn = abnehmen/Abnahme/n
anschl = anschlagen
aufn = aufnehmen

Fdv = mit Faden vor der Arbeit
Fdh = mit Faden hinter der Arbeit

Gr = Größe/n

HinR = Hinreihe

J = Jahr

li = links
lr = lange rechte Masche

M = Masche
mFdn = mit Faden (den Faden, der vor der Arbeit liegt, anheben und mit der M re zus str)

Ndl = Nadel

R = Reihe
Rd = Runde
Rdndl = Rundnadel

re = rechts

RückR = Rückreihe

str = stricken

U = Umschlag

verschr = verschränkt

wdh = wiederholen/Wiederholung

zun = zunehmen/Zunahme/n
zus = zusammen

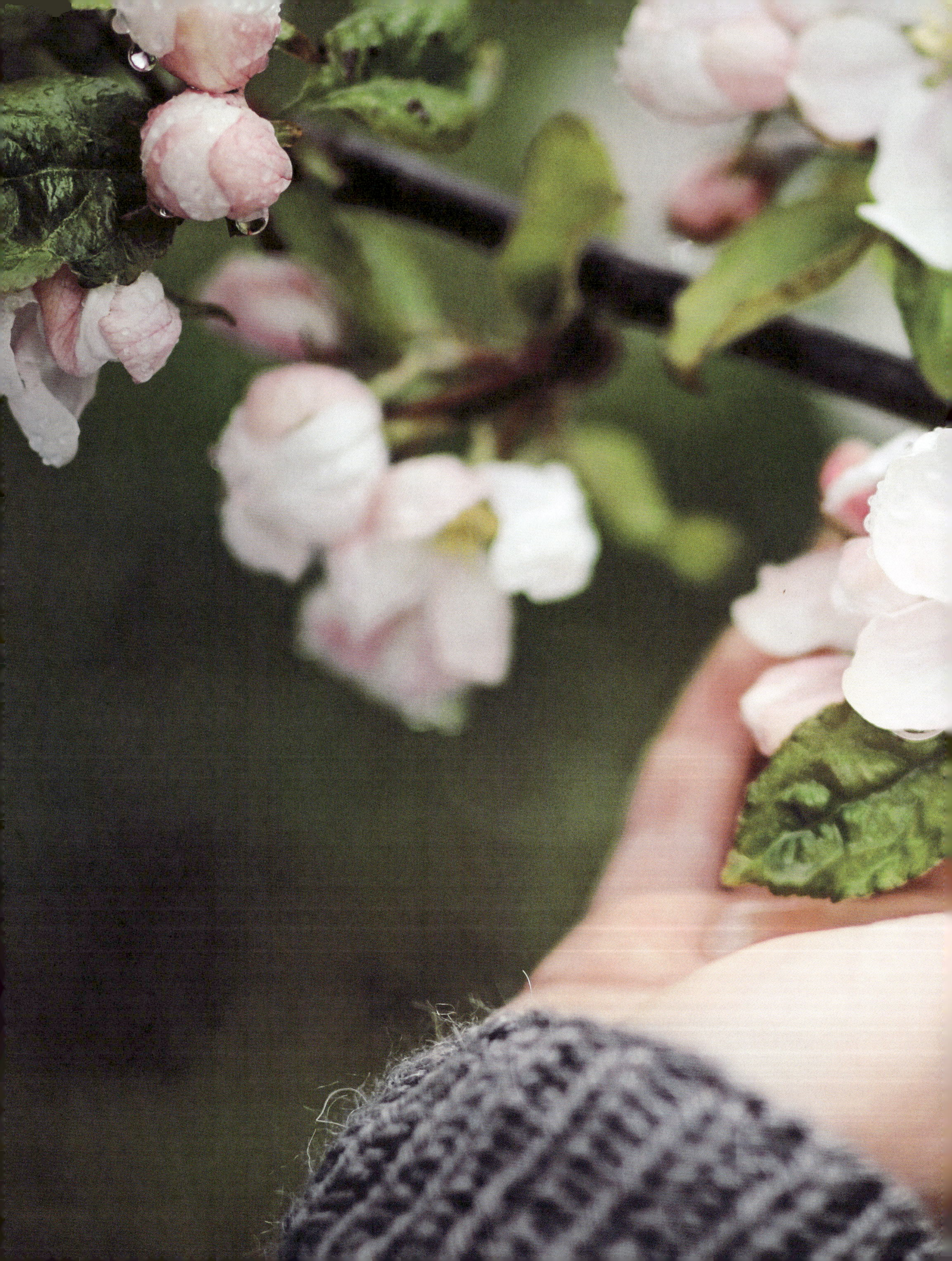

Frühling in Hardanger

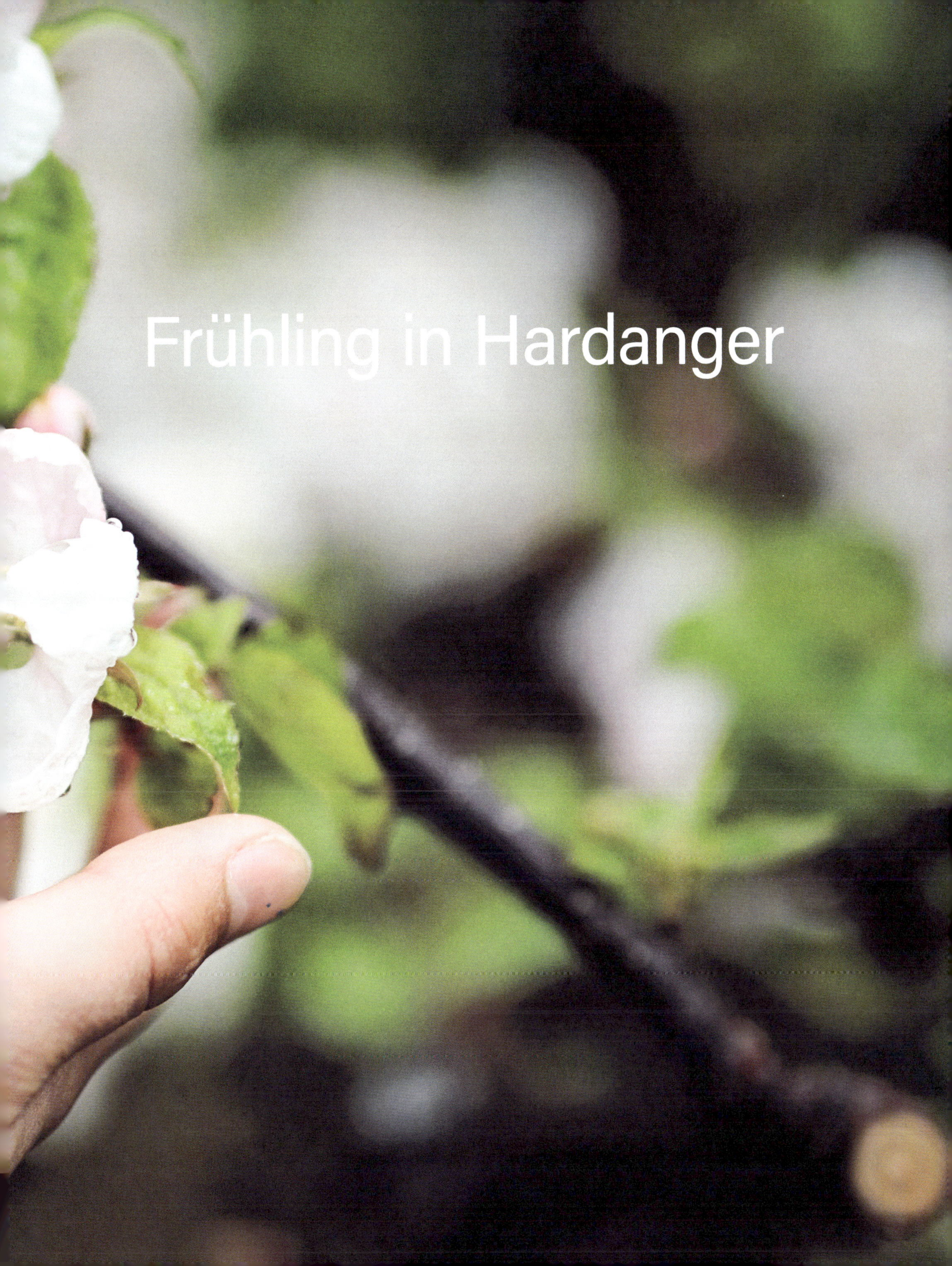

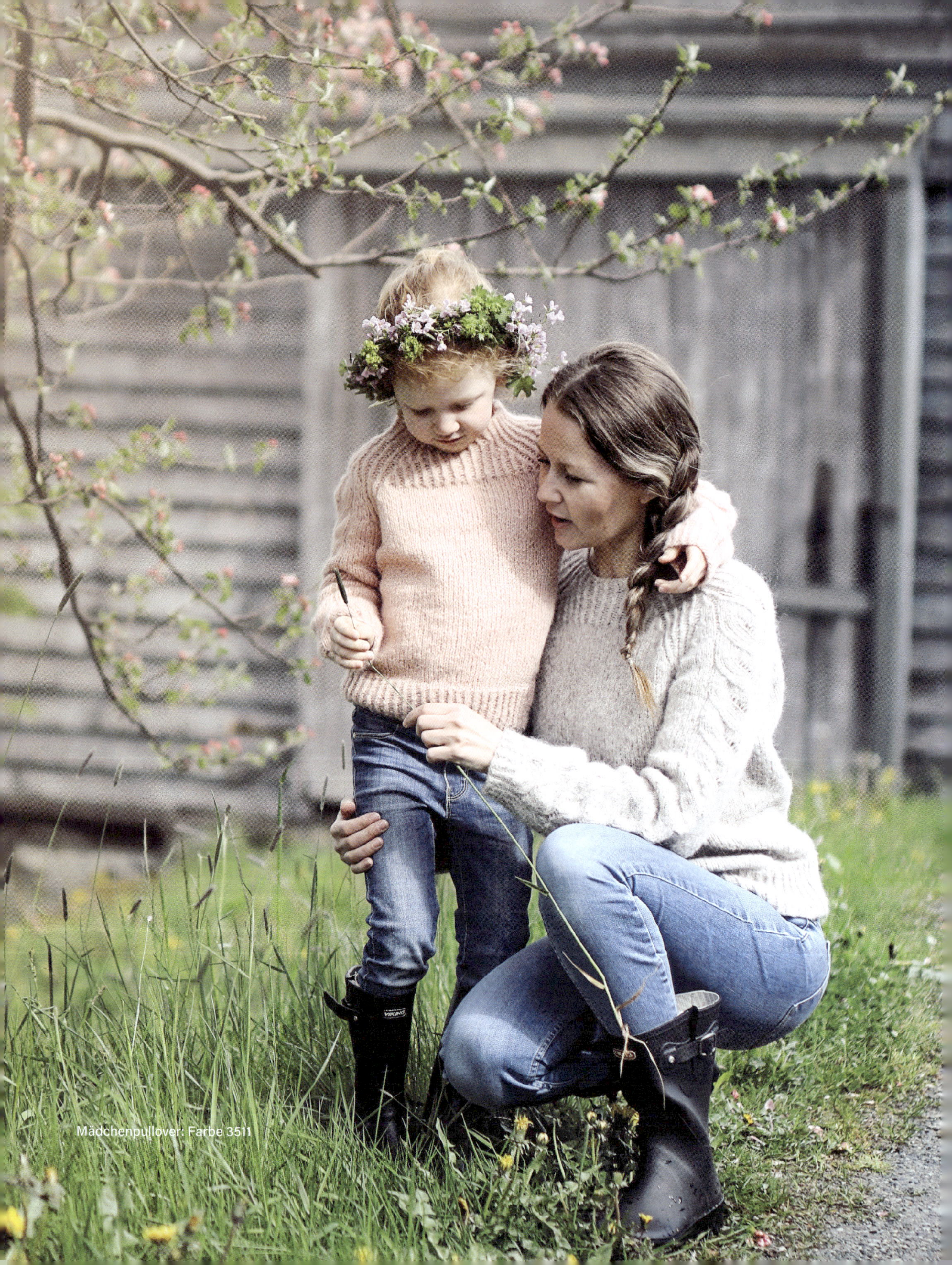

Mädchenpullover: Farbe 3511

Kuscheliger Zopfpulli für Damen

Dieser Pulli wurde zu unserem Lieblingsstück des Jahres.
Er war bei allen Ausflügen, von denen wir im Buch erzählen, dabei.

Schwierigkeitsgrad 2

Grössen
(XS) S (M) L (XL)
Wolle
Sandnes Garn KOS, Farbe: 2611
Menge
(300) 300 (350) 400 (400) g
Nadeln
Rdndln Nr. 4 und Nr. 5, je 40 cm und 80 cm
Maschenprobe
16 M auf Nadelstärke 5 = 10 cm
Masse
Brustumfang: ca. (96) 99 (104) 106,5 (111,5) cm
Gesamtlänge: ca. (56) 61 (63) 65 (67) cm

Der Pulli beginnt an den Ärmeln und wird von unten nach oben gestrickt.

ÄRMEL

(40) 40 (40) 46 (50) M auf Nadel Nr. 4 anschlagen. 12 Rd Rippen (1 M re versch, 1 M li) str. Auf Nadelstärke 5 wechseln, 1 Rd re und dabei 17 M gleichmäßig verteilt zunehmen. Wie folgt MM setzen: (20) 20 (20) 23 (25) M re, MM, 17 M laut Strickschrift, MM, (20) 20 (20) 23 (25) M re. So stricken, bis der Ärmel 48 cm oder die gewünschte Länge misst. Laut Strickschrift str.

In der nächsten Rd die ersten 4 und die letzten 4 M abketten. Die Arbeit beiseitelegen und den zweiten Ärmel stricken.

KÖRPER

(154) 158 (166) 170 (178) M auf Ndl 4 anschlagen. 24 Rd Rippen (1 M re versch, 1 M li) str. Auf Ndl 5 wechseln. Weiter glattrechts stricken bis das Strickstück (40) 45 (49) 51 (53) cm misst.

8 M abk, (69) 71 (75) 77 (81)M re, 8 M abk, (69) 71 (75) 77 (81)M re.

Die Ärmel auf dieselbe Nadel nehmen und 1 Rd str (die Ärmel im Muster). Überall, wo zwei Teile aneinanderstoßen, einen MM setzen.

Nächste Rd (wenn 2 M abgehoben werden, dann nacheinander, nicht wie zum Zusammenstricken):

5 M Rippen (1 M li, 1 M re versch, 1 M li, 1 M re versch, 1 M li), 3 M re zus, (mit Ärmelmuster) bis 8 M vor MM re, 2 M abh, 1 M re, die abgehobenen M darüberziehen, 9 M Rippen, 3 M re zus, bis 7 M vor MM re, 2 M abh, 1 M re, die abgehobenen M darüberziehen, 9 M Rippen, 3 M re zus, (mit Ärmelmuster) bis 8 M vor MM re, 2 M abh, 1 M re, die abgehobenen M darüberziehen, 9 M Rippen, 3 M re zus, bis 7 M vor MM re, 2 M abh, 1 M re, die abgehobenen M darüberziehen, 4 M Rippen.

Jetzt gibt es vier Raglanlinien mit je 9 M Rippen. Die MM zwischen Ärmeln und Körper entfernen und je einen MM vor und nach jeder Raglanlinie setzen.

In jeder 4. Rd wie in der letzten Rd M am Körper abn und in jeder 6. Rd M an den Ärmeln. Die jeweils 9 Raglan-M als verschränkte Rippen stricken, das Ärmelmuster weiterführen und die restl M glattrechts str.

Wenn (7) 7 (7) 9 (11) Mal am Körper abgenommen wurde, werden über alle M verschränkte Rippen gestrickt. Weiter in jeder 4. Rd wie vorher an den Ärmeln und am Körper abnehmen. Nach 2 Abnahmen (8 Rd Rippen) wie folgt stricken (verkürzte R mit Doppelmaschen, s. Video auf Klompelompe.no):

4 M des Vorderteils verschränkte Rippen str, wenden, verschr Rippen (in der RückR 1 M li verschr, 1 M re str) bis 4 M vor dem Vorderteil, wenden, bis 3 M vor Rd-Beginn (am Rückenteil), wenden, bis 3 M nach der letzten Raglanlinie (am Rückenteil), wenden. 1 Rd verschr Rippen.

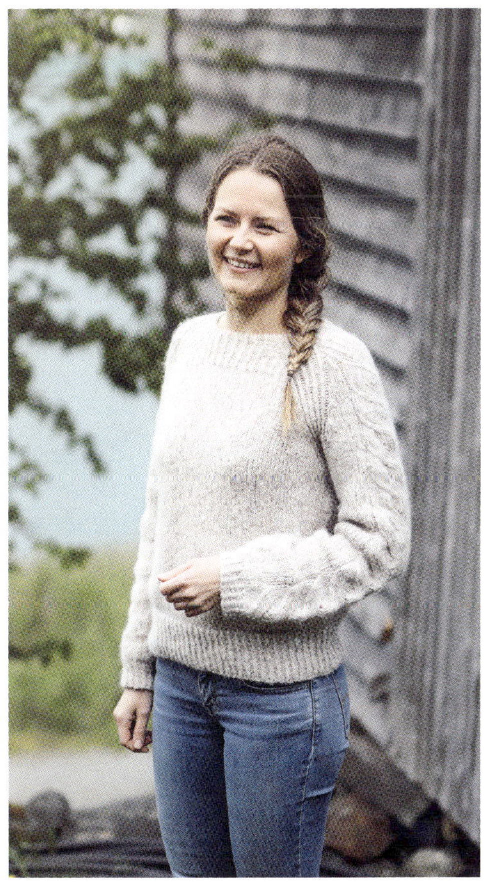

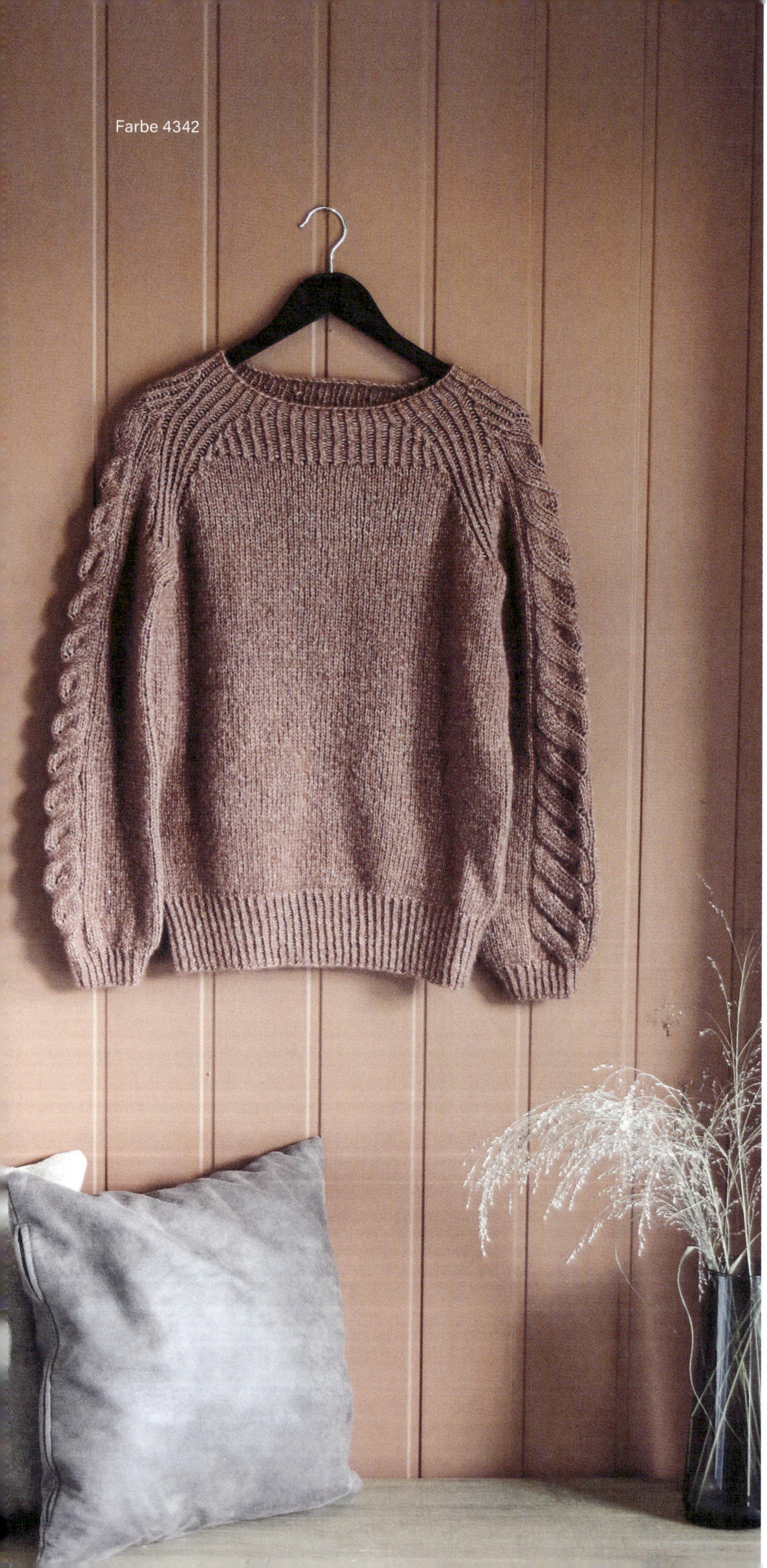

Noch 2 Raglanabnahmen und verkürzte Reihen stricken. 1 Rd verschr Rippen. Auf Nadelstärke 4 wechseln und mit 4 Rd verschränkten Rippen enden. In der letzten Rd abketten.

Alle Fäden vernähen und den Pulli in einem feuchten Handtuch trocknen.

Rechter Ärmel

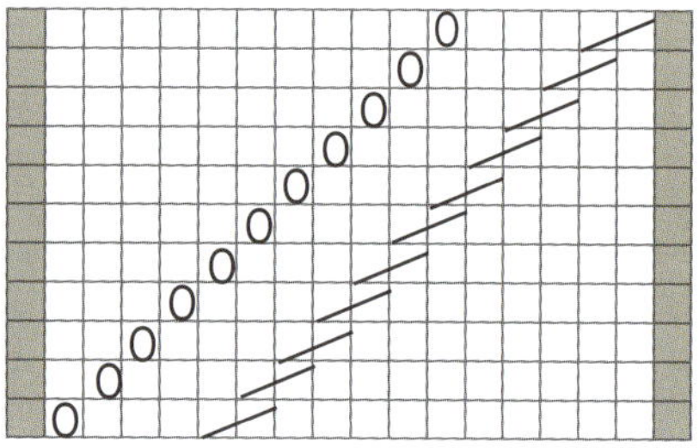

Linker Ärmel

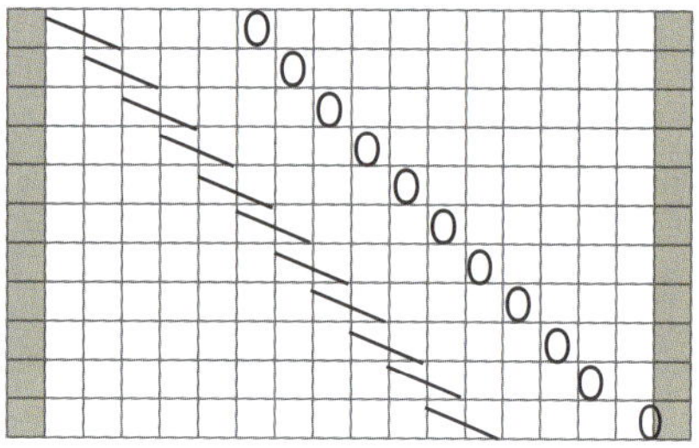

= 1 M abh, 1 M re, die abgeh M darüberzieher

= 2 M re zus

= 2 M abh, (nacheinander, nicht zusammen) 1 M re, die abgeh M darüberziehen

= 3 re zus

= rechts

= links

= 1 Umschlag

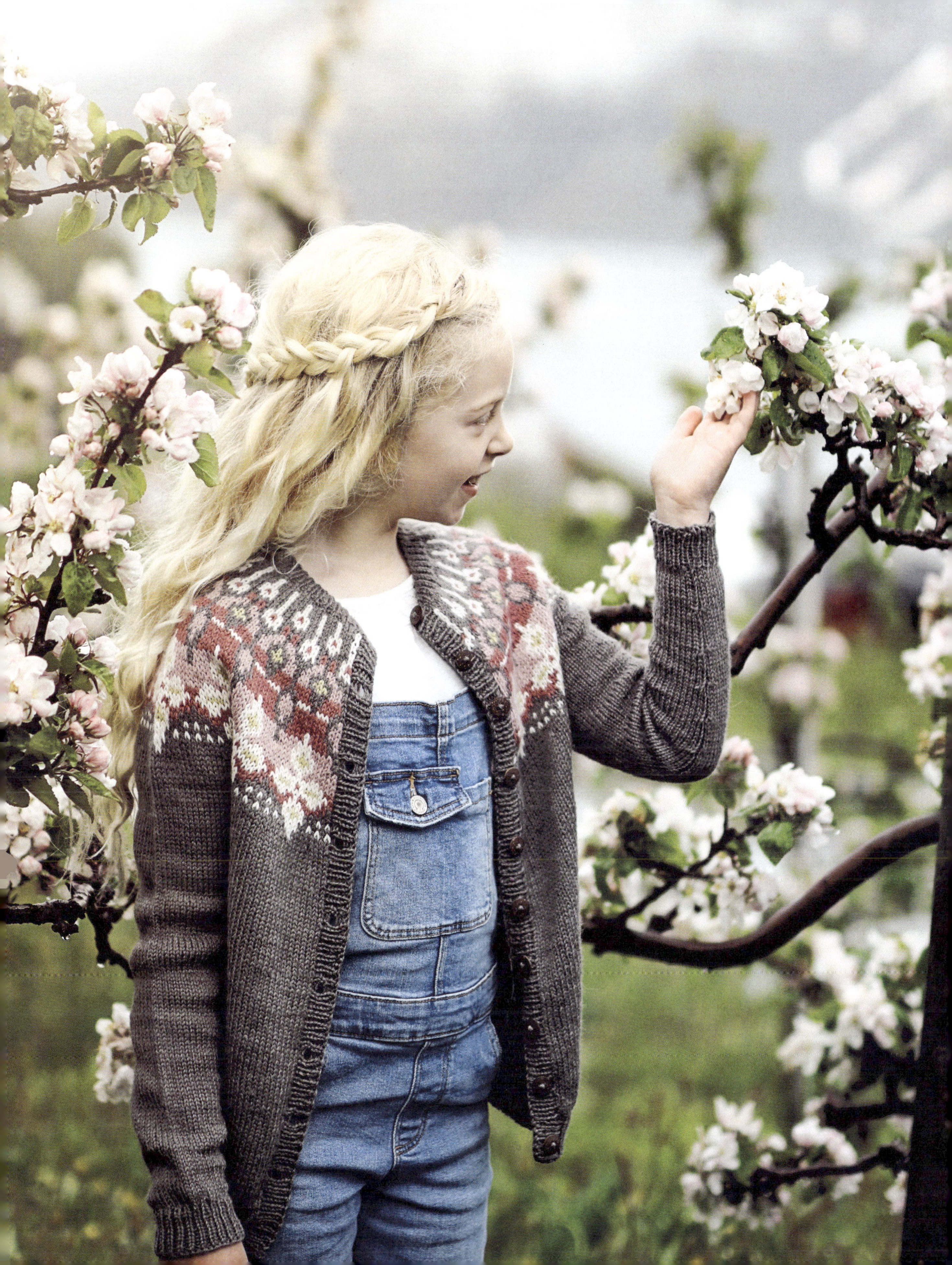

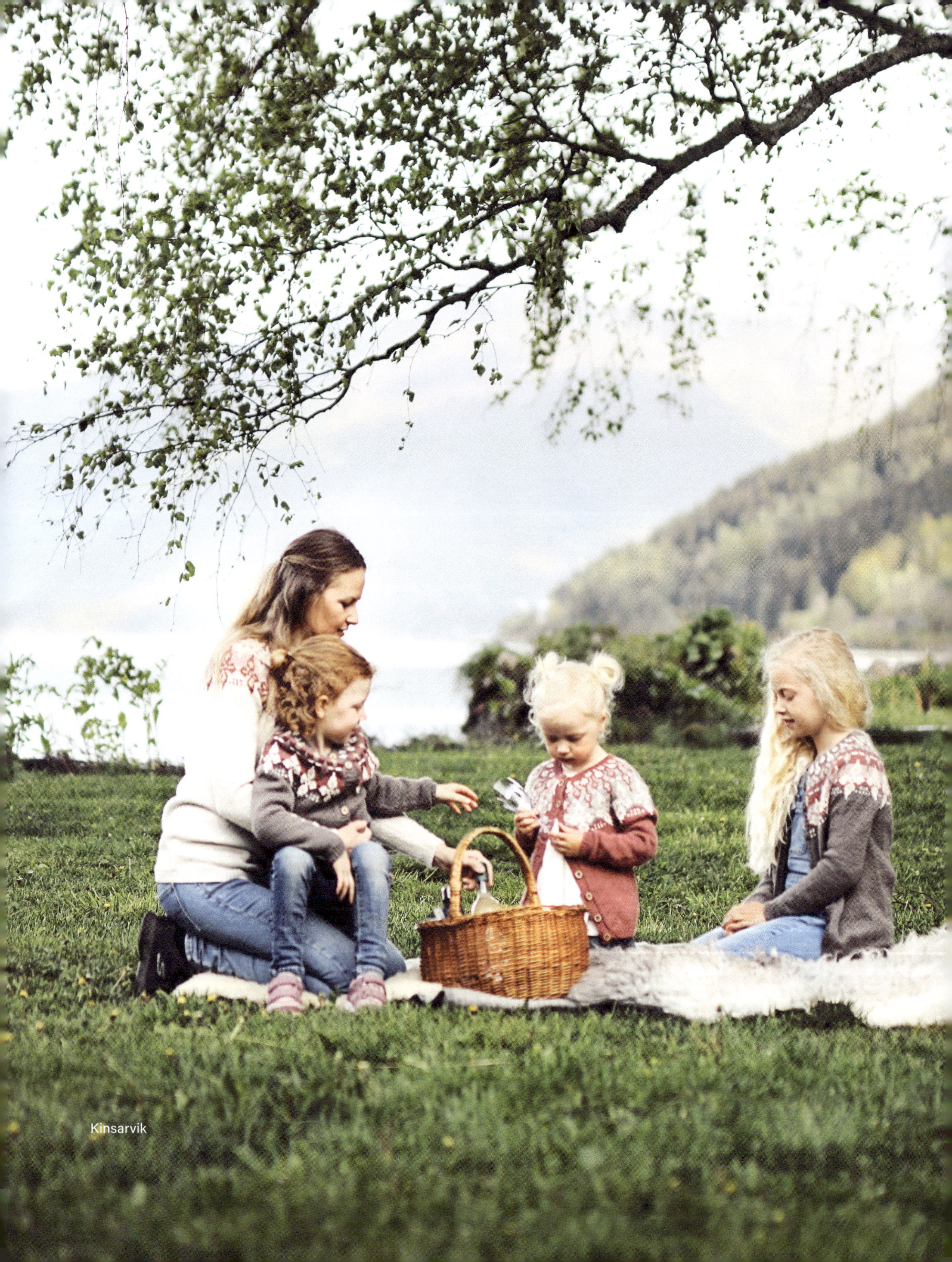

Kinsarvik

Hardangerstrickjacke Kind

Frühlingsblüher in Hardanger waren die Inspiration für diese Blumenstrickjacke. Durch das bunte Muster aus dickerer Wolle entsteht eine warme und hübsche Strickjacke, die im Frühling auch draußen getragen werden kann.

Schwierigkeitsgrad 3

GRÖSSEN
6 Monate (1) 2 (4) 6 (8) 10 (12) 14 Jahre

WOLLE
Klompelompe SPØT
Farbe A: 2370, Farbe B: 1013,
Farbe C: 4344, Farbe D: 4321,
Farbe E: 2034

MENGE
Farbe A: 150 (150) 200 (200) 250 (250) 300 (350) 400 g
Farbe B, C, D, E: 50 g

NADELN
Rdndln Nr. 3 und Nr. 3,5, beide 40 cm und 60 cm,
Nadelspiel Nr. 3 und Nr. 3,5, ev. Rdndl 80 cm für Magic Loop

MASCHENPROBE
22 M auf Nadelstärke 3,5 = 10 cm

MASSE
Gesamtlänge: ca. 33,5 (34,5) 38 (43) 47 (52) 57,5 (61,5) 65,5 cm
Brustumfang: ca. 55 (58) 60 (65) 67 (71,5) 77 (80) 85 cm

Man beginnt oben und strickt zunächst in Reihen.

79 (81) 81 (83) 87 (87) 89 (89) 91 M auf Rdnl Stärke 3 mit Farbe A anschl. 6 (6) 6 (6) 6 (8) 8 (8) 8 R Rippen (1 M re, 1 M li) str.

Auf Nadelstärke 3,5 wechseln. 1 R re dabei 26 (24) 24 (30) 26 (34) 40 (48) 54 M gleichmäßig verteilt zunehmen und am Ende 9 Steeking-M anschl (diese M werden bei der Maschenzahl oder der Strickschrift nicht mitgezählt) = 105 (105) 105 (113) 113 (121) 129 (137) 145 M. Ab jetzt wird in Runden gestr.

Weiter laut Strickschrift str. Am Ende der Strickschrift sind 183 (183) 183 (225) 225 (241) 257 (273) 289 M auf der Nadel.

1 Rd re mit Farbe A.

1 Rd re dabei 8 (18) 28 (6) 16 (12) 8 (15) 17 M gleichm verteilt zun = 191 (201) 211 (231) 241 (253) 265 (288) 306 M.

0 (0) 2 (2) 5 (2) 4 (8) 10 Rd re.

Wie folgt die Ärmel abteilen:
26 (28) 28 (32) 33 (35) 38 (39) 42 M re, die nächsten 43 (45) 48 (52) 55 (56) 56 (64) 68 M (Ärmelmaschen) stilllegen, 6 M auf der Nadel anschl, 53 (55) 59 (63) 65 (71) 77 (82) 86 M re, die nächsten 43 (45) 48 (52) 55 (56) 56 (64) 68 M (Ärmelmaschen) stilllegen, 6 M auf der Nadel anschl, 26 (28) 28 (32) 33 (35) 38 (39) 42 M re = insg 117 (123) 127 (139) 143 (153) 165 (172) 182 M.

VORDER- UND RÜCKENTEIL

In Rd glattrechts str bis das Strickstück 31 (32) 35 (40) 44 (49) 54 (58) 62 cm misst. 1 Rd re dabei die Steeking-M abketten. Ab jetzt in Reihen str.

Auf Nadelstärke 3 wechseln, 8 (8) 10 (10) 10 (10) 12 (12) 12 R Rippen (1 M re, 1 M li) str und in der letzten R re abketten.

ÄRMEL

Ärmel mit Nadelstärke 3,5 str. 3 M anschl, 43 (45) 48 (52) 55 (56) 56 (64) 68 stillgelegte M str und 3 M anschl. Die nächste M, die mittlere unterm Ärmel, wird li gestrickt = Nahtmasche. Die Ärmel werden in Runden gestrickt. Nach 2 cm wie folgt abnehmen:

1 M li (NahtM) 2 M re zus, bis zu den letzten 2 M re,1 M abh, 1 M re, die abgehobene M darüberziehen. Alle 2 (2) 2,5 (2,5) 3 (3) 3,5 (2,5) 2,5 cm abnehmen bis noch 31 (33) 36 (38) 41 (40) 42 (42) 42 M übrig sind.

Weiterstricken bis der Ärmel 18 (20) 24 (29) 31 (35) 38 (40) 42 cm (oder die gewünschte Länge) misst. Bei den Größen 6 Monate, 1 Jahre und 6 Jahre in der letzten M re 1 M abn. Auf Nadelstärke 3 wechseln und 8 (8) 10 (10) 10 (10) 12 (12) 12 Rd Rippen (1 M re, 1 M li) str. In der letzten M re abketten.

AUSARBEITEN

Beidseitig der Steeking-M je zwei enge Maschinennähte nähen. Aufschneiden. Mit Nadelstärke 3 für die Knopfleisten M aufnehmen, ca. 1 M aus jeder M, aber jede 4. M überspringen. 7 R Rippen (1 M re, 1 M li). Locker Abketten. Die Knopflöcher werden für Mädchen rechts und für Jungs links gestrickt. 7 (7) 8 (8) 8 (9) 9 (10) 10 Knopflöcher gleichmäßig verteilt wie folgt stricken: In der 3. R 2 M re zus, 1 U, der in der 4. R re gestrickt wird. Die abgeschnittene Kante nach innen klappen und mit kleinen Stichen anheften. Das ist etwas einfacher, weil es hier mehr Steeking-M als üblich gibt. Sollte es trotzdem schwierig sein, eine ordentliche Kante zu erhalten, kann man einen Beleg anstricken, der darüber genäht wird. Dafür M aufnehmen (wie für die Knopfleisten). Glattrechts str bis die offene Kante bedeckt ist. Abketten und annähen, am besten mit der Hauptfarbe, damit es unsichtbar ist.

Alle Fäden vernähen, Knöpfe annähen und die Strickjacke in einem feuchten Handtuch trocknen oder vorsichtig dämpfen.

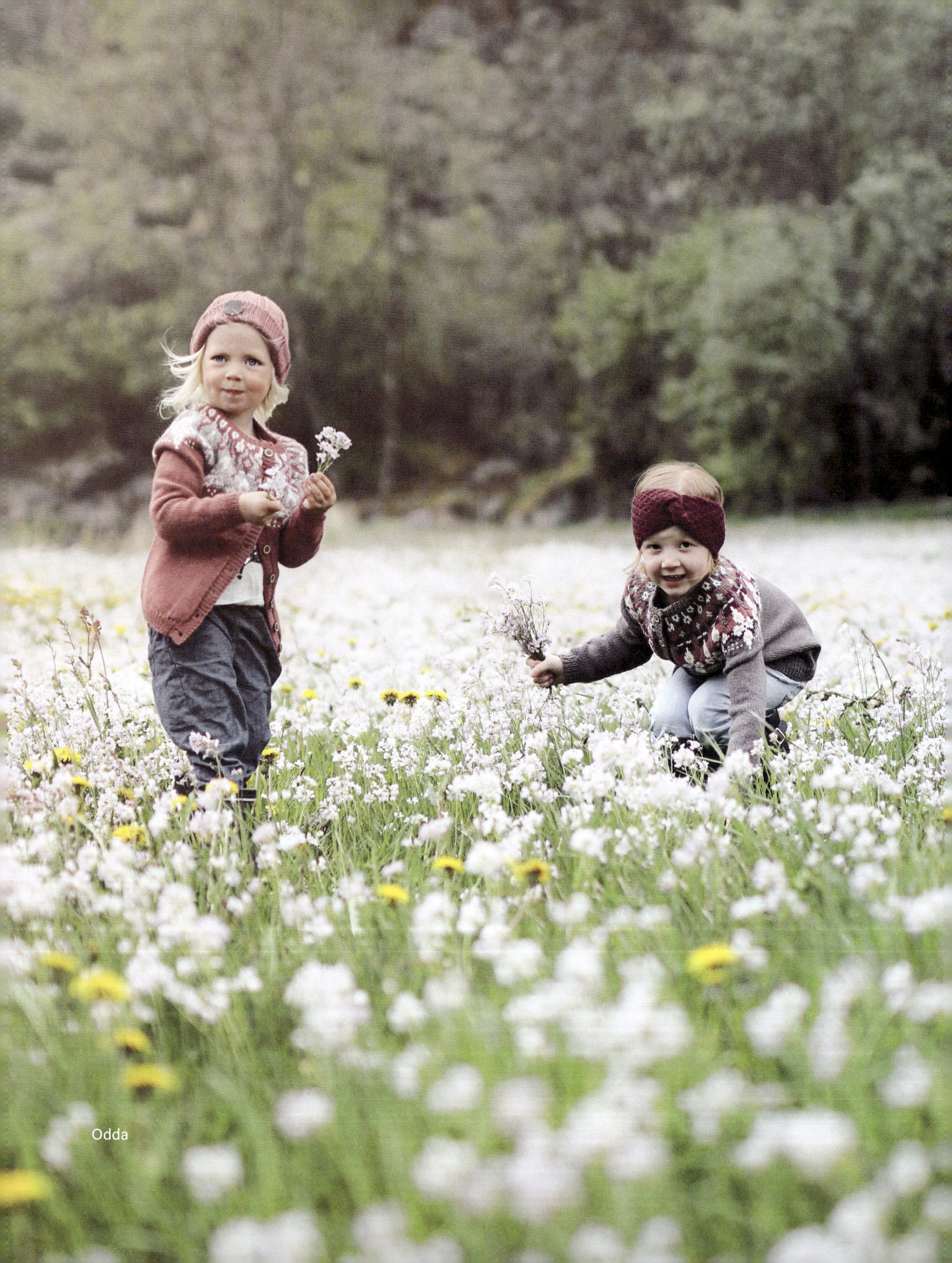

Odda

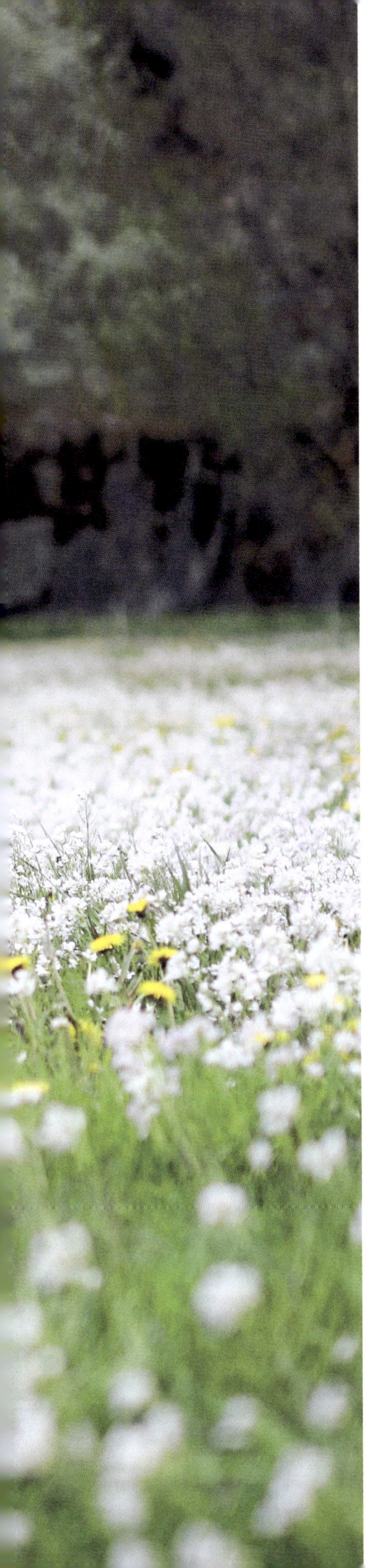

Größe 6 Monate–2 Jahre

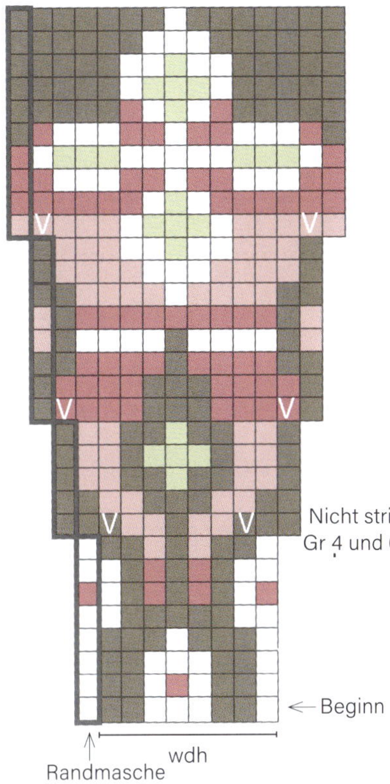

Größe 4–14 Jahre

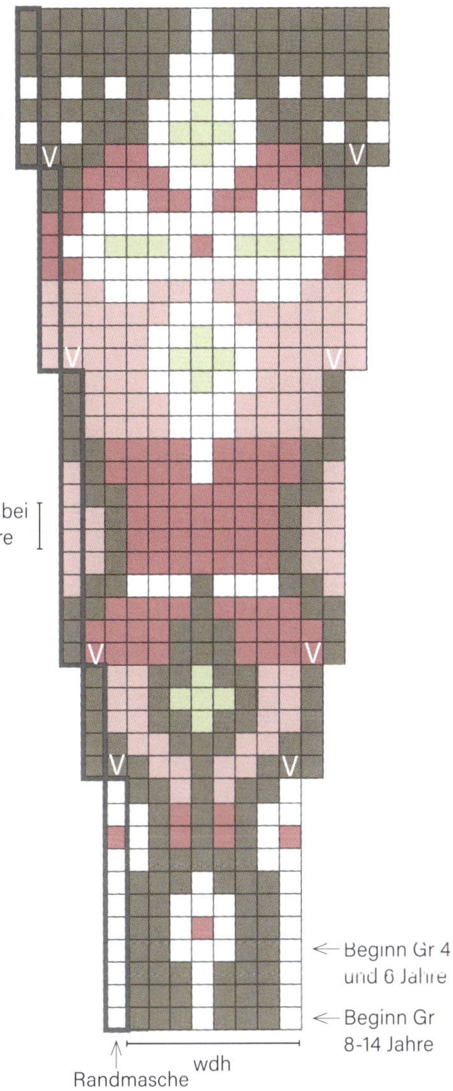

- ■ = Farbe A
- □ = Farbe B
- ■ = Farbe C
- ■ = Farbe D
- ■ = Farbe E
- V = zun (Querfaden re verschr str)

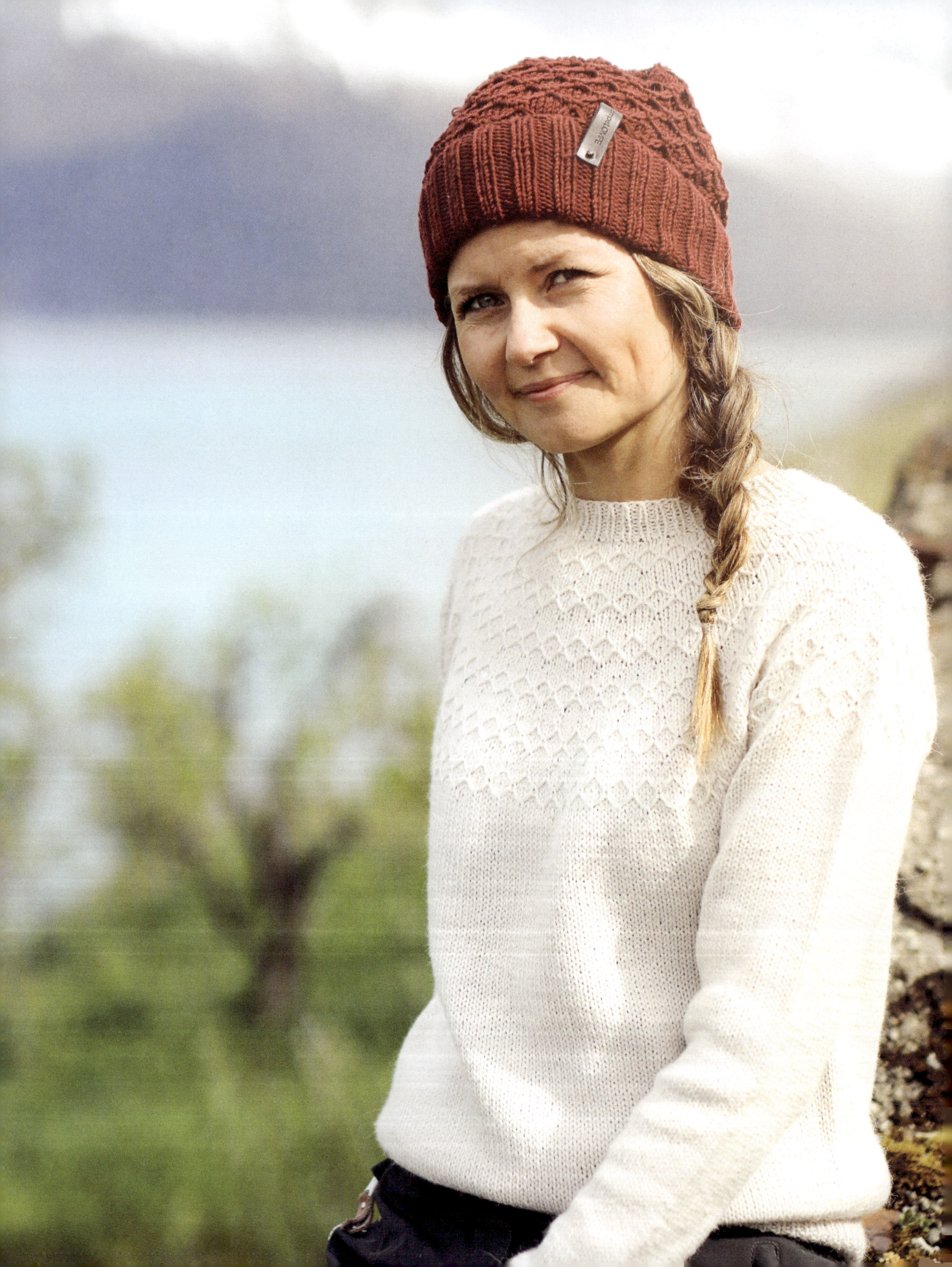

Småtroll-Hipstermütze

Eine coole Mütze mit hochgeklapptem Bund und dem Småtrollstrukturmuster.

Schwierigkeitsgrad 2

GRÖSSEN
(6–9 Monate) 1–3 Jahre (3–6 Jahre)
8–12 Jahre (S/M) L/XL

WOLLE
Klompelompe Merinoull, Farbe 4554

MENGE
(50) 100 (100) 100 (100) 150 g

NADELN
Rundnadeln Nr. 3 und Nr. 3,5, je 40 cm

MASCHENPROBE
22 M auf Nadelstärke 3,5 = 10 cm

(72) 80 (88) 96 (96) 104 M auf Nadelstärke 3 anschlagen. (6) 7 (8) 8 (9) 9 cm Rippen (2M re, 2M li) str.

Jetzt (4) 5 (6) 6 (7) 7 cm umgekehrte Rippen (2 M li, 2M re) str, diese erste Rd wird zur Umbruchkante.

Auf Nadelstärke 3,5 wechseln und 1 Rd re dabei (6) 10 (8) 6 (6) 4 M gleichmäßig verteilt zun = (78) 90 (96) 102 (102) 108 M.

Rd-Beginn markieren.

Das Muster beginnen (in den Größen 6-9 Monate, 3-6 Jahre und L/XL beginnt man mit einer halben Musterwiederholung ab der 7. Rd):

1. Rd: *3 M wie zum Linksstricken abh mit Faden vor der Arbeit, 3 M li*, von * bis * bis Rd-Ende wdh.

2. Rd: Wie 1. Rd

3.–5. Rd: Alle M re.

6. Rd: 1 M re, *1 M re zusammen mit den zwei Fäden von der 1. und 2. Rd, 5 M re*, von * bis * wdh bis zu den letzten 5 M, 1 M re zusammen mit den zwei Fäden aus der 1. und 2. Rd, 4 M re.

7. Rd: *3 M li, 3 M wie zum Linksstricken abh mit Faden vor der Arbeit *, von * bis * bis Rd-Ende wdh.

8. Rd: Wie 7. Rd.

9.–11. Rd: Alle M re.

12. Rd: 4 M re, *1 M re zusammen mit den zwei Fäden der 7. und 8. Rd, 5 M re*, von * bis * wdh bis zu den letzten 2 M, 1 M re zusammen mit den zwei Fäden der 7. und 8. Rd, 1 M re.

Nach (2,5) 3 (3,5) 4 (4) 4,5 Musterwiederholungen beginnen die Abnahmen:

Nächste Rd: *4 M wie zum Linksstricken abh mit Faden vor der Arbeit, 2 M li zus, die 4. abgehobene M darüberziehen*, von * bis * bis Rd-Ende wdh.

Nächste Rd: *3 M wie zum Linksstricken abh mit Faden vor der Arbeit, 1 M li*, von * bis * bis Rd-Ende wdh.

3 Rd re.

Nächste Rd: 1 M re, *1 M re zusammen mit den zwei Fäden (wie vorher im Muster), 3 M re*, von * bis * wdh bis noch 3 M übrig sind, 1 M re zusammen mit den zwei Fäden, 2 M re.

Nächste Rd: 1 M re. Den MM für den Rd-Beginn hier hin umsetzen. *1 M li, 3 M wie zum Linksstricken abh mit Faden vor der Arbeit*, von * bis * bis Rd-Ende wdh.

Nächste Rd: *1 M li, 3 M wie zum Linksstricken abh mit Faden vor der Arbeit *, von * bis * bis Rd-Ende wdh.

3 Rd re.

Nächste Rd: 2 M re, *1 M re zusammen mit den zwei Fäden (wie vorher im Muster), 3 M re*, von * bis * wdh bis noch 2 M übrig sind, 1 M re zusammen mit den zwei Fäden, 1 M re.

Nächste Rd: *1 M re, 2 M re zus*, von * bis * wdh bis noch (1) 0 (1) 2 (2) 0 M, (1) 0 (1) 2 (2) 0 M übrig sind.

1 Rd re.

Nächste Rd: *1 M re, 2 M re zus*, von * bis * wdh bis noch (2) 1 (1) 2 (2) 0 M, (2) 1 (1) 2 (2) 0 M übrig sind.
1 Rd re.

Nächste Rd: *2 M re zus*, von * bis * wdh bis noch (0) 1 (1) 0 (0) 0 M, (0) 1 (1) 0 (0) 0M übrig sind.

Den Faden durch die Maschen fädeln und zusammenziehen. Alle Fäden vernähen.

Kronenpulli Kind

Ein einfacher Pullover mit Strukturmuster und Rundpasse. Ein gutes Anfängerprojekt, wenn man das mehrfarbige Stricken erlernen will.

Schwierigkeitsgrad 2

GRÖSSEN
(6 Monate) 1 (2) 4 (6) 8 (10) 12 (14) Jahre

WOLLE
Klompelompe SPØT
Farbe A: 1042, Farbe B: 1013,
Farbe C: 4344, Farbe D: 4321

MENGE
Farbe A: (100) 150 (150) 200 (200) 250 (250) 250 (300) g
Farbe B, C, D: 50 g oder ein Rest in jeder Farbe

NADELN
Rundnadeln Nr. 3 und Nr. 3,5, beide 40 cm und 80 cm

MASCHENPROBE
22 M auf Nadelstärke 3,5 = 10 cm

MASSE
Brustumfang: ca. (57) 59 (61) 66 (68) 72 (73,5) 77 (83) cm
Gesamtlänge: ca. (31) 33,5 (37,5) 43 (45) 48,5 (50,5) 52,5 (54,5) cm

ABKÜRZUNGEN
Fdv: mit Faden vor der Arbeit
Fdh: mit Faden hinter der Arbeit
mFdn: mit Faden (den Faden, der vor der Arbeit liegt, anheben und mit der M re zus str)

Es wird von oben mit Rundnadel 40 cm begonnen.

(78) 80 (80) 82 (86) 88 (88) 90 (92) M auf Nadelstärke 3 mit Farbe A anschl. 3,5 cm Rippen (1 M re, 1 M li) str.

Auf Nadelstärke 3,5 wechseln. 1 Rd re. 1 Rd re und (26) 24 (24)

30 (26) 40 (40) 38 (36) M gleichmäßig verteilt zun = (104) 104 (104) 112 (112) 128 (128) 128 (128) M.

MUSTER
Zu Farbe B wechseln und die nächste Rd wie folgt stricken:

1 M li, 3 M abh Fdv, von * bis * bis Rd-Ende wdh.

Zu Farbe A wechseln und 2 Rd re.

Nächste Rd wie folgt str: 2 M re, 1 M re mFdn, *3 M re, 1 M re mFdn*, von * bis * bis zur letzten M wdh, 1 M re mit Faden in Farbe B vor der Arbeit.

Zu Farbe B wechseln.

2 M abh Fdv, 1 M li, *3 M abh Fdv, 1 M li*, von * bis * bis zur letzten M wdh, 1 M abh Fdh.

Zu Farbe C wechseln und 2 Rd re. Nächste Rd: 1 M re mFdn, *3 M re, 1 M re mFdn* bis zu den letzten 3 M, 3 M re. 1 Rd re.

Wie folgt in der nächsten Rd zun: *(4) 4 (4) 7 (7) 8 (8) 8 (8) M re, 1 M zun*, von * bis * bis Rd-Ende wdh bis zu den letzten (8) 8 (8) 0 (0) 0 (0) 0 (0) M, diese M re = (128) 128 (128) 128 (128) 144 (144) 144 (144) M.

1 Rd re.

Musterwiederholung wdh, aber mit Farbe C beginnen anstatt mit Farbe A, und Farbe D str, wo vorher Farbe C gestrickt wurde

1 Rd re.

Wie folgt in der nächsten Rd zun: *4 M re, 1 M zun*, von * bis * bis Rd-Ende wdh = (160) 160 (160) 160 (160) 180 (180) 180 (180) M.

1 Rd re.

Größe 6–10 Jahre:
Musterwiederholung wdh, aber mit Farbe D beginnen anstatt mit Farbe C, und Farbe C str, wo vorher Farbe D gestrickt wurde.
1 Rd re.

Alle Größen außer Größe 6–10 Jahre:
Musterwiederholung wdh, aber mit Farbe D beginnen, anstatt mit Farbe C, und Farbe A str, wo vorher Farbe D gestrickt wurde.

1 Rd re.

Alle Größen:
Wie folgt in der nächsten Rd zun: *5 M re, 1 M zun*, von * bis * bis Rd-Ende wdh = (192) 192 (192) 192 (192) 216 (216) 216 (216) M.

1 Rd re.

Größe 6–10 Jahre:
Musterwiederholung wdh, aber mit Farbe C beginnen, anstatt mit Farbe D, und Farbe A str, wo vorher Farbe C gestrickt wurde.

1 Rd re.

Größe 12–14 Jahre:
Musterwiederholung wdh, aber mit Farbe A beginnen, anstatt mit Farbe D, und Farbe C str, wo vorher Farbe A gestrickt wurde.

1 Rd re.

Größe 4–14 Jahre:
Wie folgt in der nächsten Rd zun: *6 M re, 1 M zun*, von * bis * bis Rd-Ende wdh = (-) - (-) 224 (224) 252 (252) 252 (252) M.

1 Rd re.

Größe 12–14 Jahre:
Musterwiederholung wdh, aber mit Farbe C anstatt mit Farbe A beginnen, und Farbe D str, wo vorher Farbe C gestrickt wurde.

1 Rd re.

Wie folgt in der nächsten Rd zun: *15 (7) M re, 1 M zun*, von * bis * bis Rd-Ende wdh bis zu den letzten 12 (0) M, 12 (0) M re = 268 (288) M.

1 Rd re.

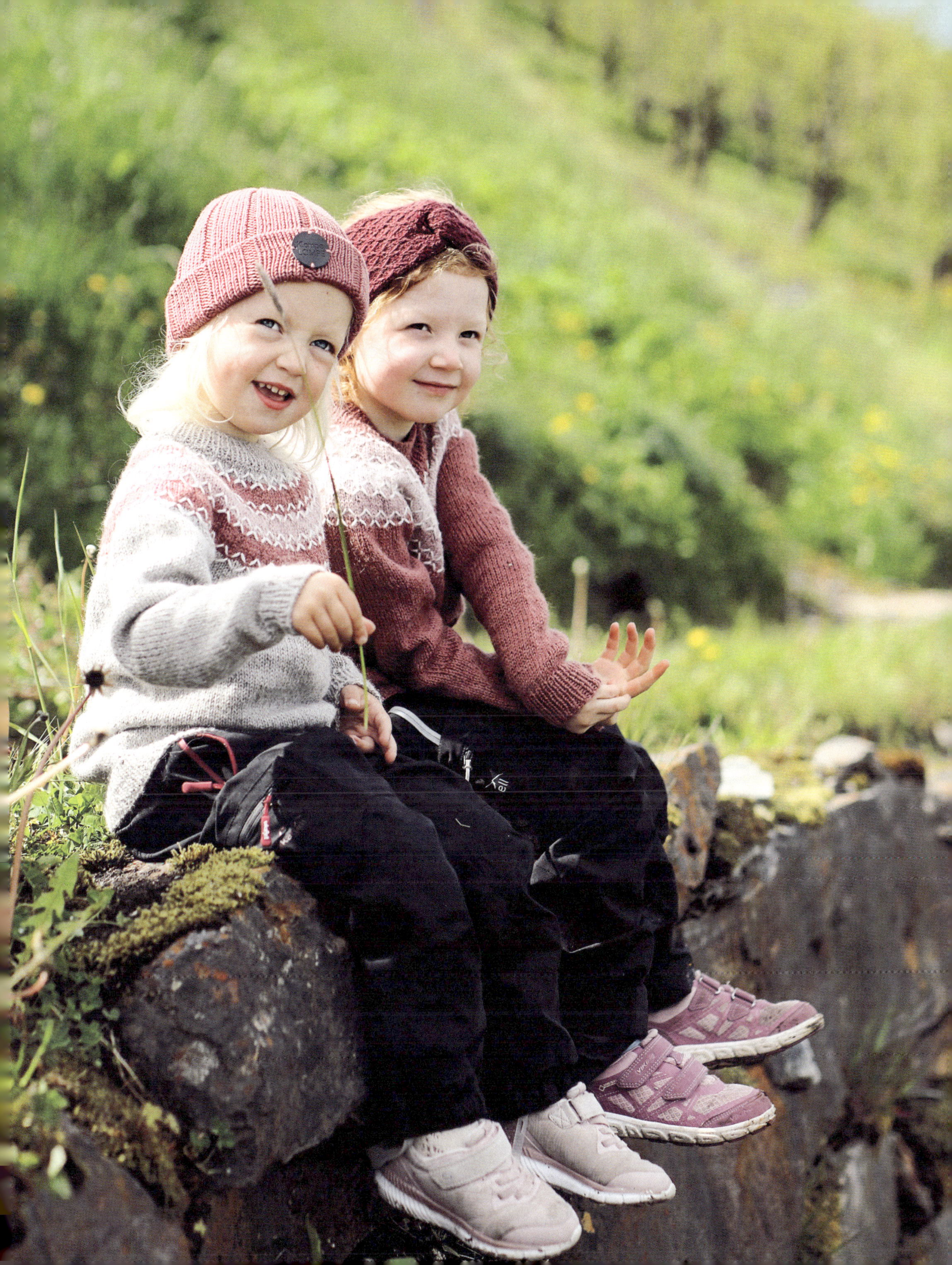

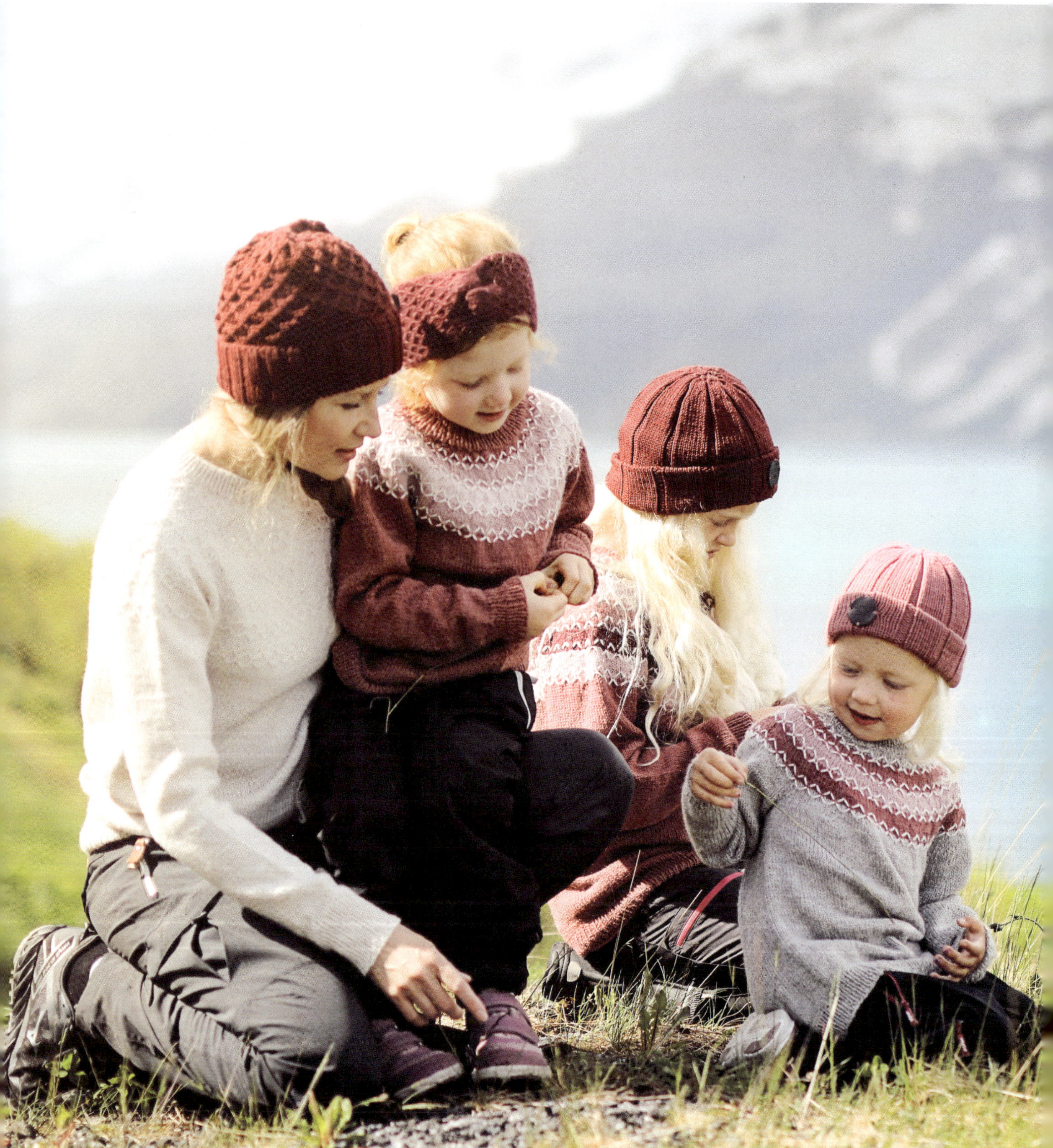

Kinsarvik, Hardanger

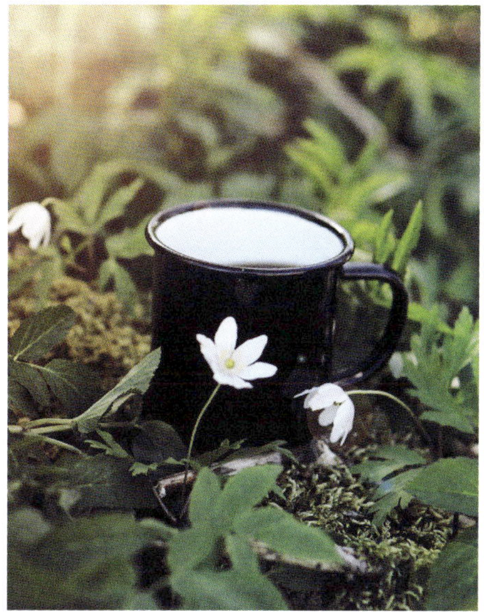

Musterwiederholung wdh, aber mit Farbe D beginnen, anstatt mit Farbe C, und Farbe A str, wo vorher Farbe D gestrickt wurde.

Alle Größen:
(0) 1 (1) 6 (2) 6 (11) 0 (0) Rd re.
(0) 1 (1) 1 (1) 1 (1) 1 (1) Rd re dabei (0) 8 (18) 6 (16) 10 (22) 22 (22) M gleichmäßig verteilt zun = (192) 200 (210) 230 (240) 262 (274) 290 (310) M.

1 Rd re.

Wie folgt Ärmel abteilen:
Die ersten (39) 41 (44) 48 (51) 58 (62) 66 (70) M (Ärmelmaschen) stilllegen, 6 M anschl, (57) 59 (61) 67 (69) 73 (75) 79 (85) M re, die nächsten (39) 41 (44) 48 (51) 58 (62) 66 (70) M (Ärmelmaschen) stilllegen, 6 M anschl, (57) 59 (61) 67 (69) 73 (75) 79 (85) M re = (126) 130 (134) 146 (150) 158 (162) 170 (182) M.

Glatt rechts bis die Arbeit (28) 30 (34) 39 (41) 44 (46) 48 (50) cm misst.

Auf Nadelstärke 3 wechseln und (3) 3,5 (3,5) 4 (4) 4,5 (4,5) 4,5 (4,5) cm Rippen (1 M re, 1 M li) str.
In der letzten Rd abketten.

ÄRMEL

TIPP: An jeder Seite 1 zusätzliche M aufnehmen, die in der nächsten Rd durch 2 M re zus wieder abgenommen wird. Dann muss man später keine Löcher zusammennähen.

Ärmel mit Nadelstärke 3,5 str. 3 M aus den angeschlagenen M aufnehmen, (39) 41 (44) 48 (51) 58 (62) 68 (70) stillgelegte M re und 3 M aufnehmen.
Den Ärmel mit Farbe A str. 2 cm str.

In der nächsten Rd wie folgt abn: 1 M li (Nahtmasche), 2 M re zus, bis zu den letzten 2 M re, 1 M abh, 1 M re, die abgeh M darüberziehen.
Die Abnahmen alle (2,5) 2,5 (3) 3,5 (4) 3 (3) 2,5 (2,5) cm wdh bis noch (31) 33 (36) 38 (41) 40 (42) 42 (42) M übrig sind.
Stricken bis der Ärmel (18) 20 (23) 28 (33) 36 (39) 42 (44) cm misst. Für Größe 6 Monate, 1 Jahr und 6 Jahre in der letzten Rd 1 M abn.

Auf Nadelstärke 3 wechseln und (3) 3,5 (3,5) 4 (4) 4,5 (4,5) 4,5 (4,5) cm Rippen (1 M re, 1 M li) str.
In der letzten Rd abketten.

Alle Fäden vernähen und den Pulli in einem feuchten Handtuch trocknen.

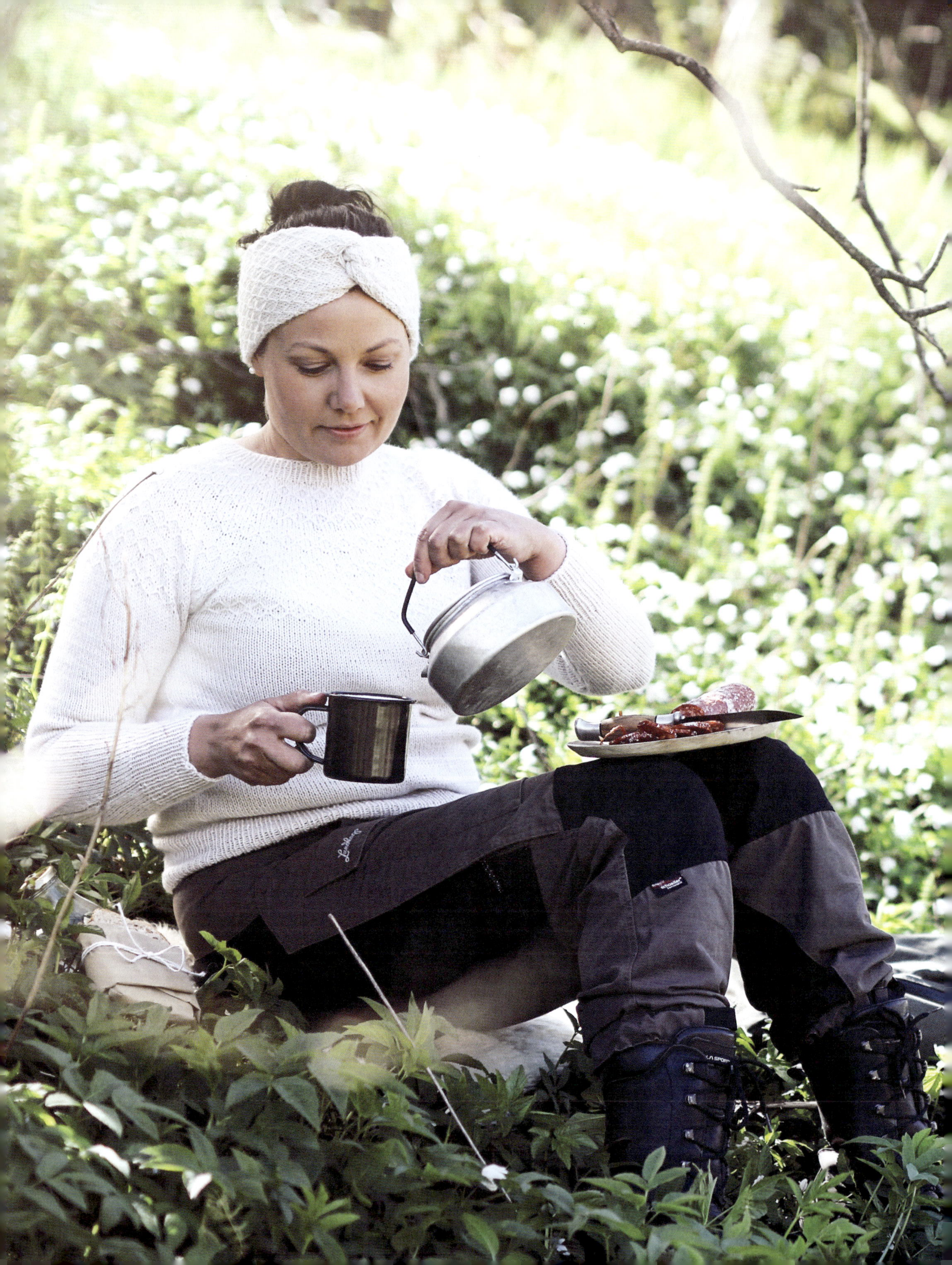

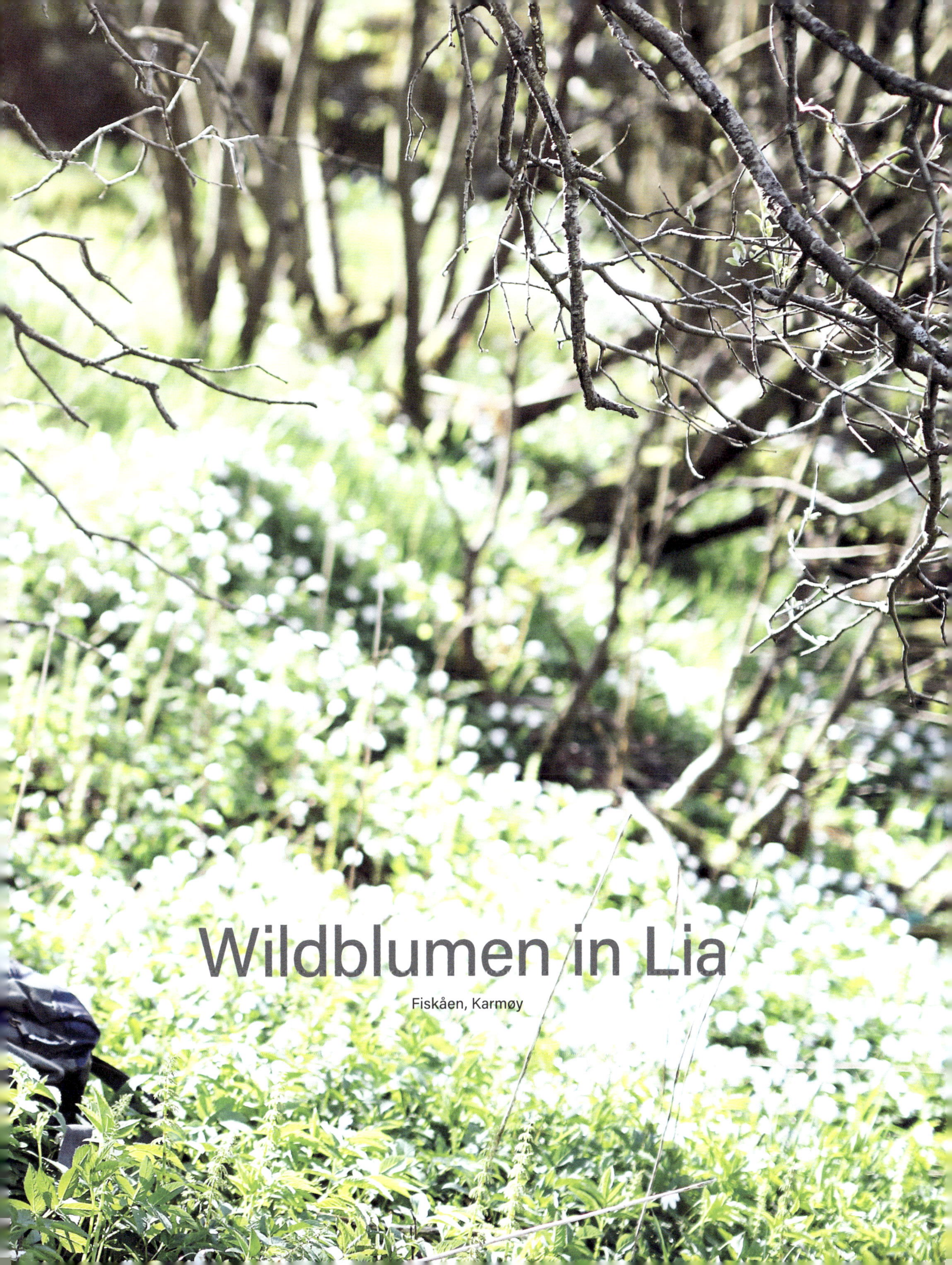

Wildblumen in Lia

Fiskåen, Karmøy

Kronenpulli Damen

Derselbe einfache Pulli jetzt für Damen. Wie wäre es damit, ihn einfarbig zu stricken, wie hier, um einen anderen Effekt zu erzielen?

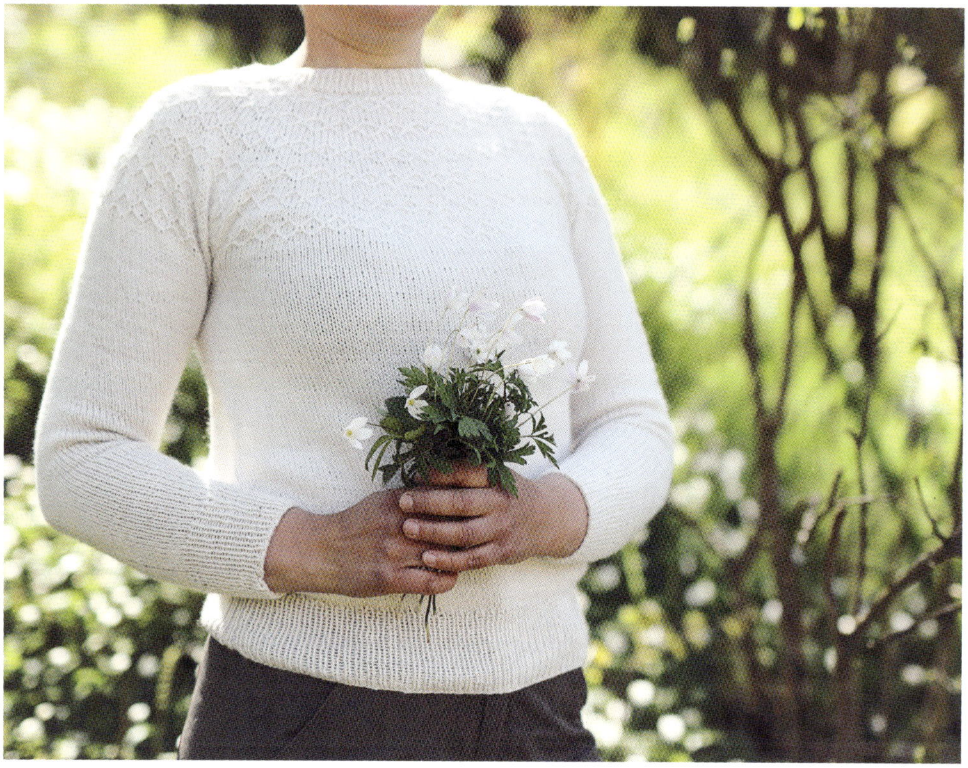

Schwierigkeitsgrad 2

GRÖSSEN
(XS–S) M (L) XL

WOLLE
Klompelompe SPØT
Farbe A: 1013
Farbe B, C und D: nach Wunsch

MENGE
Farbe A: (350) 400 (400) 400 g
Farbe B, C, D: 50 g in jeder Farbe

NADELN
Rundnadeln Nr. 3 und Nr. 3,5, beide 40 cm und 80 cm

MASCHENPROBE
22 M auf Nadelstärke 3,5 = 10 cm

MASSE
Brustumfang: ca. (88) 93 (106) 117 cm
Gesamtlänge: ca. (58) 60 (63) 65 cm

ABKÜRZUNGEN
Fdv: mit Faden vor der Arbeit
Fdh: mit Faden hinter der Arbeit
mFdn: mit Faden (den Faden, der vor der Arbeit liegt, anheben und mit der M re zus str)

Tipps: Siehe den Kinderpulli auf S. 18 für eine bunte Version.

Es wird von oben in Runden gestrickt.

(92) 92 (96) 96 M auf Nadelstärke 3 mit Farbe A anschlagen. 3,5 cm Rippen (1 M re, 1 M li) str.

Auf Nadelstärke 3,5 wechseln.

1 Rd re.

1 Rd re und (36) 36 (48) 48 M gleichmäßig verteilt zun = (128) 128 (144) 144 M.

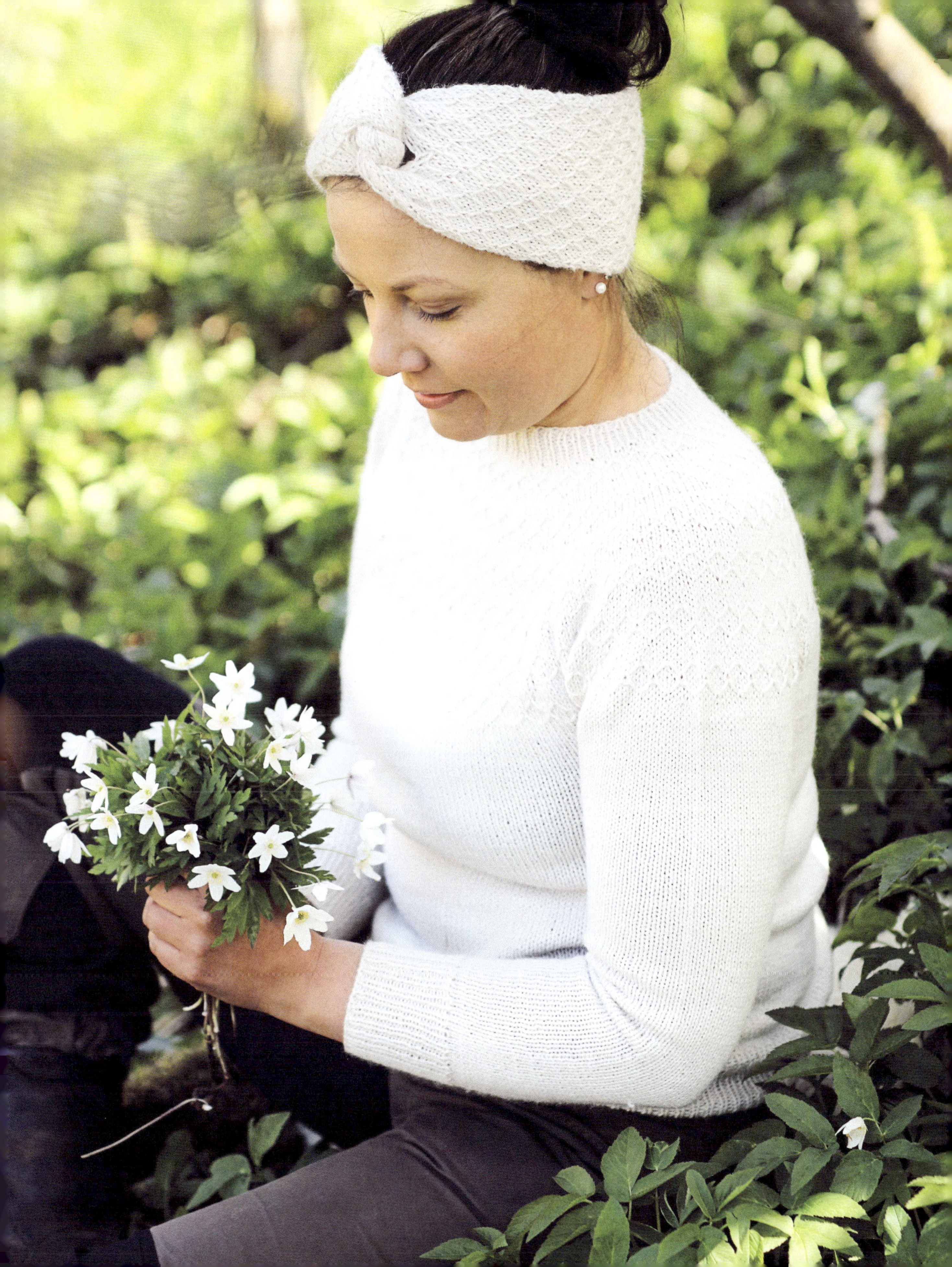

MUSTER

Zu Farbe B wechseln und wie folgt die nächste Rd str:

1 M li, 3 M abh Fdv, von * bis * bis Rd-Ende wdh.

Zu Farbe A wechseln und 2 Rd re. Nächste Rd wie folgt str: 2M re, 1 M re mFdn, *3 M re, 1 M re mFdn*, von * bis * bis zur letzten M wdh, 1 M re und den Faden in Farbe B vor die Arbeit legen.

Zu Farbe B wechseln.

2 M abh Fdv, 1 M li *3 M abh Fdv, 1 M li*, von * bis * bis zur letzten M wdh, 1 M abh, Fdh.

Zu Farbe C wechseln und 2 Rd re.

Nächste Rd: 1 M re mFdn, *3 M re, 1 M re mFdn*, von * bis * bis zu den letzten 3 M wdh, 3 M re.

1 Rd re.

Wie folgt in der nächsten Rd zun: *(8) 8 (7) 7 M re, 1 M zun*, von * bis * wdh bis zu den letzten (0) 0 (4) 4 M, diese M re = (144) 144 (164) 164 M.

1 Rd re.

Musterwiederholung wdh. Wenn mehrfarbig gestrickt wird mit Farbe C anstatt Farbe A beginnen, und mit Farbe D str, wo vorher Farbe C gestrickt wurde.

1 Rd re.

Wie folgt in der nächsten Rd zun: *4 M re, 1 M zun*, von * bis * wdh bis zu den letzten (0) 0 (4) 4 M wdh, diese Mre = (180) 180 (204) 204 M.

1 Rd re.

Musterwiederholung wdh. Wenn mehrfarbig gestrickt wird mit Farbe D anstatt Farbe C beginnen, und Farbe A str, wo vorher Farbe D gestrickt wurde.

1 Rd re.

Gr (XS-S) M: Wie folgt in der nächsten Rd zun:
4 M re, 1 M zun, von * bis * bis Rd-Ende wdh bis zu den letzten (4) 4 M, (4) 4 M re.
Gr (L) XL: Wie folgt in der nächsten Rd zun:
4 M re, 1 M zun, von * bis * (24) 24 Mal wdh, 6 M re, von * bis * (24) 24 Mal wdh, 6 M re = 224 (224) 252 (252) M.

1 Rd re.

Musterwiederholung wdh. Wenn mehrfarbig gestrickt wird mit Farbe A anstatt Farbe D beginnen, und Farbe C str, wo vorher Farbe A gestrickt wurde.

1 Rd re.

Wie folgt in der nächsten Rd zun: * 5 M re, 1 M zun*, von * bis * bis Rd-Ende wdh bis zu den letzten (4) 4 (12) 12 M, diese M re = (268) 268 (300) 300 M. 1 Rd re.

Musterwiederholung wdh. Wenn mehrfarbig gestrickt wird mit Farbe C anstatt Farbe A beginnen, und Farbe D str, wo vorher Farbe C gestrickt wurde.

1 Rd re.

Wie folgt in der nächsten Rd zun: (4) 4 (12) 12 M re, *6 M re, 1 M zun*, von * bis * bis Rd-Ende wdh = (312) 312 (348) 348 M. 1 Rd re.

Musterwiederholung wdh. Wenn mehrfarbig gestrickt wird mit Farbe D anstatt Farbe C beginnen, und Farbe A str, wo vorher Farbe D gestrickt wurde.

1 Rd re.

(0) 1 (1) 1 Rd re und dabei wie folgt zun: *(0) 17 (21) 21 M re, 1 M zun*, von * bis * wdh bis zu den letzten (0) 6 (12) 12 M, diese M re = (312) 330 (364) 364 M. (0) 3 (6) 6 Rd re.

(0) 0 (0) 1 Rd re, dabei wie folgt zun: *(0) 0 (0) 13 M re, 1 M zun*, von * bis * wdh = (312) 330 (364) 392 M.

(0) 0 (0) 1 Rd re.

Wie folgt Ärmel abteilen:
Die ersten (67) 71 (73) 75 M (Ärmelmaschen) stilllegen, 8 M anschl, (89) 94 (109) 121 M re, die nächsten (67) 71 (73) 75 M (Ärmelmaschen) stilllegen, 8 M anschl, (89) 94 (109) 121 M re = (194) 204 (234) 258 M.

Glatt rechts str bis die Arbeit (50) 52 (55) 57 cm misst.

Auf Nadelstärke 3 wechseln und 8 cm Rippen (1 M re, 1 M li) str. In der letzten Rd abketten.

ÄRMEL

Den Ärmel mit Nadelstärke 3,5 str. 4 M aus den angeschlagenen M aufnehmen, (67) 71 (73) 75 stillgelegte M str, 4 M aufnehmen.

Den Ärmel mit Farbe A beenden. 2 cm stricken.

In der nächsten Rd wie folgt abn: 1 M li (Nahtmasche), 2 M re zus, re bis zu den letzten 2 M, 1 M abh, 1 M re, die abgeh M darüberziehen.

Die Abnahme alle 2,5 cm wdh bis noch (47) 47 (49) 51 M übrig sind. Weiterstr bis der Ärmel 40 cm (oder die gewünschte Länge) misst. In der letzten Rd 1 M abn.

Auf Nadelstärke 3 wechseln und 8 cm Rippen (1 M re, 1 M li) str. In der letzten Rd abketten.

Alle Fäden vernähen und den Pulli in einem feuchten Handtuch trocknen.

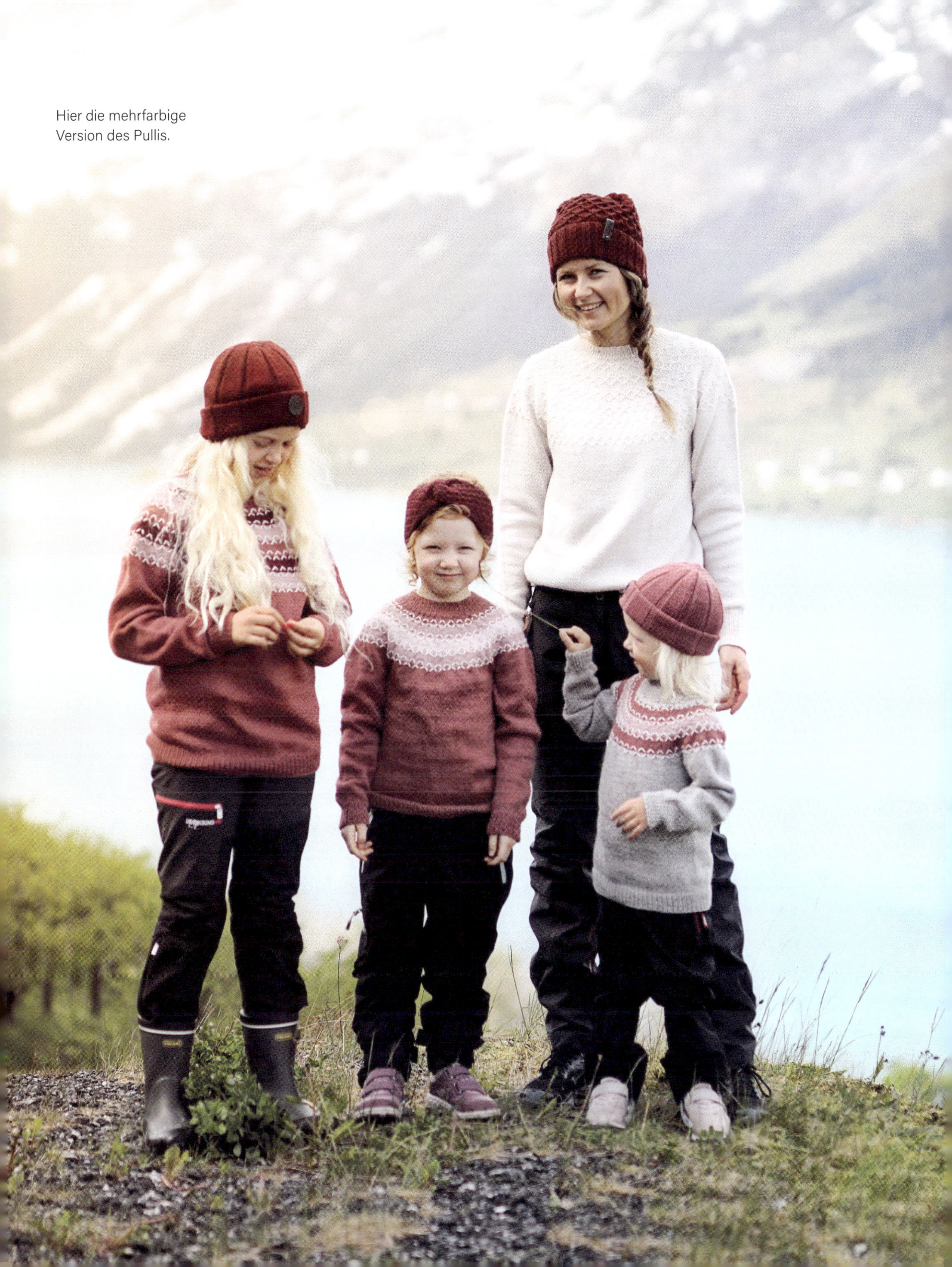

Hier die mehrfarbige
Version des Pullis.

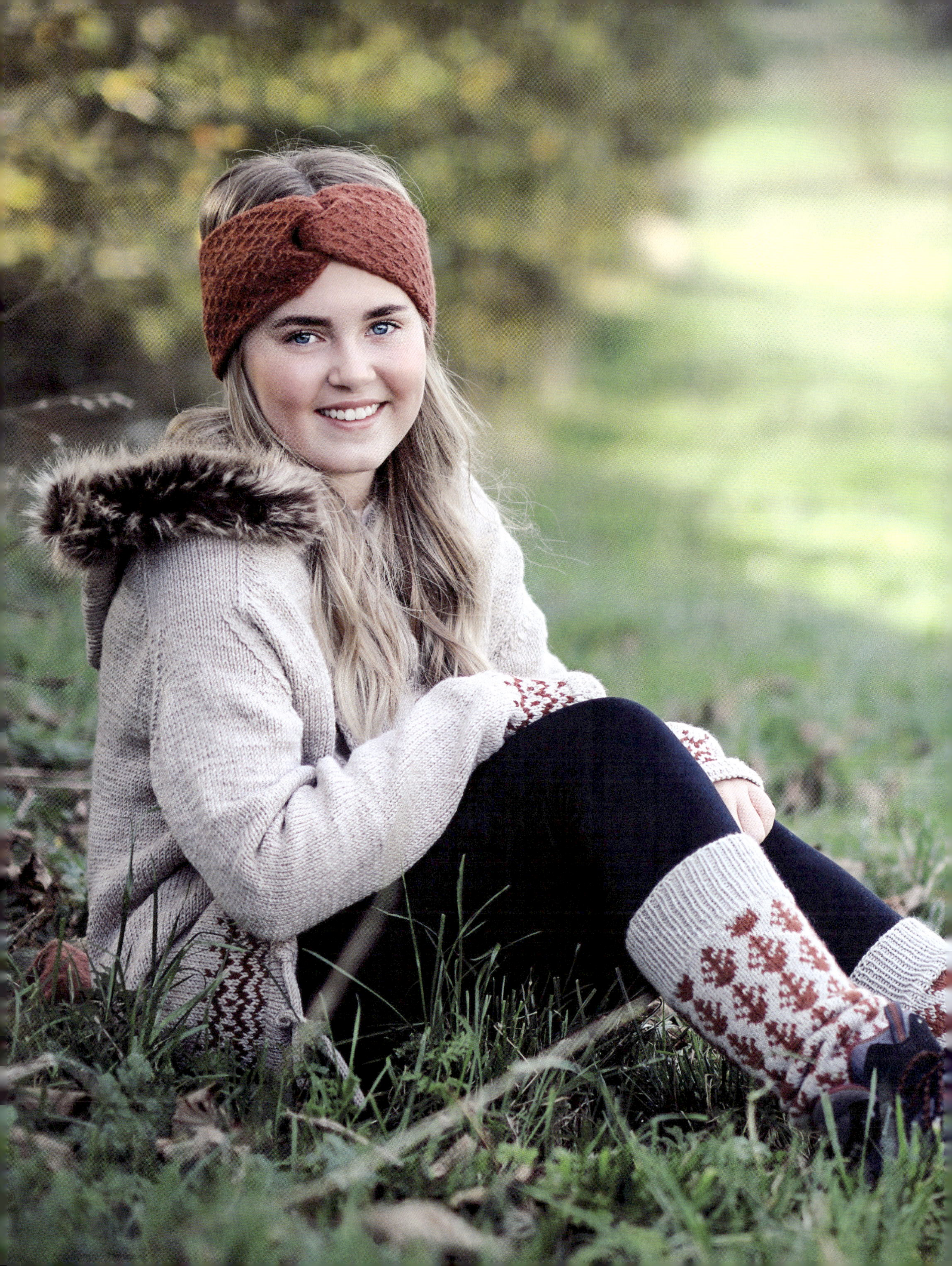

Kronenstirnband mit Knoten

Einfaches und schickes Stirnband mit toller Struktur und coolem Knoten.

Schwierigkeitsgrad 2

GRÖSSEN
(1–4 J) 5–12 J (S/M) L/XL

WOLLE
Klompelompe SPØT, Farbe: 3355

MENGE
(50) 50 (100) 100 g

NADELN
Rundnadeln Nr. 3,5, 80 cm für Magic Loop, ev. Nadelspiel Nr. 3,5

MASCHENPROBE
22 M auf Nadelstärke 3,5 = 10 cm

ABKÜRZUNGEN
Fdv: mit Faden vor der Arbeit
Fdh: mit Faden hinter der Arbeit
mFdn: mit Faden (den Faden, der vor der Arbeit liegt anheben und mit der M re zus str)

STRUKTURMUSTER
1 M li, 3 M abh Fdv, von * bis * bis Rd-Ende wdh.

2 Rd re.

Nächste Rd: 2 M re, 1 M re mFdn *3 M re, 1 M re mFdn*, von * bis * bis zur letzten M wdh, 1 M re.

Nächste Rd: 2 M abh Fdv, 1 M li, *3 M abh Fdv, 1 M li*, von * bis * bis zur letzten M wdh, 1 M abh Fdh.

2 Rd re.

Nächste Rd: 1 M re mFdn *3 M re, 1 M re mFdn*, von * bis * bis zu den letzten 3 M wdh, 3M re.

Es wird rund mit Magic Loop gestrickt.

(40) 48 (56) 56 M auf Nadelstärke 3,5 anschlagen. Das Strukturmuster stricken. Wenn die Arbeit (20) 21 (23) 24 cm misst, werden 2 Teile für den Knoten gestrickt. Das Strickstück auf zwei Partien aufteilen und die jeweils (20) 24 (28) 28 M nacheinander getrennt stricken. 6 cm im Strukturmuster in Runden mit Magic Loop stricken. Die Maschen jedes Teils stilllegen und einen einfachen Knoten knüpfen. Die Teile auf dieselbe Nadel schieben und eine Rd re. Dann (20) 21 (23) 24 cm im Strukturmuster str. Abketten. Die Enden zusammennähen und alle Fäden vernähen.

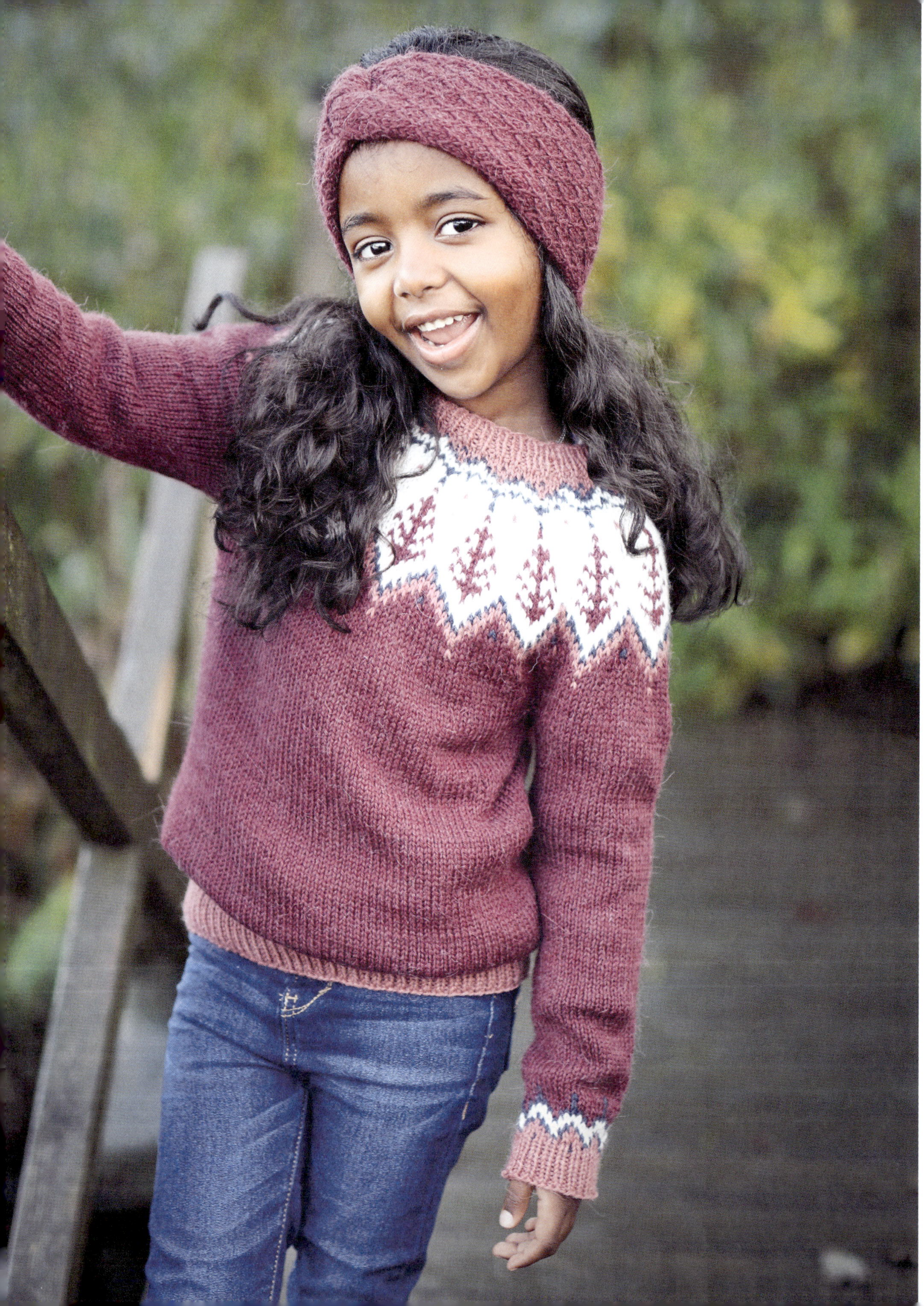

Tannenpulli Kind

Die Rundpasse und das bunte Einstrickmuster bieten so viele mögliche Farbvarianten, dass Sie Ihre ganz eigene Version stricken können.

Schwierigkeitsgrad 3

Grössen
6 Mon (1 J) 2 J (4 J) 6 J (8 J) 10 J (12 J) 14 J

Wolle
Klompelompe SPØT
Farbe A: 4554
Farbe B: 4344
Farbe C: 6061
Farbe D: 1002

Menge
Farbe A: 100 (100) 100 (150) 150 (200) 200 (250) 300 g
Farbe B, C und D: 50 g , alle Größen.

Nadeln
Rdndln Nr. 3 und Nr. 3,5, beide 40 cm und 60 cm, Nadelspiel Nr. 3 und Nr. 3,5

Maschenprobe
22 M auf Nadelstärke 3,5 = 10 cm

Masse
Brustumfang: ca. 56 (59) 61 (66) 68 (71,5) 73,5 (75) 82,5 cm
Gesamtlänge: ca. 33,5 (34,5) 38 (43) 46 (51) 56,5 (60,5) 64,5 cm

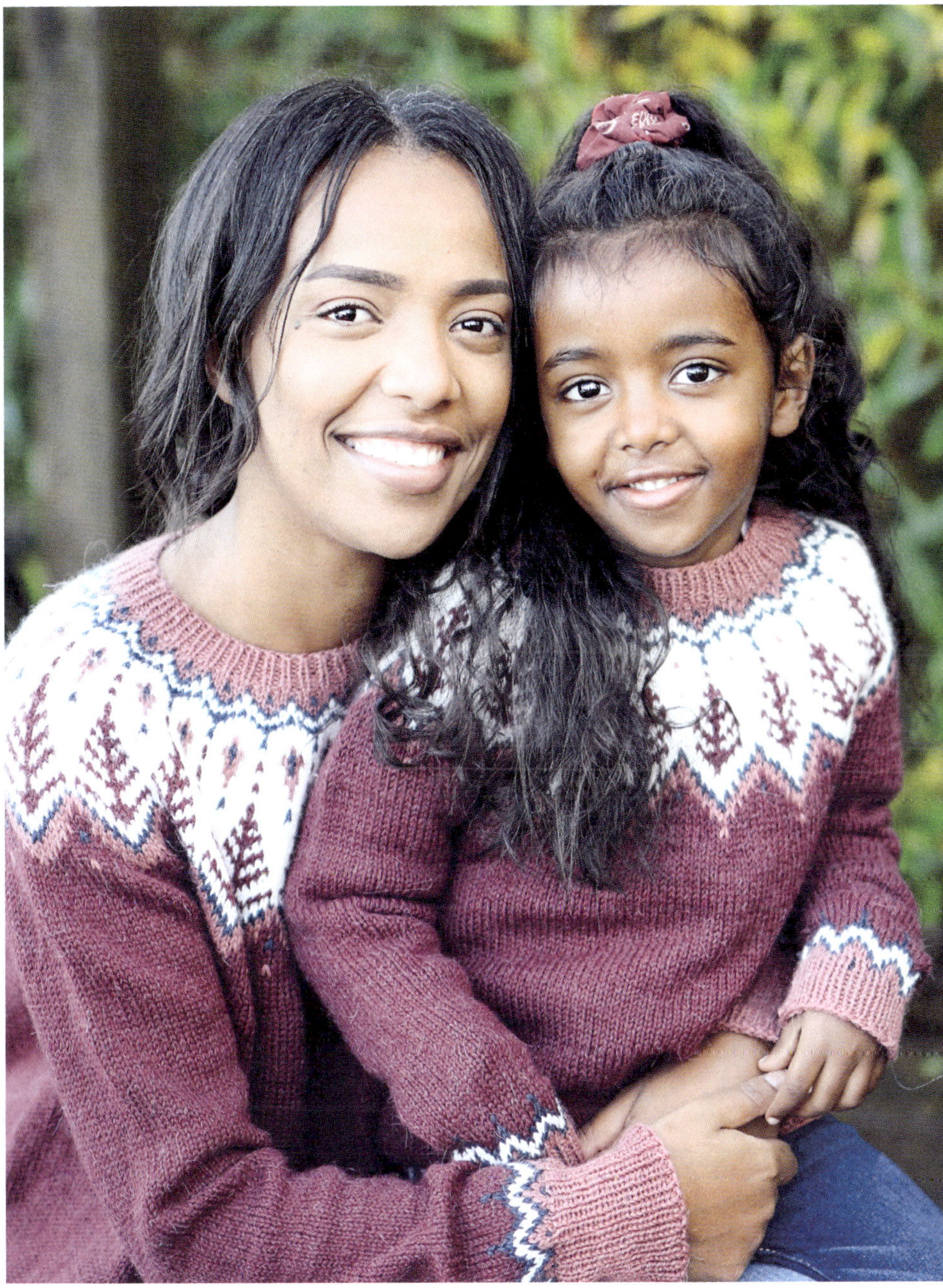

TIPPS: Bei mehr als vier M in einer Farbe sollte man die Spannfäden auf der Rückseite verschränken, damit sie nicht zu lang werden.

Der Pulli wird von oben gestrickt.
78 (80) 80 (82) 86 (86) 88 (88) 90 M auf der kleinen Rundnadel Stärke 3 mit Farbe B anschlagen. 6 (6) 8 (8) 8 (8) 8 (8) 8 Rd Rippen (1 M re, 1 M li) str. Auf Nadelstärke 3,5 wechseln.

1 Rd re dabei 24 (22) 22 (26) 22 (34) 32 (38) 36 M zun = 102 (102) 102 (108) 108 (120) 120 (126) 126 M.

Laut Strickschrift arbeiten. Nach Beendigung sind es 170 (170) 170 (216) 216 (240) 240 (252) 252 M.

1 Rd re mit Farbe A.

1 Rd re dabei 20 (30) 40 (14) 24 (22) 34 (38) 58 M gleichmäßig verteilt zun = 190 (200) 210 (230) 240 (262) 274 (290) 310 M.

0 (0) 2 (2) 5 (2) 5 (8) 10 Rd re.

Wie folgt Ärmel abteilen:

Die ersten 39 (41) 44 (48) 51 (58) 62 (68) 70 M (Ärmelmaschen) stilllegen, 6 M unterm Arm anschl, 56 (59) 61 (67) 69 (73) 75 (77) 85 M re, die nächsten 39 (41) 44 (48) 51 (58) 62 (68) 70 M (Ärmelmaschen) stilllegen, 6 M unterm Arm anschl, 56 (59) 61 (67) 69 (73) 75 (77) 85 M re = 124 (130) 134 (146) 150 (158) 162 (166) 182 M.

VORDER- UND RÜCKENTEIL

In Rd str. Glatt rechts str bis die Arbeit 27 (28) 31 (36) 39 (44) 48 (53) 57 cm misst. 1 Rd re und zu- oder abnehmen für die folgende M-Zahl 120 (132) 132 (144) 150 (156) 162 (168) 180 M. Strickschrift B stricken. Auf Nadelstärke 3 und zu Farbe B wechseln. 1 Rd re, 8 (8) 10 (10) 10 (10) 12 (12) 12 Rd Rippen (1 M re, 1 M li) und in der letzten Rd abketten.

ÄRMEL

Ärmel auf Nadelstärke 3,5 stricken. 3 M ab der Mitte aus den 6 aufgeschlagenen M unterm Arm aufn, die 39 (41) 44 (48) 51 (58) 62 (68) 70 stillgelegten M str und 3 M aufn. Die erste M, die mittlere unterm Ärmel, wird li gestrickt = Nahtmasche. Die Ärmel werden in Runden gestrickt.

Nach 2 cm wie folgt abn: 1 M li (Nahtmasche) 2 M re zus, bis zu den letzten 2 M re, 1 M abh, 1 M re, die abgeh M darüberziehen.

Die Abn ca. alle 2 (2) 2,5 (2,5) 3,5 (2,5) 2,5 (2) 2 cm wdh, bis noch 31 (31) 36 (36) 43 (42) 42 (42) 42 M übrig sind.

Weiterstricken bis der Ärmel 14 (16) 20 (25) 26 (31) 34 (36) 38 cm misst. Bei den Gr 6 Monate, 1 J und 6 J in der letzten Rd 1 M abn. Strickschrift B str: Auf Nadelstärke 3 und Farbe B wechseln. 1 Rd re und 8 (8) 10 (10) 10 (10) 12 (12) 12 Rd Rippen (1 M re, 1 M li) str. In der letzten Rd abketten.

Unter den Ärmeln zusammennähen, Fäden vernähen, Pulli dämpfen oder in einem feuchten Handtuch trocknen.

■ = Farbe A
■ = Farbe B
■ = Farbe C
□ = Farbe D
V = zun (Querfaden re verschr str)

Strickschrift B

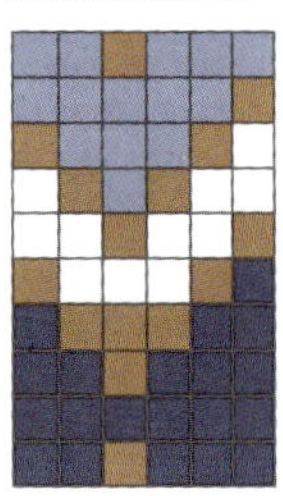

Strickschrift A. 6 Mon, 1–2 J

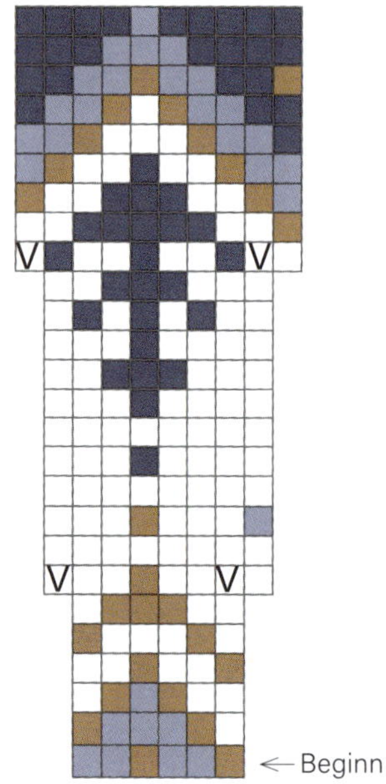

Strickschrift A: 4–6 J

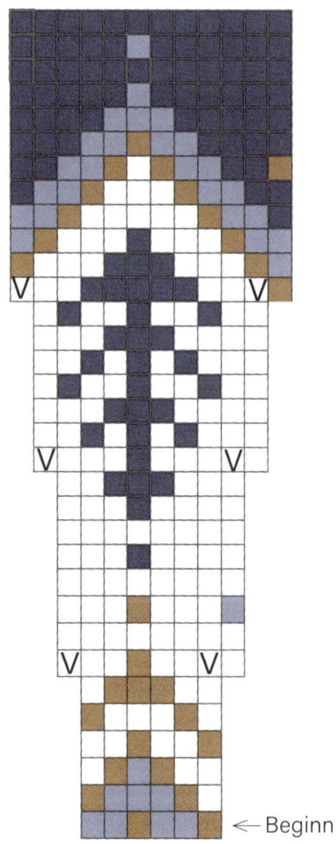

Strickschrift A: 8–14 J

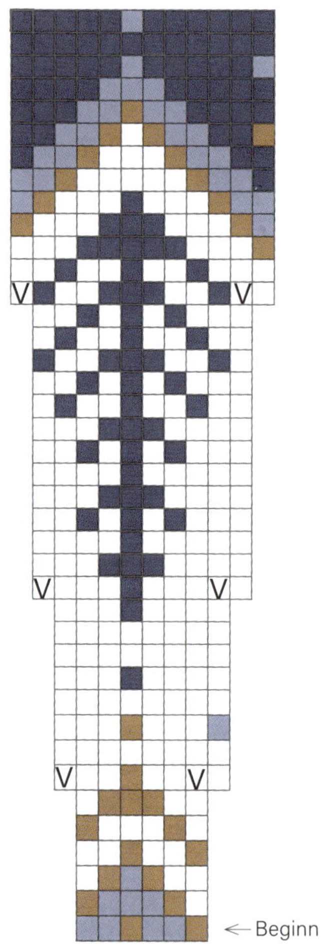

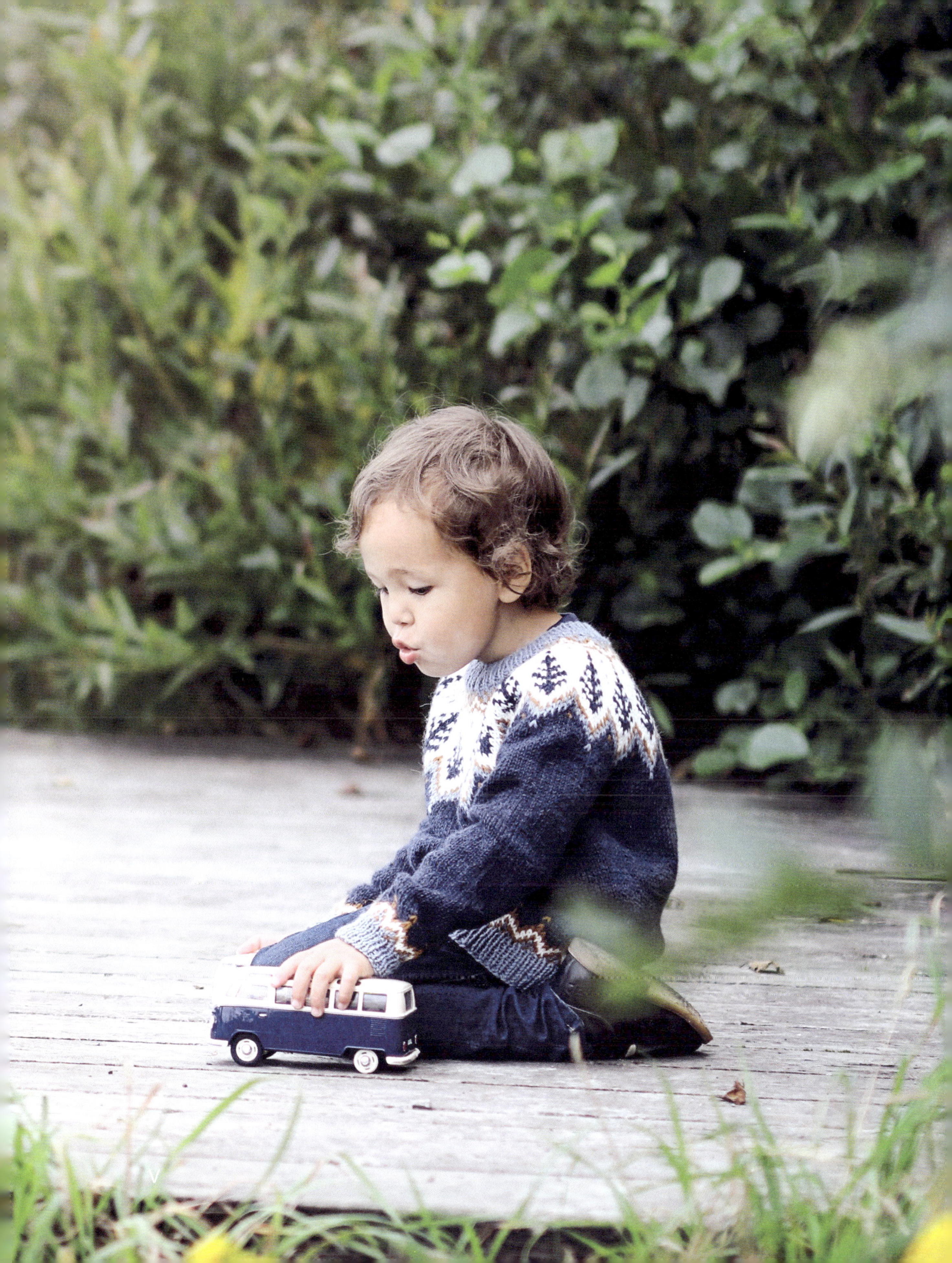

Ruderausflug

Røyksund

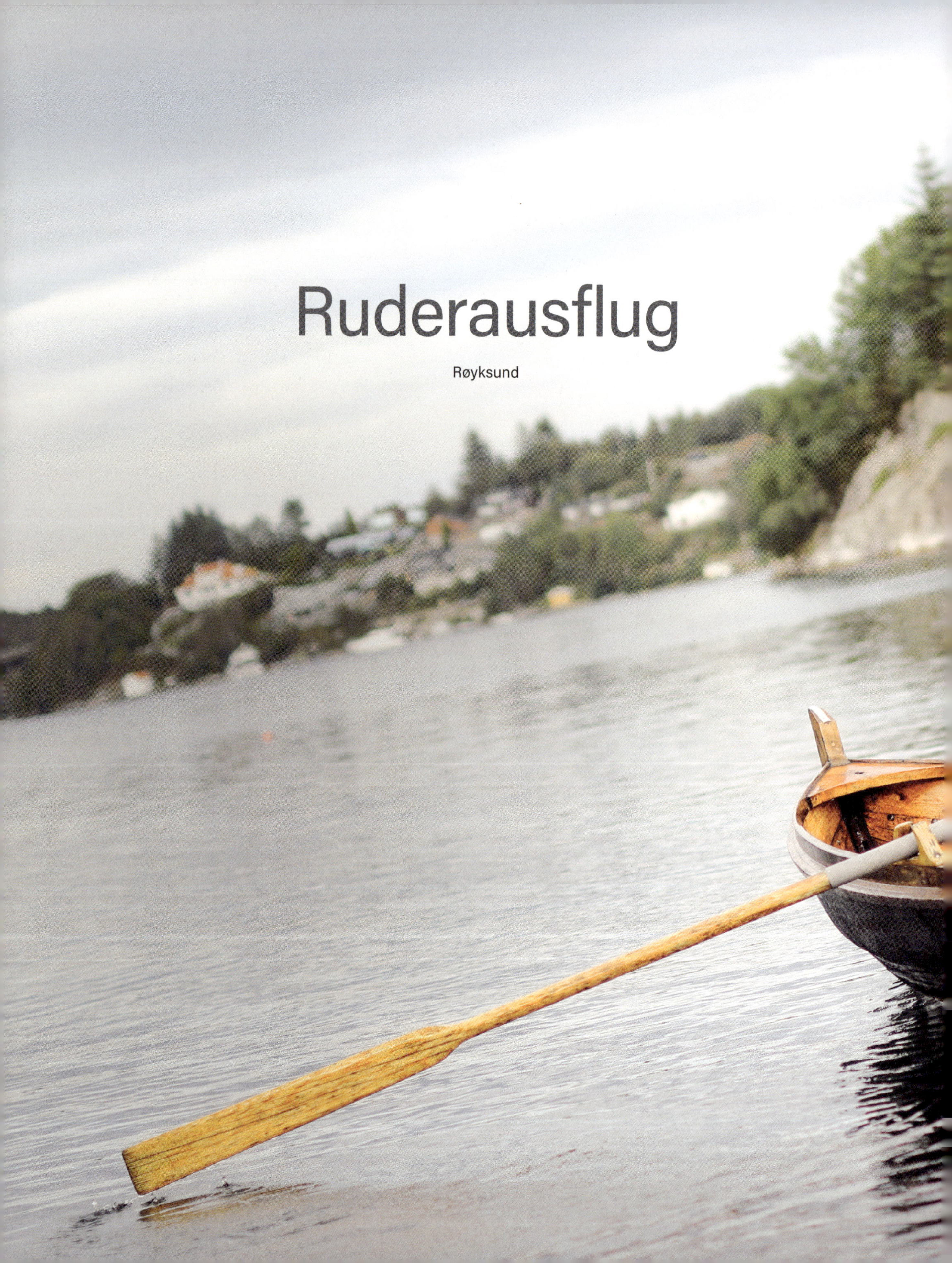

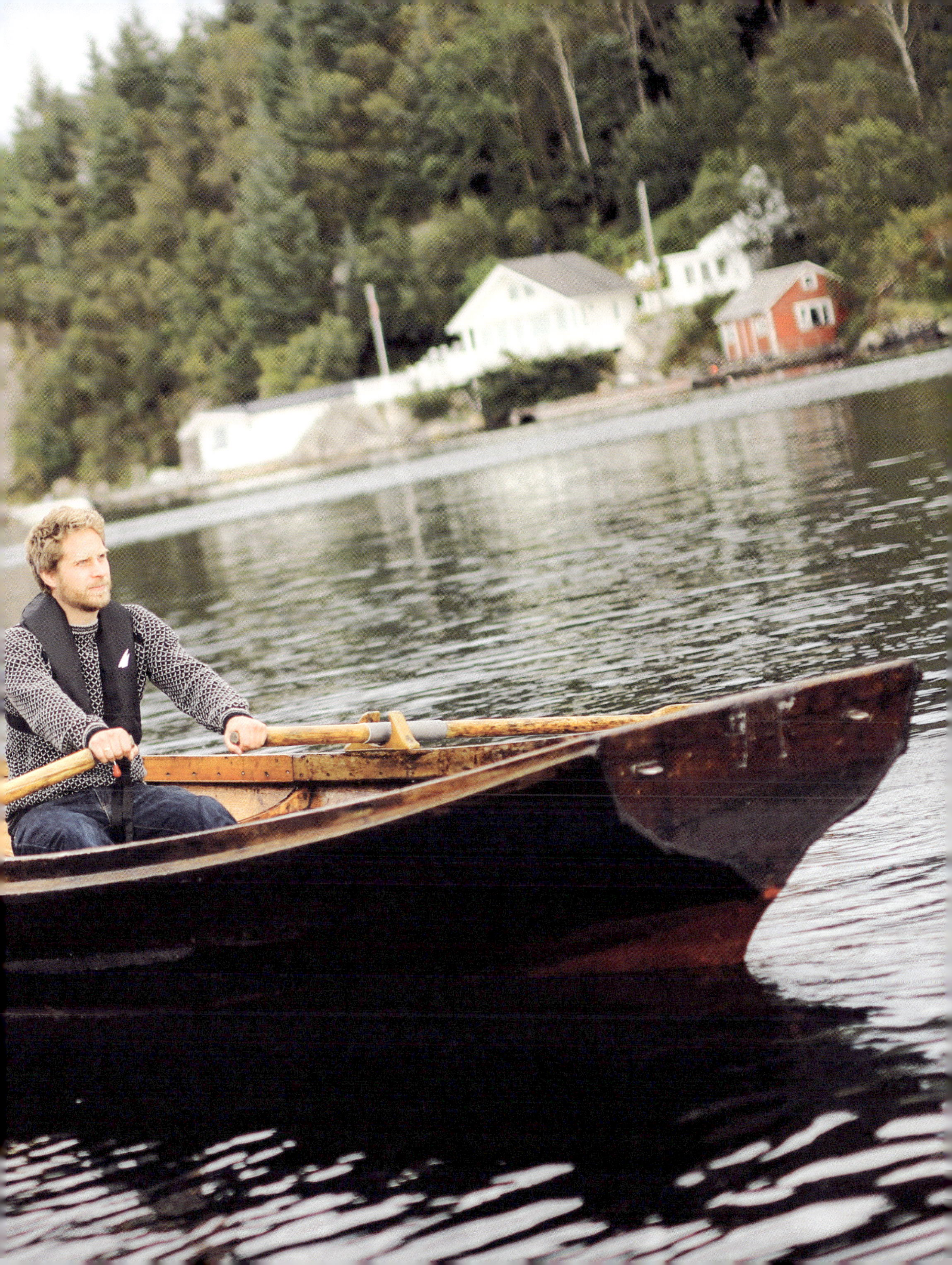

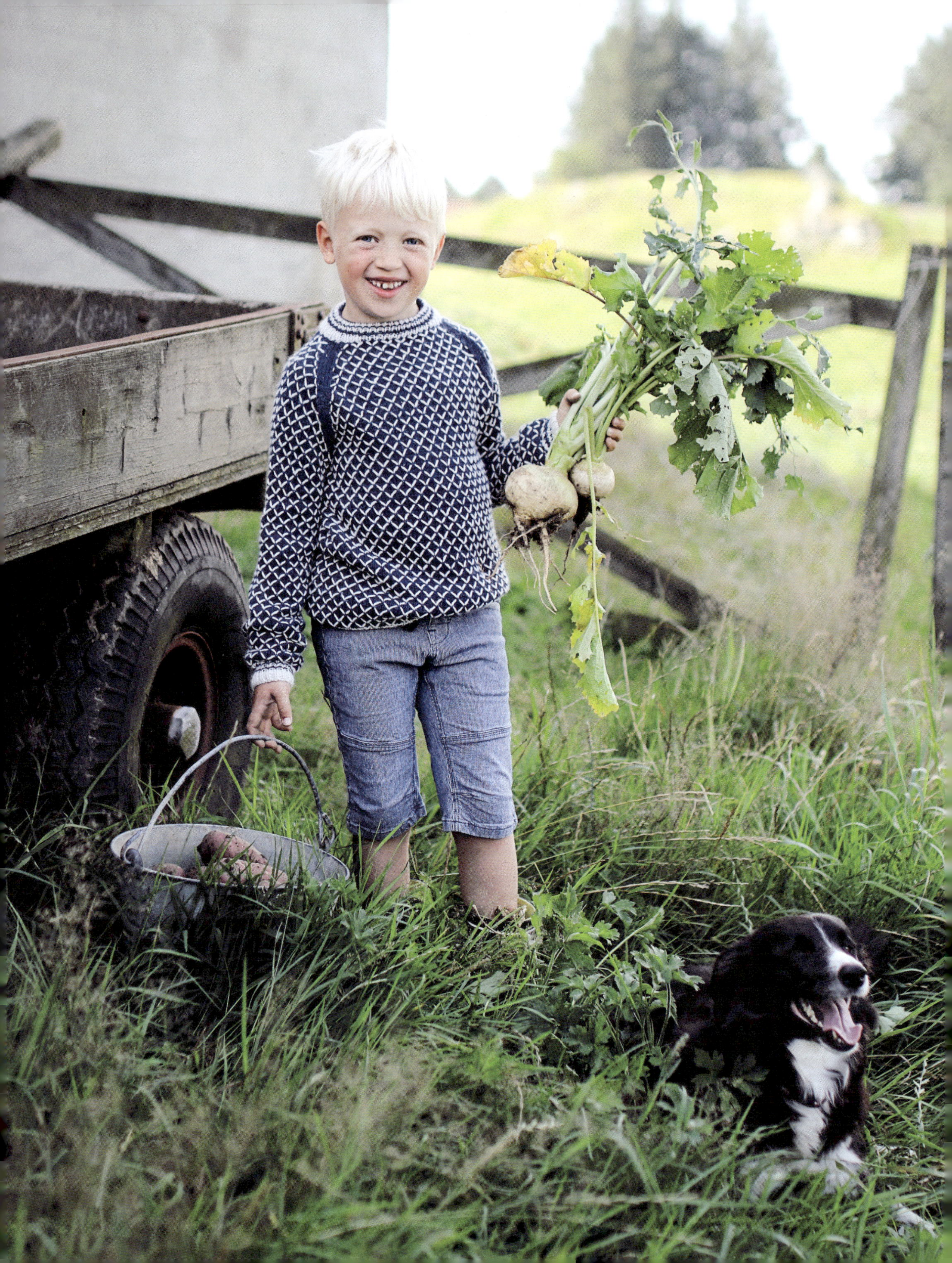

Fischernetzpulli Kind

Ausgangspunkt für diesen Pullover, der perfekt für die Bootstour wie auch für die Gebirgswanderung ist, ist die Struktur von Fischernetzen.

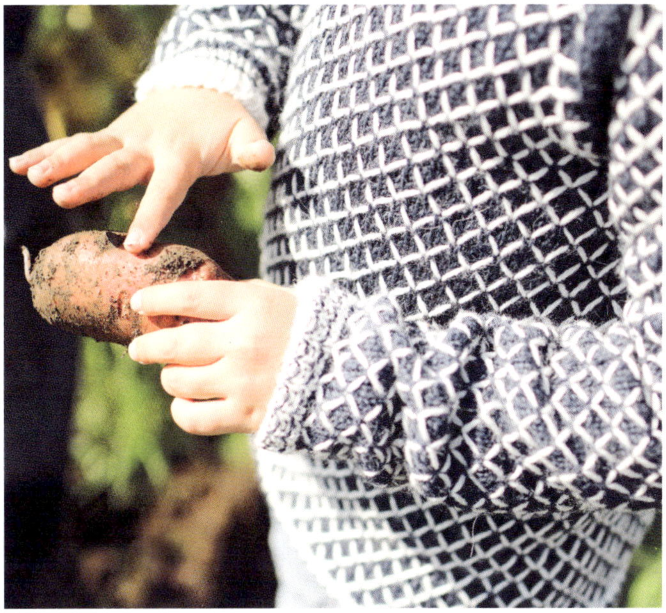

Schwierigkeitsgrad 3

GRÖSSEN
(1) 2 (4) 6 (8) 10 (12) 14 J

WOLLE
Klompelompe SPØT
Farbe A: 6081, Farbe B: 1013

MENGE
Farbe A: (150) 150 (200) 250 (250) 300 (350) 400 g
Farbe B: (50) 50 (100) 100 (100) 100 (100) 100 g

NADELN
Rdndln Nr. 3 und Nr. 3,5, beide 40 cm und 60 cm, Nadelspiel Nr. 3 und Nr. 3,5, ev. Rundnadel 80 cm für Magic Loop

MASCHENPROBE
22 M auf Nadelstärke 3,5 = 10 cm

MASSE
Brustumfang: ca. (63,5) 63,5 (67) 71 (74,5) 78 (78) 82 cm
Gesamtlänge: ca. (33) 36,5 (41) 45 (51,5) 56 (58,5) 62 cm

ABKÜRZUNGEN
Fdv: mit Faden vor der Arbeit.
Fdh: mit Faden hinter der Arbeit.
mFdn: mit Faden (den Faden, der vor der Arbeit liegt, anheben und mit der M re zus str)

Es wird von unten und in Runden auf einer Rundnadel gestrickt.

(134) 134 (142) 150 (158) 166 (166) 174 M auf Nadelstärke 3 mit Farbe B anschlagen. 6 Rd Rippen (1 M re, 1 M li) str.

Zu Farbe A wechseln. 1 Rd Rippen.
Zu Farbe B wechseln. 2 Rd Rippen.
Zu Farbe A wechseln. 2 Rd Rippen.
Zu Farbe B wechseln. 2 Rd Rippen.

Auf Nadelstärke 3,5 und Farbe A wechseln. 1 Rd re und dabei 6 M gleichmäßig verteilt zun.

MUSTER
Zu Farbe B wechseln und *1 M li, 3 M abh, Fdv *, von * bis * bis Rd-Ende wdh.

Zu Farbe A wechseln und 2 Rd re. Nächste Rd wie folgt str: 2 M re, 1 M re mFdn,*3 M re, 1 M re mFdn*, von * bis * wdh bis zur letzten M, Faden in Farbe B vorn lassen und 1 M re.

Zu Farbe B wechseln. 2 M abh Fdv, 1 M li *3 M abh Fdv, 1 M li*, von * bis * bis zur letzten M wdh , 1 M abh Fdh.

Zu Farbe A wechseln und 2 Rd re. Nächste Rd wie folgt str: 1 M re mFdn, *3 M re, 1 M re mFdn*, von * bis * bis zu den letzten 3 M wdh, 3 M re.

Im Muster str bis die Arbeit ca. (22) 25 (28) 31 (36) 39 (41) 44 cm misst und die nächste Rd eine 4. MusterRd ist (in der man den Faden aufnimmt).

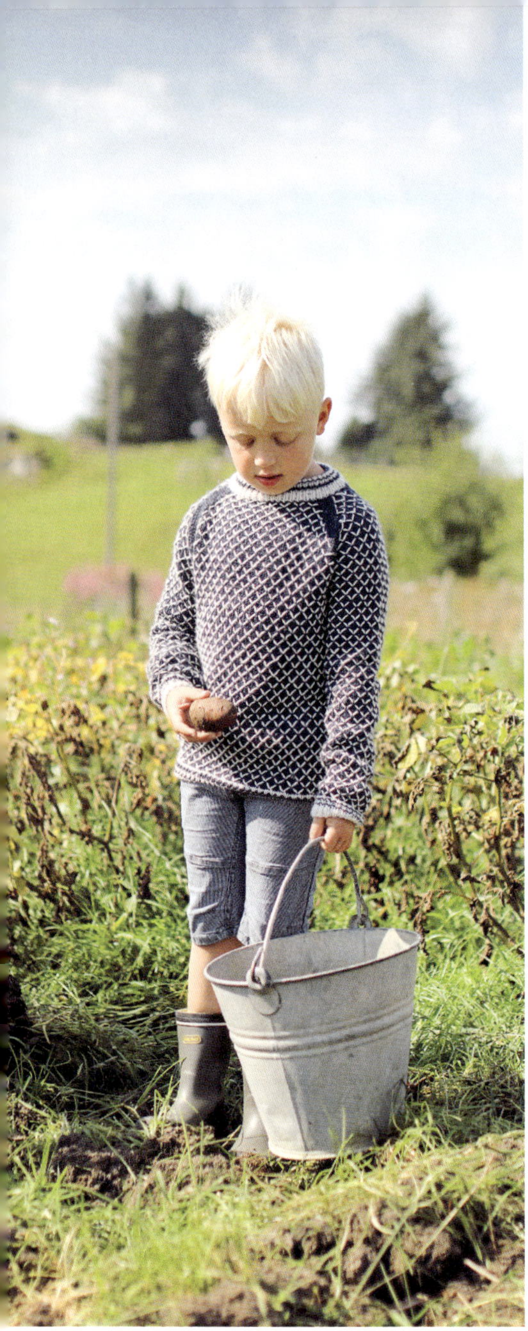

In der nächsten Rd wie folgt für den Ärmel abk: 4 M abk, (61) 61 (65) 69 (73) 77 (77) 81 M Muster, 9 M abk, (61) 61 (65) 69 (73) 77 (77) 81 M Muster, 5 M abketten.

Beiseitelegen und die Ärmel beginnen.

ÄRMEL

(36) 36 (40) 40 (40) 44 (44) 44 M auf Nadelstärke 3 mit Farbe B anschlagen. 6 Rd Rippen (1 M re, 1 M li) str.

Zu Farbe A wechseln. 1 Rd Rippen. Zu Farbe B wechseln. 2 Rd Rippen. Zu Farbe A wechseln. 2 Rd Rippen. Zu Farbe B wechseln. 2 Rd Rippen.

Auf Ndl 3,5 und Farbe A wechseln. 1 Rd re und dabei 4 M gleichmäßig verteilt zun.

Rd-Beginn markieren (untere Ärmelmitte). Im Muster str. Wie folgt alle (6) 5 (6) 4,5 (3,5) 3,5 (3) 3 cm (und in einer Rd, die mit Farbe A gestrickt wird) zun:

1 M re, 1 M zun, im Muster bis zur letzten M, 1 M zun, 1 M re.

Sobald genug M für eine Wiederholung zugenommen wurden, diese im Muster str.

Weiter im Muster und mit Zunahmen str, bis auf (46) 50 (54) 58 (64) 68 (74) 76 M.

Weiterstricken bis das Strickstück ca. (23) 27 (32) 34 (38) 41 (43) 45 cm misst und die nächste Rd eine 4. oder 8. MusterRd ist.

RECHTER ÄRMEL

In der nächsten Rd die ersten 5 und die letzten 4 M abketten.

LINKER ÄRMEL

In der nächsten Rd die ersten 4 und die letzten 5 M abketten.

Ärmel und Körper auf eine Nadel nehmen = (196) 204 (220) 236 (256) 272 (284) 296 M.

Die ersten zwei Maschen des linken Ärmels auf die rechte Nadel schieben, das ist der Rd-Beginn. An jeder Raglanlinie gibt es 4 Raglanmaschen (je 2 M zu beiden Seiten des MM). Diese M werden immer mit Farbe A gestrickt, und in Reihen, die mit Farbe B gestrickt werden, werden sie mit Fdh abgehoben.

Wie folgt MM setzen (1. oder 5. MusterRd): *MM setzen, 2 M abh Fdh, (29) 33 (37) 41 (47) 51 (57) 59 M im Muster, 2 M abh Fdh*, von * bis * wdh.

So in jeder 2. Rd, die mit Farbe A im Muster gestr wird, abn, insg (14) 15 (17) 19 (21) 23 (24) 25 Mal = (84) 84 (84) 84 (88) 88 (92) 96 M.

Sollte eine Reihe fehlen, in der der Faden eingestrickt wird, strickt man diese jetzt.

Auf Nadelstärke 3 wechseln und zu Farbe B. 1 Rd re. Faden abschneiden und die Runde in der hinteren Mitte beginnen.

1 Rd Rippen.

Wie folgt verkürzte Reihen stricken: Rippen str bis 5 M im Vorderteil, wenden, Rippen str zurück bis 5 M im Vorderteil an der anderen Seite, wenden, Rippen str bis 5 M vor der WendeM, wenden, Rippen str zurück bis 5 M vor der WendeM, wenden, bis Rd-Ende Rippen str.

1 Rd Rippen. Zu Farbe A wechseln. 2 Rd Rippen. Zu Farbe B wechseln. 2 Rd Rippen. Zu Farbe A wechseln. 1 Rd Rippen. Zu Farbe B wechseln. 2 Rd Rippen. Zu Farbe A wechseln. 7 Rd Rippen str.

Verkürzte Reihen wiederholen.

Mit einer dickeren Nadel, z.B. Stärke 5 oder sehr locker abketten.

Die Halskante nach innen schlagen und locker festnähen. Darauf achten, dass nichts spannt.

Unter den Ärmeln zusammennähen. Alle Fäden vernähen und den Pulli in einem feuchten Handtuch trocknen.

Fischernetzpulli Herren

Schwierigkeitsgrad 3

Grössen
(S) M (L) XL (XXL)

Wolle
Klompelompe SPØT
Farbe A: 1088, Farbe B: 1042

Menge
Farbe A: (450) 500 (550) 550 (600) g
Farbe B: 50 g

Nadeln
Rdndln Nr. 3 und Nr. 3,5, beide 40 cm und 60 cm, Nadelspiel Nr. 3 und Nr. 3,5

Maschenprobe
22 M auf Nadelstärke 3,5 = 10 cm

Masse
Brustumfang: ca. (98) 101,5 (109) 116 (124,5) cm
Gesamtlänge: ca. (62) 63,5 (66) 70 (73) cm

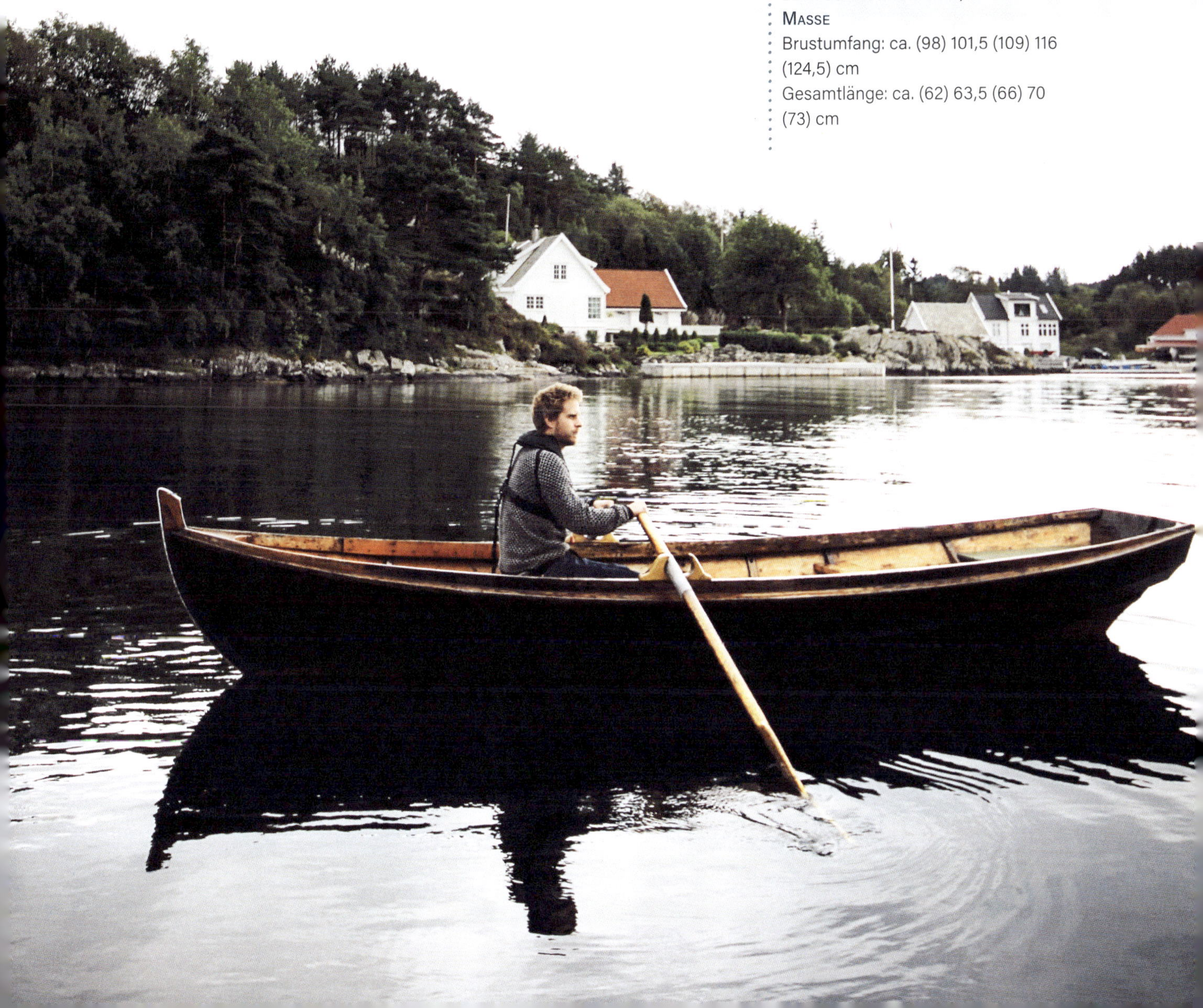

ABKÜRZUNGEN
Fdv: mit Faden vor der Arbeit
Fdh: mit Faden hinter der Arbeit
mFdn: mit Faden (den Faden, der vor der Arbeit liegt, anheben und mit der M re zus str).

Es wird von unten und in Runden auf einer Rundnadel gestrickt.

(210) 218 (234) 250 (266) M auf Nadelstärke 3 mit Farbe A anschlagen. 8 Rd Rippen (1 M re, 1 M li) str.

Zu Farbe B wechseln. 1 Rd Rippen. Zu Farbe A wechseln. 2 Rd Rippen. Zu Farbe B wechseln. 2 Rd Rippen. Zu Farbe A wechseln. 4 Rd Rippen str.

Auf Nadelstärke 3,5 wechseln. 1 Rd re und dabei 6 M gleichmäßig verteilt zun.

MUSTER
Zu Farbe B wechseln und *1 M li, 3 M abh Fdv vor der Arbeit*, von * bis * bis Rd-Ende wdh.
Zu Farbe A wechseln und 2 Rd re.
Nächste Rd wie folgt str: 2 M re, 1 M re mFdn, *3 M re, 1 M re mFdn*, von * bis * wdh bis zur letzten M, Faden in Farbe B vorn lassen und 1 M re.
Zu Farbe B wechseln. 2 M abh Fdv, 1 M li, *3 M abh Fdv, 1 M li*, von * bis * bis zur letzten M wdh, 1 M abh Fdh.
Zu Farbe A wechseln und 2 Rd re.
Nächste Rd wie folgt str: 1 M re mFdn, *3 M re, 1 M re mFdn*, von * bis * bis zu den letzten 3 M wdh, 3M re.

Im Muster str bis die Arbeit ca. (43) 44 (46) 48 (51) cm misst und die nächste Rd eine 4. MusterRd ist (in der man den Faden aufnimmt).
In der nächsten Rd wie folgt für den Ärmel abk: 4 M abk, (99) 103 (111) 119 (127) M im Muster, 9 M abk, (99) 103 (111) 119 (127) M im Muster, 5 M abk.

Beiseitelegen und die Ärmel beginnen.

ÄRMEL
(52) 56 (60) 64 (64) M auf Nadelstärke 3 und Farbe A anschl. 6 Rd Rippen (1 M re, 1 M li) str.
Zu Farbe B wechseln. 1 Rd Rippen.
Zu Farbe A wechseln. 2 Rd Rippen.
Zu Farbe B wechseln. 2 Rd Rippen.
Zu Farbe A wechseln. 2 Rd Rippen.

Auf Nadelstärke 3,5 wechseln. 1 Rd re und dabei 4 M gleichmäßig verteilt zun.

Rd-Beginn markieren (untere Ärmelmitte). Im Muster str.
Wie folgt alle (3) 3 (2,5) 2 (2) cm (und in einer Rd, die mit Farbe A gestrickt wird) zun:

1 M re, 1 M zun, im Muster bis zur letzten M, 1 M zun, 1 M re.
Sobald genug M für eine Wiederholung zugenommen wurden, im Muster stricken.
Weiter im Muster und mit Zunahmen str, bis zu (80) 84 (92) 100 (104) M.

Weiterstricken bis das Strickstück ca. 49 cm (oder die gewünschte Länge) misst und die nächste Rd eine 4. oder 8. MusterRd ist.

RECHTER ÄRMEL
In der nächsten Rd die ersten 5 M und die letzten 4 M abketten

LINKER ÄRMEL
In der nächsten Rd die ersten 4 M und die letzten 5 M abketten.

Ärmel und Körper auf eine Nadel nehmen = (340) 356 (388) 420 (444) M

Die ersten zwei Maschen des linken Ärmels auf die rechte Nadel schieben, das ist der Rd-Beginn. An jeder Raglanlinie gibt es 4 Raglanmaschen (je 2 M zu beiden Seiten des MM). Diese M werden immer mit Farbe A gestrickt, und in Reihen, die mit Farbe B gestrickt werden, werden sie mit Fdh abgehoben.

Wie folgt MM setzen (1. oder 5. MusterRd): *MM setzen, 2 M abh Fdh, (59) 63 (71) 79 (83) M im Muster, 2 M abh Fdh, MM setzen, 2 M abh Fdh, (103) 107 (115) 123 (131) im Muster str, 2 M abh Fdh*, von * bis * wdh.

In der nächsten Rd wie folgt abn:
1 M re, 1 M abh, 1 M re, die abgeh M darüberziehen, im Muster bis 3 M vor MM str, 2 M re zus, 1 M re, von * bis * bis Rd-Ende wdh.

So in jeder 2. Rd, die mit Farbe A im Muster gestr wird, abn, insg (30) 32 (35) 38 (41) Mal = (100) 100 (108) 116 (116) M.

Auf Nadelstärke 3 wechseln und Farbe A. 1 Rd re. Faden abschneiden und die Runde in der hinteren Mitte beginnen.

1 Rd Rippen.

Wie folgt verkürzte Reihen stricken: Rippen str bis 5 M im Vorderteil, wenden, Rippen str zurück bis 5 M im Vorderteil an der anderen Seite, wenden, Rippen str bis 5 M vor der WendeM, wenden, Rippen str zurück bis 5 M vor der WendeM, wenden, bis Rd-Ende Rippen str.

1 Rd Rippen. Zu Farbe B wechseln.
2 Rd Rippen. Zu Farbe A wechseln.
2 Rd Rippen. Zu Farbe B wechseln.
1 Rd Rippen. Zu Farbe A wechseln.
2 Rd Rippen. Zu Farbe B wechseln.
7 Rd Rippen str.

Verkürzte Reihen wiederholen.

Mit einer dickeren Nadel, z.B. Stärke 5 abketten oder sehr locker.

Die Halskante nach innen schlagen und locker festnähen. Darauf achten, dass nichts spannt.

Unter den Ärmeln zusammennähen. Alle Fäden vernähen und den Pulli in einem feuchten Handtuch trocknen.

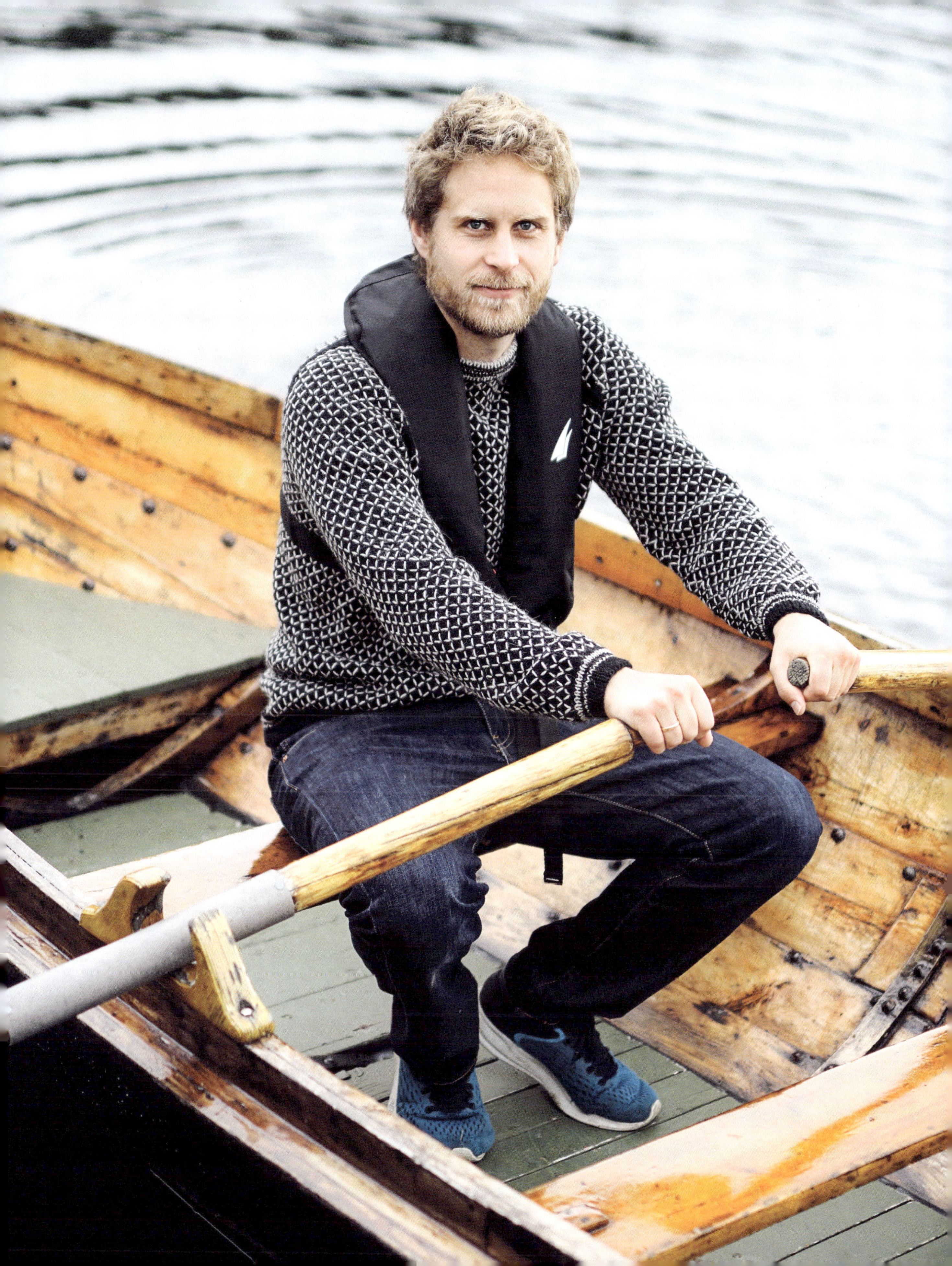

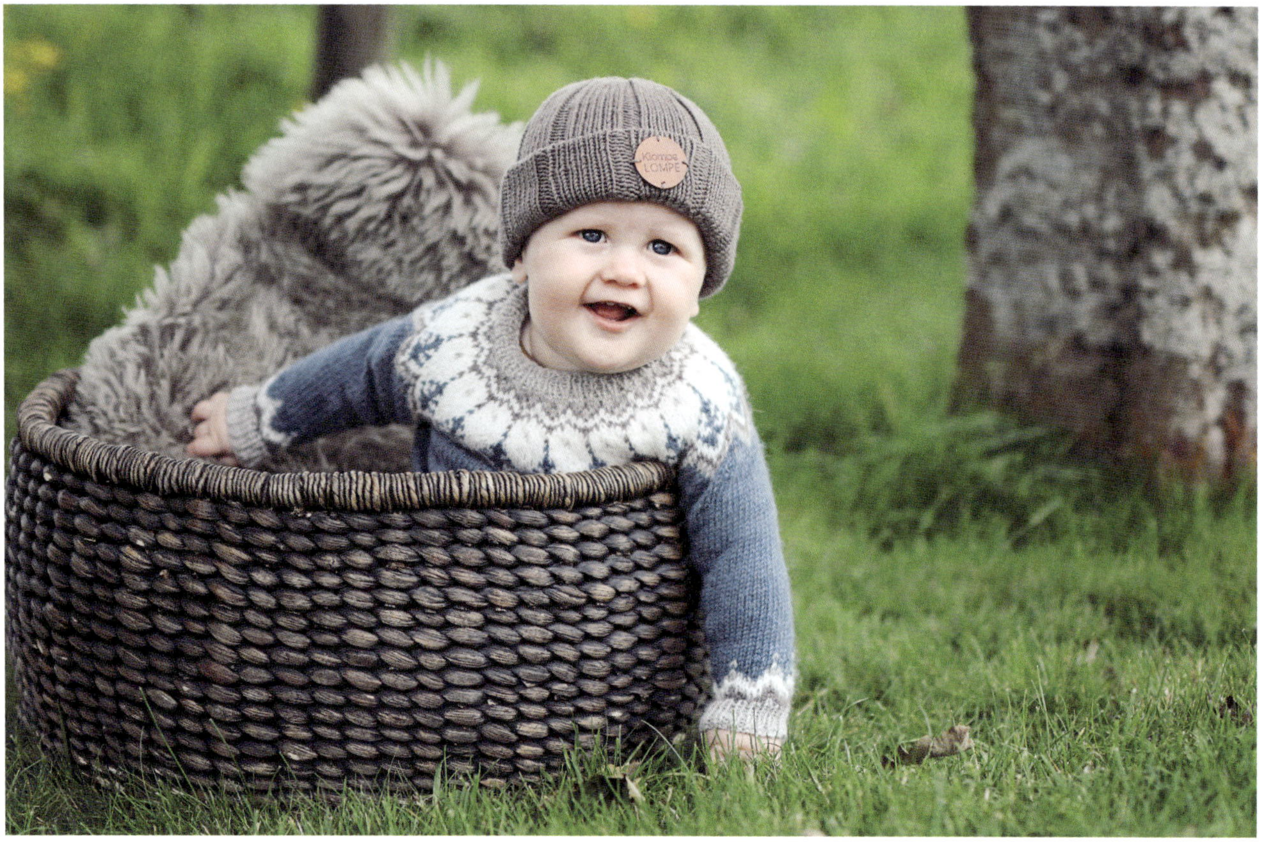

Hipstermütze

Eine unserer Lieblingsmützen für Herren ist die Hipstermütze. Jetzt gibt's sie auch in kleineren Größen und mit einem Umschlag im selben Muster. Ein lässiges Detail ist der Lederflicken auf dem Bund.

Schwierigkeitsgrad 1

GRÖSSEN
(1–3 Mon) 6–9 Mon (1–4 J) 6–8 J (10–14 J) S/M (L/XL)

WOLLE
Klompelompe Merinoull, Farbe 2652

MENGE
100 g alle Größen

NADELN
Rdndl Stärke 3,5, 40 cm, Nadelspiel Nr. 3,5, ev. Rdndl 80 cm für Magic Loop

MASCHENPROBE
22 M auf Nadelstärke 3,5 = 10 cm

(72) 80 (88) 96 (100) 100 (104) M auf Nadelstärke 3,5 anschl.

Wie folgt (32) 34 (34) 36 (38) 38 (40) Rd str: *6 M re, 2 M li* (bei Gr 10–14 J und S/M *8 M re, 2 M li*), von * bis * bis Rd-Ende wdh. Den Umschlag umklappen und in der nächsten Rd, am besten bei den linken Streifen, feststricken. Fällt Ihnen das schwer, kann man ihn auch am Ende festnähen

Noch 2 Rd str.

Arbeit auf links wenden. Ab jetzt strickt man *2 M li, 6 M re* (bei Gr 10–14 Jahre und S/M *2 M li, 8 M re*), von * bis * bis Rd-Ende wdh.

Weiter im Rippenmuster str bis die Arbeit ab der Wendekante (9) 11 (13) 15 (16) 17 (18) cm misst.

Gr (10–14 Jahre) und Gr (S/M):
2 M li, 2 M re zus, 4 M re, 2 M re zus, von * bis * bis Rd-Ende wdh.
2 Rd im Rippenmuster str.

Alle Größen:
In der nächsten Rd wie folgt abn: *2 M li, 2 M re, 2 M re zus, 2 M re*, von * bis * bis Rd-Ende wdh.

2 Rd im Rippenmuster.

Nächste Rd: *2 M li zus, 5 M re*, von * bis * bis Rd-Ende wdh.

1 Rd im Rippenmuster.

Nächste Rd: *1 M li, 2 M re zus, 3 M re*, von * bis * bis Rd-Ende wdh.

Nächste Rd: *1 M li, 2 M re, 2 M re zus*, von * bis * bis Rd-Ende wdh.

Nächste Rd: *1 M li, 1 M abh, 2 M re zus, die abgeh M darüberziehen, 1 M li, 3 M re*, von * bis * bis Rd-Ende wdh, aber bei Gr (1–3 Mon) (1–4 J) und (L/XL) die Rd mit 1 M li, 1 M abh, 2 M re zus, die abgeh M darüberziehen beenden.

Nächste Rd: *1 M li, 1 M re, 1 M li, 1 M abh, 2 M re, die abgeh M darüberziehen*, von * bis * bis Rd-Ende wdh, aber bei Gr (1–3 Mon) (1–4 J) und (L/XL) die Rd mit 1 M li, 1 M re beenden.

Nächste Rd: *1 M li, 1 M re*, von * bis * bis Rd-Ende wdh.

Jetzt alle M rechts str.

Nächste Rd: *2 M re, 2 M re zus*, von * bis * bis Rd-Ende wdh.

Nächste Rd: *1 M re, 2 M re zus*, von * bis * bis Rd-Ende wdh.

Nächste Rd: *2 M re zus*, von * bis * bis Rd-Ende wdh.
Faden abschneiden, Faden durch die Maschen fädeln und zusammenziehen.

Alle Fäden vernähen.

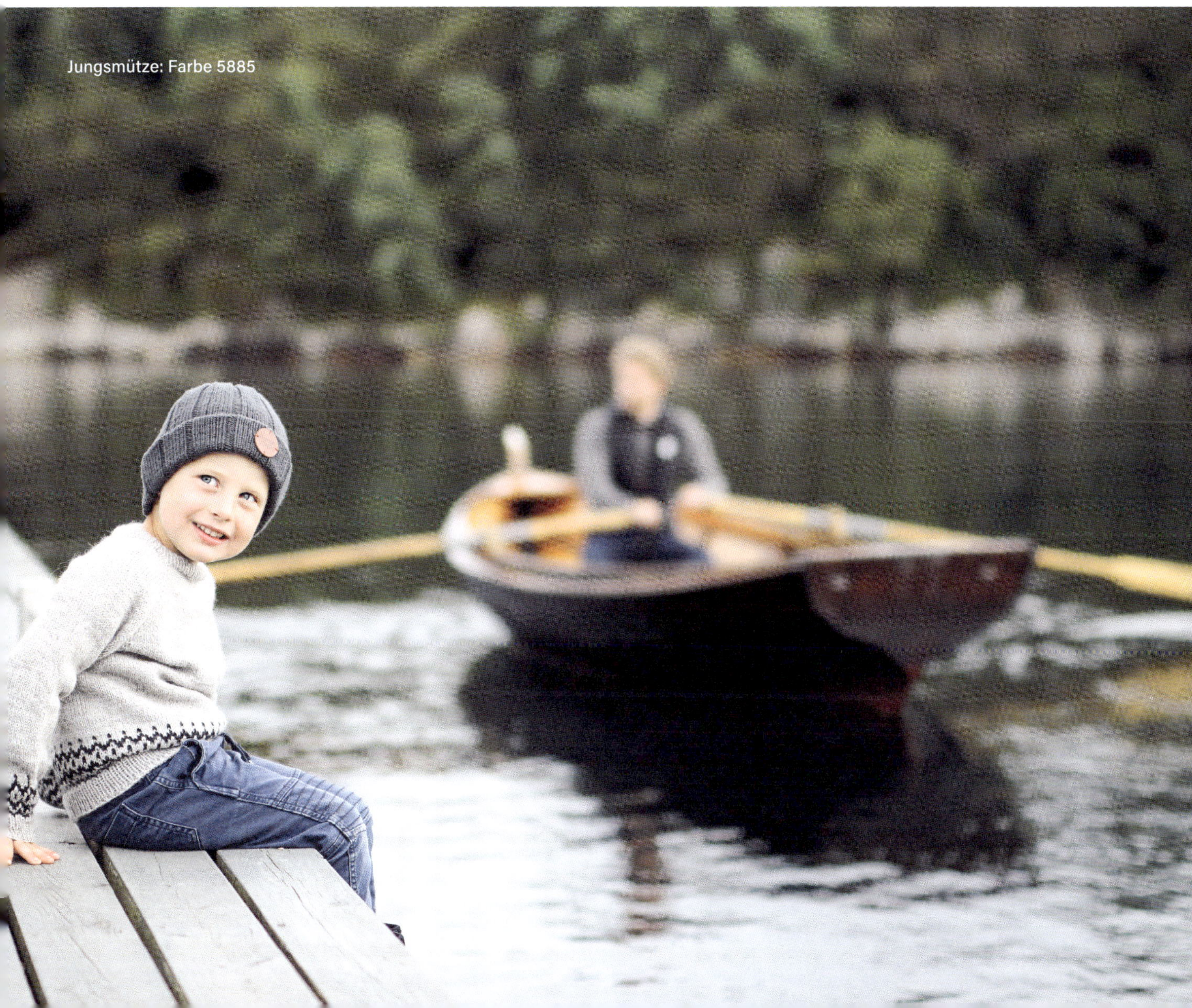

Jungsmütze: Farbe 5885

Auf der Insel

Kavholmen, Karmøy

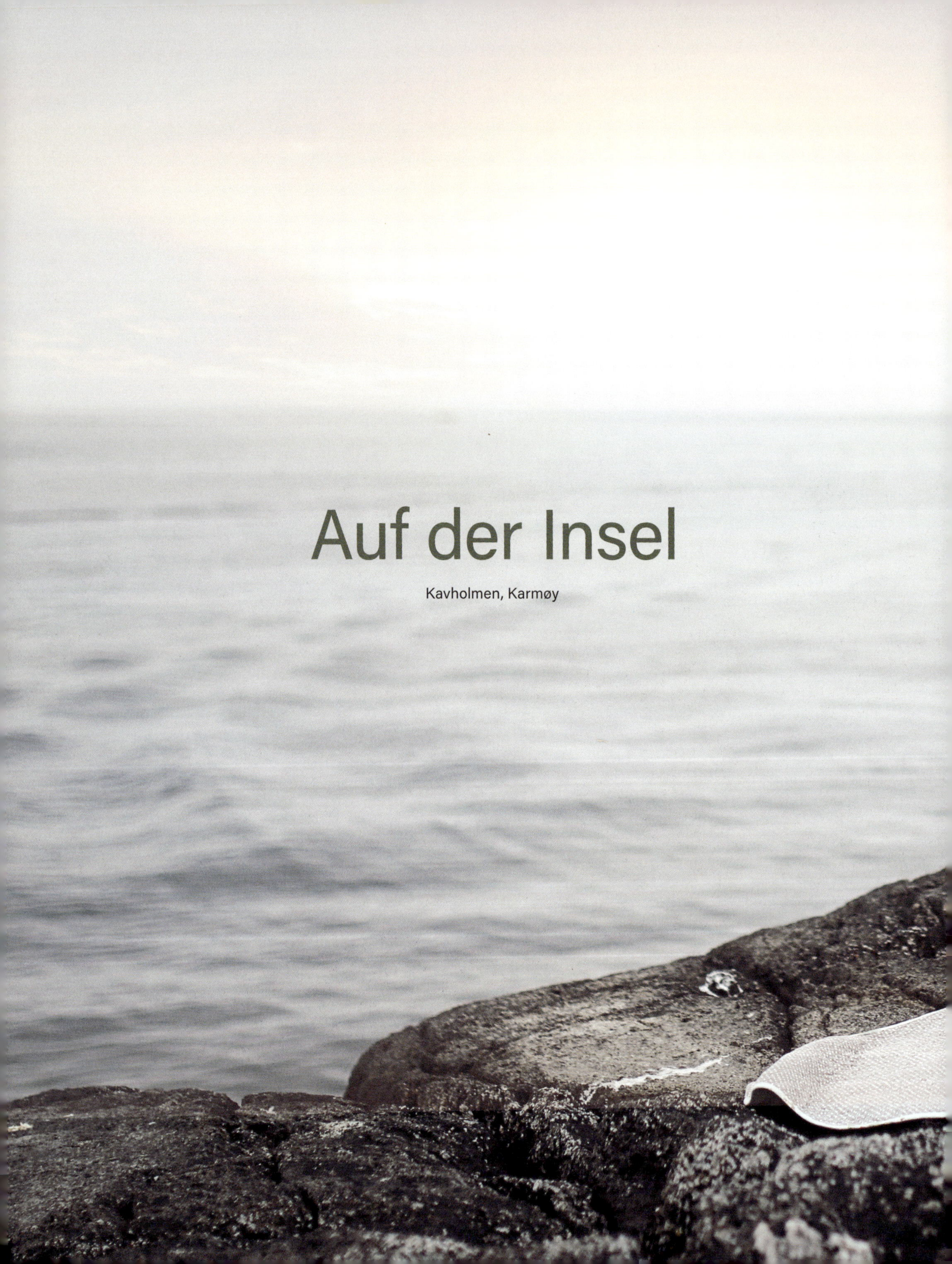

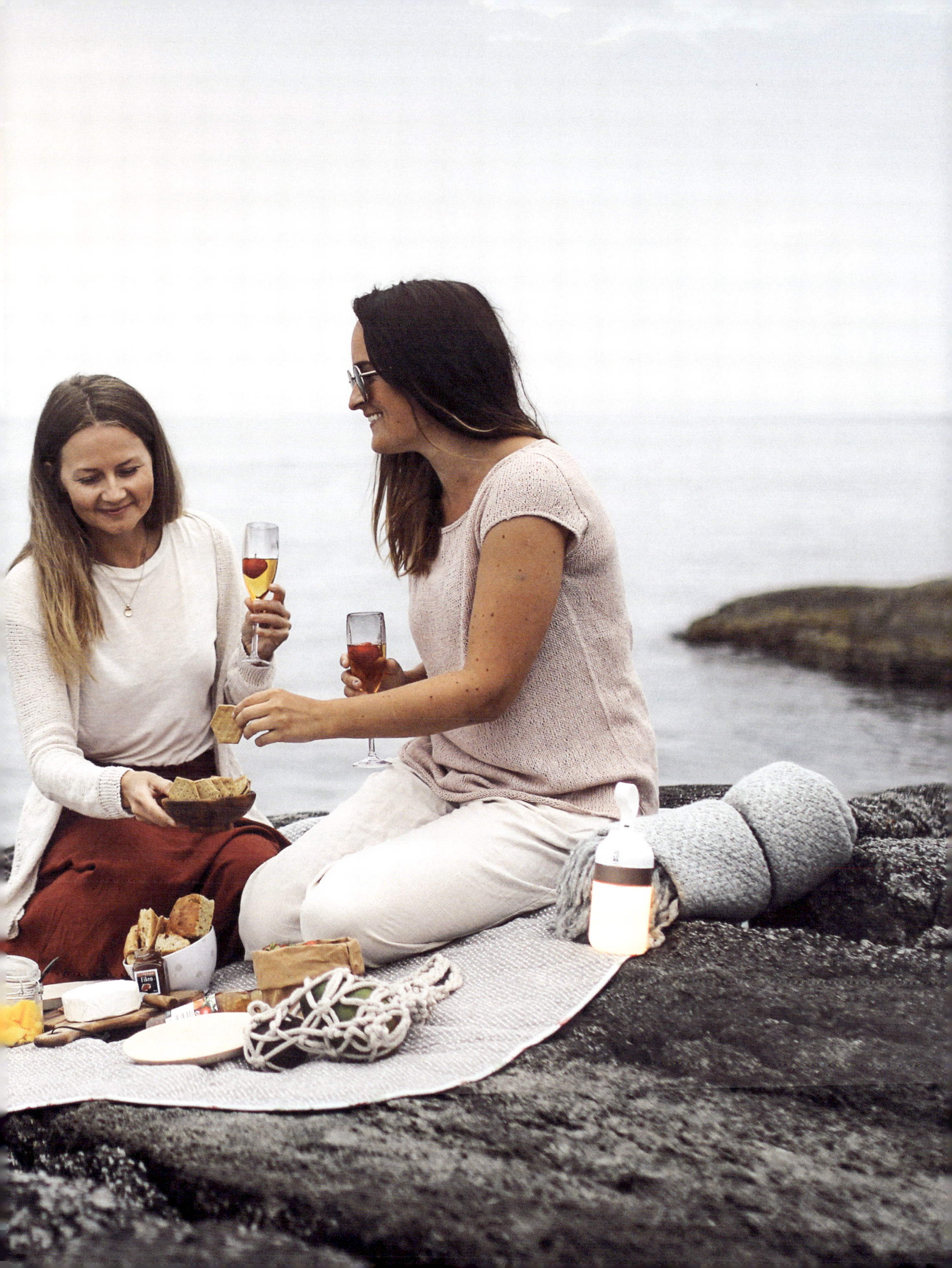

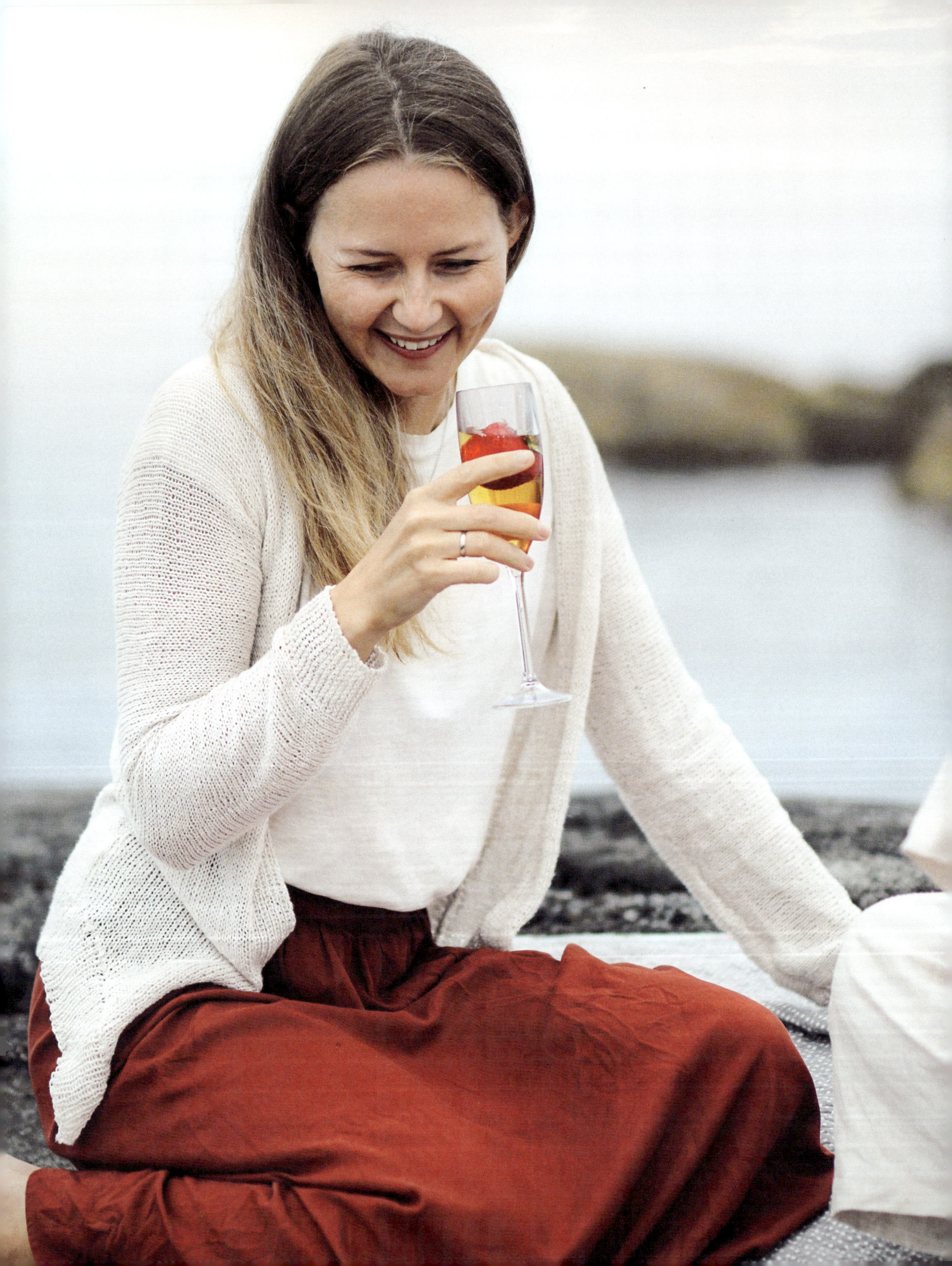

Leinenjacke Damen

Eine kühle, herrlich leichte Jacke aus Leinen.
Perfekt für einen lauen Sommerabend.

Schwierigkeitsgrad 1

GRÖSSEN
(XS–S) M–L (XL)
WOLLE
Sandnes Garn Tynn Line, Farbe 1015
MENGE
(200) 250 (300) g
NADELN
Rundnadel Stärke 3,5, 80 cm
MASCHENPROBE
22 M auf Nadelstärke 3,5 = 10 cm
MASSE
Brustumfang: ca. (101) 115 (132) cm
Gesamtlänge: ca. (55) 58 (63) cm

Die Jacke wird in einem Stück gestrickt und unten am Rückenteil begonnen.

(111) 127 (145) M auf Nadelstärke 3,5 anschl. 6 cm Rippen (1 M re, 1 M li) in Reihen str. Weiter glattrechts bis die Arbeit (41) 43 (46) cm misst.
Jetzt beidseitig für die Ärmel zunehmen. 16 M anschl, die M auf der Nadel re, 16 M anschl. 1 R li und 16 M anschl, 1 R re und 16 M anschl. Wdh bis auf jeder Seite insg 6 Mal 16 M angeschlagen wurden = (303) 319 (337) M (je 96 Ärmel-M).

Ab jetzt werden die 12 M an beiden Rändern krausrechts gestrickt (= jede Reihe re), die restl M glatt rechts.

Weiter glatt rechts und krausrechts str bis die Arbeit (11) 12 (14) cm misst, gemessen ab den letzten angeschlagenen 16 M, letzte R ist eine RückR.

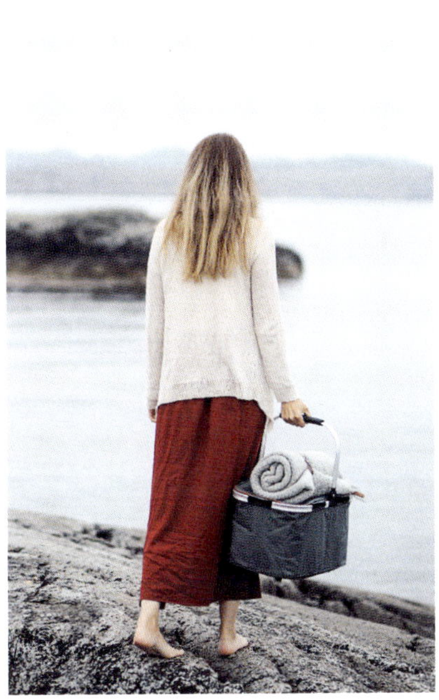

Nächste R: (126) 134 (143) M auf eine extra Nadel re abstricken, 51 M abk, (126) 134 (143) M re.

Das Strickstück beiseitelegen.

15 M auf Nadelstärke 3,5 anschl. 11 cm Rippen (1 M re, 1 M li) str. Die M auf der Nadel lassen und beiseitelegen.

Jetzt wird jedes Vorderteil getrennt gestrickt, zuerst das linke:

2 R glattrechts, dabei in der HinR am Hals 1 M abk = 1 M abgenommen.

Nächste R (RückR): 12 M re, bis R-Ende li, über die 15 stillgelegten M Rippen str.

Ab jetzt werden die 15 M am Hals in Rippen (1 M re, 1 M li) und der Rest weiter glatt- und krausrechts gestrickt. Weiterstr bis die Arbeit (22) 24 (28) cm außen am Ärmel misst.

Ab jetzt in jeder R je 16 M zu R-Beginn abk bis alle 96 Ärmel-M zu beiden Seiten abgekettet sind.

Weiter glatt rechts und krausrechts str bis die Arbeit (35) 37 (40) cm misst, gemessen unterm Ärmel. Aber nach 5 cm ab der Achsel wie folgt in den HinR zun: Bis zu den letzten 2 M re, 1 M zun, 2 M re. Alle 3 cm insg (10) 11 (12) Mal zun.

Nächste Rd (RückR): 2 M li zus, bis R-Ende li. Nächste Rd: Bis zu den letzten 2 M re, 2 M re zus.

Weiter beidseitig je 1 M abn bis noch 16 M übrig sind (inklusive der 15 Rippen-M). Längs der abgenommenen M neue M aufnehmen, 1 M aus jeder M. 6 cm Rippen über alle M str. In der letzten Rd abketten.

Das rechte Teil gegengleich beenden. Zu Anfang 15 M aus den 15 M aufnehmen, die für den Nacken angeschlagen wurden.

Die Jacke unter den Ärmeln und an den Seiten zusammennähen.

Alle Fäden vernähen, die Strickjacke in einem feuchten Handtuch trocknen oder vorsichtig dämpfen.

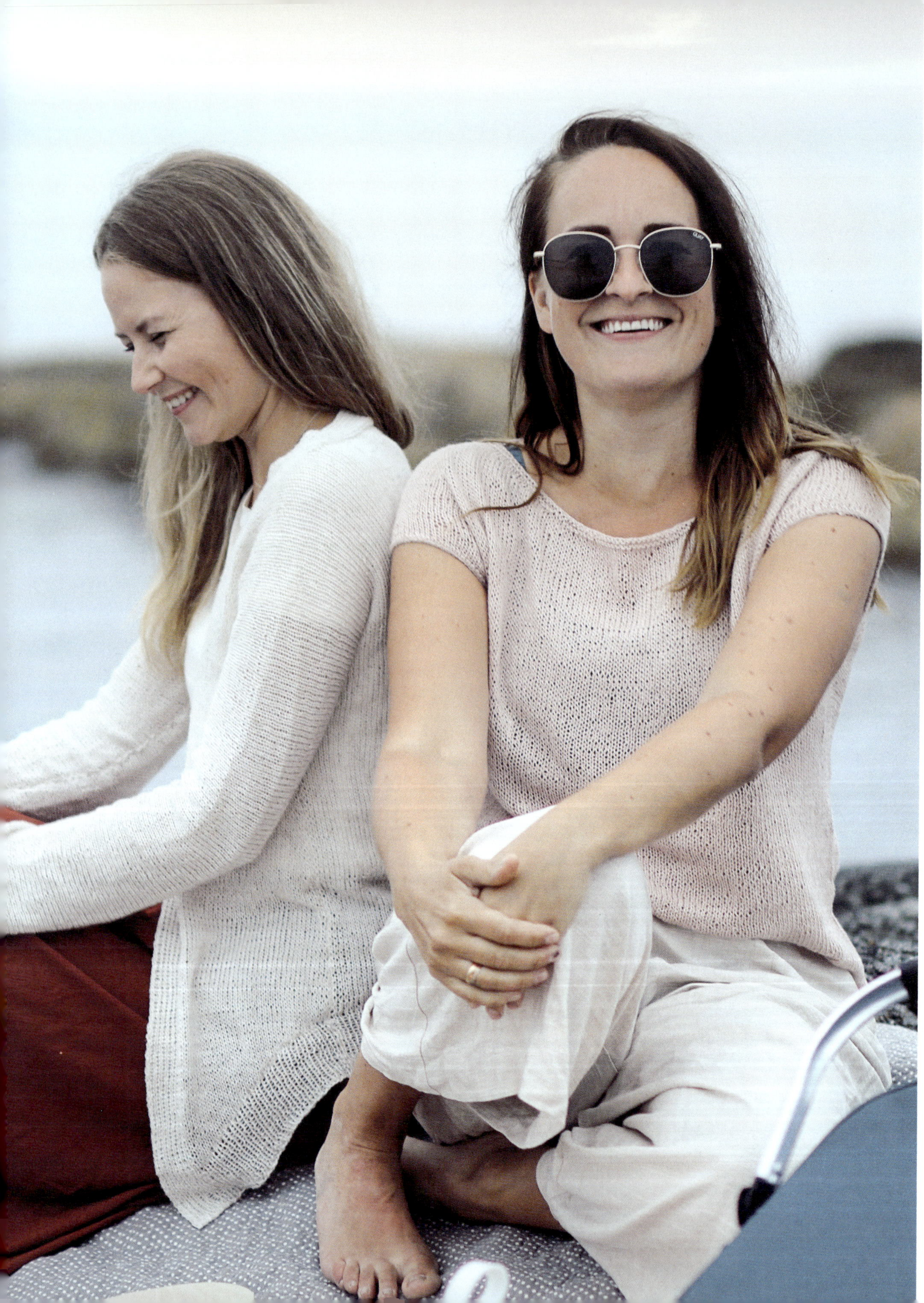

Leinentop Damen

Der schlichte, klassische Schnitt und die tolle Schulterkonstruktion machen dieses Top aus Leinen zu einem Lieblingsstück für den Sommer.

Schwierigkeitsgrad 4

GRÖSSEN
(XS) S (M) L (XL) XXL

WOLLE
Sandnes Garn Tynn Line, Farbe 3511

MENGE
(150) 150 (150) 200 (250) 250 g

NADELN
Rdndln Nr. 3 und Nr. 3,5, beide 60 cm und 80 cm

MASCHENPROBE
22 M auf Nadelstärke 3,5 = 10 cm

MASSE
Gesamtlänge: ca. (62) 63 (64) 64 (65) 67 cm
Brustumfang: ca. (89) 94 (99) 108 (119) 126 cm

Das Top wird von oben und in Runden gestrickt. Der Rd-Beginn liegt in der hinteren Mitte.

(136) 142 (150) 150 (154) 154 M auf Nadelstärke 3 anschl. 2 Querrippen (1 Querrippe = 1 Rd re, 1 Rd li). Auf Nadelstärke 3,5 wechseln und 1 Rd re.

Beidseitig der (62) 66 (70) 70 (72) 72 M im mittleren Rückenteil je einen MM setzen (31) 33 (35) 35 (36) 36 M ab R-Beg/Rd-Ende von jeder Seite). Die MM markieren die Schulter sowie Vorder- und Rückenteil.

Jetzt werden verkürzte R mit Doppelmasche gestrickt (s. Video auf Klompelompe.no).

Bis 1 M vor dem 1. MM re, 1 M aus der M eine R unter der nächsten M zun (das rechte Maschenglied der M 1 Rd tiefer auf die Nadel heben und re str), 1 M re, MM, 1 M re, 1 M aus der M unter der gerade gestrickten zun (das linke Maschenglied der M 1 Rd tiefer auf die Nadel heben und str), 2 M re, wenden, bis 1 M vor 1. MM li, 1 M li in die M darunter, 2 M li, 1 M li in die M unter der vorigen M, 4 M li, wenden, re mit Zun wie beim 1. MM str, bis 2 M nach der letzten Wenden M (oder Doppelmasche) str, wenden, bis 3 M nach dem 2. MM mit Zun li, wenden, bis 4 M nach dem 2. MM re mit Zun, wenden, bis 2 M vor der letzten Doppelmasche mit Zun li, Doppelmasche, bis Rd- Ende re mit Zun.

Nun an jeder Seite des Vorderteils wie folgt verkürzte Reihen stricken: *Re mit Zun an beiden MM bis 2 M hinter der letzten Doppelmasche am Vorderteil, wenden, li mit Zun an beiden MM bis 2 M hinter der letzten Doppelmasche am Vorderteil, wenden*, von * bis * wdh bis insg (8) 8 (8) 10 (10) 12 Mal an der Schulter zugenommen wurde. Bis zum Rd-Beginn re. Jetzt je 1 MM beidseitig der Maschen an den Schulter-MM setzen und die Schulter-MM entfernen. An diesen 2 Ärmelmaschen wird zugenommen, während die Maschenzahl am Vorder- und Rückenteil konstant bleibt.

Wie folgt nach links oder rechts neigend zunehmen:
In einer HinR li neigend zun: Den Querfaden mit der li Nadel von vorn aufn und re verschr str.

In einer RückR li neigend zun: Den Querfaden mit der li Nadel von hinten (der linken Seite der Arbeit) aufn und li verschr str.

In der HinR re neigend zun: Den Querfaden mit der li Nadel von hinten aufn und re str.

In der RückR re neigend zun: Den Querfaden mit der li Nadel von hinten (der rechten Seite der Arbeit) aufn und li str.

Wie folgt für die Ärmel zun
Bis zum MM re, MM abh, li neig zun, bis zum nächsten MM str, re neig zun, MM abn, bis 4 M hinter der letzten Doppelmasche str, wenden, bis zum MM li, re neig zun (RückR), 4 M li, li neig zun (RückR), bis zum 2. MM li. Die Zun wie an der anderen Schulter wdh und 4 M hinter die letzte Doppelmasche str. Weiter so in Reihen bis 4 M nach der letzten Doppelmasche, mit Zun an den ÄrmelM in jd R str bis insg 8 Mal an jedem MM zugenommen wurde. Bis Rd-Ende re.

1 Rd re.
Weiter in Rd stricken und in jeder 2. Rd an den Ärmel-M zun.
Nach 17 Zun in jeder 2. Rd und nach 1 Rd ohne Zun wie folgt weiterstr (Achtung: Gleichzeitig weiter in jeder 2. Rd an den Ärmeln zun).

Achtung: Jetzt wird das Armloch durch verkürzte R vergrößert, ohne die Ärmel zu verlängern. Bis 8 M vor dem Ärmel (mit Zun) re, wenden, bis 8 M vor dem anderen Ärmel li (am MM an die li Zun denken), wenden, bis 1 M vor der letzten Doppelmasche re, wenden, bis 1 M vor der letzten Doppelmasche li, wenden. Verkürzte R str mit 1 M zwischen den Doppelmasche bis insg 7 Mal an jd Seite gewendet wurde, mit Zun re bis 8 M am linken Ärmel. Die verkürzten R wie am Rückenteil str (jetzt wird immer in der HinR zugenommen).

Bis Rd-Ende re mit Zun. 1 Rd re ohne Zun.

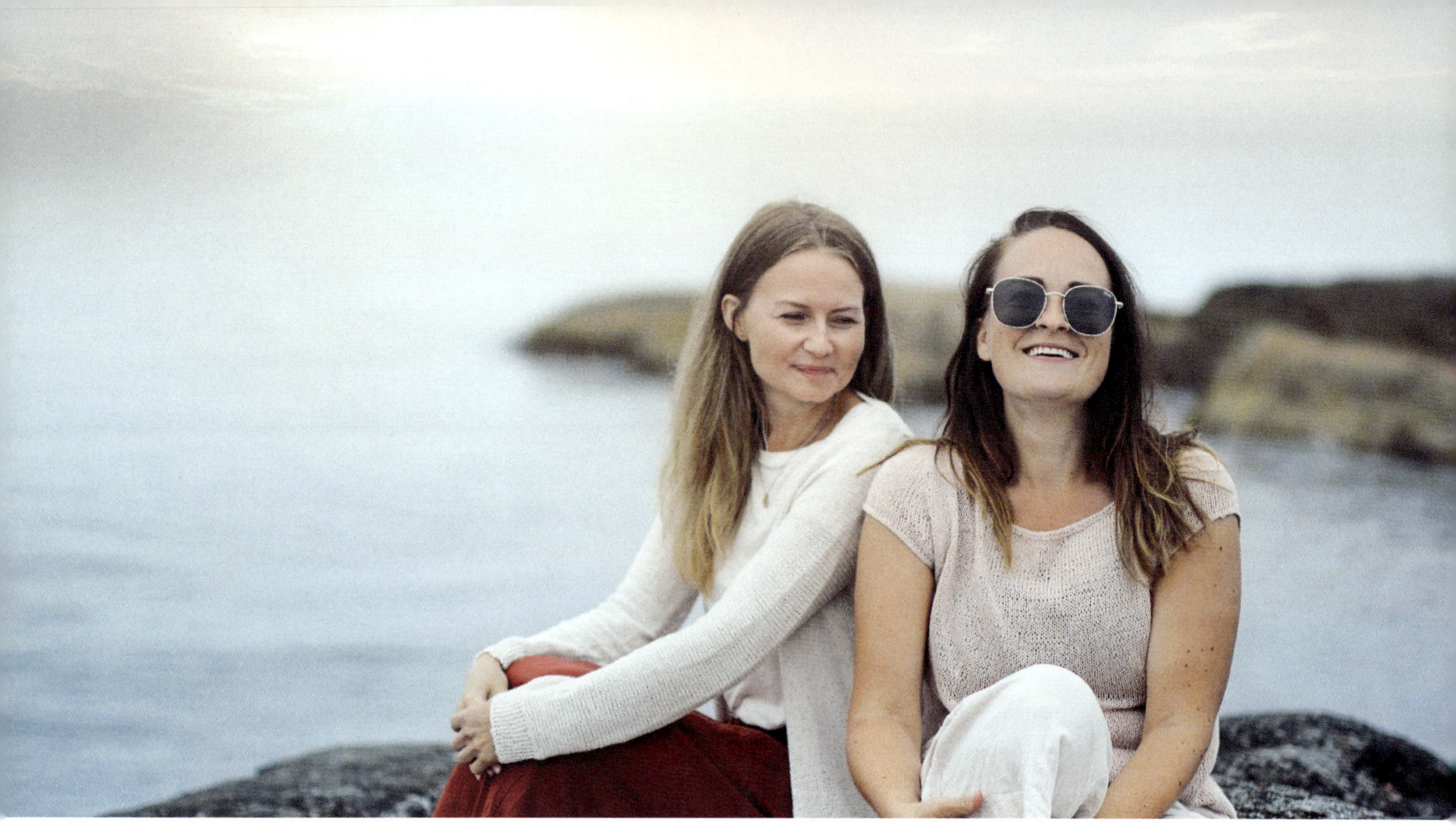

Verkürzte Reihen str, nach (6) 6 (6) 6 (10) 13 ÄrmelM zum ersten Mal wenden und dann immer 1 M vor der letzten Doppelmasche. Gleichzeitig werden die äußeren M an Vorder- und Rückenteil zu RaglanM, an denen man umgekehrt wie an den Ärmeln für Vorder- und Rückenteil an der anderen Seite der RaglanM zunimmt. Wdh bis je (3) 4 (5) 5 (8) 11 Mal an jd Ärmel sowohl am Rücken- wie am Vorderteil gewendet wurde. Bis Rd-Ende re mit Zun. 1 Rd re ohne Zun (= (4) 5 (6) 6 (9) 12 Raglanzunahmen).

Größe L (XL) XXL

Verkürzte Reihen beidseitig der RaglanM str. (-) – (-) 3 (5) 6 M am Ärmel nach der ersten Doppelmasche beginnen und wie im vorigen Abschnitt beschrieben weiterstr bis je (-) – (-) 2 (4) 5 Mal an jd Ärmel sowohl am Rücken- wie am Vorderteil gewendet wurde.

Bis Rd-Ende re mit Zun. 1 Rd re ohne Zun str (= (-) - (-) 3 (5) 6 Raglanzunahmen).

1 Rd re, die ÄrmelM stilllegen und jeweils 8 M unter dem Arm aufschl = (196) 206 (218) 238 (262) 278 M.

Glattrechts in Rd str. In der 1. Rd je einen MM beidseitig der mittleren 44 M des Vorderteils setzen.

In der nächste Rd bis 2 M vor dem 1. MM str, 2 M re zus, bis zum nächsten MM str, 1 M abh, 1 M re, die abgeh M darüberziehen. In jd 4. Rd insg 3 Mal abn = (190) 200 (212) 232 (256) 272 M.

Weiter glattrechts str bis das Strickstück (55) 56 (57) 57 (58) 60 cm ab den Schultern misst. Faden abschneiden. Die Arbeit aufteilen: (95) 100 (106) 116 (128) 136 RückenteilM und (95) 100 (106) 116 (128) 136 VorderteilM. An der Seite beginnen und zuerst das Rückenteil 7 cm glattrechts in Reihen str. In der nächsten R wie folgt abk (auch mit Nadelstärke 3,5):

1 M 2 R tiefer von hinten aufn, diese M und die aktuelle M re zus, von * bis * bis R-Ende wdh und dabei abketten.

(95) 100 (106) 116 (128) 136 Vorderteil-M in Reihen über 6 cm glattrechts str, dann wie am Rückenteil abketten.

ÄRMEL

Mit Nadelstärke 3,5 ab der Mitte aus den 8 unterm Arm angeschlagenen M 4 M aufn, die stillgelegten M re und am Ende 4 M aufn.

3 Rd re. Wie am Körper abketten (auch mit Nadelstärke 3,5), aber nicht zu stramm.

Alle Fäden vernähen und den Pulli in einem feuchten Handtuch trocknen.

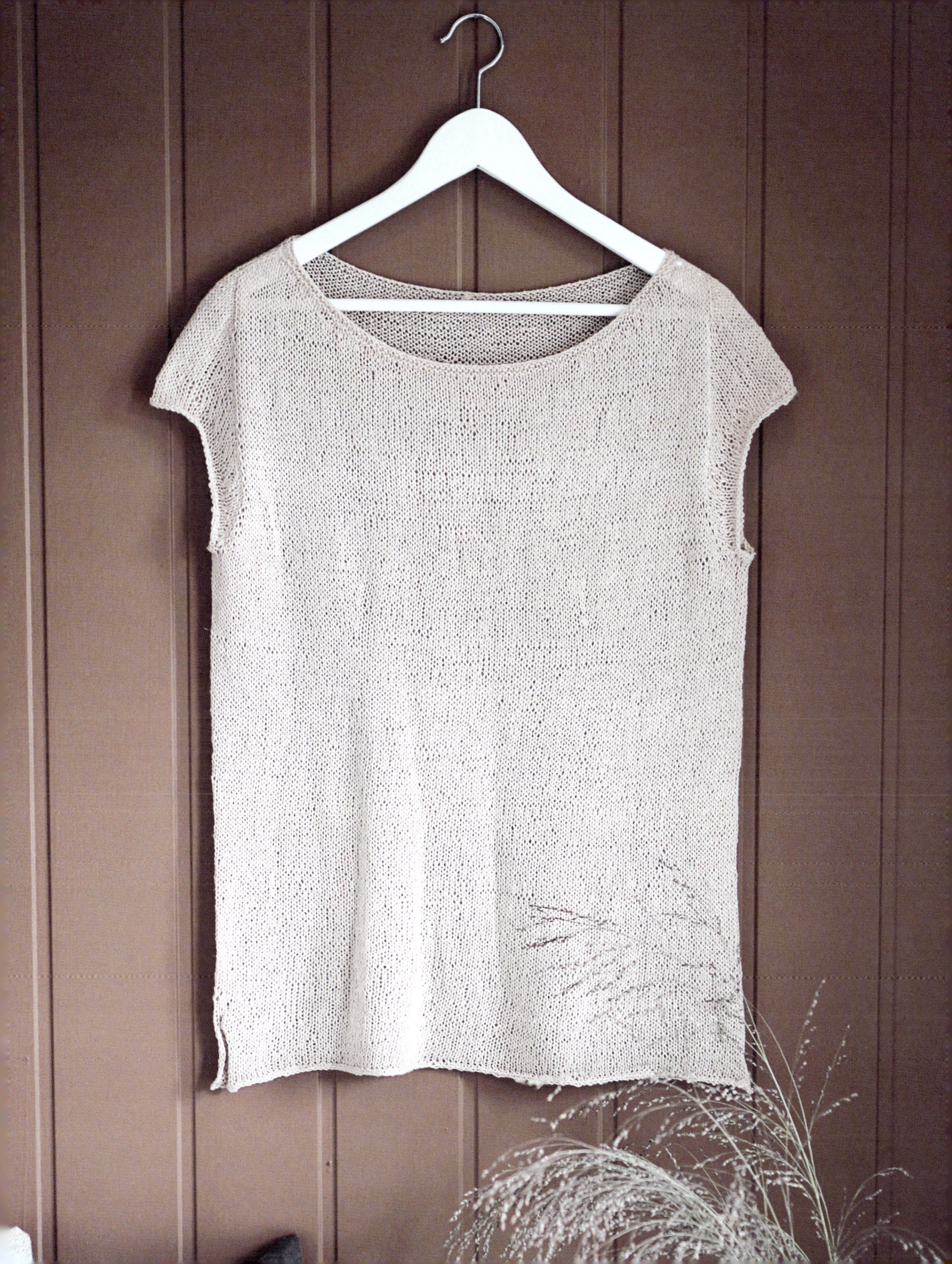

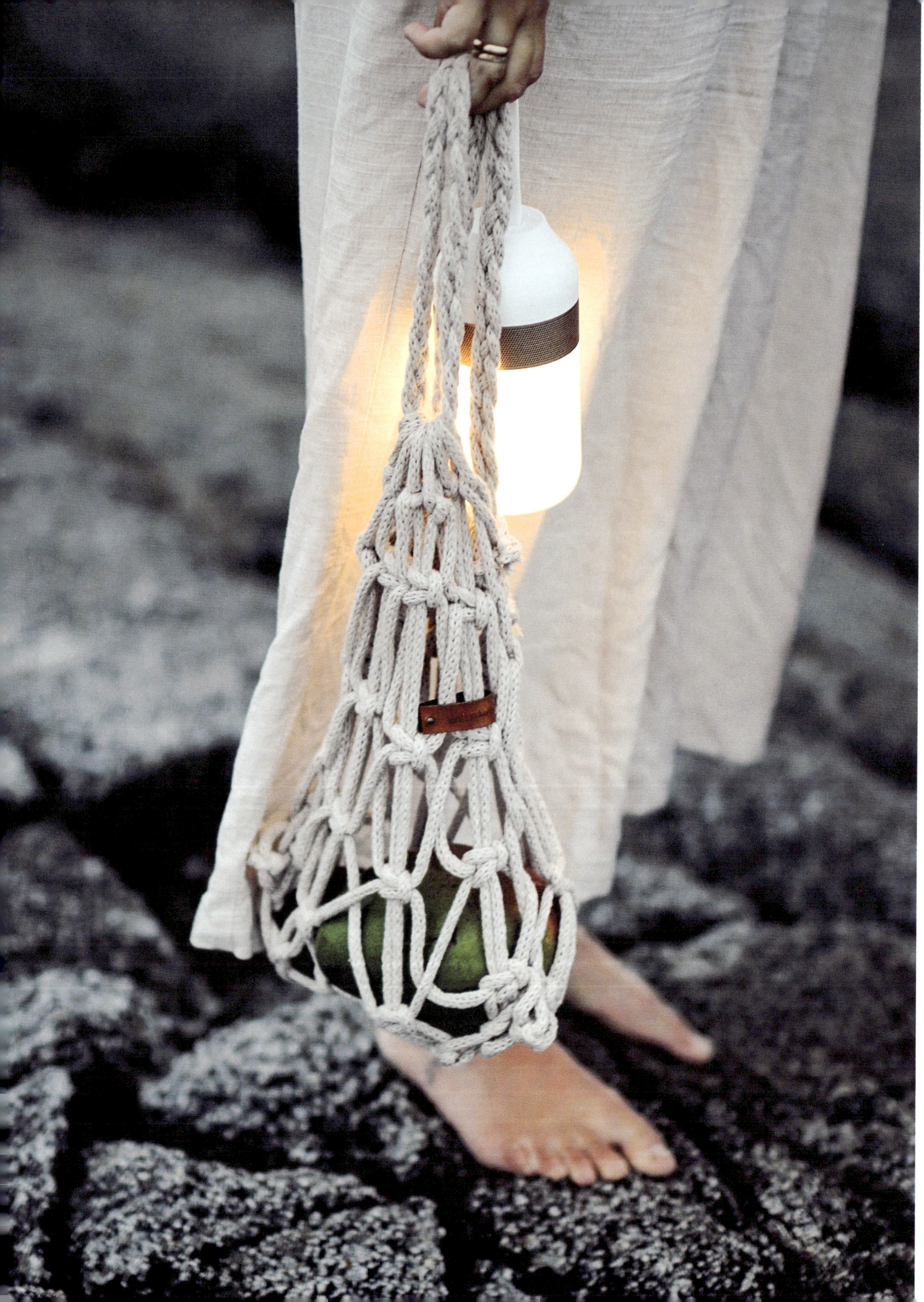

Strandnetz

Probieren Sie unterschiedlich dickes Garn oder verschiedene Seilarten, um das Strandnetz in vielen Größen zu knüpfen. Wenn man die Löcher ein bisschen kleiner macht, ist es auch ideal als Einkaufs- oder Gemüsenetz.

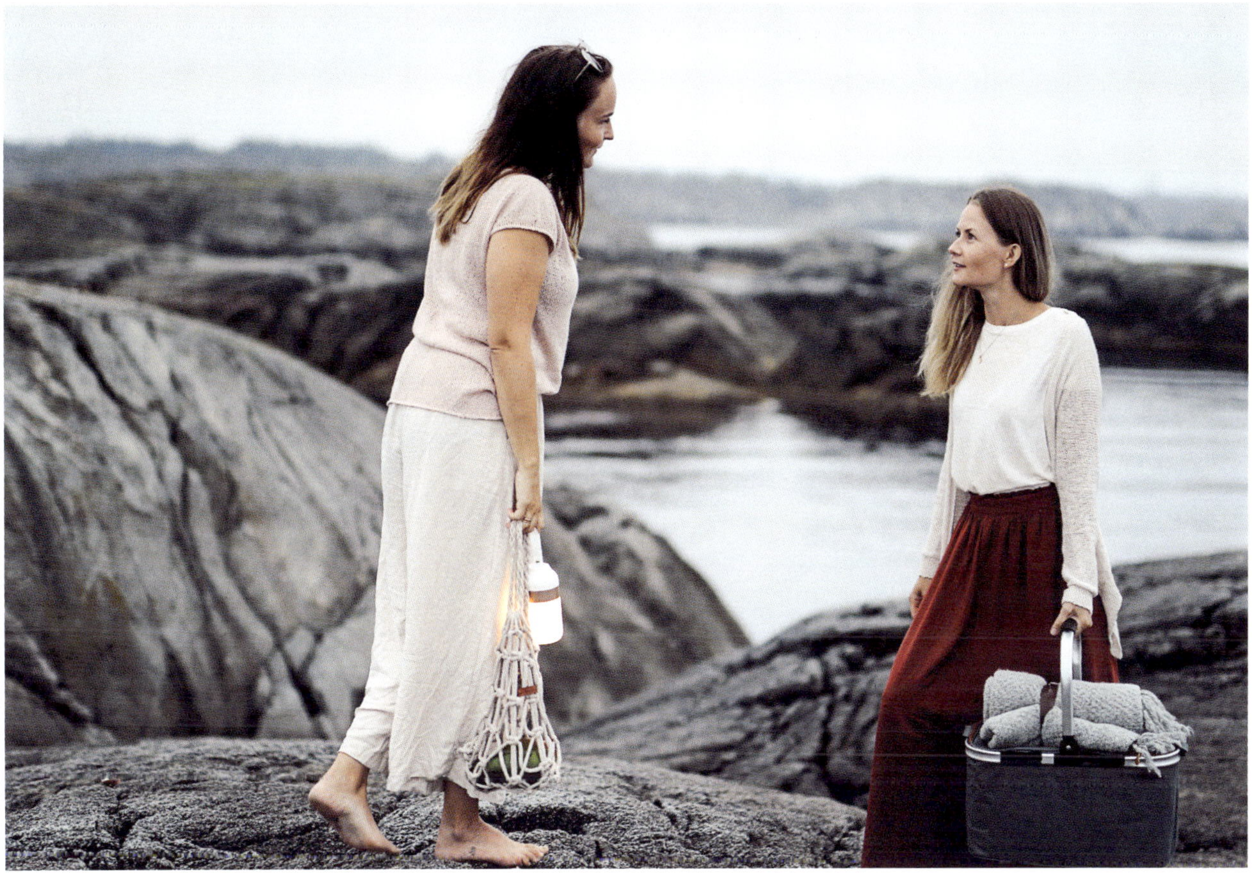

Schwierigkeitsgrad 2

Grössen
30 x 26 cm (ohne Griff).
Wolle
Sandnes Garn Line, Farbe 2331, oder ein anderes Seil
Menge
200 g
Nadeln
Strickmühle oder Nadelspiel Nr. 3,5

Bei diesem Strandnetz können Sie die Stärke des Seils frei wählen, genau wie die Größe und eventuell die Garnart. Man braucht ca. 10 x so viel Seil wie die Länge, die das fertige Strandnetz haben soll, was ohne den extra angefertigten Griff gemessen wird.

Mit einer Strickmühle oder Nadeln eine Kordel stricken. Wir empfehlen eine Mühle, weil viele Meter nötig sind. Eventuell ein fertiges Seil kaufen.

Für ein Netz in der Größe, die wir hier zeigen, braucht man 8 Seile à ca. 3 m. Diese über einen Besenstiel oder Ähnliches hängen. Darauf achten, dass die Enden gleich lang sind.

Zuerst wie auf dem Foto (sh. S. 54) in jedes Seil einen Doppelknoten knüpfen. Jetzt hängen 16 Seilenden hinab.

Die erste Knotenreihe (sh. Fotos S. 54): Die ersten 4 Seile werden von links geknotet: Die beiden mittleren Seile

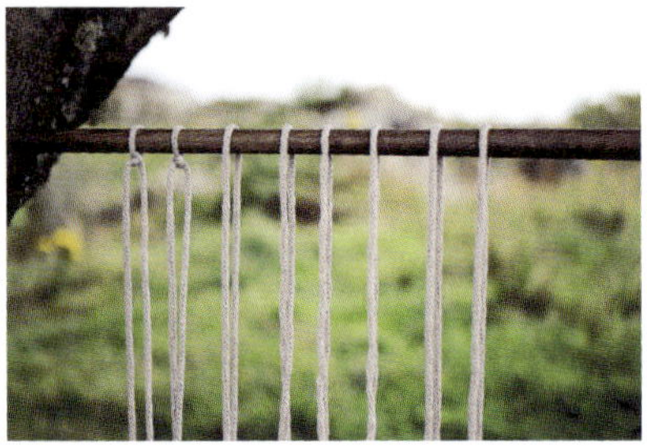

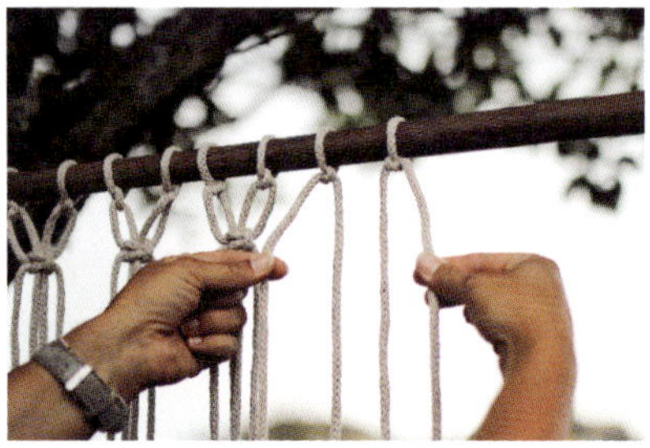

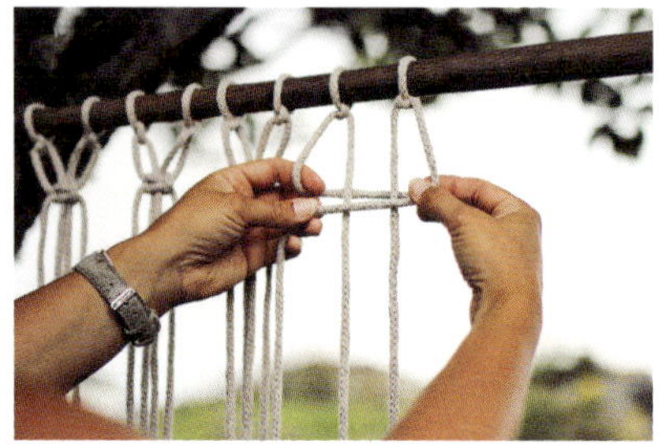

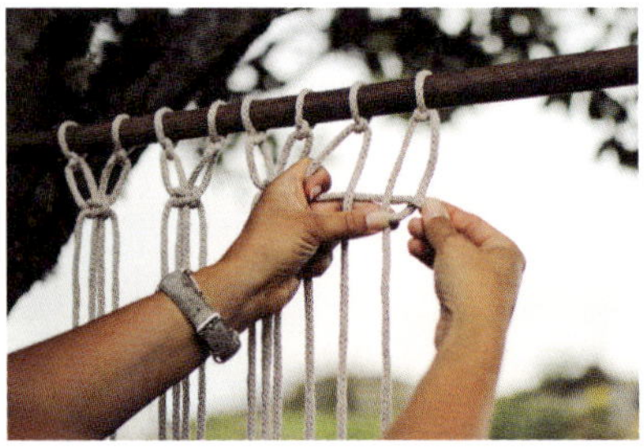

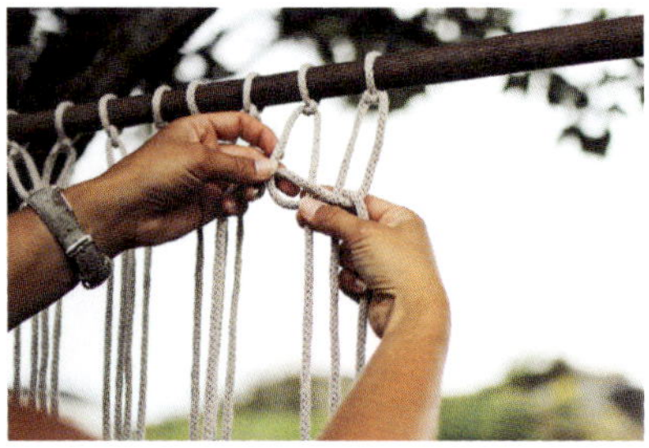

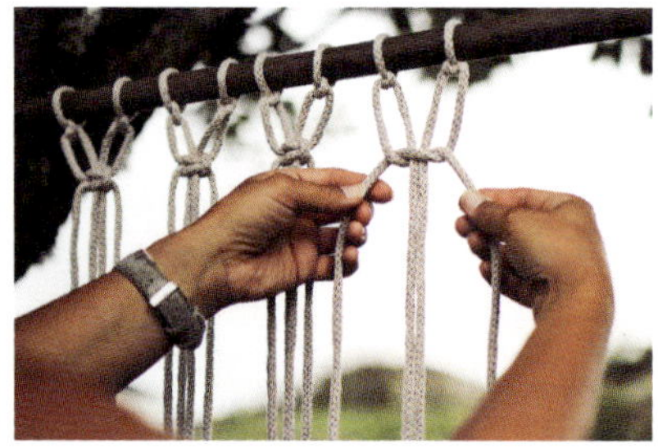

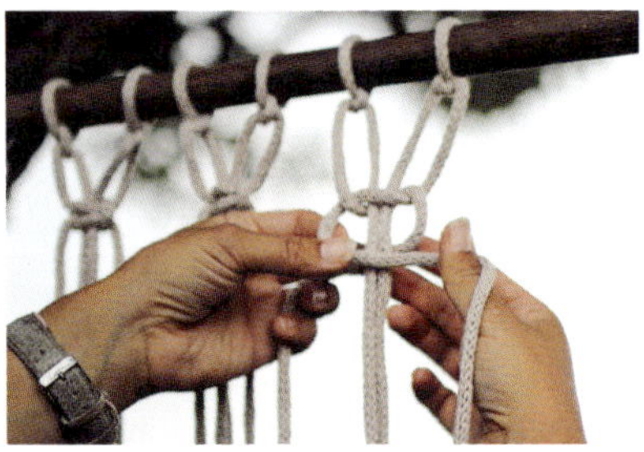

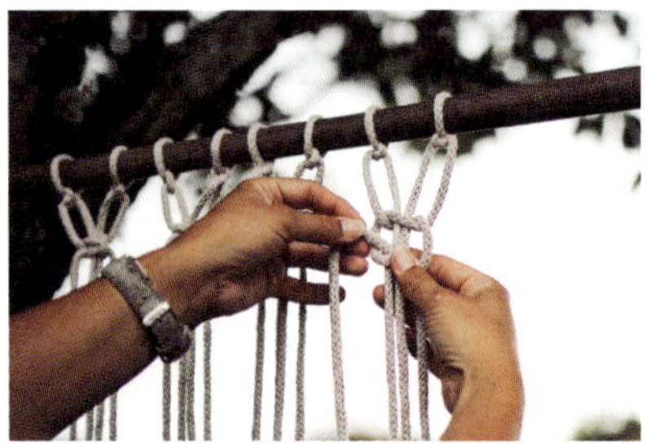

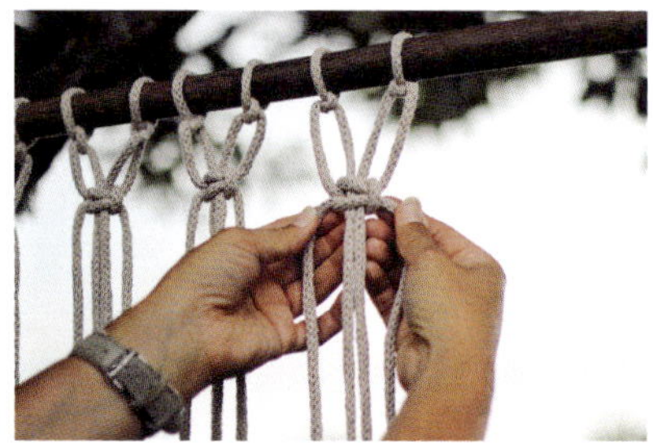

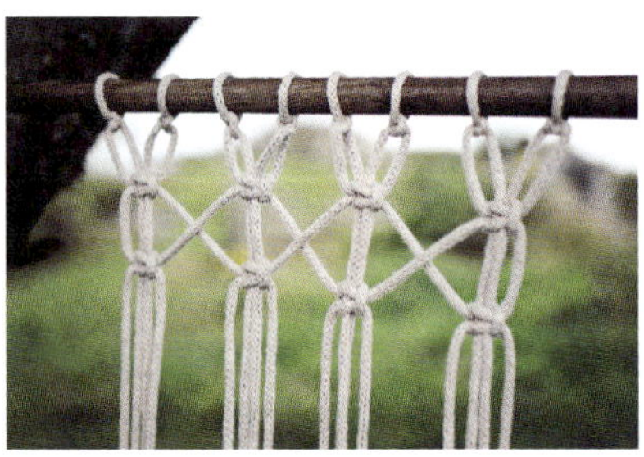

hängen lassen. Das linke Seil hinter und das rechte Seil vor die mittleren Seile legen. Das hintere Seil (von links) von hinten zwischen dem rechten und dem rechten der mittleren Seile durchziehen. Das vordere Seil (von rechts) zwischen dem linken der mittleren Seile und dem linken Seil durchziehen.

Nun das linke Seil nach vorn und das rechte Seile nach hinten legen. Das vordere Seil wie vorhin durchziehen, und das hintere Seil ebenfalls wie vorhin durchziehen. Anziehen. An den nächsten 4 Seilen 4 Mal wiederholen.

Die nächste Knotenreihe:
Wie eben knüpfen, aber anstatt mit den äußeren der 4 Seile nun mit den daneben liegenden, äußersten verknoteten. Das gilt nicht für die äußere Kante, da benutzt man das äußere Seil, das bereits dort ist. Siehe Foto. So weitermachen, bis die Arbeit ca. 30 cm misst.

Dann je zwei Seile mit einem Doppelknoten verknüpfen und wie zuletzt weitermachen. Aber darauf achten, jetzt mit den Seilen zu knüpfen, die vorher in der Mitte waren (die sind jetzt etwas länger als die anderen), während die anderen zu den mittleren Seilen werden.

Weiterknüpfen, bis die Arbeit ca. 60 cm misst. Eine Reihe Doppelknoten knüpfen. Nun die Seile abschneiden, so dass sie gleich lang sind, und je zwei Enden zusammennähen, so dass es wie oben aussieht (wie die Schlaufen am Besenstiel).

GRIFF

2 Seile auf ca. 2 m (oder die gewünschte Länge) für den Griff zuschneiden und zu einem Zopf mit vier Strängen flechten (s. auf YouTube nach passenden Videos). Den Griff durch die Schlaufen ziehen, die sich am Ast befanden und durch die unteren Schlaufen. Die Enden des Griffs zusammennähen.

Schließlich ein ca. 90 cm langes Seil zuschneiden (so lang wie die Kante des Netzes plus ein paar Zentimeter extra zum Knoten).

Dieses Seil durch die Löcher an der Seiten ziehe, dann hoch und runter zwischen der Reihe Doppelknoten ganz unten, und an der Seite wieder hoch. Die Enden in der ersten und letzten Schlaufe ganz oben verknoten.

Alle Fäden vernähen.

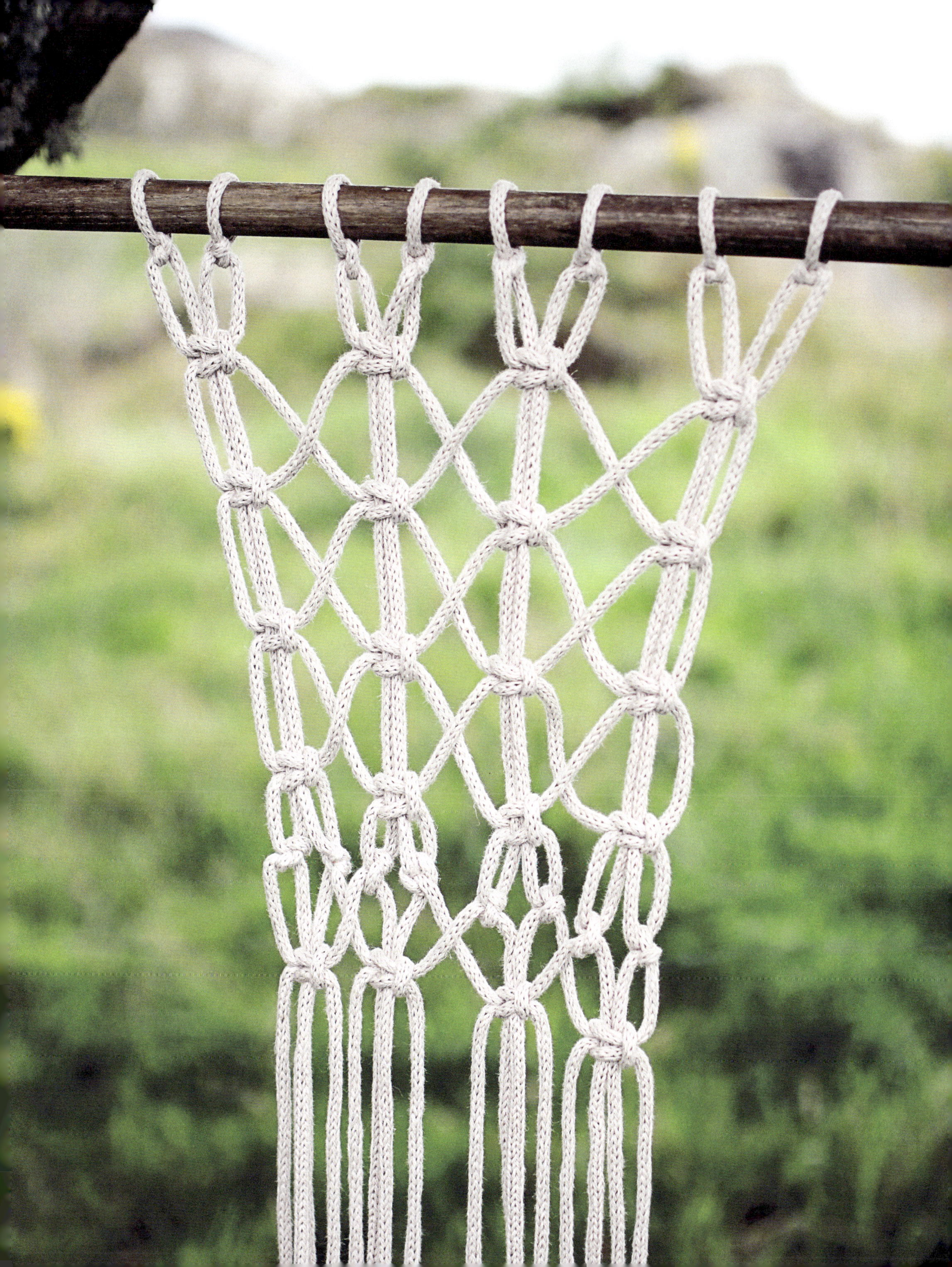

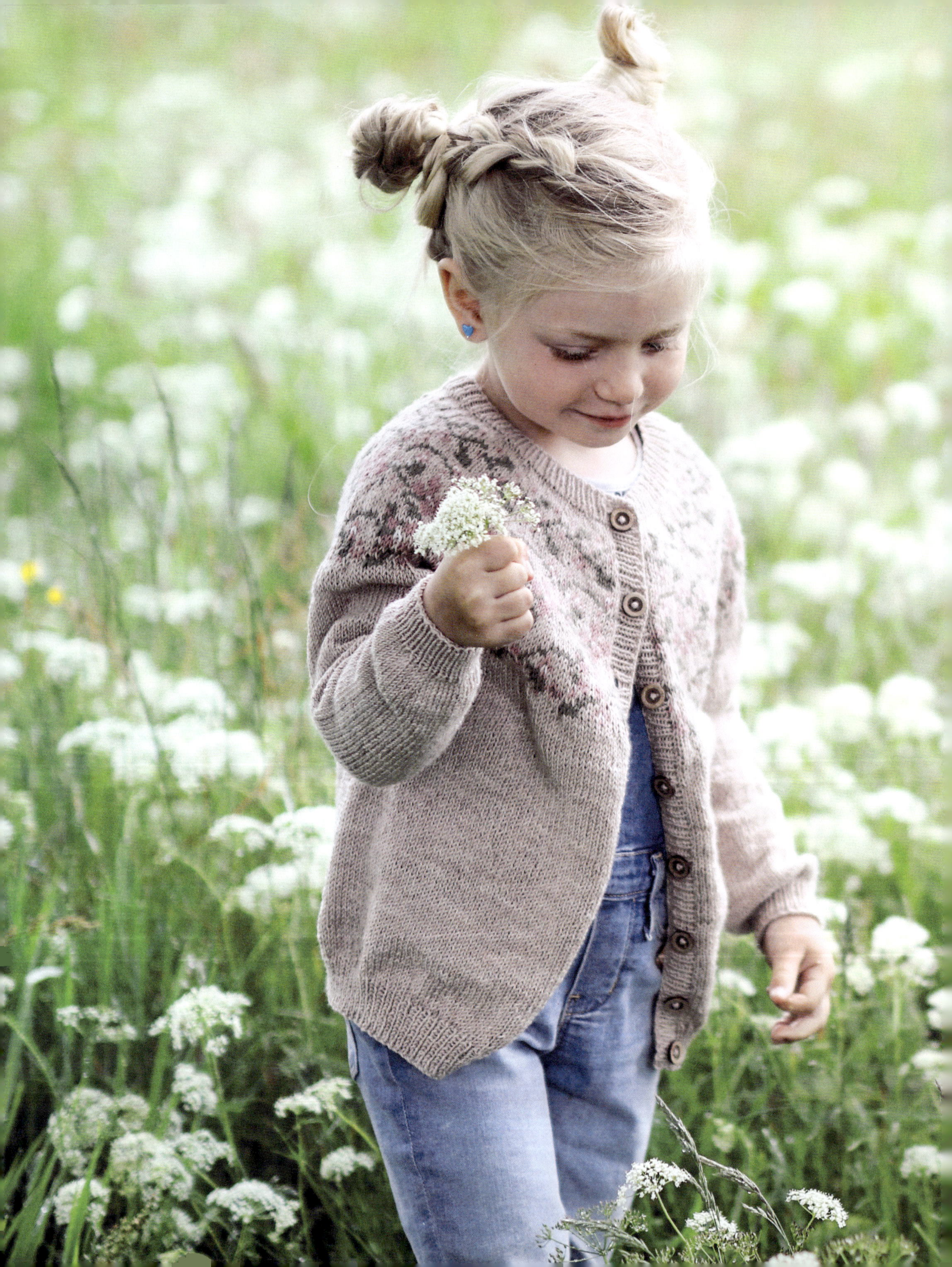

Blumenpflücken

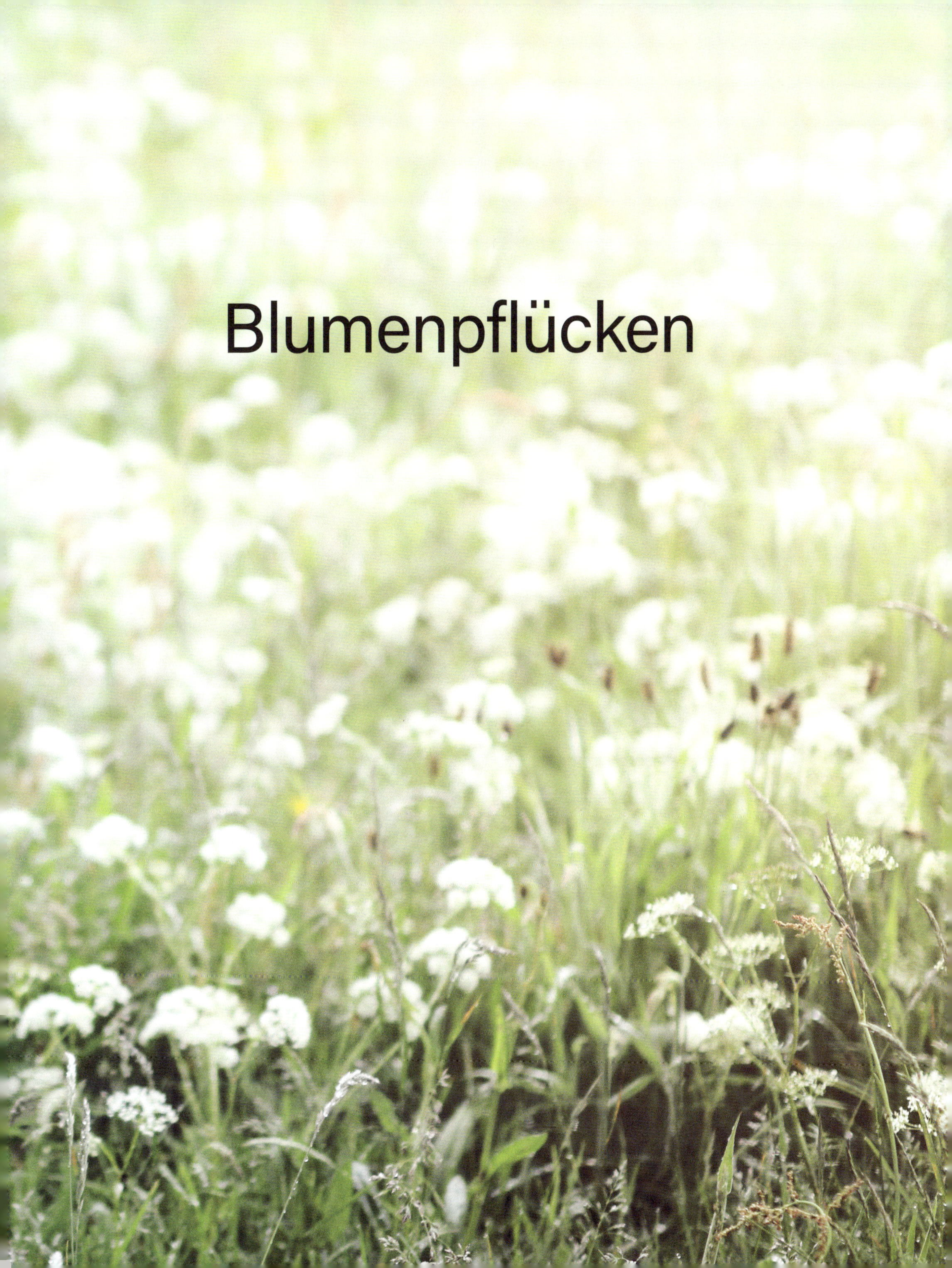

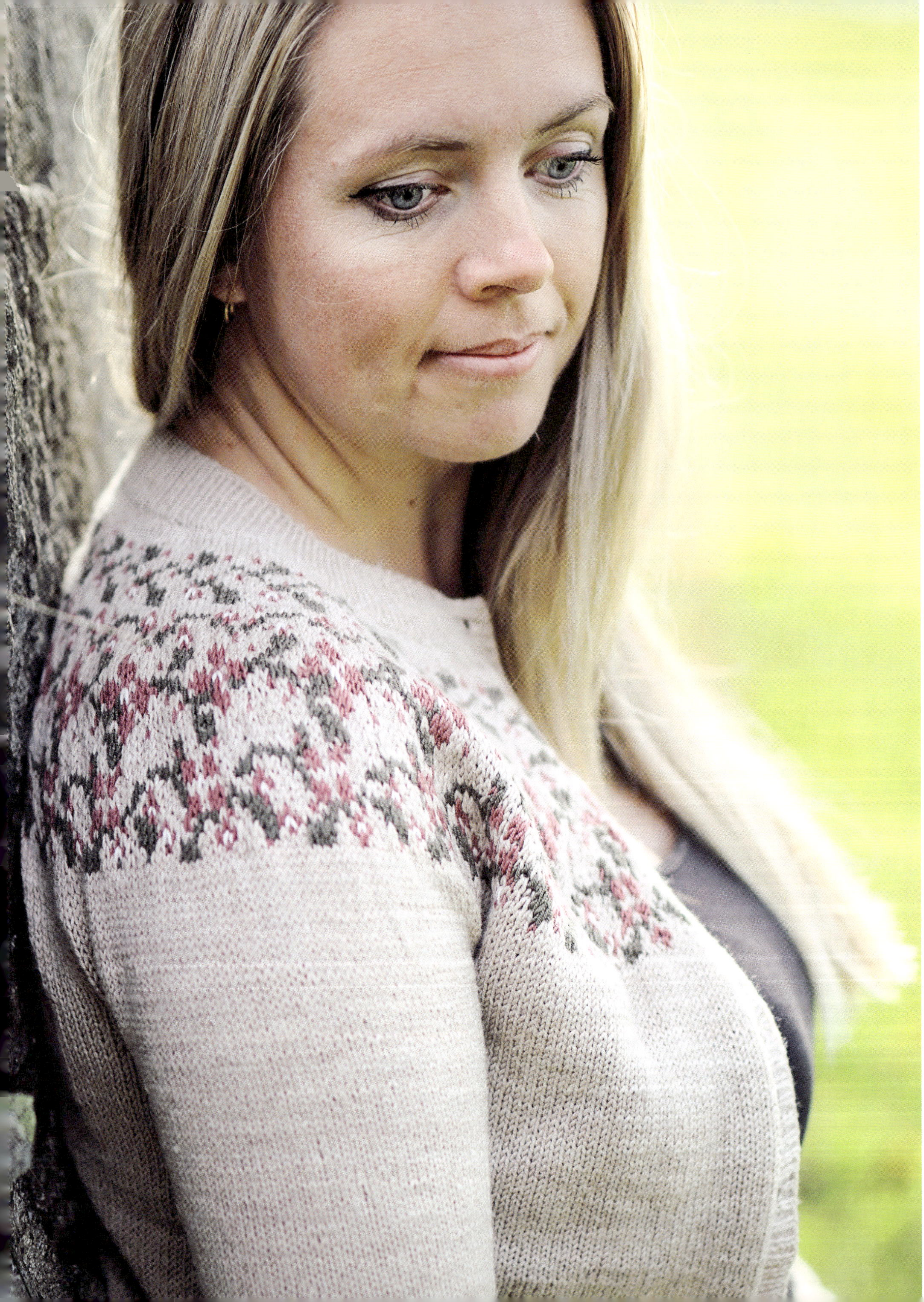

Sommerblumenjacke Damen

Eine praktische Strickjacke, die man im Sommer und Winter tragen kann. Und sie ist so schön, dass sie sogar übers schicke Kleid passt.

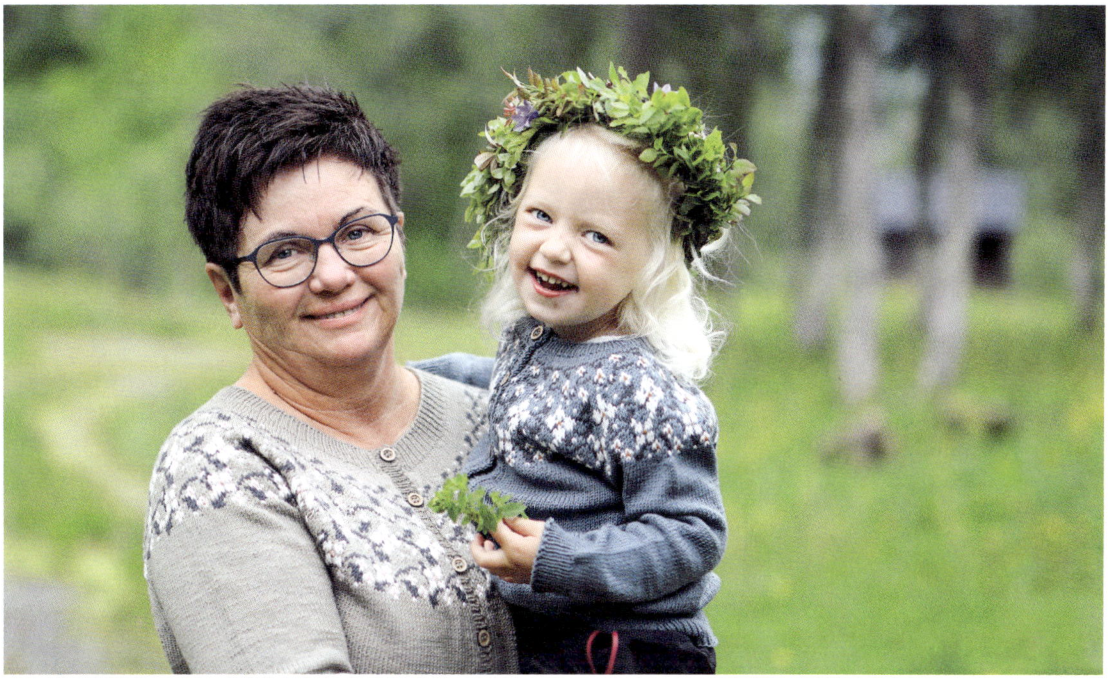

Schwierigkeitsgrad 3

GRÖSSEN
(XS) S (M) L (XL)
WOLLE
Klompelompe Tynn Merinoull
Farbe A: 2650, Farbe B: 9871,
Farbe C: 4344, Farbe D: 1013
MENGE
Farbe A: (350) 400 (400) 450 (450) g
Farbe B, C, D: 50 g pro Farbe für alle Größen
NADELN
RdndlnNr. 2,5 und Nr. 3, beide 40 cm und 60 cm, Nadelspiel Nr. 2,5 und Nr. 3, ev. Rundnadel 80 cm für Magic Loop
MASCHENPROBE
27 M auf Nadelstärke 3 = 10 cm
MASSE
Gesamtlänge: ca. (61) 63 (64) 66 (68) cm
Brustumfang: ca. (85) 91 (95,5) 109 (115) cm

Die Jacke wird von oben und zunächst in Reihen gestrickt.

(129) 143 (153) 161 (165) M auf einer Rundnadel Stärke 2,5 mit der Hauptfarbe (Farbe A) anschl, und 3,5 cm Bündchenrippen (1 M re, 1 M li) str.

Auf Nadelstärke 3 wechseln. Ab jetzt wird in Runden gestrickt. 1 Rd re, dabei 9 Steeking-M anschl.

Achtung: Die Steeking-M werden bei der Maschenzahl und der Strickschrift nicht mitgezählt.

1 Rd re und dabei (41) 44 (44) 45 (58) M gleichmäßig verteilt zun = (170) 187 (197) 206 (223) M.

(4) 4 (6) 6 (8) Rd re.

1 Rd re und dabei (41) 44 (44) 45 (58) M gleichmäßig verteilt zun = (211) 231 (241) 251 (281) M. Ab jetzt laut Strickschrift str.

Am Ende der Strickschrift sind (337) 369 (385) 401 (449) M auf der Nadel.

1 Rd re in der Hauptfarbe. Dann 1 Rd re und dabei (2) 0 (4) 34 (6) M gleichmäßig verteilt zun = (339) 369 (389) 435 (455) M.

(16) 16 (16) 18 (18) Rd re.

Wie folgt die Ärmel-M stilllegen:

(50) 54 (57) 66 (70) M re, die nächsten (69) 76 (80) 85 (87) M stilllegen, 12 M unterm Arm anschl (101) 109 (115) 133 (141) M re, die nächsten S(69) 76 (80) 85 (87) M stilllegen, 12 M unterm Arm zun,

(50) 54 (57) 66 (70) M re (zusätzlich zu den Steeking-M).

VORDER- UND RÜCKENTEIL

Jetzt sind (225) 241 (253) 289 (305) M auf der Nadel. In der Hauptfarbe glattrechts str, bis die Arbeit (53) 55 (56) 58 (60) cm misst. Dann 1 Rd re und dabei die 9 Steeking-M abk.

Auf Nadelstärke 2,5 wechseln und 8 cm Bündchenrippen (1 M re, 1 M li) str.

In der letzten R abketten.

ÄRMEL

6 M anschl, die stillgelegten (69) 76 (80) 85 (87) M re, 6 M anschl. Die Ärmel werden rund auf einem Nadelspiel gestrickt. Die erste M (NahtM) wird immer li gestrickt.

Wenn der Ärmel 2 cm misst, wie folgt abn: 1 M li, 2 M re zus, bis 2 M vor der Nahtmasche re, 1 M abh, 1 M re, die abgeh M darüberziehen.

Diese Abn alle (3) 2 (2,5) 2 (2) cm wdh bis (57) 56 (64) 65 (65) M übrig sind.

Weiterstricken bis der Ärmel 40 cm (oder die gewünschte Länge misst). In der letzten Rd (1) 0 (0) 1 (1) M abn. Auf Nadelstärke 2,5 wechseln und 8 cm Bündchenrippen (1 M re, 1 M li) str. In der letzten Rd abketten.

AUSARBEITEN

Beidseitig der Steeking-M je zwei enge Maschinennähte nähen. Aufschneiden.

Mit Nadelstärke 2,5 M für die Knopfleisten aufnehmen, ca. 1 M aus jeder M, aber jede 4. M überspringen. 8 R Rippen (1 M re, 1 M li) str. Abketten (nicht zu fest).

(10) 10 (10) 11 (11) Knopflöcher gleichmäßig verteilt wie folgt stricken: In der 3. R 2 M re zus, 1 U, der in der 4. R re gestrickt wird.

Die abgeschnittene Kante nach innen klappen und mit kleinen Stichen anheften. Das ist etwas einfacher, weil es hier mehr Steeking-M als üblich gibt. Sollte es trotzdem schwierig sein, eine ordentliche Kante zu erhalten, kann man einen Beleg anstricken, der darüber genäht wird. Dafür M aufnehmen (wie für die Knopfleisten). Glattrechts str bis die offene Kante bedeckt ist. Abketten und annähen, am besten mit der Hauptfarbe, damit es unsichtbar ist.

Alle Fäden vernähen, Knöpfe annähen und die Strickjacke in einem feuchten Handtuch trocknen oder vorsichtig dämpfen.

Strickschrift 1–4 J

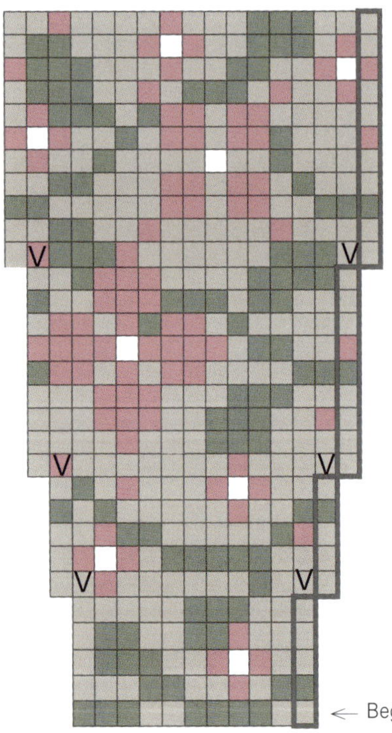

← Beginn

Strickschrift 6 J–Erwachsene

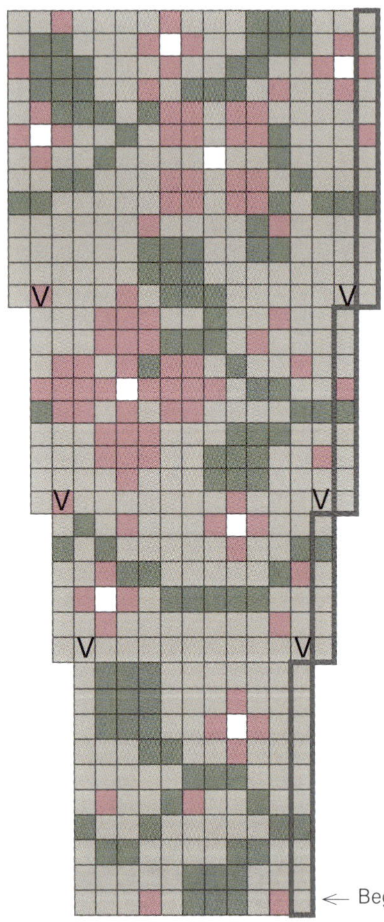

← Beginn

= Farbe A
= Farbe B
= Farbe C
= Farbe D
V = zun (Querfaden re verschr)

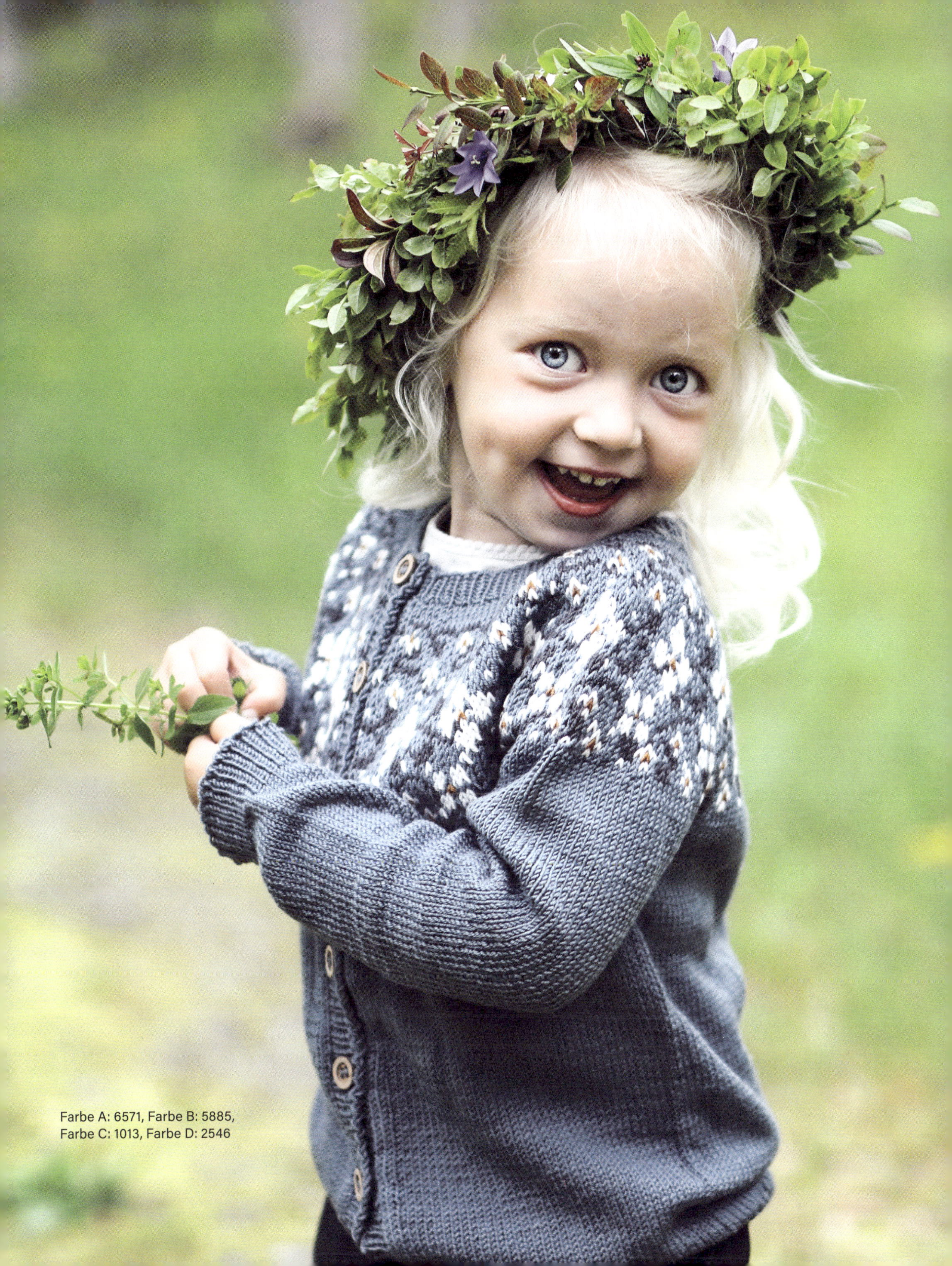

Farbe A: 6571, Farbe B: 5885,
Farbe C: 1013, Farbe D: 2546

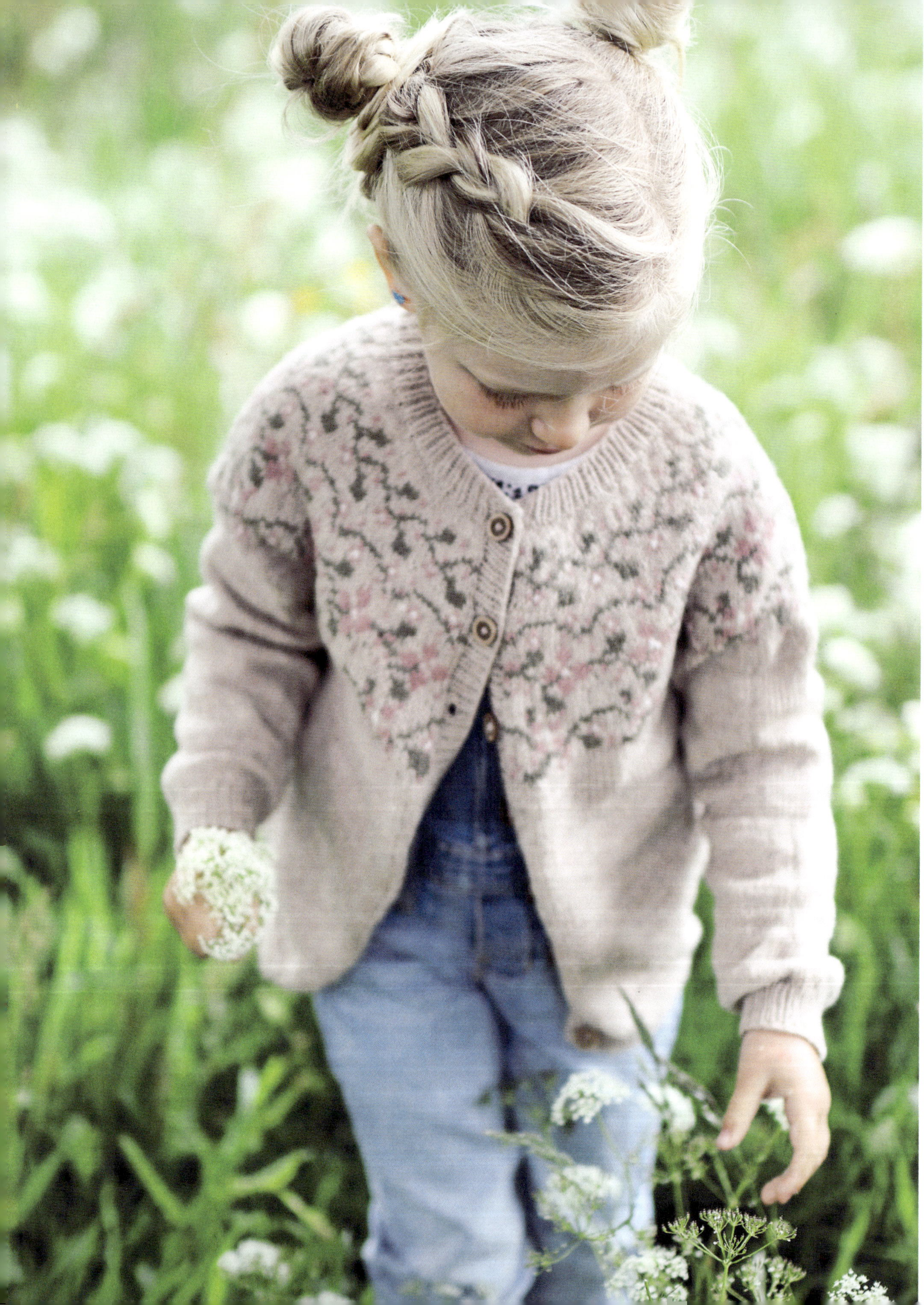

Sommerblumenjacke Kind

Schwierigkeitsgrad 3

Grössen
(1 J) 2 J (4 J) 6 J (8 J) 10 J (12 J) 14 J

Wolle
Klompelompe Tynn Merinoull
Farbe A: 2650, Farbe B: 9871,
Farbe C: 4032, Farbe D: 1013

Menge
Farbe A: (150) 150 (200) 250 (250) 250 (250) 300 g
Farbe B, C, D: 50 g alle Farben alle Gr

Nadeln
Rdndln Nr. 2,5 und Nr. 3, beide 40 cm und 60 cm,
Nadelspiel Nr. 2,5 und Nr. 3, ev. Rundnadel 80 cm für Magic Loop

Maschenprobe
27 M auf Nadelstärke 3 = 10 cm

Masse
Gesamtlänge: ca. (33) 38 (42) 46,5 (49,5) 52 (55) 57 cm
Brustumfang: ca. (55) 56,5 (62,5) 71 (71) 75 (75) 77,5 cm

S. Strickschrift auf S. 60.

Die Jacke wird von oben und zunächst in Reihen gestrickt.

(91) 95 (101) 101 (109) 109 (113) 119 M auf einer Rdndl Stärke 2,5 mit der Hauptfarbe (Farbe A) anschl, und (2) 2 (2) 2,5 (2,5) 2,5 cm Rippenbündchen (1 M re, 1 M li) str.

Auf Nadelstärke 3 wechseln. Ab jetzt in Runden str. 1 Rd re, dabei 9 Steeking-M anschl.

Achtung: Die Steeking-M werden bei der Maschenzahl oder der Strickschrift nicht mitgezählt.

1 Rd re und dabei (30) 31 (30) 34 (36) 40 (38) 40 M gleichmäßig verteilt zun = (121) 126 (131) 135 (145) 149 (151) 159 M.

(2) 2 (2) 2 (2) 2 (4) 4 Rd re. 1 Rd re und dabei (30) 35 (30) 36 (36) 42 (40) 42 M gleichmäßig verteilt zun = (151) 161 (161) 171 (181) 191 (191) 201 M.

Ab jetzt laut Strickschrift (sh. S. 60) str. Am Ende der Strickschrift sind (241) 257 (257) 273 (289) 305 (305) 321 M auf der Nadel.

1 Rd re in der Hauptfarbe. 1 Rd re dabei (6) 2 (22) 32 (16) 16 (16) 12 M gleichmäßig verteilt zun = (247) 259 (279) 305 (305) 321 (321) 333 M.

(2) 3 (8) 4 (7) 11 (11) 13 Rd re.

Wie folgt die Ärmel-M stilllegen:

(33) 34 (38) 43 (43) 46 (46) 47 M re, die nächsten (56) 60 (62) 64 (64) 66 (66) 69 M stilllegen (Ärmel-M), 7 M unterm Arm anschl, (69) 71 (79) 91 (91) 97 (97) 101 M re, die nächsten (56) 60 (62) 64 (64) 66(66) 69 M stilllegen (Ärmel-M), 7 M unterm Arm anschl, (33) 34 (38) 43 (43) 46 (46) 47 M re.

Vorder- und Rückenteil

Jetzt sind (149) 153 (169) 191 (191) 203 (203) 209 M auf der Nadel.

Glattrechts in der Hauptfarbe str bis die Arbeit (30) 35 (39) 43 (46) 48 (51) 53 cm misst.

1 Rd re dabei (4) 0 (0) 6 (6) 2 (2) 0 M gleichmäßig verteilt abn.

1 Rd re in der Hauptfarbe und die Steeking-M abk.

Auf Nadelstärke 2,5 wechseln. (3) 3 (3) 3,5 (3,5) 4 (4) 4 cm Rippenbündchen (1 M re, 1 M li) str. In der letzten Rd abketten.

Ärmel

4 M auf der Nadel anschl, die (56) 60 (62) 64 (64) 66 (66) 69 stillgelegten M re, 3 M anschl.

Die Ärmel werden rund auf einem Nadelspiel gestrickt. Die erste M (NahtM) wird immer li gestrickt.

Wenn der Ärmel 2 cm misst, wie folgt abn: 1 M li (Nahtmaschen), 2 M re zus, bis 2 M vor der Nahtmasche re, 1 M abh, 1 M re, die abgeh M darüberziehen.

Diese Abn alle (2) 2 (2) 2 (2,5) 4 (4) 3,5 cm wdh, bis noch (49) 49 (49) 49 (49) 57 (57) 56 M übrig sind. Weiterstr bis der Ärmel (19) 22 (25) 27 (31) 34 (35) 37 cm misst. Die Nahtmasche in allen Größen außer 14 Jahre abketten.

1 Rd re und (4) 0 (0) 0 (0) 6 (6) 2 M abn. Auf Nadelstärke 2,5 wechseln und (3) 3 (3) 3,5 (3,5) 4 (4) 4 cm Bündchenrippen (1 M re, 1 M li) str. Abketten.

Ausarbeiten

Beidseitig der Steeking-M je zwei enge Maschinennähte nähen. Aufschneiden. Mit Nadelstärke 2,5 M für die Knopfleisten aufnehmen, ca. 1 M aus jeder M, aber jede 4. M überspringen. 8 R Rippen (1 M re, 1 M li) str. Abketten (nicht zu fest). Die Knopflöcher werden für Mädchen rechts und für Jungs links gestrickt. (7) 8 (8) 8 (9) 9 (10) 10 Knopflöcher gleichmäßig verteilt wie folgt stricken: In der 3. R 2 M re zus, 1 U, der in der 4. R re gestrickt wird.

Die abgeschnittene Kante nach innen klappen und mit kleinen Stichen anheften. Das ist etwas einfacher, weil es hier mehr Steeking-M als üblich gibt. Sollte es trotzdem schwierig sein, eine ordentliche Kante zu erhalten, kann man einen Beleg anstricken, der darüber genäht wird. Dafür M aufnehmen (wie für die Knopfleisten). Glattrechts str bis die offene Kante bedeckt ist. Abketten und annähen, am besten mit der Hauptfarbe, damit es unsichtbar ist.

Alle Fäden vernähen, Knöpfe annähen und die Strickjacke in einem feuchten Handtuch trocknen oder vorsichtig dämpfen.

Spätsommer am Strand

Ferkingstad

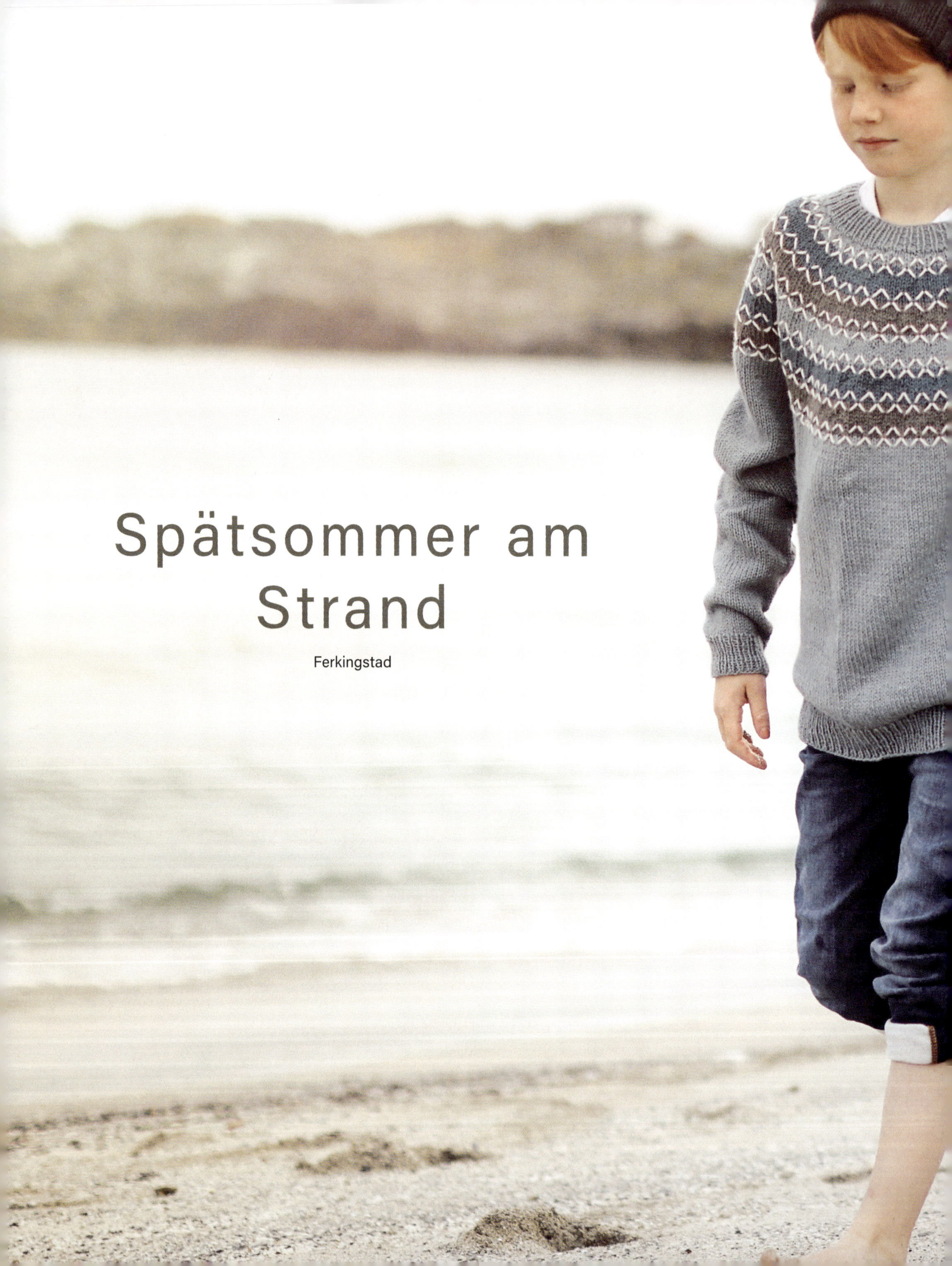

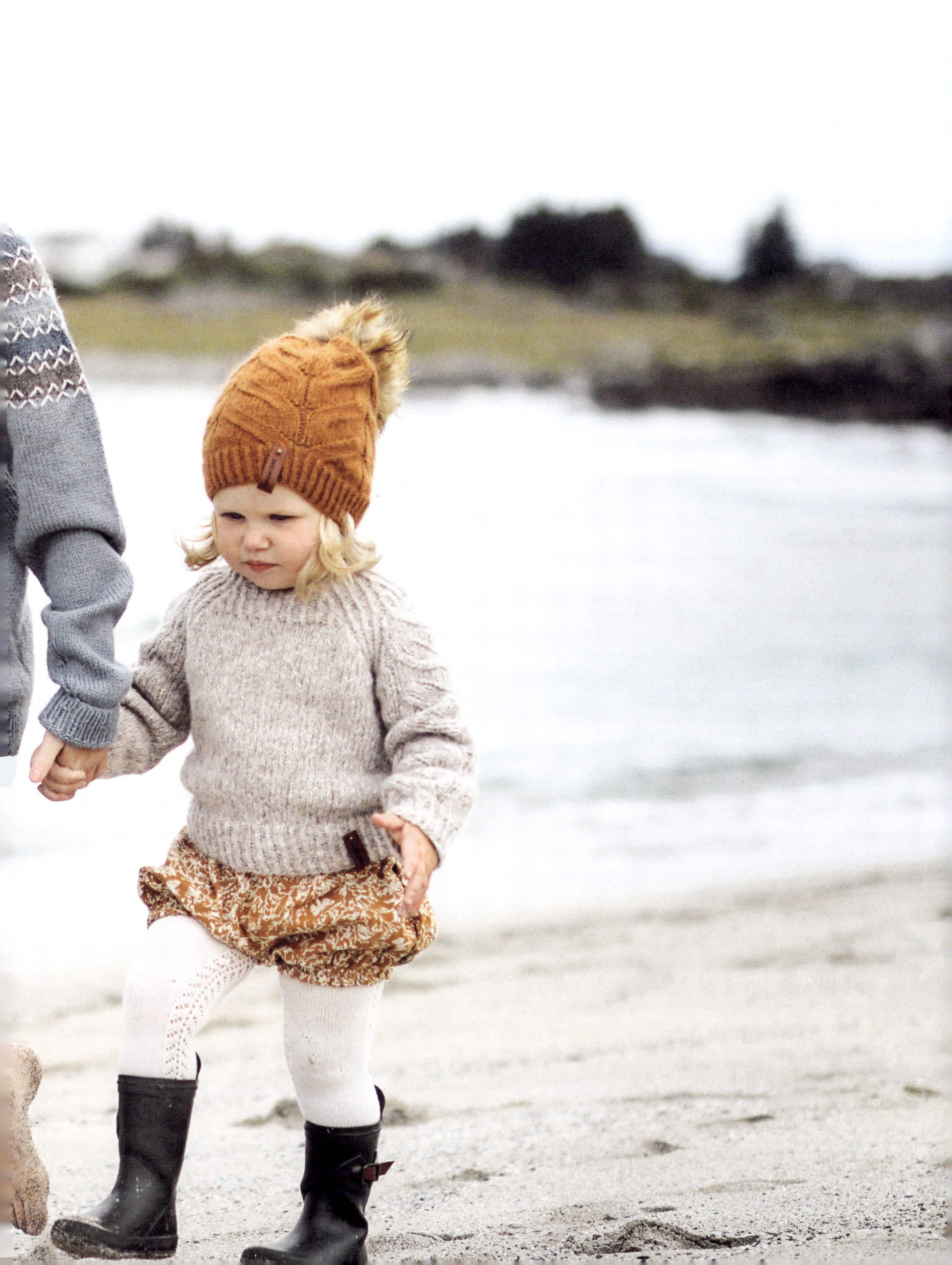

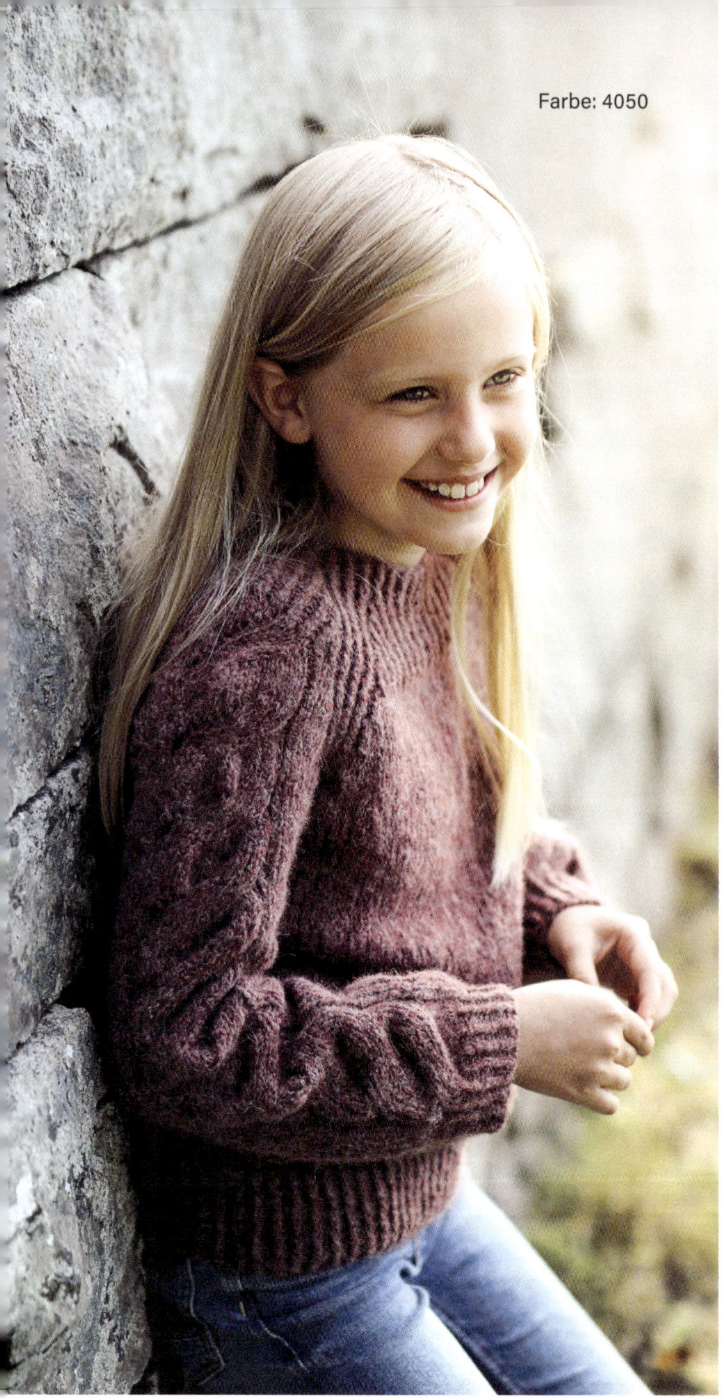

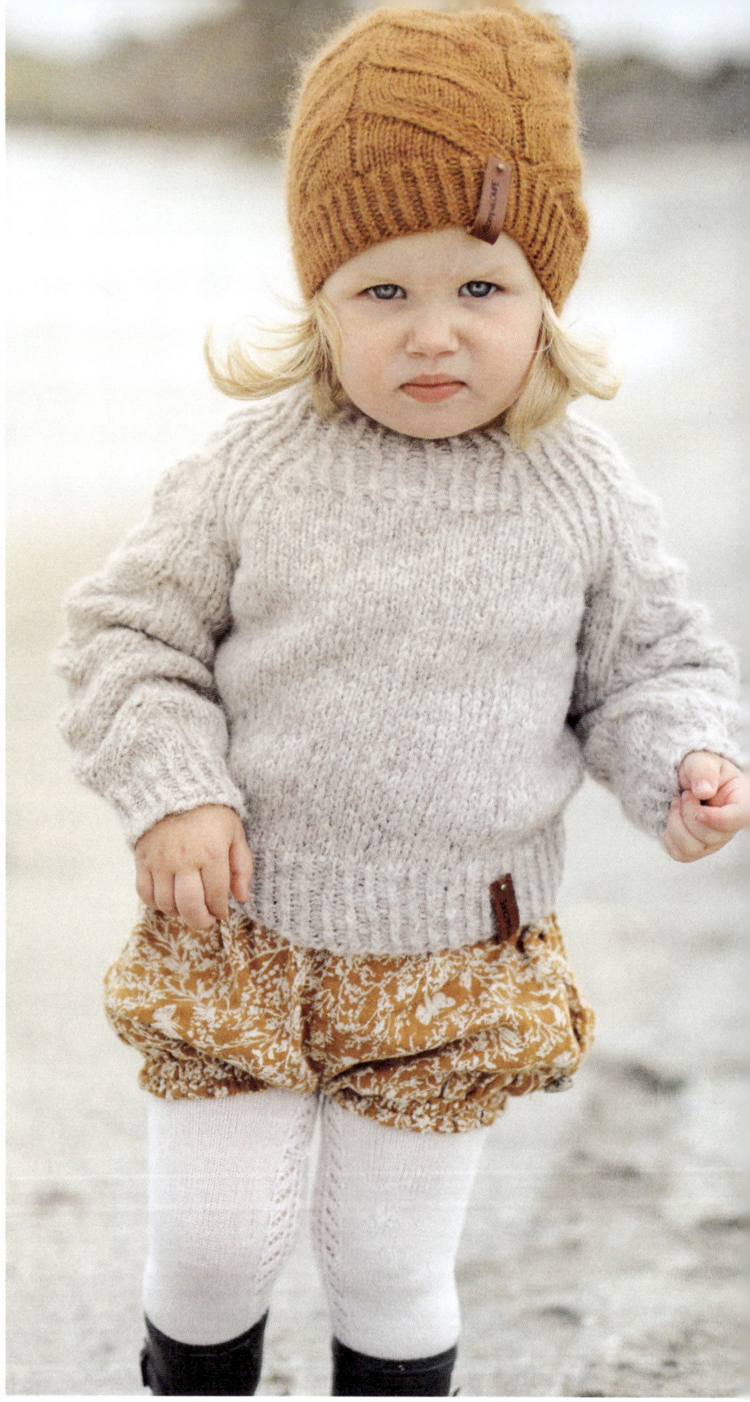

Kuscheliger Zopfpullover Kind

Unseren Lieblingspulli gibt es natürlich auch in einer Kinderversion.

Schwierigkeitsgrad 2

GRÖSSEN
(1) 2 (4) 6 (8) 10 (12) 14 J
WOLLE
Sandnes Garn KOS
Farbe 2611
MENGE
(100) 150 (150) 200 (200) 250 (250) 250 g
NADELN
Rdndln Nr. 4 und Nr. 5, beide 40 cm und 80 cm
MASCHENPROBE
16 M auf Nadelstärke 5 = 10 cm
MASSE
Brustumfang: ca. (62,5) 66 (70) 77,5 (82,5) 87,5 (91) 96 cm
Gesamtlänge: ca. (28) 30 (34) 38 (41) 46 (50) 52 cm

Der Pulli wird an den Ärmel begonnen und von unten nach oben gestrickt.

ÄRMEL

(30) 32 (34) 36 (38) 38 (40) 40 M auf Nadelstärke 4 anschl. (10) 10 (10) 12 (12) 12 (12) 12 Rd verschr Rippen str (1 M re versch, 1 M li). Auf Nadelstärke 5 wechseln. 1 Rd re dabei (9) 7 (7) 9 (9) 11 (9) 11 M gleichmäßig verteilt zun = (39) 39 (41) 45 (47) 49 (49) 51 M. Wie folgt beidseitig der 17 mittleren M MM setzen: (11) 11 (12) 14 (15) 16 (16) 17 M re, 17 M im Muster laut Strickschrift, (11) 11 (12) 14 (15) 16 (16) 17 M re.

Weiter die 17 MusterM laut Strickschrift und die restl M re str bis der Ärmel ca. (25) 27 (31) 35 (38) 41 (43) 46 cm misst.

Die ersten und die letzten 4 M in der letzten Rd abketten. Beiseitelegen und einen zweiten Ärmel stricken.

KÖRPER

(100) 106 (112) 124 (132) 140 (146) 154 M auf Nadelstärke 4 anschl. (16) 16 (18) 18 (20) 22 (22) 24 Rd verschr Rippen (1 M re versch, 1 M li) str. Auf Ndl 5 wechseln.

Glatt rechts str bis die Arbeit (19) 21 (25) 28 (31) 34 (37) 39 cm misst.
8 M abk, (42) 45 (48) 54 (58) 62 (65) 69 M re, 8 M abk, (42) 45 (48) 54 (58) 62 (65) 69 M re.

Die Ärmel auf eine Nadel nehmen und 1 Rd str (mit Ärmelmuster), überall, wo zwei Teile aneinanderstoßen 1 MM setzen = (146) 152 (162) 182 (194) 206 (212) 224 M insg.

Nächste Rd (beim 2 M abh, die M nacheinander abh, nicht zusammen): 4 M Rippen (1 M re versch, 1 M li, 1 M re versch, 1 M li), 3 M re zus, bis 7 M vor MM re (mit Ärmelmuster), 2 M abh, 1 M re, die abgehobenen M darüberziehen, 7 M Rippen (1 M li, 1 M re versch), 3 M re zus, bis 6 M vor MM re, 2 M abh, 1 M re, die abgehobenen M darüberziehen,

7 M Rippen, 3 M re zus, bis 7 M vor MM re (mit Ärmelmuster), 2 M abh, 1 M re, die abgehobenen M darüberziehen, 7 M Rippen, 3 M re zus, bis 6 M vor MM re, 2 M abh, 1 M re, die abgehobenen M darüberziehen, 3 M Rippen.

Es wurden 7 Rippen-M an jeder Raglannaht abgenommen. Die MM zwischen Ärmeln und Körper entfernen und an jeder Raglannaht beidseitig einen MM setzen.

Ab jetzt in jd. 4. Rd (wie in der letzten Rd) am Körper abn und in jd 6. Rd an den Ärmeln. Die 7 M an jeder Raglannaht als verschr Rippen str, die Muster-M am Ärmel im Muster und die restl M glatt rechts.

Nach (3) 3 (4) 4 (5) 5 (6) 6 Abn am Körper werden über alle M verschr Rippen gestrickt (in den Größen 1, 4, 6, 8 und 10 Jahre in der 1. Rd je 1 M in der hinteren und vorderen Mitte abn). Wie vorher in jd 4. Rd an den Ärmeln und am Körper abn. Nach 2 Abnahmen (8 Rd Rippen) wie folgt verkürzte R mit Doppelmasche str (s. Video Klompelompe.no):

4 M des Vorderteils verschr Rippen str, wenden, bis nach 4 M des Vorderteils verschr Rippen str (in der RückR 1 M li versch, 1 M re), wenden, bis 3 M vor Rd-Beginn str (am Rückenteil), wenden, bis 3 M nach der letzten Raglannaht (am Rückenteil) str, Doppelmasche, bis Rd-Ende verschr Rippen.

Größen 6 (8) 10 (12) 14 Jahre:
Die Raglanabn und verkürzte Reihen noch 1 (2) 2 (2) 2 Mal wdh.

Alle Größen:
1 Rd verschr Rippen. Auf Nadelstärke 4 wechseln und 4 Rd verschr Rippen str. In der letzten Rd abketten.

Alle Fäden vernähen und den Pulli in einem feuchten Handtuch trocknen.

Rechter Ärmel

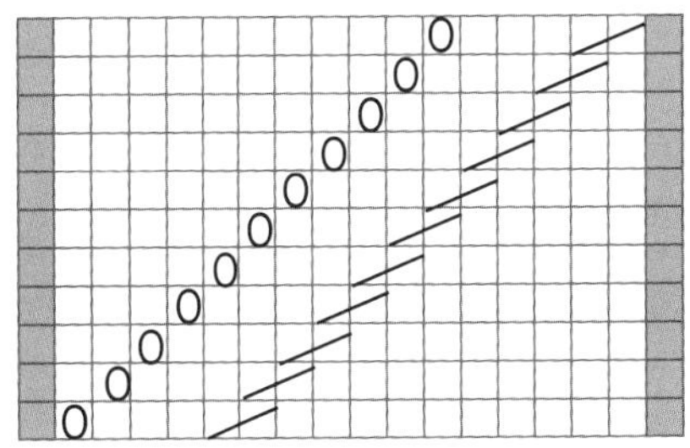

Linker Ärmel

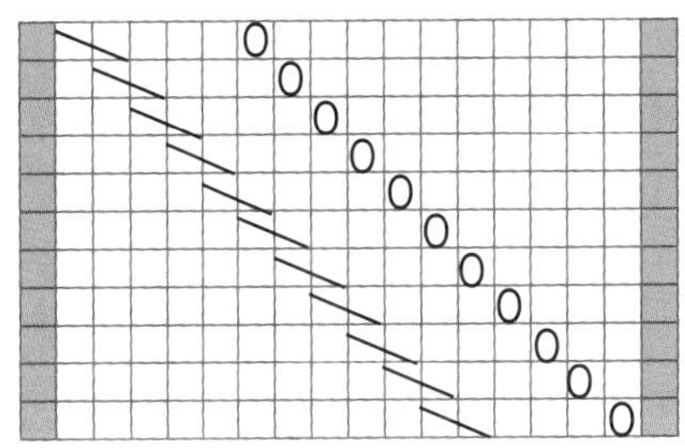

= 1 M abh, 1 M re, die abgeh M darüberziehen

= 2 M re zus

= 2 M abh, (nacheinander, nicht zusammen) 1 M re, die abgh M darüberziehen

= 3 M re zus

= re

= li

= 1 U

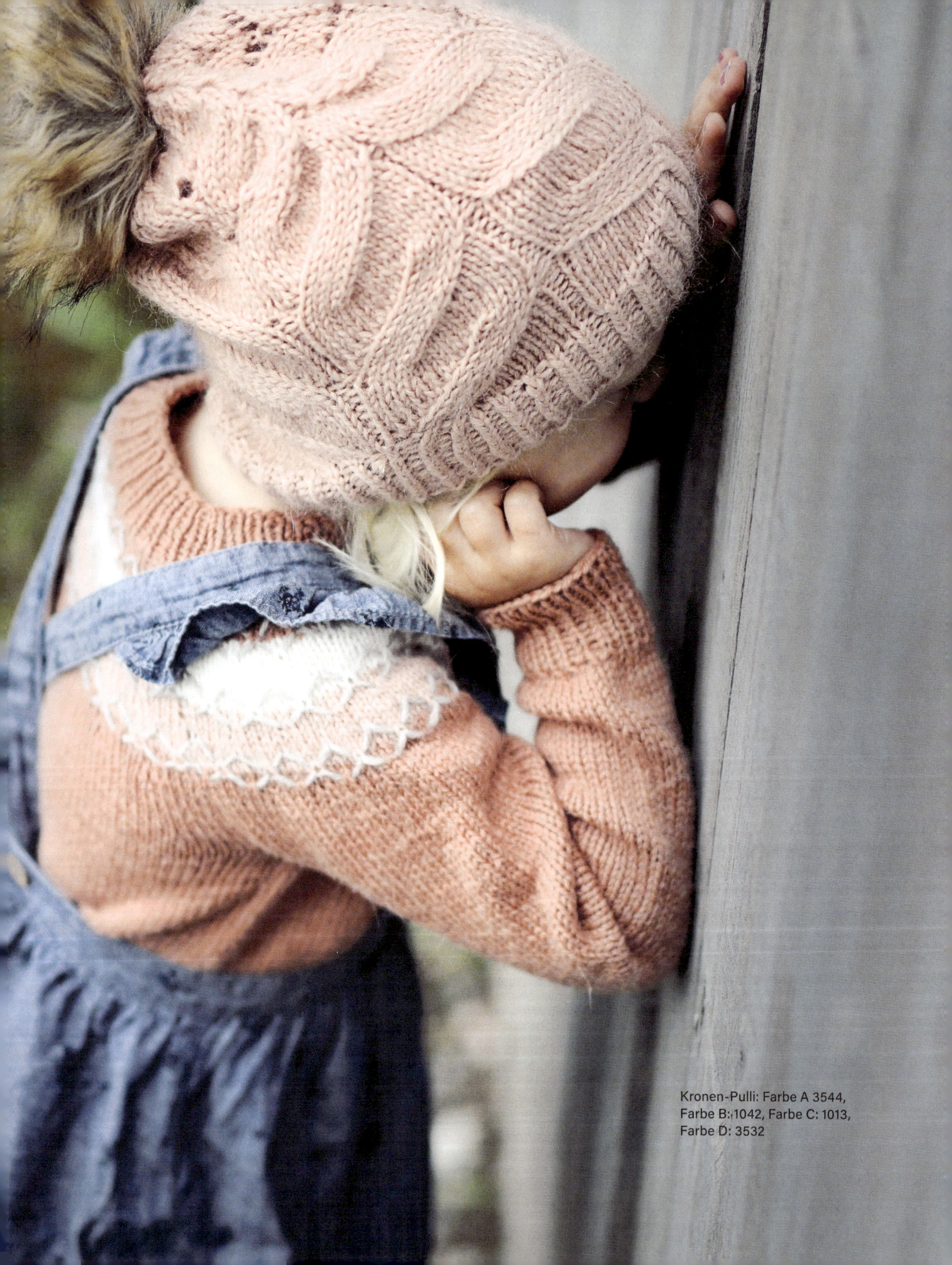

Kronen-Pulli: Farbe A 3544, Farbe B: 1042, Farbe C: 1013, Farbe D: 3532

Kuschelige Zopfmütze

Eine Mütze aus der weichsten Garnmischung und mit süßen Zöpfen.

Schwierigkeitsgrad 2

GRÖSSEN
(1–3 J) 3–6 J (8–14 J) Erwachsene

WOLLE
Klompelompe SPØT, Farbe 3532 und Sandnes Garn Tynn Silk Mohair, Farbe 3511

MENGE
Klompelompe SPØT: (50) 50 (50) 100 g
Sandnes Garn Tynn Silk Mohair: 25 g alle Größen

NADELN
Rdndln Nr. 3 und Nr. 4, beide 40 cm, Nadelspiel Nr. 4 oder Rdndl 80 cm für Magic Loop

MASCHENPROBE
20 M auf Nadelstärke 4 = 10 cm

(84) 90 (96) 102 M auf Nadelstärke 3 mit einem Faden Klompelompe SPØT und einem Faden Sandnes Garn Tynn Silk Mohair anschl. (10) 12 (12) 14 Rd versch Rippen (1 M re versch, 1 M li). Auf Nadelstärke 4 wechseln. Laut Strickschrift A str und dabei in der 1. Rd 6 M gleichmäßig verteilt zun.

Den Mustersatz der Strickschrift A so oft wiederholen, wie M auf der Nadel sind. Die Runden von Strickschrift A insgesamt (3) 3 (3) 4 Mal wdh. Strickschrift B str.
Nächste Rd: * 2 M re zus*, von * bis * bis Rd-Ende wdh.
Den Faden durch die M fädeln und zusammenziehen.

Alle Fäden vernähen und eine Kunstfellbommel annähen.

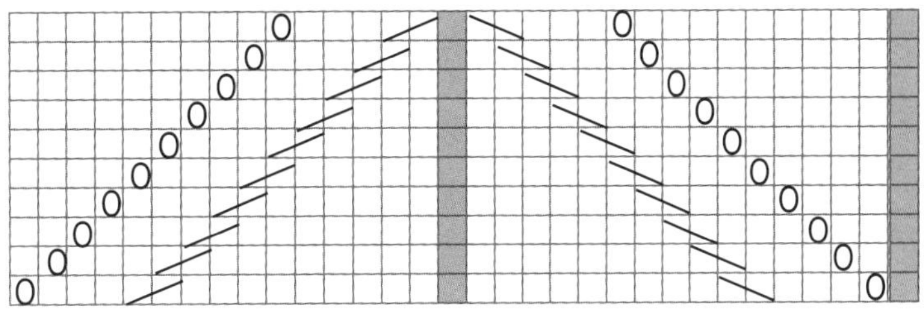

Strickschrift A: 1–3 J

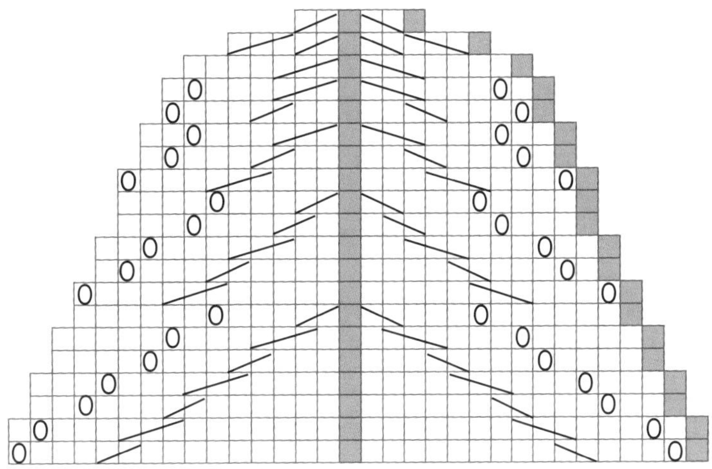

Strickschrift B: 1–3 J

- = re
- = li
- = 1 U
- = 1 M abh, 1 M re, die abgeh M darüberziehen
- = 2 M re zus
- = 2 M abh, (nacheinander, nicht zusammen) 1 M re, die abgh M darüberziehen
- = 3 re zus

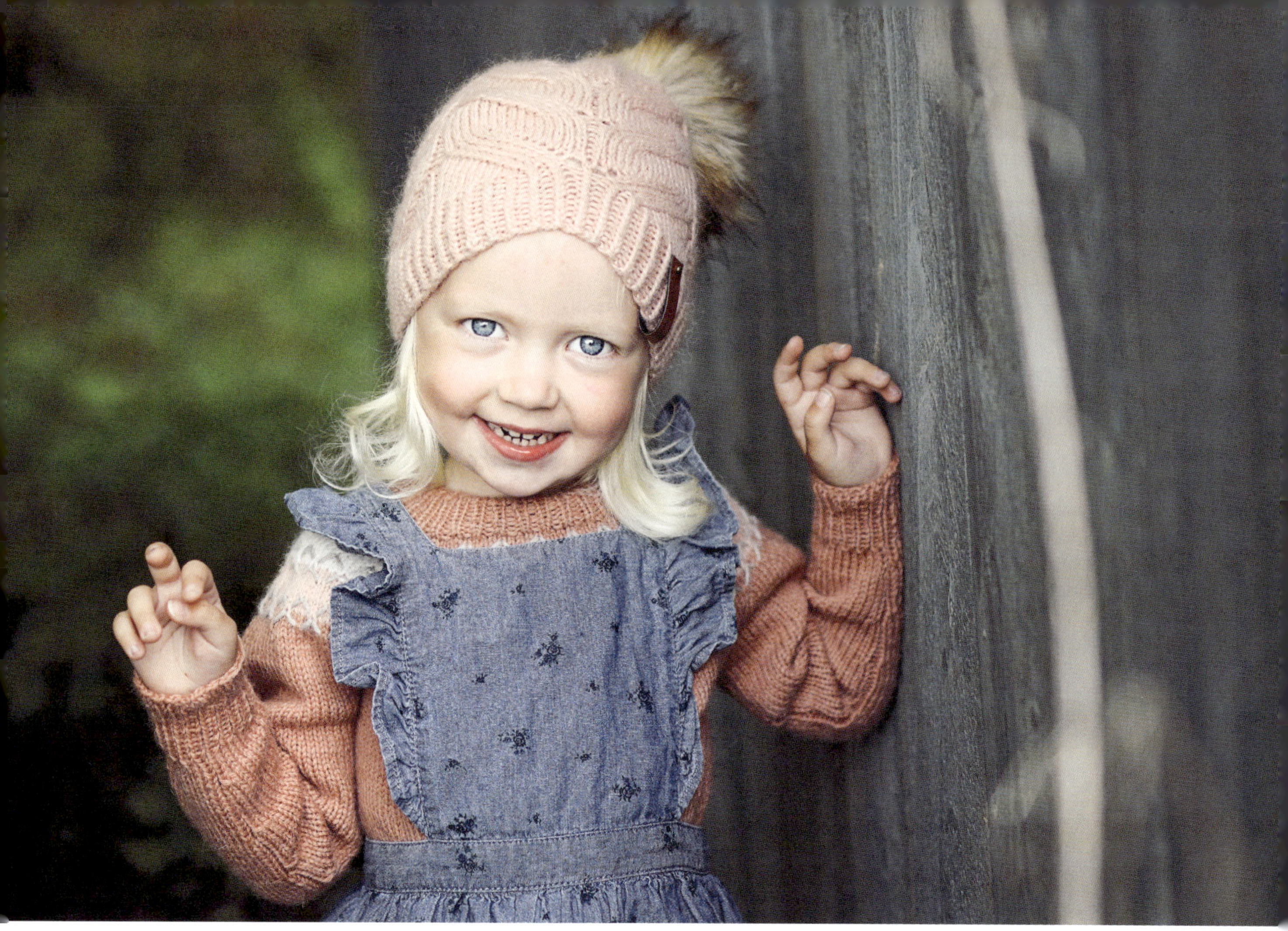

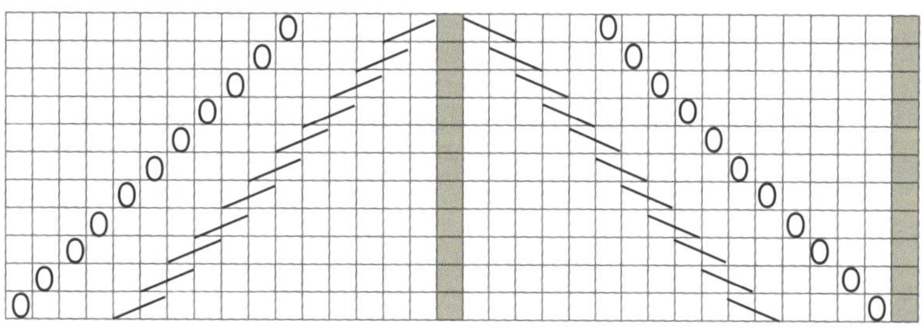

Strickschrift A: 3–6 J

- = re
- = li
- = 1 U
- = 1 M abh, 1 M re, die abgeh M darüberziehen
- = 2 M re zus
- = 2 M abh, (nacheinander, nicht zusammen) 1 M re, die abgeh M darüberziehen
- = 3 re zus

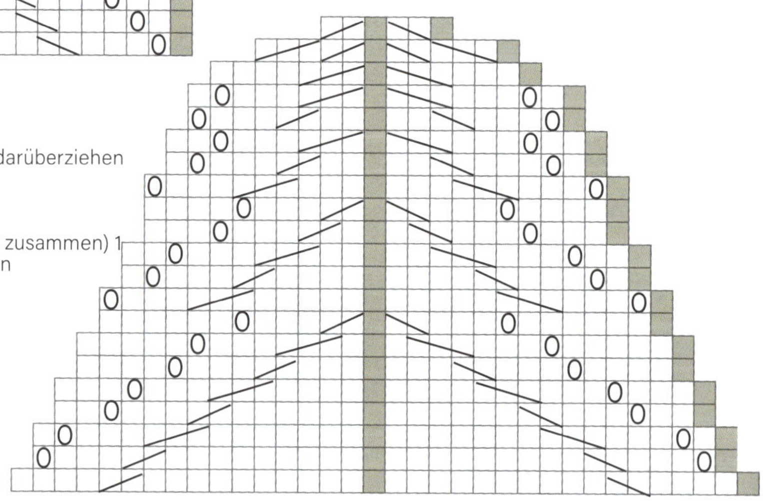

Strickschrift B: 3–6 J

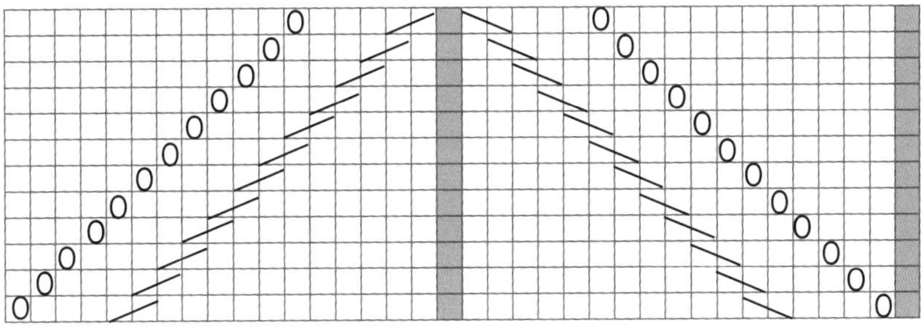

Strickschrift A: 8–14 J

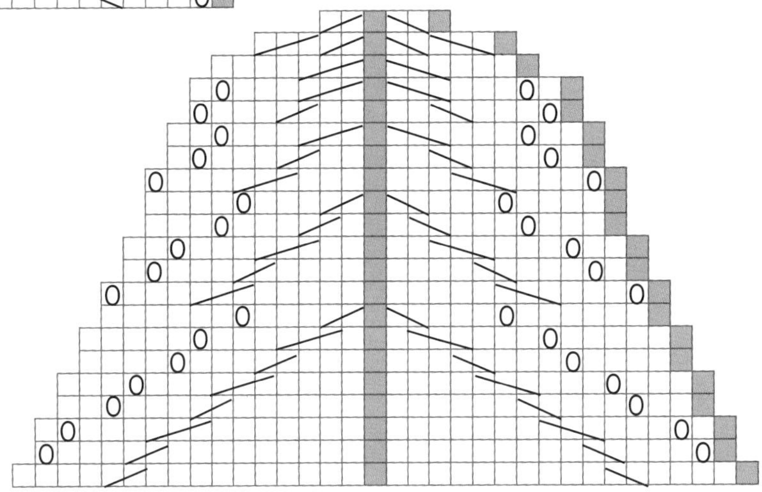

Strickschrift B: 8–14 J

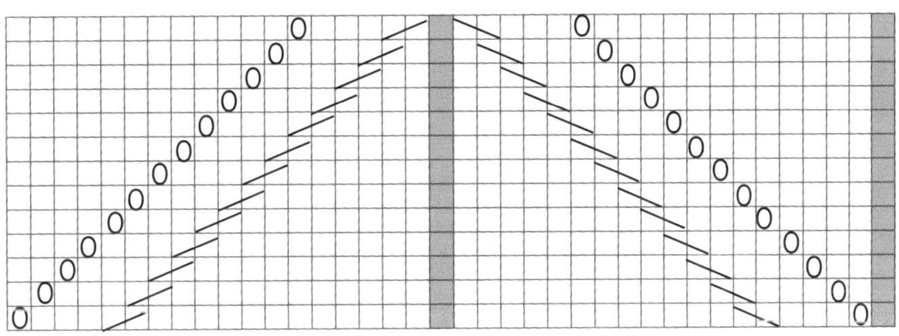

Strickschrift A: Erwachsene

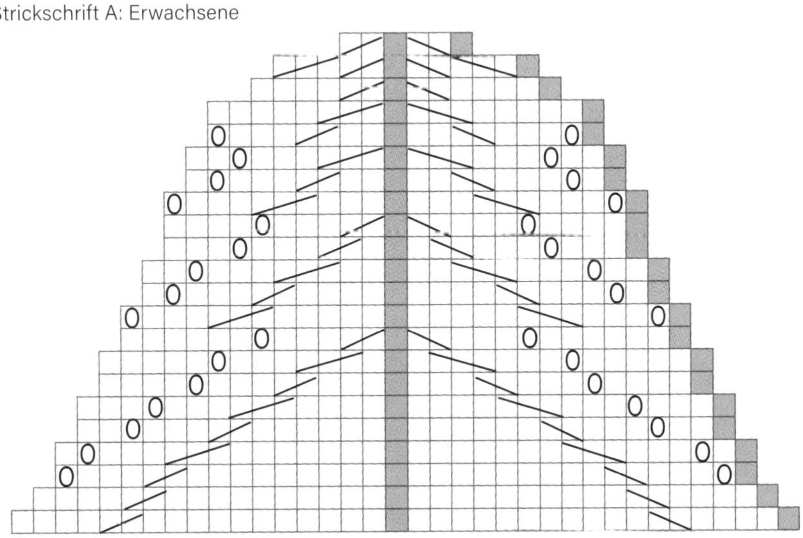

Strickschrift B: Erwachsene

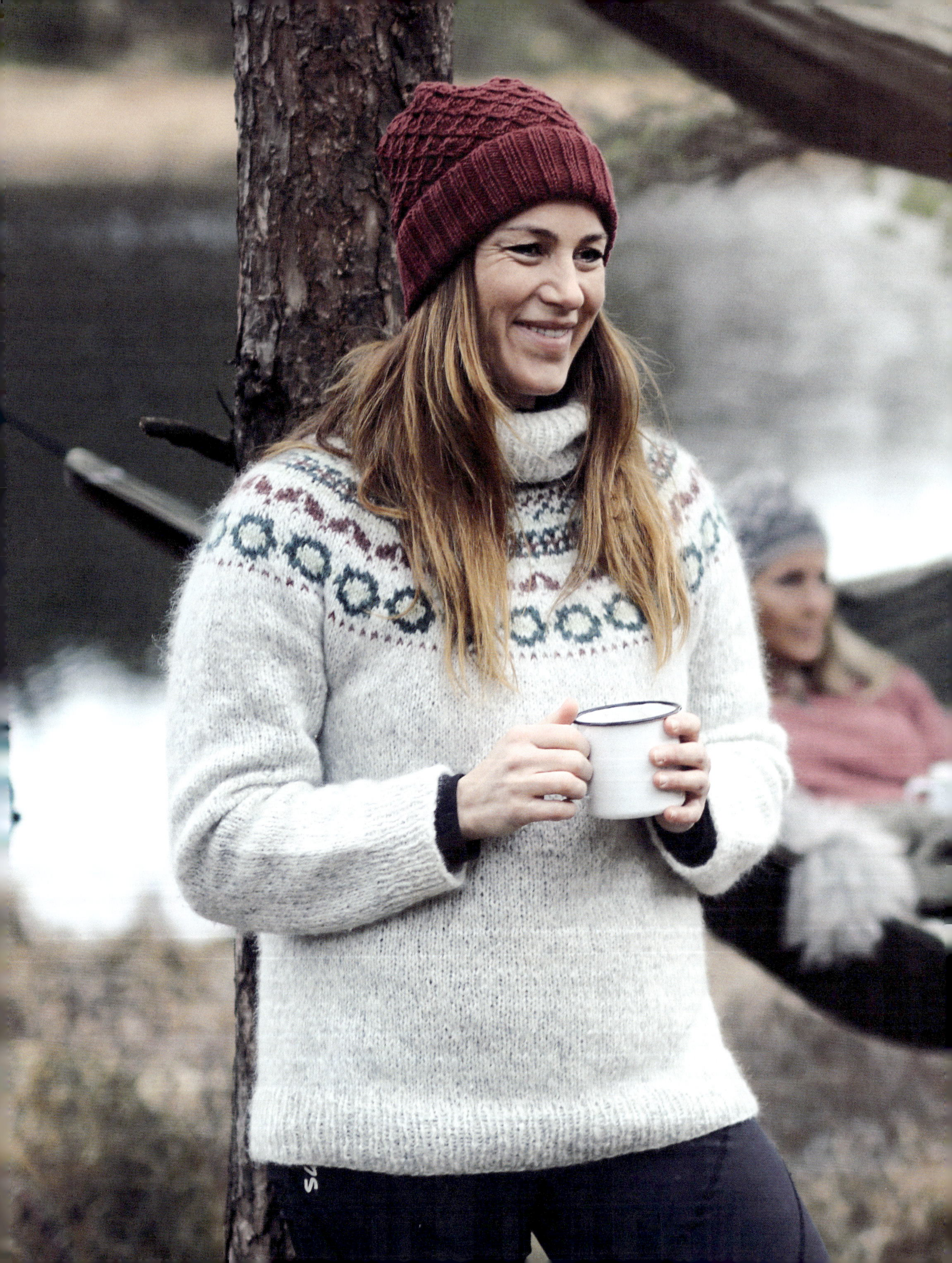

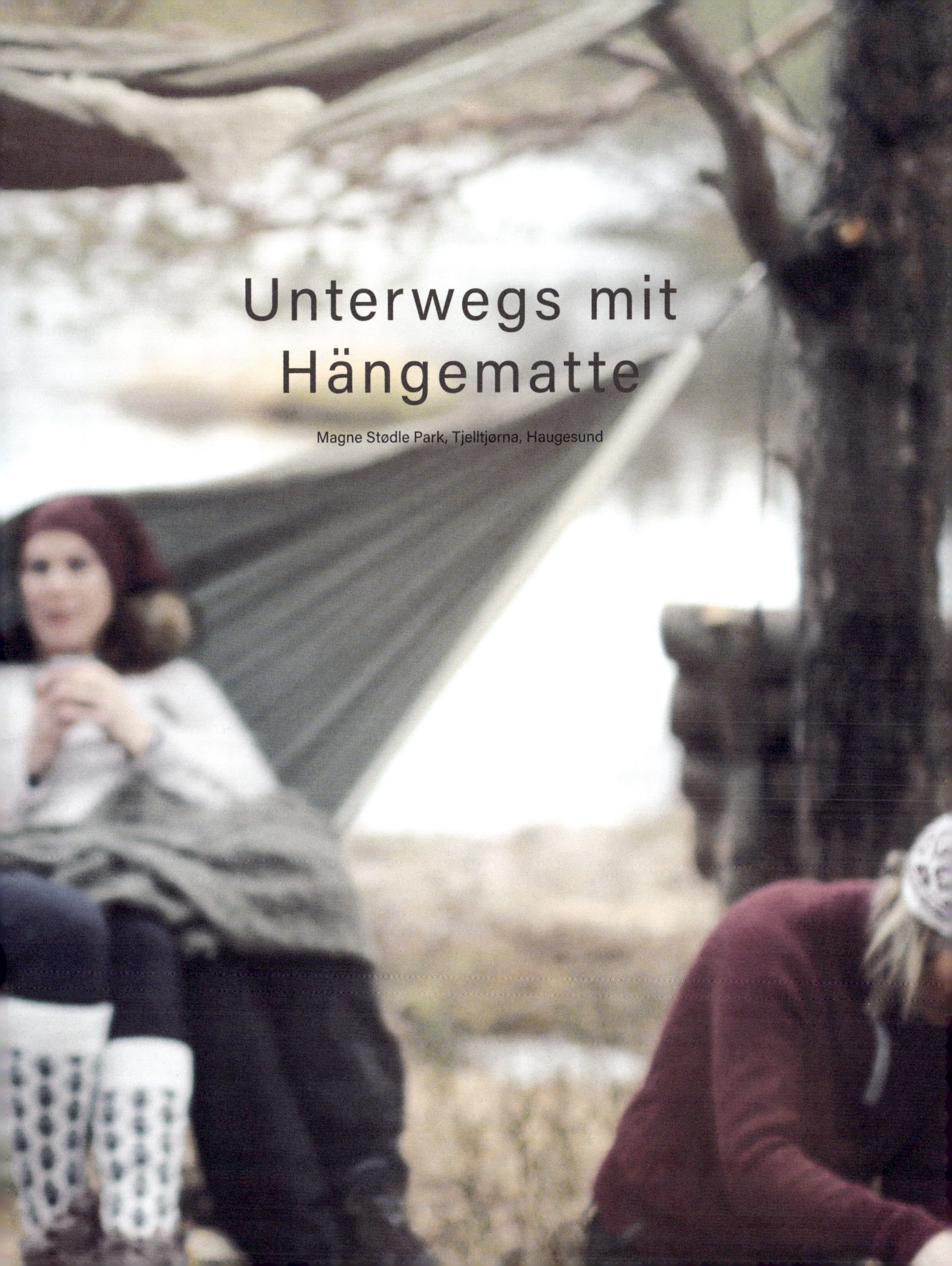

Unterwegs mit Hängematte

Magne Stødle Park, Tjelltjørna, Haugesund

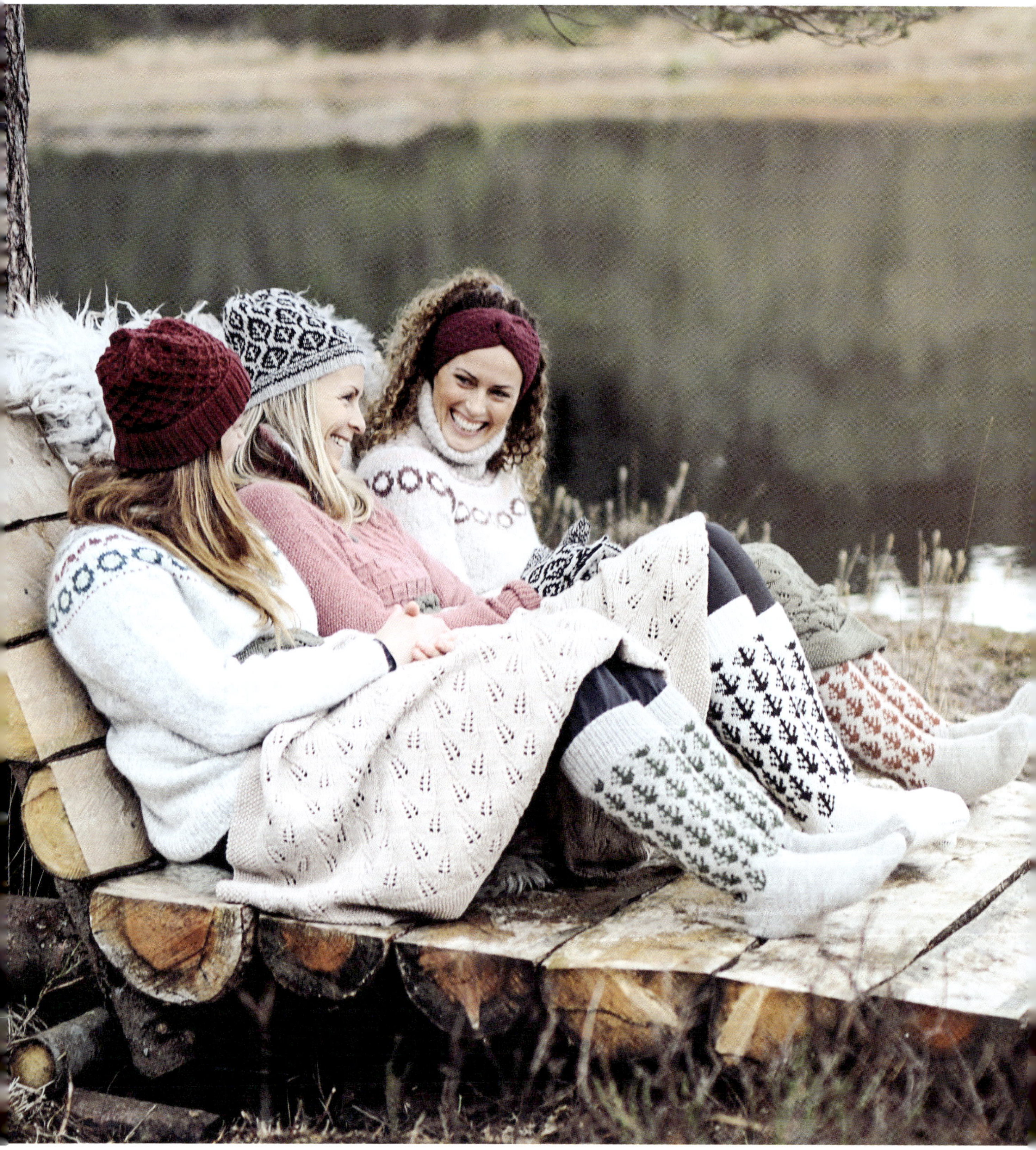

Tannensocken Damen

Hübsche Socken, in denen man es sich in der Hütte gemütlich machen kann, die aber auch in Wanderschuhe passen.

Schwierigkeitsgrad 2

GRÖSSEN
Einheitsgröße Damen
WOLLE
Klompelompe SPØT
Farbe A: 1042, Farbe B: 9573
MENGE
Farbe A: 150 g, Farbe B: 50 g
NADELN
Rdndl Stärke 3 und Nr. 3,5, beide 80 cm, oder Nadelspiel Nr. 3 und Nr. 3,5.
MASCHENPROBE
22 M auf Nadelstärke 3,5 = 10 cm

70 M mit Farbe A und Nadelstärke 3 anschl. 7 cm Rippen (1 M re, 1 M li) rund auf einem Nadelspiel oder mit Magic Loop str. Auf Nadelstärke 3,5 wechseln.
1 Rd re.

Laut Strickschrift str. Am Ende der Strickschrift sind 55 M übrig. 1 Rd re mit Farbe A. 1 Rd re und auf 50 M abn.

TIPP: Nach dem Wenden die 1. M abh und den Faden strammziehen.

FERSE
Wie folgt verkurzte R str: 13 M re, wenden, 26 M li, wenden, 25 M re, wenden, 24 M li, wenden, 23 M re, wenden, 22 M li, wenden, 21 M re,
wenden, 20 M li, wenden, 19 M re, wenden, 18 M li, wenden, 17 M re,
wenden, 16 M li, wenden, 15 M re, wenden, 14 M li, wenden, 13 M re, wenden, 12 M li, wenden, 6 M re. 1 Rd re.

Wie folgt die Ferse str: 6 M re, wenden, 12 M li, wenden, 13 M re, wenden, 14 M li, wenden, 15 M re, wenden, 16 M li, wenden.
17 M re, wenden, 18 M li, wenden,
19 M re, wenden, 20 M li, wenden,
21 M re, wenden, 22 M li, wenden, 23 M re, wenden, 24 li, wenden,
25 M re, wenden, 26 M li, wenden,
13 M re.

Glattrechts str bis der Fuß 21,5 cm misst (unter dem Fuß an der Ferse/Rippen gemessen).

Wie folgt beidseitig MM setzen: 12 M, MM, 25 M, MM, 13 M. Jetzt sind je 25 M oben und unten am Fuß.

Wie folgt für die Spitze an jeder Seite der beiden MM abnehmen: Bis 3 M vor MM re, 2 M re zus, 2 M re (der MM liegt zwischen den 2 M), 2 M re verschr zus. Am nächsten MM wdh (= 4 M in der Rd abgenommen).
So insg 4 Mal in jeder 2. Rd abnehmen und danach insg 6 Mal in jd Rd = 10 M übrig.

Faden abschneiden, durch die Maschen fädeln und zusammenziehen.

Den zweiten Strumpf genauso stricken.

Alle Fäden vernähen.

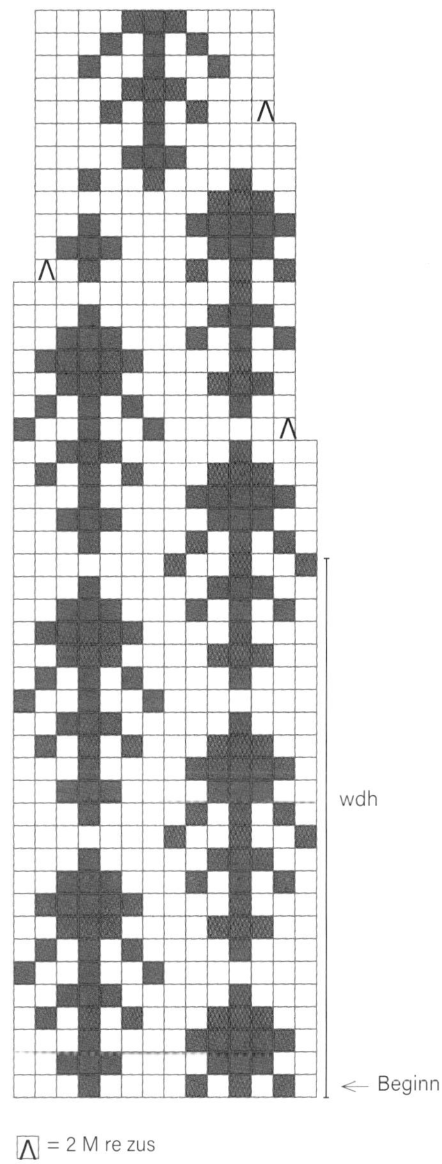

Valldals-Loop

Ein enger Loop mit einem tollen, zweifarbigen Muster.

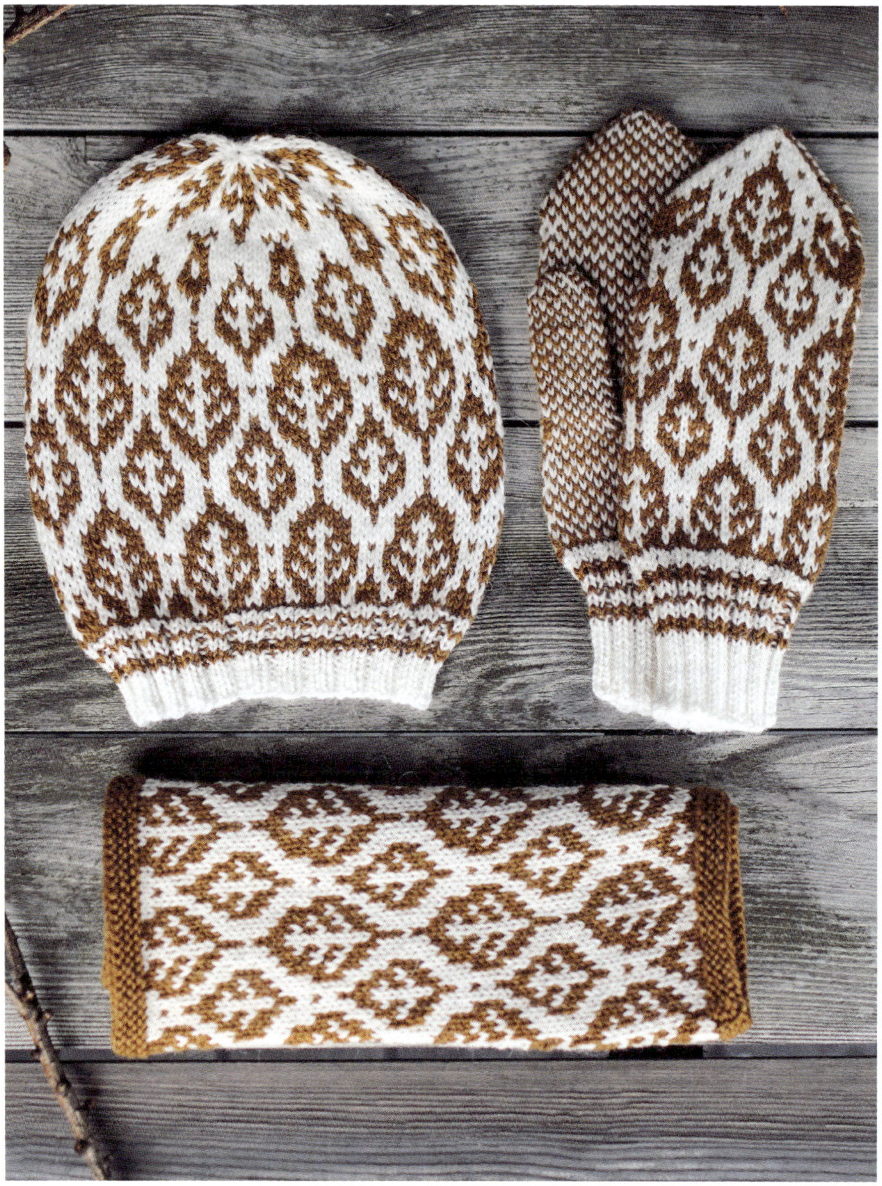

Schwierigkeitsgrad 2

Grössen
(1–6 J) 7–14 J (Erwachsene)
Wolle
Klompelompe SPØT
Farbe A: 2546, Farbe B: 1013
Menge
Farbe A: 50 g, Farbe B: 50 g
Nadeln
Rdndl Stärke 3,5, 40 cm
Maschenprobe
22 M auf Nadelstärke 3,5 = 10 cm

Es wird in Rd auf einer Rdndl gestrickt.

(96) 108 (120) M auf Nadelstärke 3,5 mit Farbe A anschl.

3 Querrippen (1 Querrippe = 1 Rd li, 1 Rd re) str.

Laut Strickschrift str bis das Strickstück (25) 27 (30) cm misst.

Mit Farbe A 3 Querrippen str und in der letzten Rd abketten.

wdh

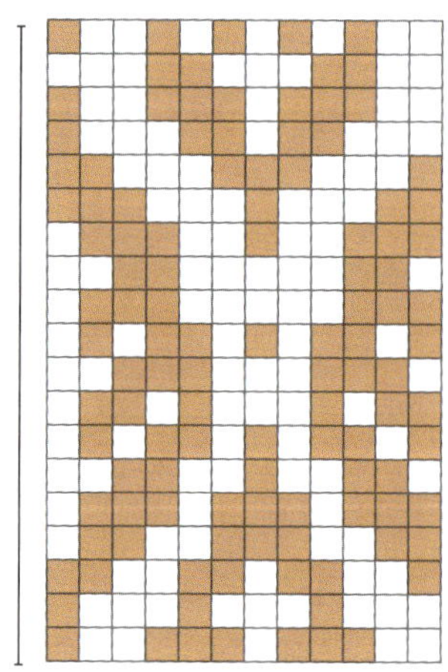

← Beginn

= Farbe A
= Farbe B

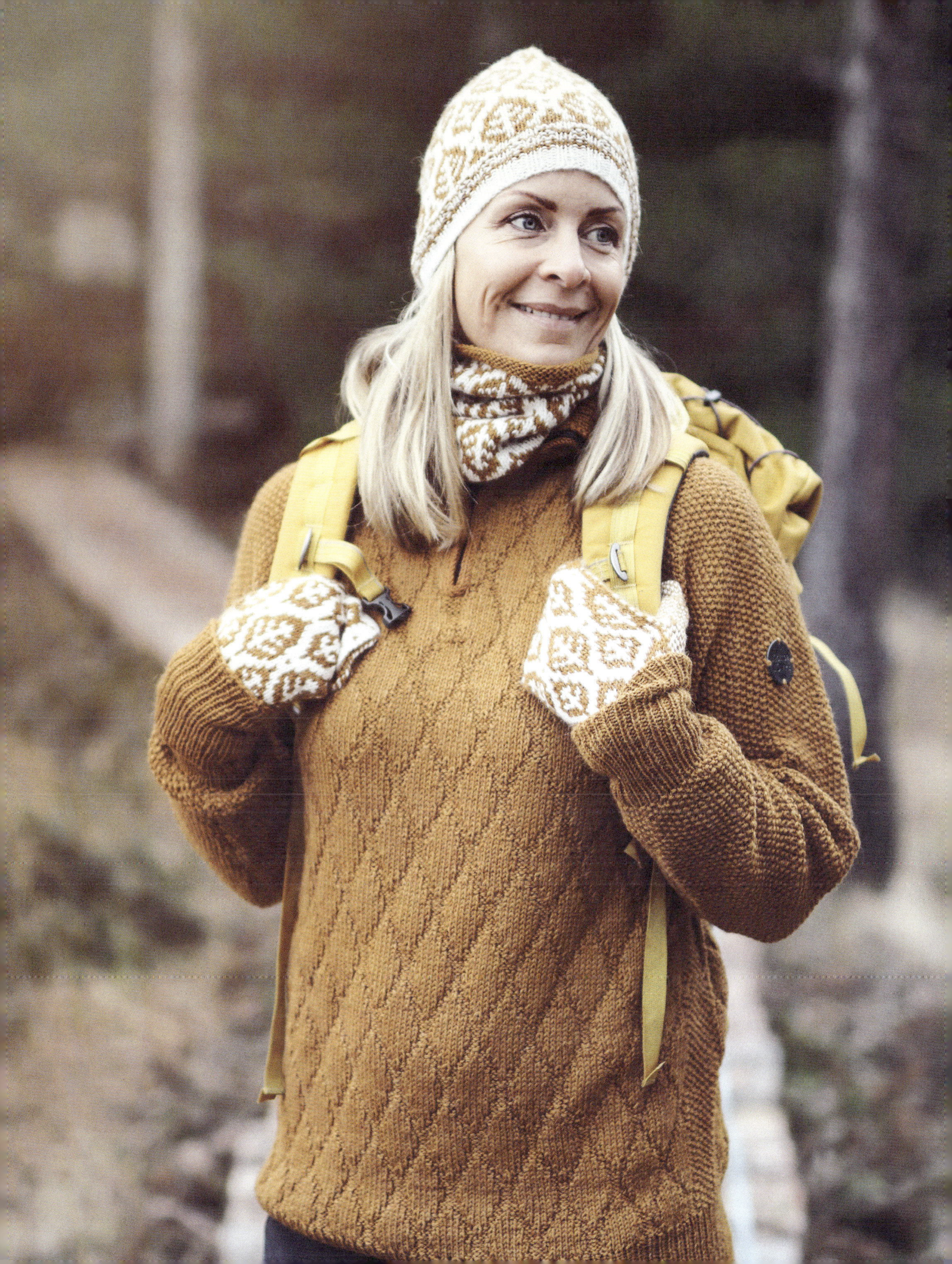

Kuscheldecke

Seit wir diese Babydecke 2015 für unser erstes Buch gestrickt haben, dachten wir, dass sie in einer großen Version einfach umwerfend wäre. Sie passt perfekt in die Kuschelecke in einer Hütte, in eine Hängematte oder ein Boot.

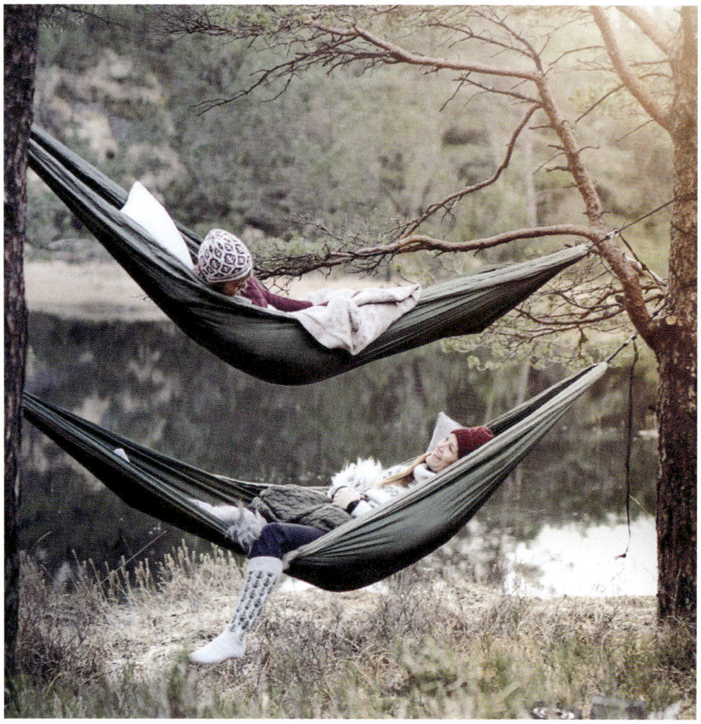

Schwierigkeitsgrad 2

GRÖSSEN
ca. 95 x 160 cm
WOLLE
Klompelompe Merinoull 9871
MENGE
1000 g
NADELN
Rdndl Stärke 4,5, 100 cm
MASCHENPROBE
19 M auf Nadelstärke 4,5 = 10 cm

PERLMUSTER
1. R: *1 M re, 1 M li *, von * bis * wdh.
2. R: *1 M li, 1 M re*, von * bis * wdh
(re M über li M und li M über re M)
Die beiden Reihen wiederholen.

Es wird in Reihen auf einer Rdndl gestrickt.
210 M auf Nadelstärke 4,5 anschl.
30 Reihen im Perlmuster str.

An beiden Seiten über die äußeren 16 M weiter im Perlmuster str. Die mittleren M im Muster laut Strickschrift stricken.

Achtung: Mit 2 M re enden, bevor man auf der anderen Seite das Perlmuster strickt.

Wenn die Musterwiederholung 27 Mal gestrickt wurde, noch mal 30 R im Perlmuster str. In der letzten Rd abketten.

Fäden vernähen, und die Decke in einem feuchten Handtuch trocknen oder vorsichtig dämpfen.

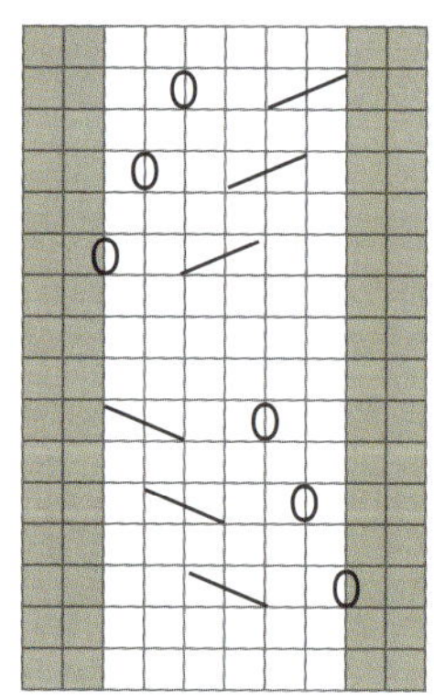

☐ = HinR re, RückR li
■ = HinR li, Rück Re
O = 1 U zwischen 2 M
⧅ = 1 M wie zum re str abh, 1 M re, die abgeh M darüberziehen
⧄ = 2 M re zus

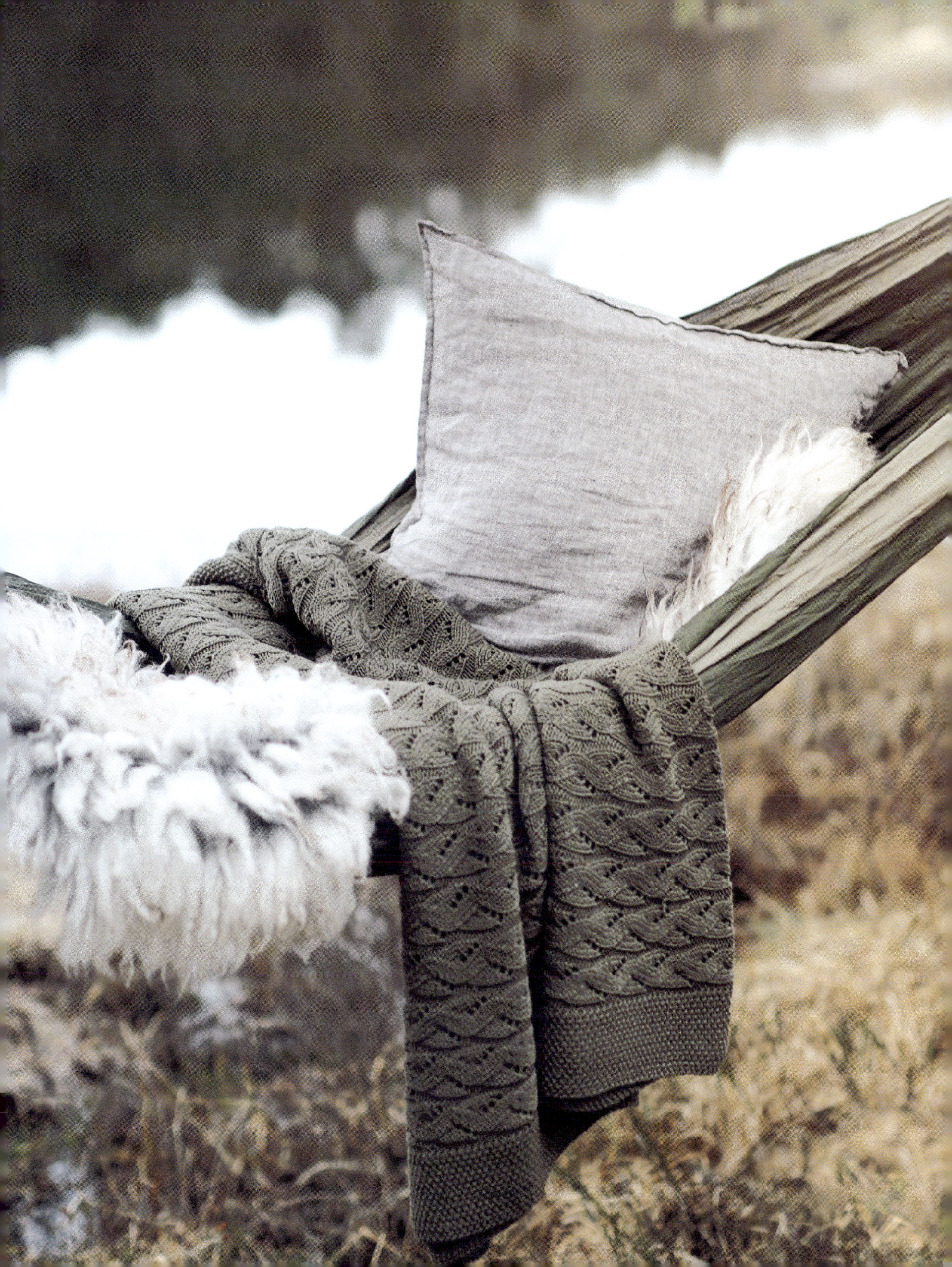

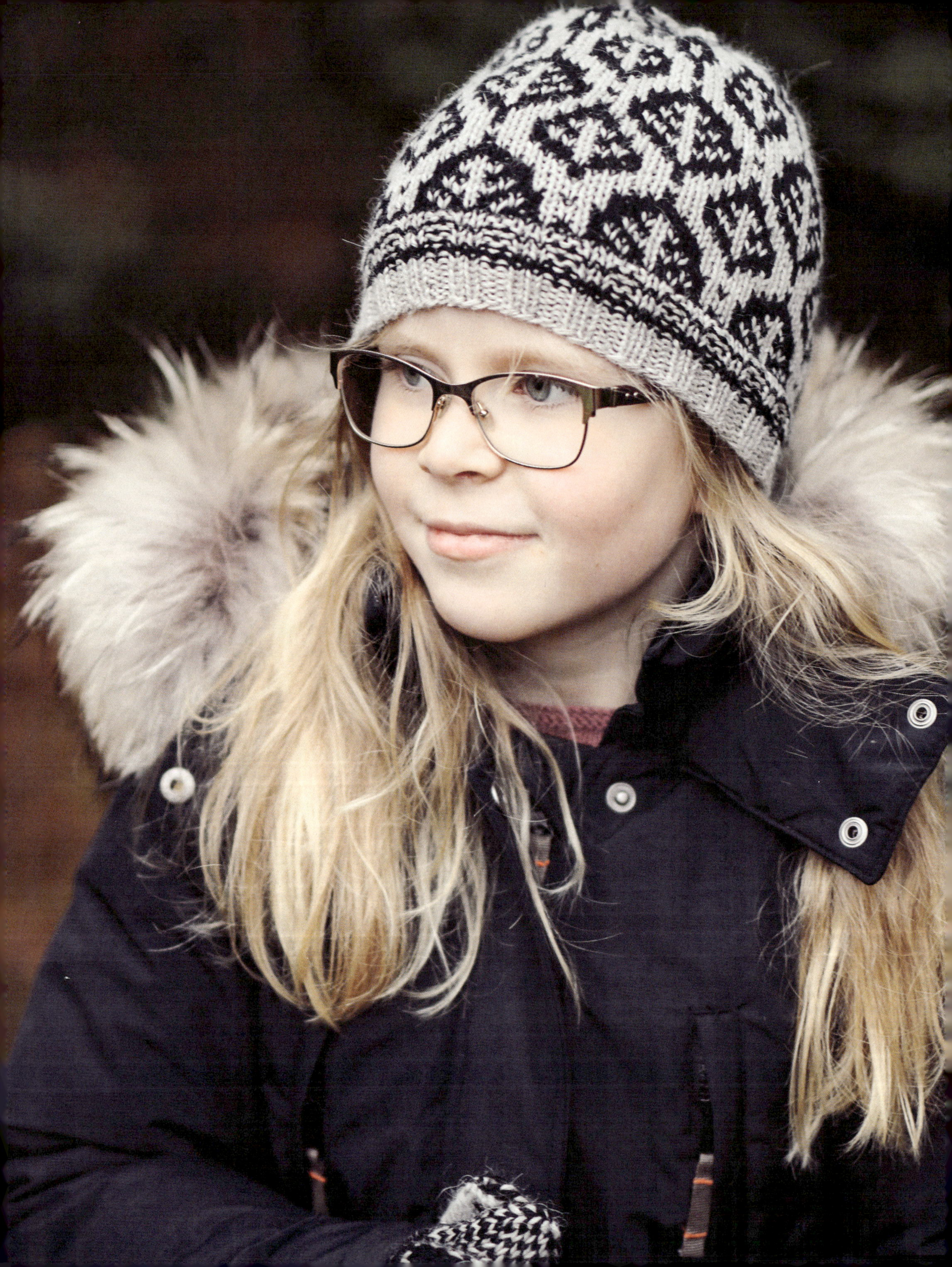

Valldals-Mütze

Eine Mütze mit demselben tollen Muster wie der Valldals-Loop.

Schwierigkeitsgrad 2

GRÖSSEN
6–12 M (1–3 J) 3–6 J (7–12 J) Damen (Herren)

WOLLE
Klompelompe SPØT
Farbe A: 1042, Farbe B: 1099

MENGE
50 g in jeder Farbe, alle Größen

NADELN
Rdndln Nr. 3 und Nr. 3,5, beide 40 cm, Nadelspiel Nr. 3,5, ev. Rdndl 80 cm für Magic Loop

MASCHENPROBE
22 M auf Nadelstärke 3,5 = 10 cm

Es wird in Rd auf einer Rdndl gestrickt.

80 (84) 88 (92) 92 (96) M auf Nadelstärke 3 mit Farbe A anschl. 6 Rd Rippen (2M re, 2M li str). Zu Farbe B wechseln, 2 Rd Rippen. Zu Farbe A wechseln, 2 Rd Rippen. Zu Farbe B wechseln, 1 Rd Rippen. Zu Farbe A wechseln, 2 Rd Rippen. Auf Nadelstärke 3,5 und Farbe B wechseln. 1 Rd re, dabei 4 (0) 8 (4) 16 (12) M gleichmäßig verteilt zun = 84 (84) 96 (96) 108 (108) M.

Laut Strickschrift str.

Faden abschneiden, Faden durch die M fädeln und zusammenziehen.

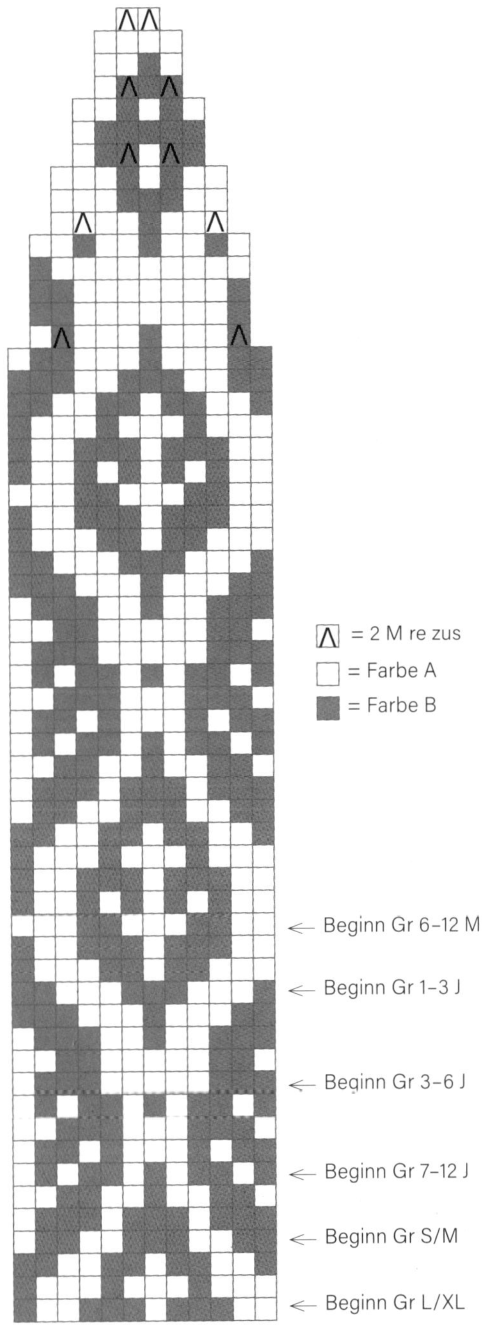

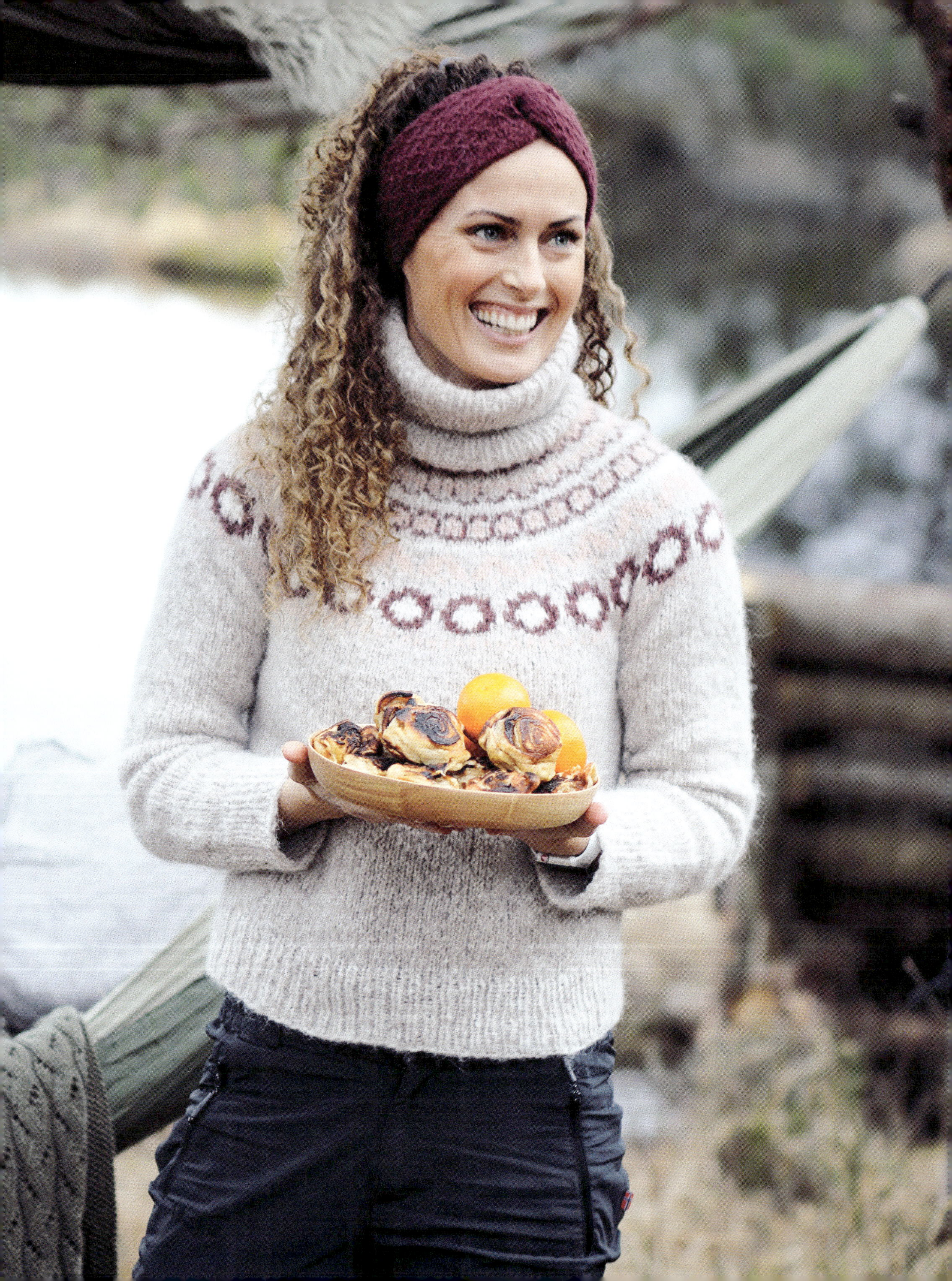

Klompelompe-Pulli Damen

Das Muster der Klompelompe-Strickjacke war eines unserer ersten. Wir wollten es noch einmal verwenden und entwarfen einen weichen, leichten und gemütlichen Pullover mit Rollkragen - Der perfekte Kuschel- und Wanderpulli.

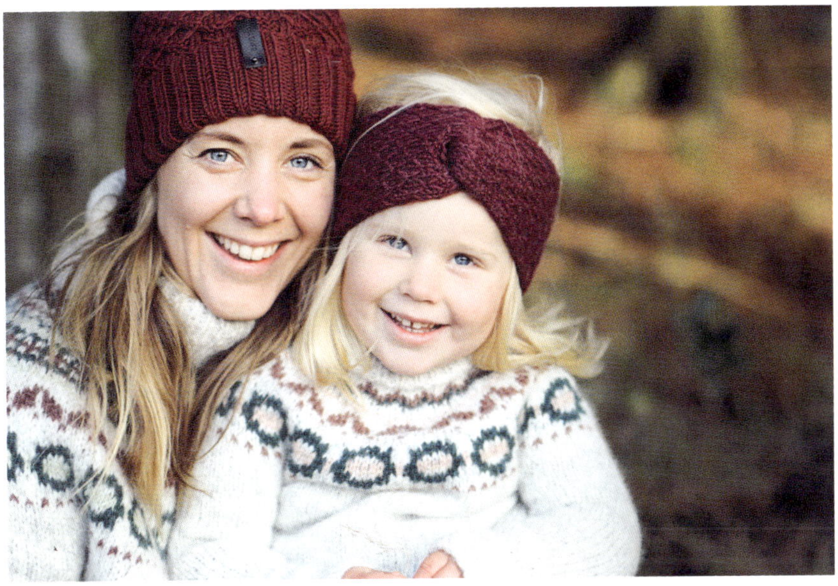

Schwierigkeitsgrad 2

Grössen
(XS) S (M) L (XL)

Wolle
Sandnes Garn KOS
Farbe A: 2611, Farbe B: 3511,
Farbe C: 4050, Farbe D: 1012

Menge
Farbe A: (300) 300 (350) 350 (350) g
Farbe B, C und D: 50 g

Nadeln
Rdndln Nr. 4 und Nr. 5, beide 40 cm und 80 cm

Maschenprobe
16 M auf Nadelstärke 5 = 10 cm

Masse
Brustumfang: ca. (96) 99 (104) 106,5 (111,5) cm
Gesamtlänge: ca. (56) 61 (63) 65 (67) cm

Die Jacke wird von oben und in Runden gestrickt.

(78) 80 (82) 88 (90) M mit Farbe A auf Nadelstärke 4 anschl. 20 cm Rippen (1 M re, 1 M li) str.

Auf Ndl 5 wechseln und 1 Rd re str. 1 Rd re, dabei (18) 16 (22) 24 (22) M gleichmäßig verteilt zun = (96) 96 (104) 112 (112) M. Weiter laut Strickschrift (sh S. 85) str.

Nach der Strickschrift sind (230) 230 (240) 250 (250) M auf der Nadel.
(2) 2 (3) 6 (7) Rd re.

(0) 1 (1) 1 (1) Rd re, dabei (0) 20 (20) 20 (40) M gleichmäßig verteilt zun = (230) 250 (260) 270 (290) M.
(0) 2 (4) 6 (8) Rd re.

Wie folgt in der nächsten Rd für Ärmel und Körper aufteilen:

(47) 49 (53) 55 (59) M (Ärmelmaschen) stilllegen, 8 M unterm Arm anschl, (68) 76 (77) 80 (86) M re, die nächsten (47) 49 (53) 55 (59) M (Ärmelmaschen) stilllegen, 8 M unterm Arm anschl, (68) 76 (77) 80 (86) M re = (152) 168 (170) 176 (188) M.

Weiter str bis das Strickstück (49) 54 (56) 58 (60) cm ab der Schulter misst. Auf Nadelstärke 4 wechseln und 7 cm Rippen (1 M re, 1 M li) str. In der letzten Rd abketten.

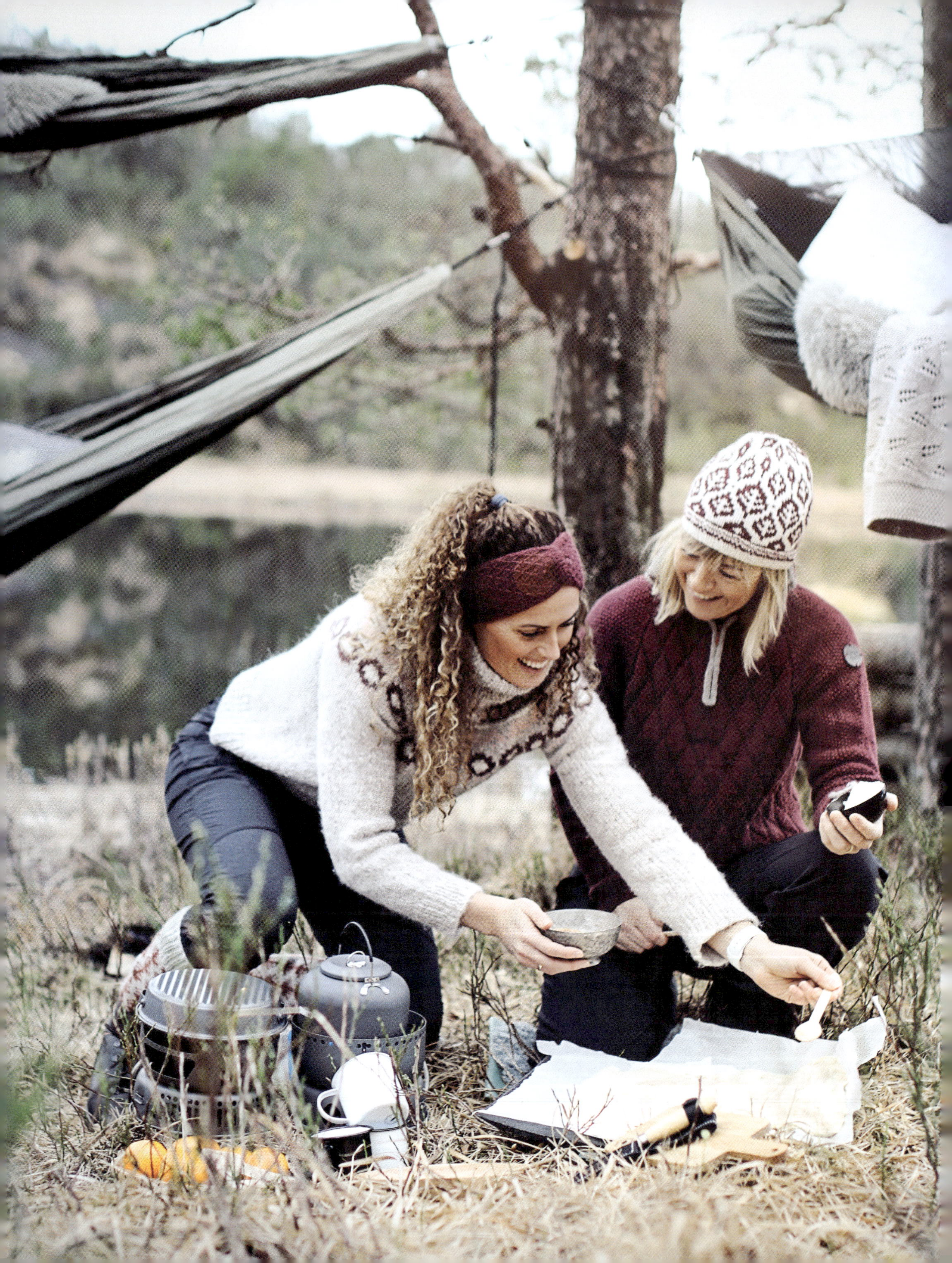

ÄRMEL

4 M unterm Arm aufn, (47) 49 (53) 55 (59) stillgelegte M re, 4 M aufn. Nach 5 cm wie folgt abn: 1 M re, 2 M re zus, bis zu den letzten 3 M re, 1 M abh, 1 M re, die abgehobene M darüberziehen, 1 M re.

Alle (5,5) 5 (4) 5 (5) cm die Abn wdh, bis noch (41) 41 (41) 47 (51) M übrig sind.

Weiterstricken bis der Ärmel 41 cm (oder die gewünschte Länge) misst.

In der nächsten Rd 1 M abnehmen.

Auf Nadelstärke 4 wechseln und 7 cm Rippen (1 M re, 1 M li) str.

Alle Fäden vernähen und den Pulli in einem feuchten Handtuch trocknen.

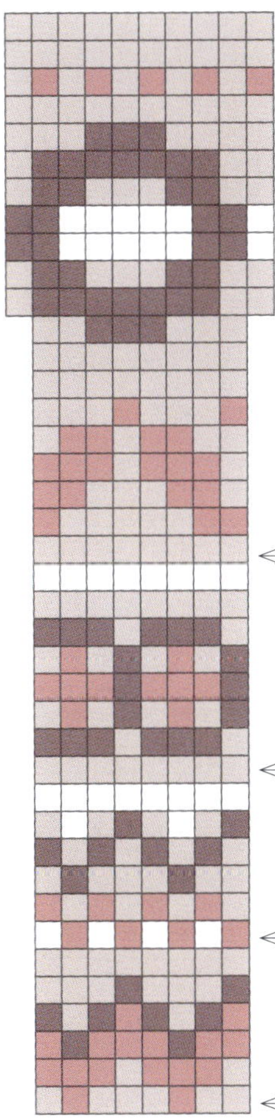

= Farbe A (Hauptfarbe)

= Farbe B

= Farbe C

= Farbe D

← (46) 46 (48) 50 (50) M gleichm verteilt zun = (230) 230 (240) 250 (250).
TIPP: Damit das Muster bei der letzten Zun nicht gestört wird, entw 2 M zwischen den Kreisen oder 1 M am Ende des Kreises und 1 M zwischen den Kreisen zun.

← 40 M gleichmäßig verteilt zun = (184) 184 (92) 200 (200)

← 32 M gleichmäßig verteilt zun = (144) 144 ((152) 160 (160)

← 16 M gleichmäßig verteilt zun = (112) 112 (120) 128 (128)

← Beginn mit (96) 96 (104) 112 (112) M

wdh

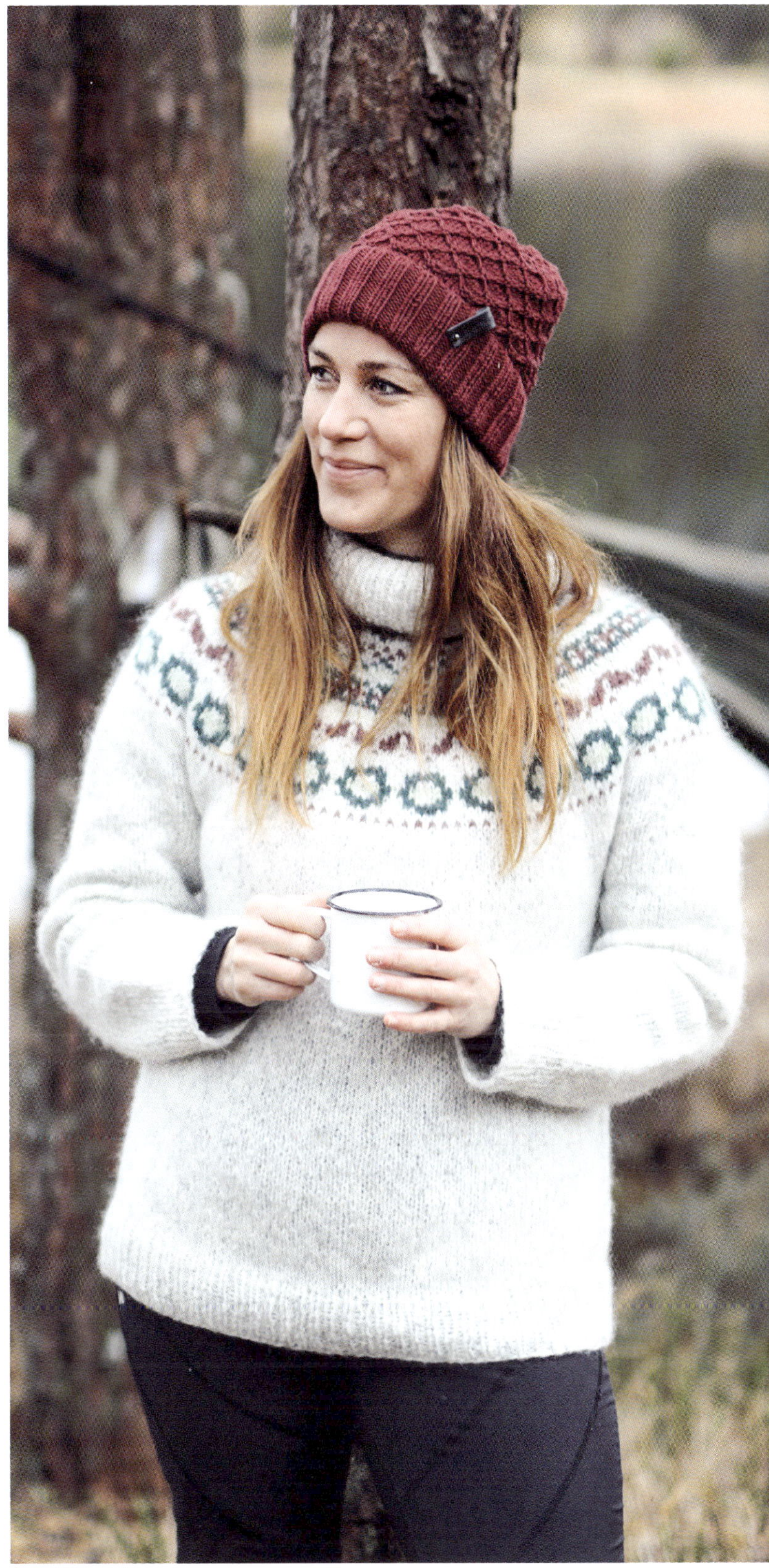

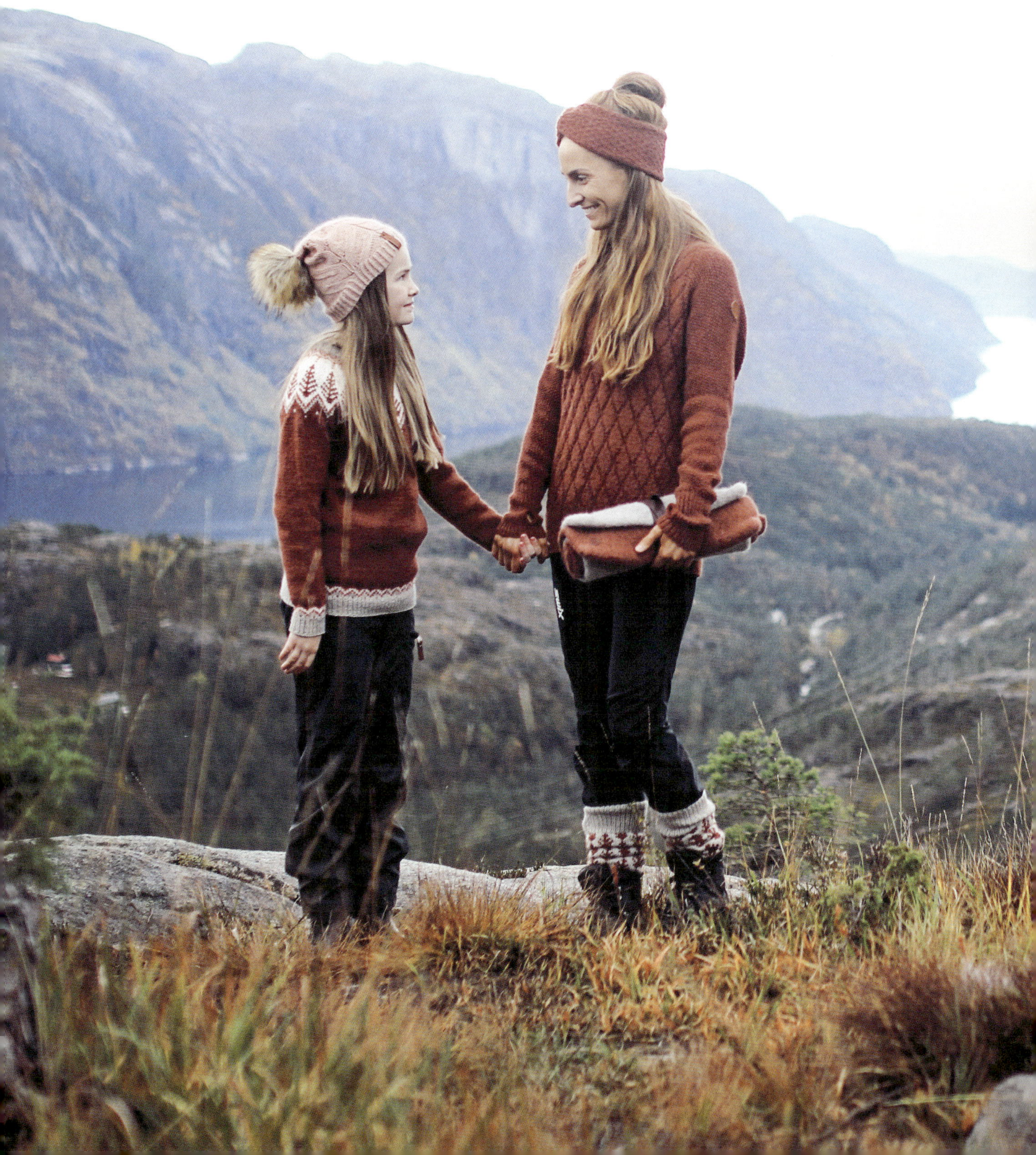

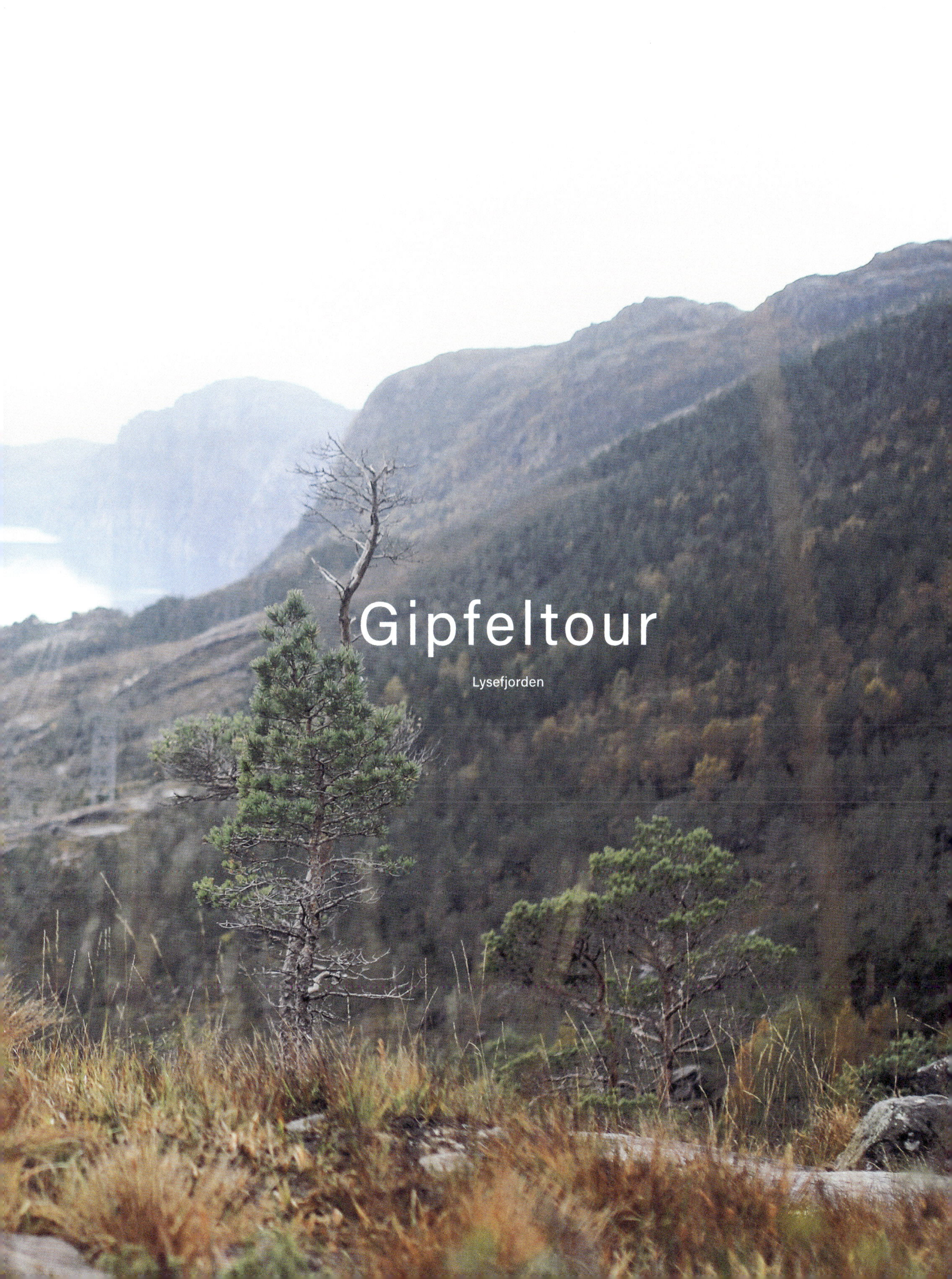

Gipfeltour

Lysefjorden

Erling-Pullover

Das ist der ultimative Wanderpulli mit Doppelrippen am Kragen, den man mit einem Reißverschluss öffnen und schließen kann, je nachdem wie warm es ist.

Schwierigkeitsgrad 3

GRÖSSEN
(S) M (L) XL (XXL)

WOLLE
Klompelompe SPØT Farbe: 6871 und
Klompelompe Merinoull, Farbe: 5885

MENGE
Klompelompe SPØT (550) 550 (600) 650 (750)
Klompelompe Merinoull (50) 50 (100) 100 (100)

NADELN
Rdndln Nr. 3 und Nr. 3,5, je 40 cm und 80 cm

MASCHENPROBE
22 M auf Nadelstärke 3,5 = 10 cm

MASSE
Brustumfang: ca. (96) 100 (107) 114,5 (122) cm
Gesamtlänge: ca. (68) 69 (71) 75 (77) cm

Der Pulli wird von oben und in Reihen gestrickt.

(107) 107 (115) 115 (123) M auf Nadelstärke 3 mit Klompelompe Merinoull anschl. 14 cm Rippen (1 M re, 1 M li) str.

Zu Klompelompe SPØT wechseln und weitere 14 cm Rippen str.

Auf Ndl 3,5 wechseln. 1 R re und dabei die Anschlagskante mitstricken. Die 3 M an beiden Kanten dabei nicht stricken, so dass eine hübsche Öffnung für den Reißverschluss entsteht. Wenn Ihnen das zu knifflig ist, können Sie die Maschen am Ende auch annähen.

In der nächsten R (RückR) wie folgt MM setzen:
(19) 19 (20) 20 (22) M im Muster laut Strickschrift (sh. S. 91), MM setzen, 1 M li (Raglannahtmasche), (13) 13 (15) 15 (15) M im Perlmuster (Ärmelmaschen), 1 M li (Raglannahtmasche), MM setzen, (39) 39 (41) 41 (45) M im Muster laut Strickschrift, 1 M li (Raglannahtmasche), (13) 13 (15) 15 (15) M im Perlmuster (Ärmelmaschen), 1 M li (Raglannahtmasche), MM setzen, (19) 19 (20) 20 (22) M im Muster laut Strickschrift.

Vorder- und Rückenteil weiter laut Strickschrift str und in der HinR wie in der Strickschrift angegeben zunehmen. Die Ärmelmaschen im Perlmuster str und in jeder HinR an jeder Nahtmasche zunehmen und zwar indem der Querfaden zwischen den M re oder li verschr gestrickt wird, abhängig vom Perlmuster oder dem Muster der Strickschrift = 8 M zugenommen.

Die Nahtmasche in der HinR re und in der RückR li str.

Nach 19 Zunahmen den Faden abschneiden. Die M so verteilen, dass der Rd-Beginn jetzt vor den Nahtmaschen für den linken Ärmel liegt und dort, wo vorher eine Öffnung war, 1 M anschl und in Rd str. Weiter in jd 2. Rd zunehmen.

Nach (29) 31 (34) 38 (40) Zun noch (4) 4 (5) 5 (5) R ohne Zun str = (340) 356 (388) 420 (444) M.

In der nächsten Rd die Ärmel- und Nahtmaschen stilllegen und unter jedem Arm 9 M anschl = (212) 220 (236) 252 (268) M.

Weiter im Muster, ab jetzt die 9 M unterm Arm im Perlmuster str.

Weiterstricken bis das Strickstück (60) 61 (63) 67 (69) cm ab der Schulter misst. Auf Ndl 3 wechseln und 8 cm Rippen (1 M re, 1 M li) str. In der letzten Rd abketten.

ÄRMEL

Mit Ndl 3,5 5 M ab der Mitte aus den 9 M aufn, die unterm Arm angeschlagen wurden, die stillgelegten (73) 77 (85) 93 (97) M im Perlmuster stricken und am Ende 4 M aufnehmen.
Die erste M ist die Nahtmasche und wird immer li gestrickt.

Den Ärmel im Perlmuster weiter stricken. Nach 2,5 cm beginnen die Abnahmen. Je nachdem, wo man im Perlmuster ist, strickt man wie folgt:
1 M li, 2 M re zus, bis zu den letzten 2 M im Perlmuster str, 1 M abh, 1 M re, die abgeh M darüberziehen.

Oder wie folgt:
1 M li, 2 M li zus, bis zu den letzten 2 M im Perlmuster str, 2 M li zus.

Die Abnahmen alle (2,5) 2,5 (2) 2 (2) cm wdh bis (52) 56 (60) 64 (64) M übrig sind.

Wenn der Ärmel 42 cm oder die gewünschte Länge misst auf Ndl 3 wechseln. 7 cm Rippen (1 M re, 1 M li) str.

LINKER ÄRMEL

16 M Rippen str, wenden. 5 cm Rippen in Reihen str. Dann wieder Runden stricken. 3 cm Rippen str und in der letzten Rd abketten.

RECHTER ÄRMEL

Rippen str bis noch 16 M übrig sind, wenden. 5 cm Rippen in Reihen str. Wieder in Runden 3 cm Rippen str und in der letzten Rd abketten.

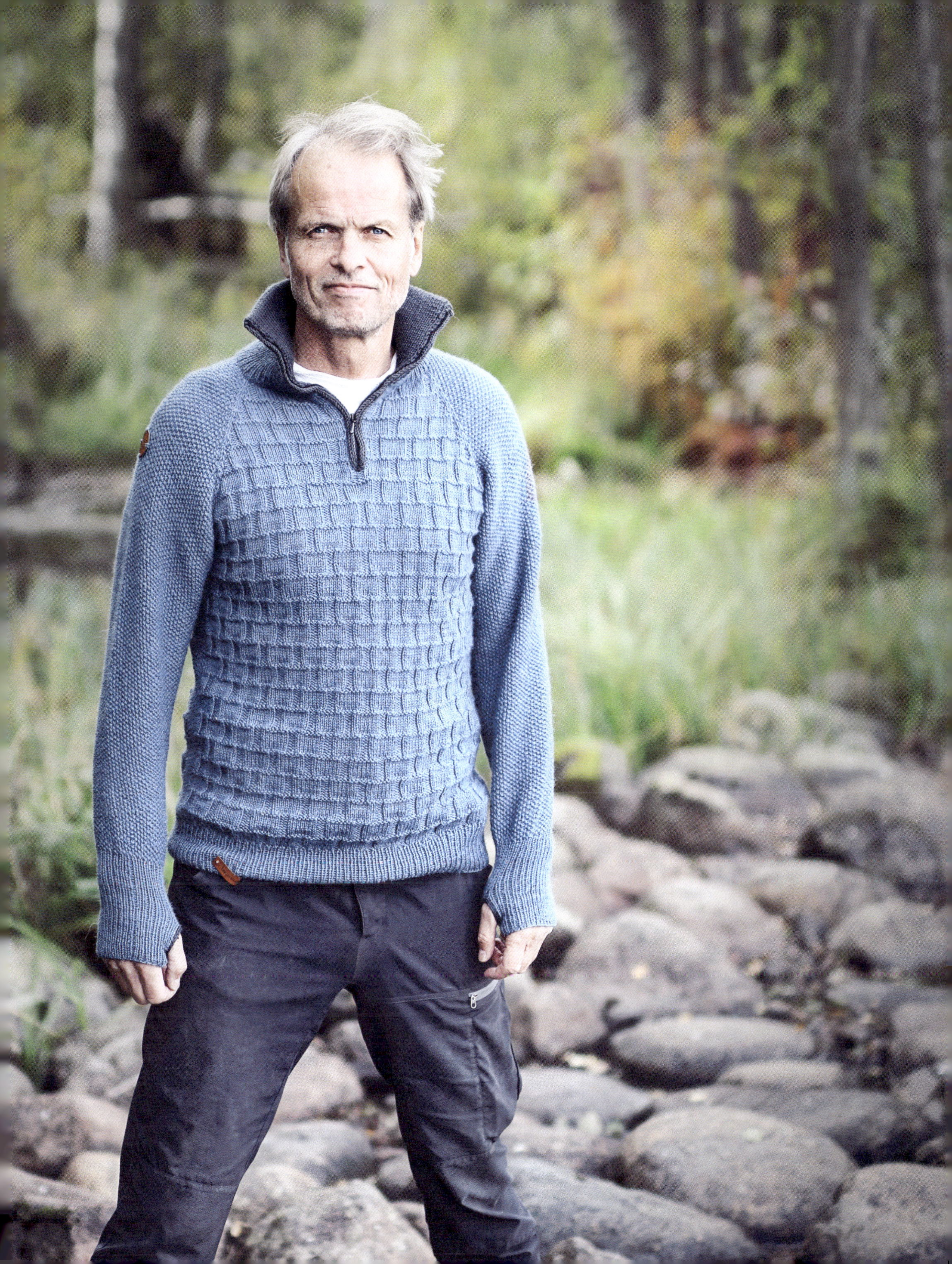

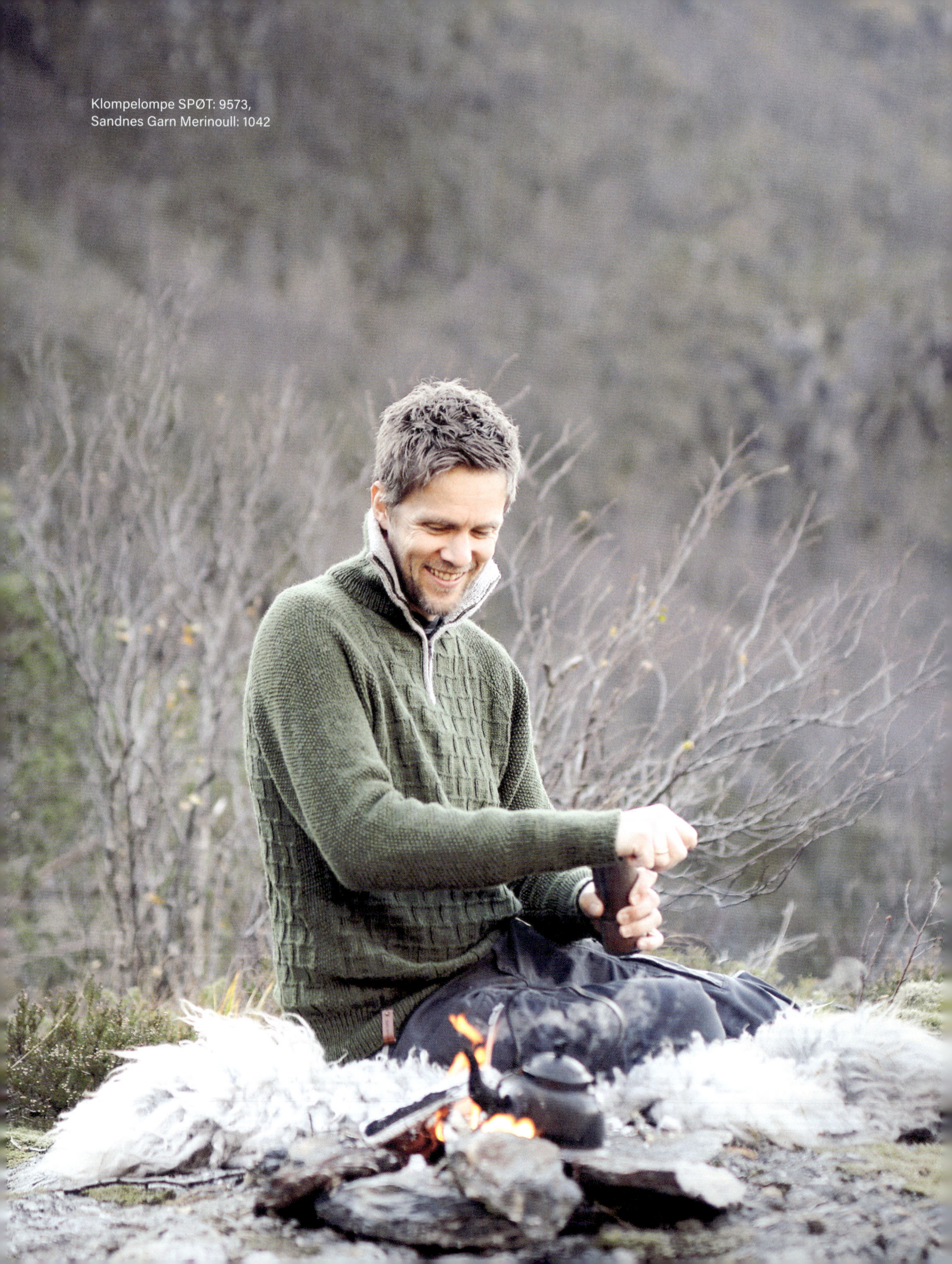

Klompelompe SPØT: 9573,
Sandnes Garn Merinoull: 1042

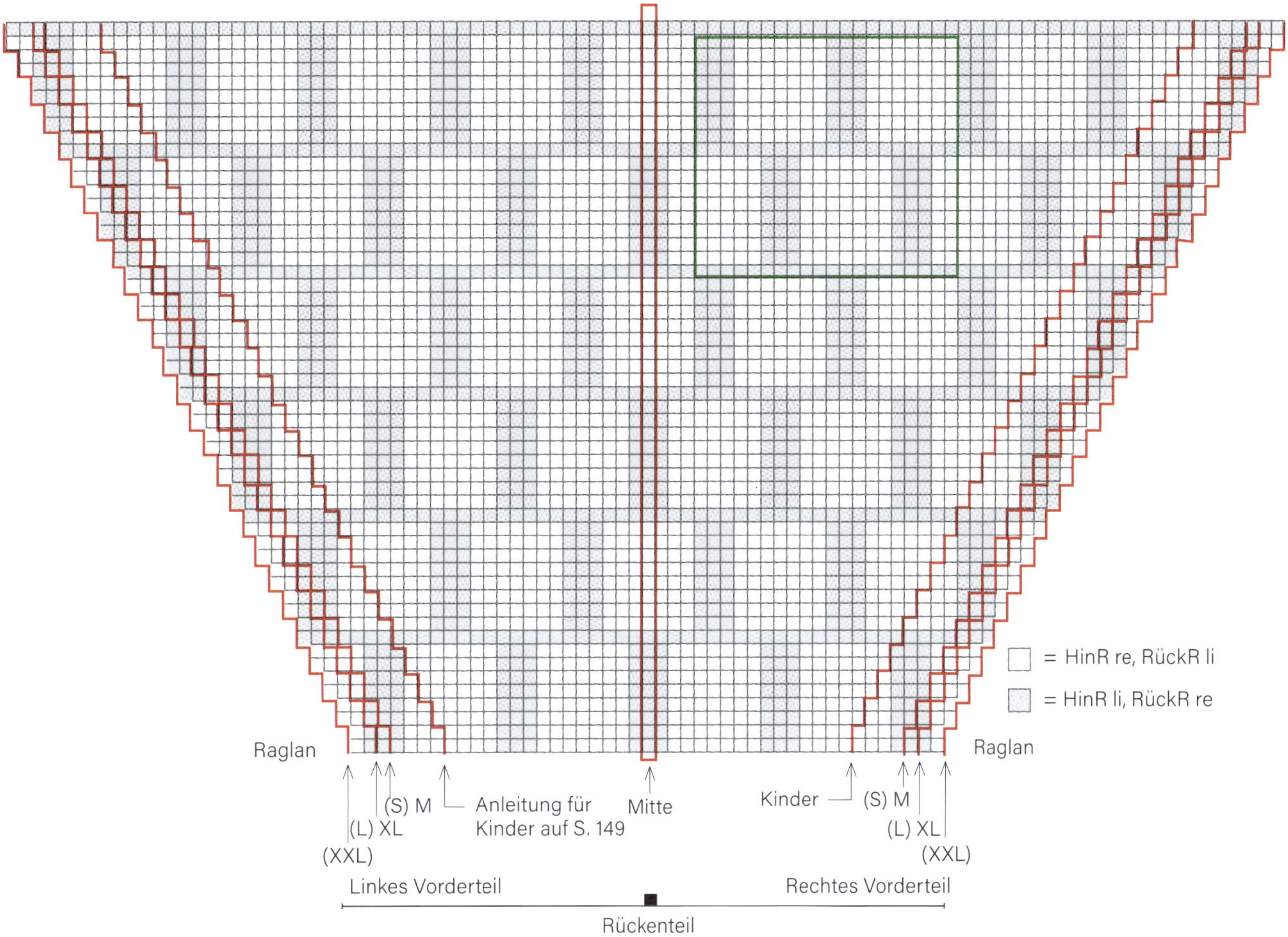

KANTE AN DER DAUMENÖFFNUNG

Mit Nadelstärke 2,5 und Klompelompe Merinoull um die Öffnung je 1 M aus jeder M aufn, dabei jd 5. M überspringen. Mit einer Kordel abketten

MIT KORDEL ABKETTEN

*1 M re, 2 M re versch zus, die 2 M von der re auf die li Ndl heben *, von * bis * bis zu den letzten 2 M wdh, 1 M über die andere ziehen und Faden durchziehen.

HALSAUSSCHNITT

Mit Ndl 3 und Klompelompe Merinoull von oben links nach oben rechts M aus dem Halsausschnitt aufn (wo der Reißverschluss hinkommt).

Faden abschneiden. Oben links beginnen und mit Kordel abketten: 3 M auf der Nadel anschl, * 2 M re, 2 M re verschr zus. 3 M von der re auf die li Nadel heben*, von *bis* bis R Ende wdh.

Den Reißverschluss einsetzen (sh. Foto). Den Teil in Klompelompe Merinoull umklappen und auf der anderen Seite des Reißverschlusses annähen.

BELEG

6 M auf Nadelstärke 3 mit 1 Faden Klompelompe SPØT anschl. In Reihen glattrechts str, bis der Beleg so lang wie der Reißverschluss ist, siehe Foto. Mit Klompelompe SPØT annähen.

Alle Fäden vernähen und den Pulli in einem feuchten Handtuch trocknen.

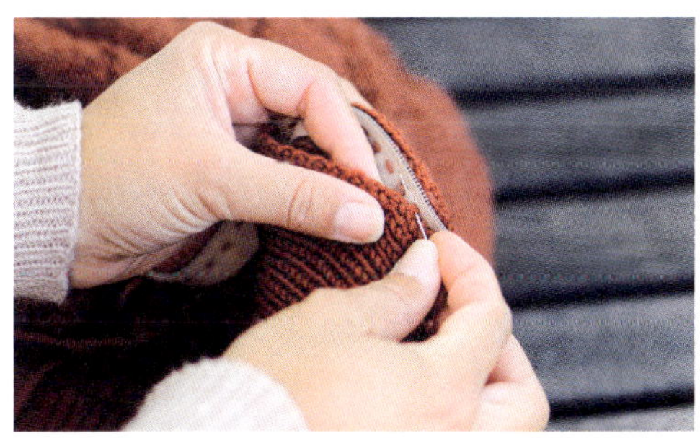

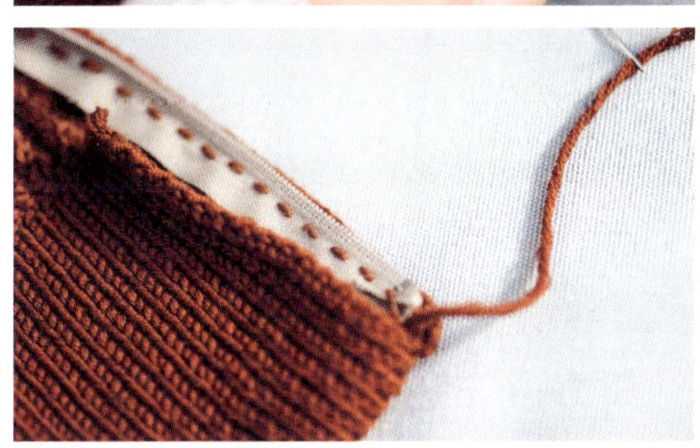

Erle-Pullover Damen

Die Damenversion des Erling-Pullovers.

Schwierigkeitsgrad 3

GRÖSSEN
(XS) S (M) L (XL)

WOLLE
Klompelompe SPØT, Farbe: 3355 und
Klompelompe Merinoull, Farbe: 3355

MENGE
Klompelompe SPØT: (450) 450 (500) 550 (600) g
Klompelompe Merinoull: 50 g für alle Gr

NADELN
Rdndln Nr. 3 und Nr. 3,5, beide 40 cm und 80 cm

MASCHENPROBE
22 M auf Nadelstärke 3,5 = 10 cm

MASSE
Brustumfang: ca. (93) 98 (102) 111 (118) cm
Gesamtlänge: ca. (61) 62 (64) 68 (70) cm

Die Jacke wird von oben und in Reihen gestrickt.

(99) 99 (99) 103 (107) M auf Nadelstärke 3 mit Klompelompe Merinoull anschl. 12 cm Rippen (1 M re, 1 M li) str.
Zu Klompelompe SPØT wechseln und 12 cm Rippen str.
Auf Nadelstärke 3,5 wechseln. 1 R re, dabei die Anschlagskante mitstricken. Die 3 M an beiden Kanten dabei nicht stricken, so dass eine hübsche Öffnung für den Reißverschluss entsteht. Wenn Ihnen das zu knifflig ist, können Sie die Maschen am Ende auch annähen.

In der nächsten R (RückR) wie folgt MM setzen: (20) 20 (20) 21 (22) M laut Strickschrift, MM setzen, 1 M li (Raglannahtmasche), 7 M im Perlmuster (Ärmelmaschen), 1 M li (Raglannahtmasche), 1 M li (Raglannahtmasche), MM setzen, (41) 41 (41) 43 (45) M im Muster laut Strickschrift, 7 M im Perlmuster (Ärmelmaschen), 1 M li (Raglannahtmasche), MM setzen, (20) 20 (20) 21 (22) M im Muster laut Strickschrift.

Vorder- und Rückenteil weiter laut Strickschrift str und in der HinR wie in der Strickschrift angegeben zun. Die Ärmelmaschen im Perlmuster str und in jeder HinR an jeder Nahtmasche zunehmen und zwar indem der Querfaden zwischen den M re oder li verschr gestrickt wird, abhängig vom Perlmuster oder dem Muster der Strickschrift = 8 M zugenommen.

Die Nahtmaschen in der HinR re und in der RückR li str.

Nach 19 Zunahmen den Faden abschneiden. Die M so verteilen, dass der Rd-Beginn vor der Nahtmasche für den linken Ärmel liegt und dort, wo vorher eine Öffnung war, 1 M anschl, ab jetzt in Rd str. Weiter in jd 2. Rd zunehmen

Nach (26) 29 (31) 35 (38) Zunahmen noch 2 Rd ohne Zun str = (307) 331 (347) 383 (411) M.

In der nächsten Rd die Ärmel- und Nahtmaschen stilllegen und unter jedem Arm 9 M anschl = (204) 216 (224) 244 (260) M.

Weiter im Muster, ab jetzt die 9 M unterm Arm im Perlmuster str. Weiterstricken bis das Strickstück (53) 54 (56) 60 (62) cm ab der Schulter misst. Auf Nadelstärke 3 wechseln und 8 cm Rippen str (1 M re, 1 M li).

ÄRMEL

Mit Nadelstärke 3,5 5 M ab der Mitte aus den 9 M aufn, die unterm Arm angeschlagen wurden, die stillgelegten (61) 67 (71) 79 (85) M im Perlmuster und am Ende 4 M aufn. Die nächste M, die mittlere unterm Ärmel, wird li gestrickt = Nahtmasche.
Der Ärmel wird im Perlmuster gestrickt bis er 40 cm oder die gewünschte Länge misst.

Nach 2,5 cm beginnen die Abnahmen. Je nachdem, wo man im Perlmuster ist, strickt man wie folgt:
1 M li, 2 M re zus, bis zu den letzten 2 M im Perlmuster str, 1 M abh, 1 M re, die abgeh M darüberziehen.

Oder wie folgt:
1 M li, 2 M li zus, bis zu den letzten 2 M im Perlmuster str, 2 M li zus.
Die Abn alle (3) 2,5 (2) 2 (1,5) cm wdh bis (46) 46 (46) 48 (50) M übrig sind.

Auf Nadelstärke 3 wechseln. 7 cm Rippen (1 M re, 1 M li) str.

LINKER ÄRMEL

14 M Rippen str, wenden. 5 cm Rippen in Reihen str. Dann wieder Runden stricken. 3 cm Rippen str und in der letzten Rd abketten.

RECHTER ÄRMEL

Rippen str bis noch 14 M übrig sind, wenden. 5 cm Rippen in Reihen str. Wieder in Runden 3 cm Rippen str und in der letzten Rd abketten.

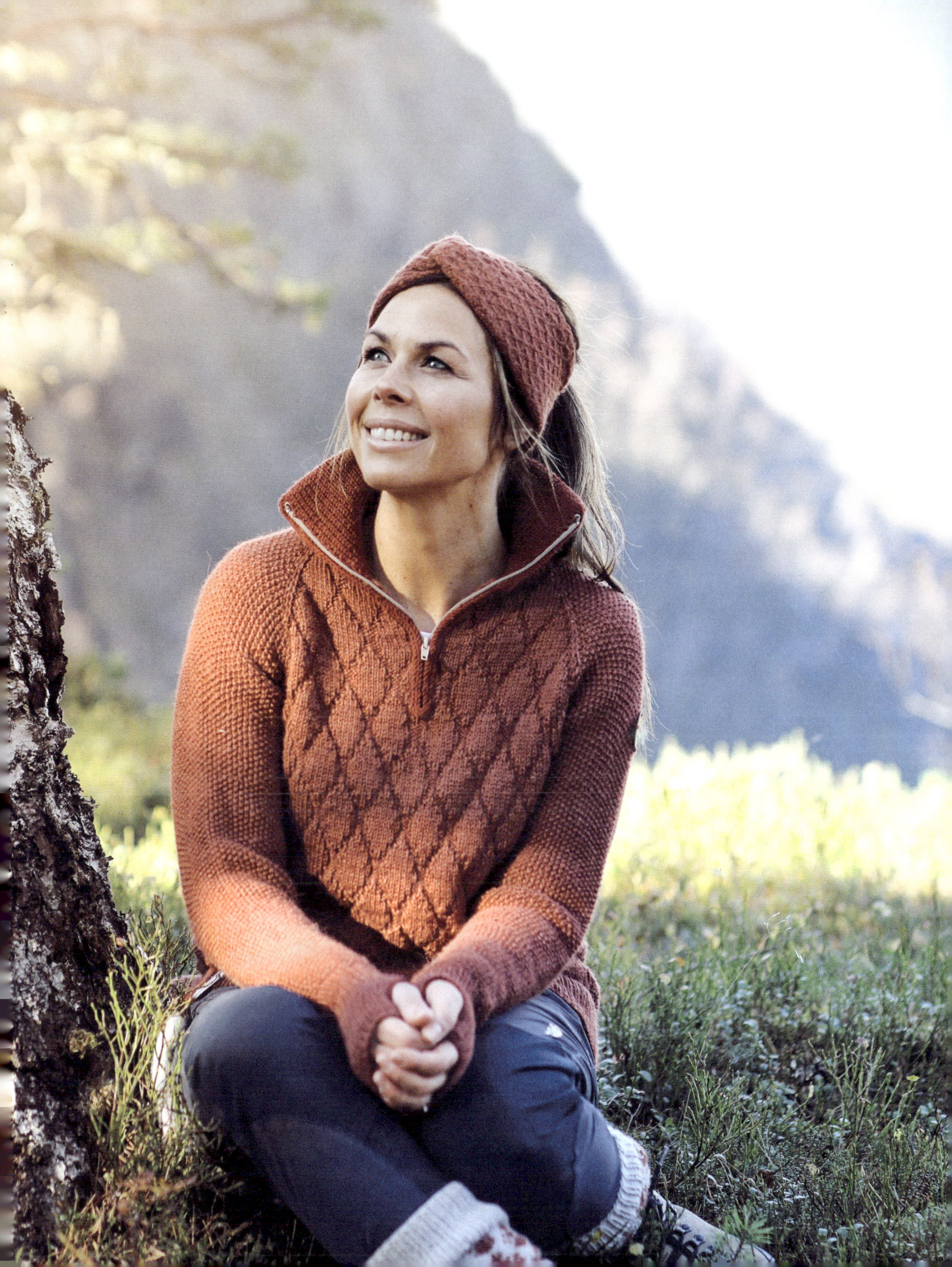

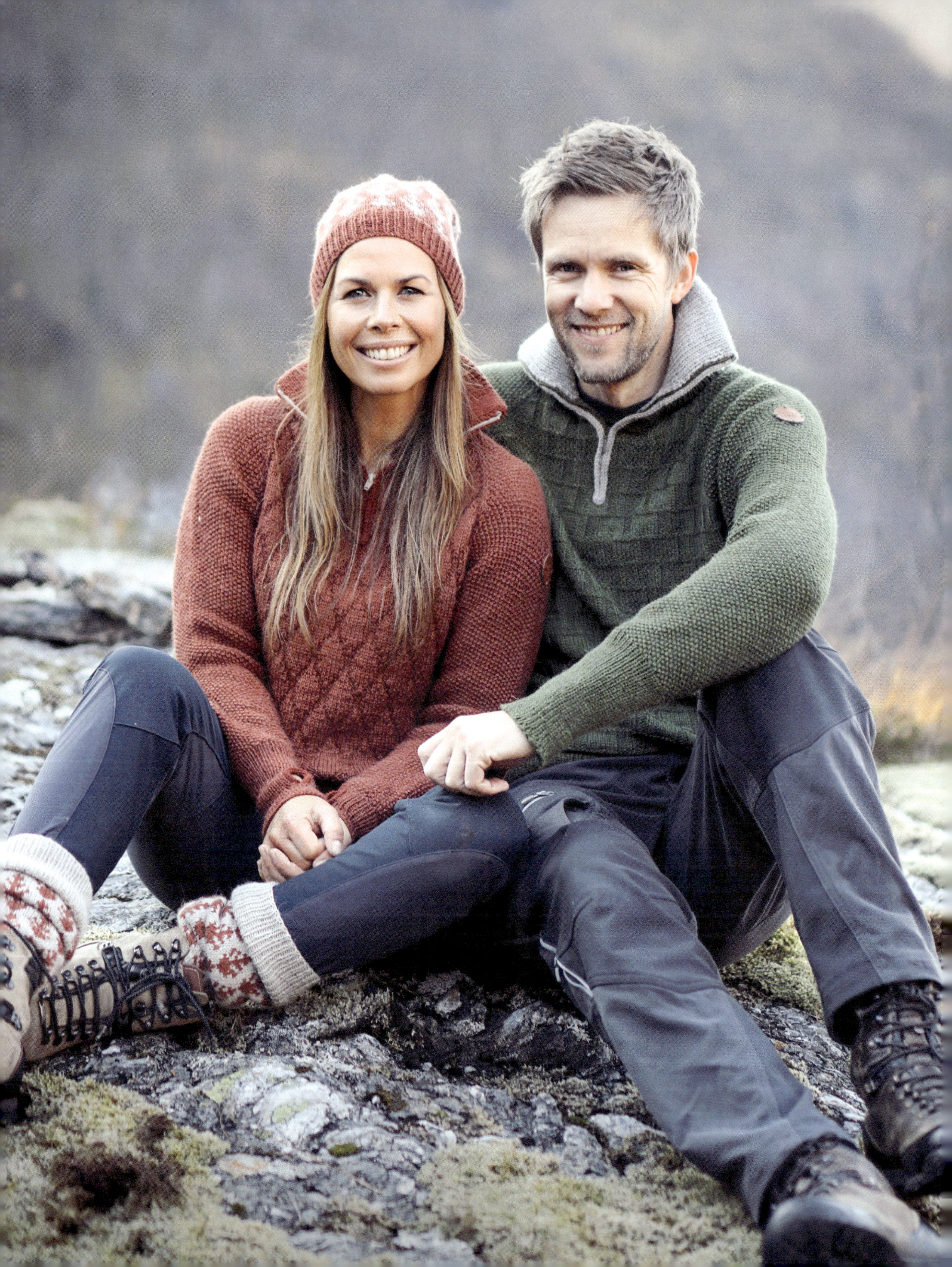

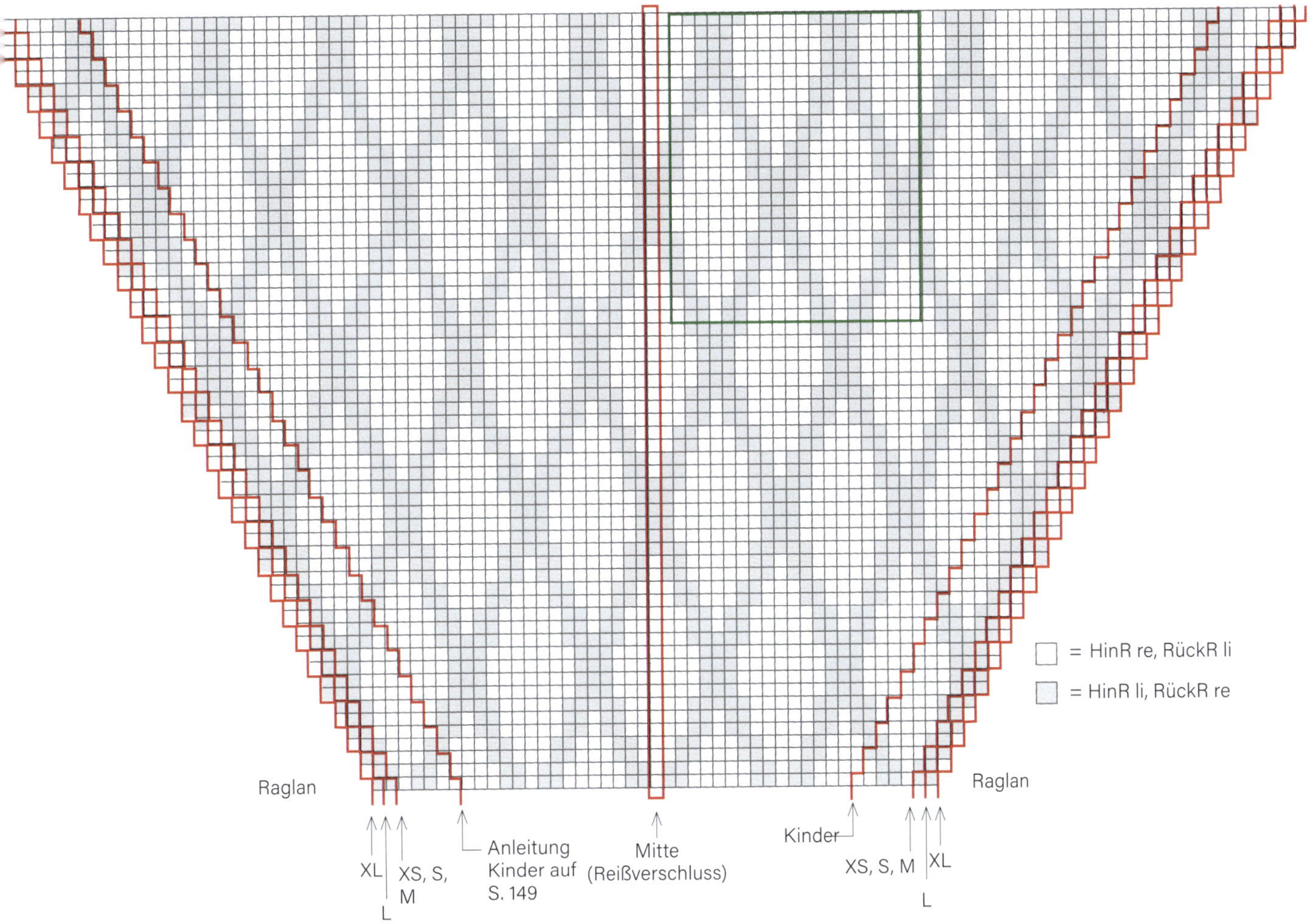

KANTE AN DER DAUMENÖFFNUNG

Mit Nadelstärke 2,5 und Klompelompe Merinoull. Um die Öffnung je 1 M aus jeder M aufn, dabei jd 5. M überspringen. Mit einer Kordel abketten.

MIT KORDEL ABKETTEN

*1 M re, 2 M re versch zus, die 2 M von der re auf die li Ndl heben *, von * bis * wdh, bis noch 2 M übrig sind, 1 M über die andere ziehen,Faden durchziehen.

HALSAUSSCHNITT

Mit Nadelstärke 3 und Klompelompe Merinoull von oben links nach oben rechts M aus dem Halsausschnitt aufn (wo der Reißverschluss hinkommt). Faden abschneiden. Oben links beginnen und mit Kordel abketten:

3 M auf der Nadel anschl, * 2 M re, 2 M re verschr zus. 3 M von der re auf die li Nadel heben*, von *bis* bis R-Ende wdh.

Den Reißverschluss wie auf dem Foto gezeigt einsetzen. Den Teil in Klompelompe Merinoull umklappen und auf der anderen Seite des Reißverschluss annähen.

BELEG

6 M auf Nadelstärke 3 mit 1 Faden Klompelompe SPØT anschl. In Reihen glattrechts str, bis der Beleg so lang wie der Reißverschluss ist, siehe Foto. Mit Klompelompe SPØT annähen.

Alle Fäden vernähen und den Pulli in einem feuchten Handtuch trocknen.

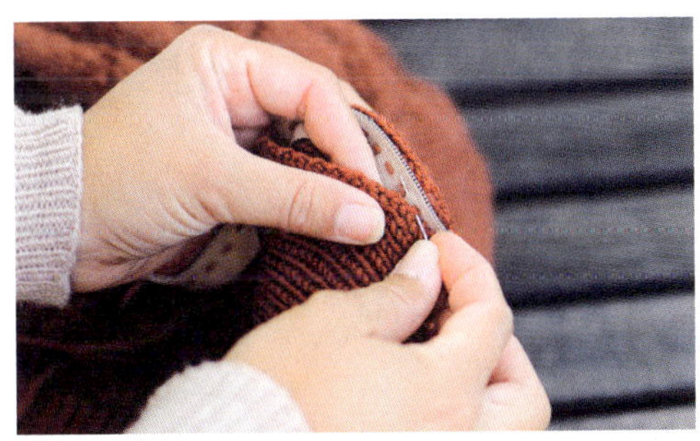

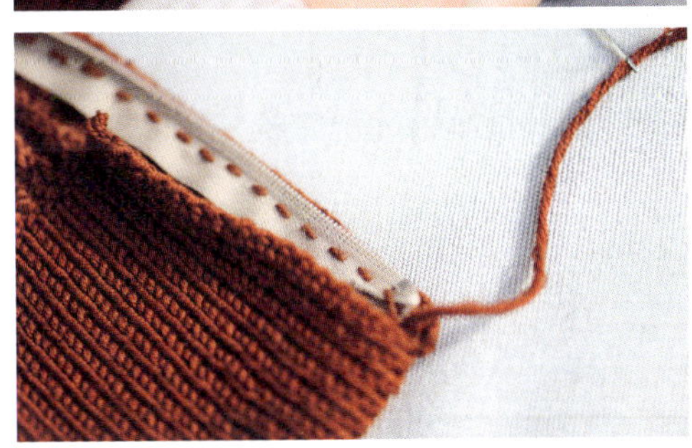

Hårlandsnepane, Etne

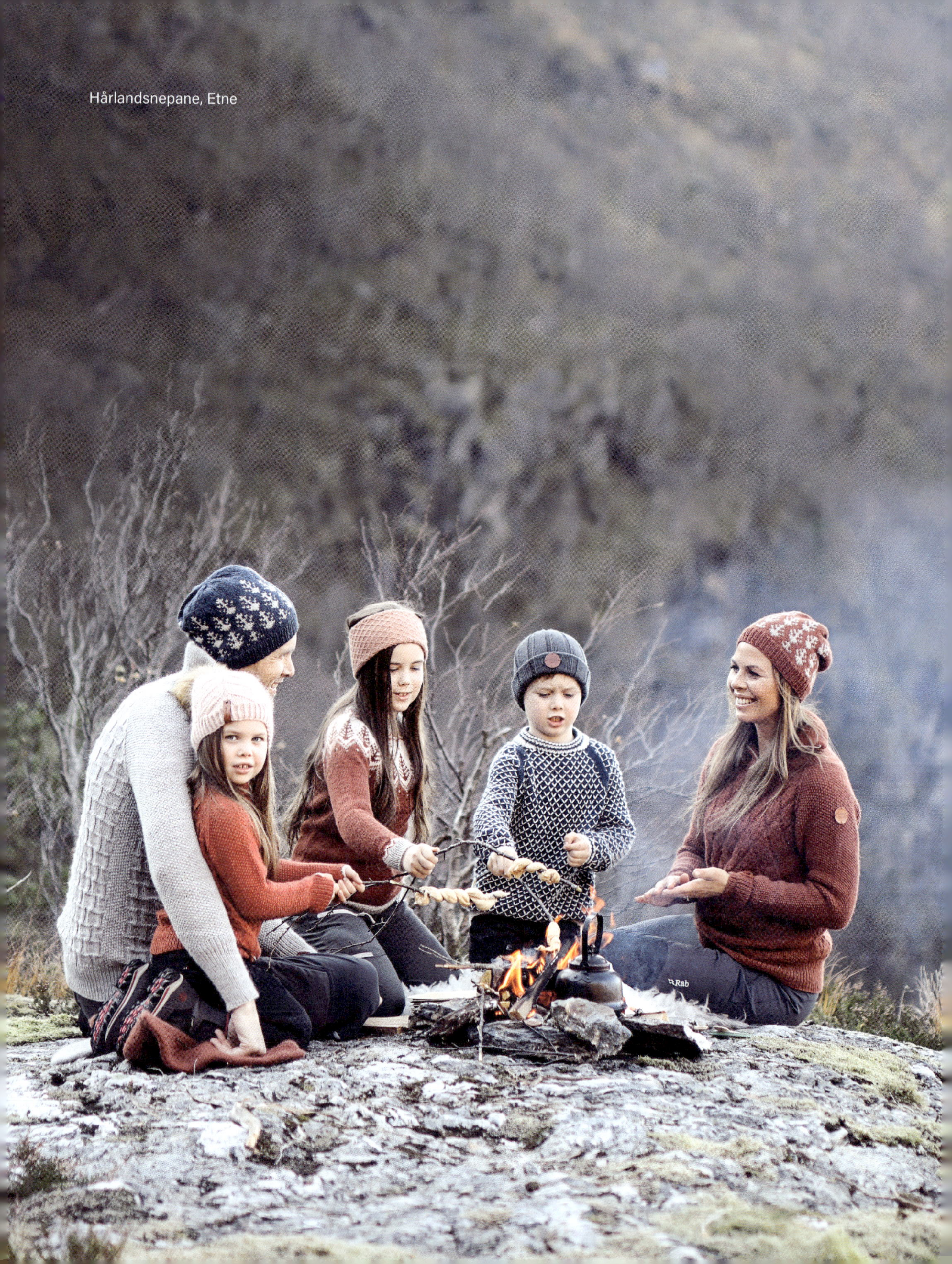

Tannenmütze

Eine einfache Mütze mit guter Passform und dem wunderschönen Tannenmuster.

Schwierigkeitsgrad 2

GRÖSSEN
6–12 M (1–3 J) 3–6 J (7–12 J) Damen (Herren)

WOLLE
Klompelompe SPØT
Farbe A: 6081, Farbe B 2431

MENGE
Farbe A: 50 g alle Größen,
Farbe B: 50 g alle Größen

NADELN
Rdndln Nr. 3,5 und Nr. 4, beide 40 cm, Nadelspiel Nr. 4, ev. Rdndl 80 cm für Magic Loop

MASCHENPROBE
22 M auf Nadelstärke 4 = 10 cm

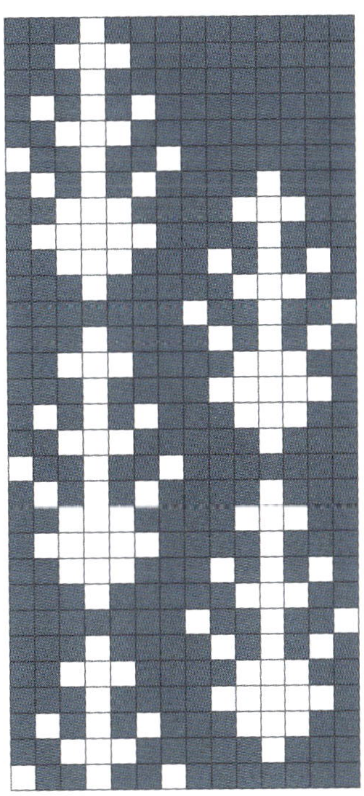

← Beginn Gr 6–12 Monate und 1–3 Jahre

← Beginn

■ = Farbe A

□ = Farbe B

Es wird in Rd auf einer Rdndl gestrickt. 80 (84) 88 (92) 92 (96) M auf Nadelstärke 3,5 anschl. 10 (10) 10 (12) 12 (12) Rd Rippen (1 M re, 1 M li) str. Auf Nadelstärke 4 wechseln. 1 Rd re und dabei 4 (0) 10 (6) 6 (16) M gleichmäßig verteilt zun = 84 (84) 98 (98) 98 (112) M.

1 Rd re.

Laut Strickschrift str.

Nächste Rd: Re und dabei auf 84 (88) 92 (96) 100 (104) M zu- oder abnehmen.

Glatt rechts str bis die Arbeit 14 (14,5) 16,5 (18,5) 20 (20) cm misst.

Mit den Abnahmen beginnen.
Nächste Rd: *6 M re, 2 M re zus*, von * bis * wdh bis noch 4 (0) 4 (0) 4 (0) M übrig sind, diese M re.

2 Rd re.

Nächste Rd: *5 M re, 2 M re zus*, von * bis * wdh bis noch 4 (0) 4 (0) 4 (0) M übrig sind, diese M re.

2 Rd re.

Nächste Rd: *4 M re, 2 M re zus*, von * bis * wdh bis noch 4 (0) 4 (0) 4 (0) M übrig sind, diese M re.

2 Rd re.

Nächste Rd: *3 M re, 2 M re zus*, von * bis * wdh bis noch 4 (0) 4 (0) 4 (0) M übrig sind, diese M re.

Nächste Rd: *6 M re, 2 M re zus*, von * bis * wdh bis noch 4 (4) 0 (0) 4 (4) M übrig sind, diese M re.

Nächste Rd: *5 M re, 2 M re zus*, von * bis * wdh bis noch 4 (4) 0 (0) 4 (4) M übrig sind, diese M re.

Nächste Rd: *4 M re, 2 M re zus*, von * bis * wdh bis noch 4 (4) 0 (0) 4 (4) M, übrig sind, diese M re.

Nächste Rd: *3 M re, 2 M re zus*, von *bis* wdh bis noch 4 (4) 0 (0) 4 (4) M übrig sind, diese M re.

Nächste Rd: *2 M re, 2 M re zus*, von * bis * bis Rd-Ende wdh.

Nächste Rd: *2 M re zus*, von * bis * wdh bis noch 0 (0) 0 (0) 1 (1) M übrig sind, diese M re.

Faden abschneiden, durch die M fädeln und zusammenziehen.

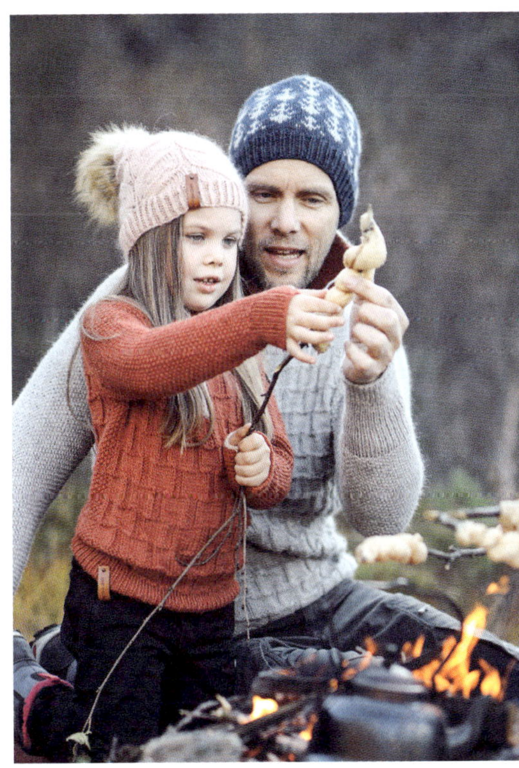

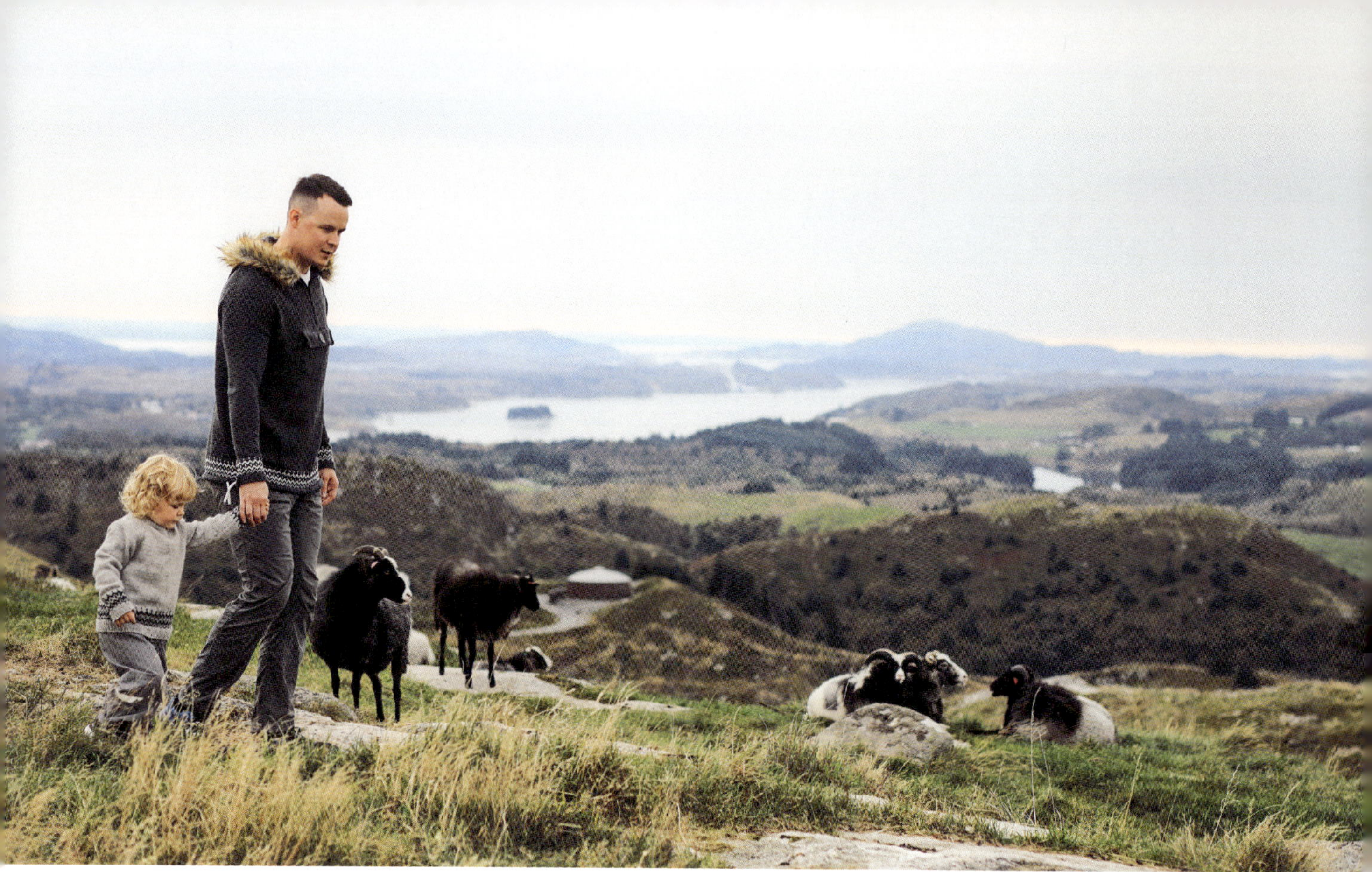

Kringsjåpullover Farbe 5885 und 1013.

Kringsjå, Haugesund

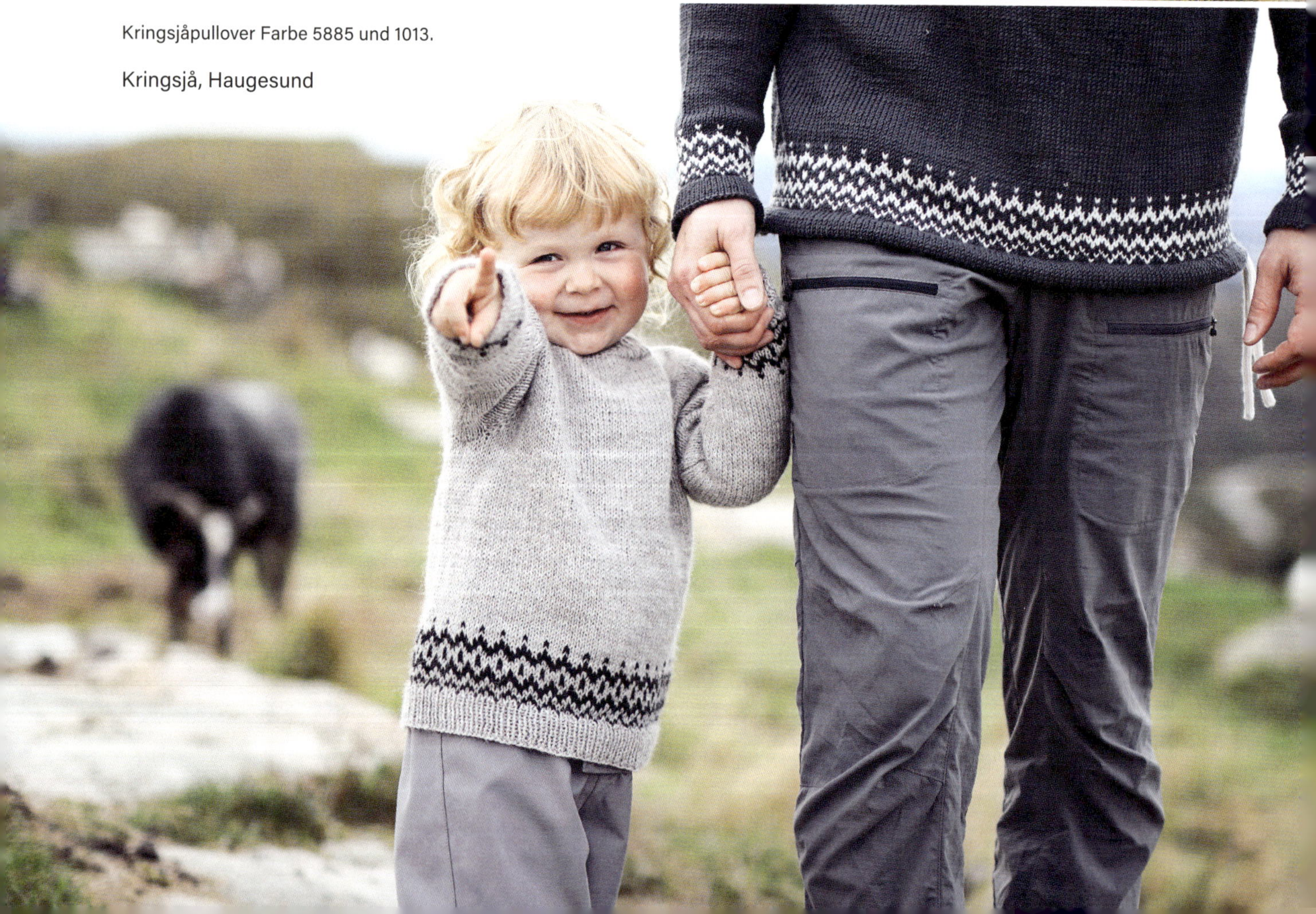

Kringsjåpullover

Eins unserer lokalen Ausflugsziele ist Kringsjå. Von hier aus überblickt man große Teile von Haugalandet. Der Pullover wurde danach benannt, er ist schlicht geschnitten mit einem geometrischen Muster, für alle, die gern mal Einstrickmuster ausprobieren möchten.

Schwierigkeitsgrad 2

GRÖSSEN
(1) 2 (4) 6 (8) 10 (12) 14 J

WOLLE
Klompelompe SPØT Farbe 1042 und 1088

MENGE
Farbe A: (150) 150 (200) 250 (250) 300 (300) 350 g
Farbe B: 50 g alle Größen

NADELN
Rdndln Nr. 3 und Nr. 3,5, beide 40 cm und 60 cm, Nadelspiel Nr. 3 und Nr. 3,5

MASCHENPROBE
22 M auf Nadelstärke 3,5 = 10 cm

MASSE
Brustumfang: ca. (56) 58 (65,5) 71 (74,5) 78 (80) 85,5 cm
Gesamtlänge: (33) 35 (40) 45 (47) 52 (55) 59 cm

Der Pulli wird in Runden von oben gestrickt.

(80) 80 (84) 88 (92) 92 (92) 96 M auf Rdndl Stärke 3 mit Farbe A anschl. 10 Rd Rippen (1 M re, 1 M li) str. Auf Nadelstärke 3,5 wechseln.

Wie folgt für den Raglan aufteilen:

1 M re (Raglannahtmasche), 1 M zun, 13 M re, 1 M zun, 1 M re (Raglannahtmasche), 1 M zun, (25) 25 (27) 29 (31) 31 (31) 33 M re, 1 M zun, 1 M re (Raglannahtmasche), 1 M zun, 13 M re, 1 M zun, 1 M re (Raglannahtmasche), 1 M zun, (25) 25 (27) 29 (31) 31 (31) 33 M re, 1 M zun.

Glatttrechts str und die Zunahmen beidseitig der Nahtmaschen in jeder 2. Rd wdh.

Nach (14) 15 (18) 20 (21) 23 (24) 26 Zunahmen sind (192) 200 (228) 248 (260) 276 (284) 304 M auf der Nadel.

In der nächsten Rd die stillgelegten Ärmelmaschen str, die restl M, inklusive der Nahtmaschen re, und unter jedem Arm 7 M anschl = (124) 128 (144) 156 (164) 172 (176) 188 M.

Weiterstricken bis das Strickstück (24) 26 (31) 36 (38) 43 (46) 50 cm misst. Laut Strickschrift str. Nach Ende der Strickschrift 1 Rd re mit Farbe A str. Auf Nadelstärke 3 wechseln und 4 cm Rippen (1 M re, 1 M li) mit Farbe A str. In der letzten Rd abk.

ÄRMEL

4 M aus den 7 M, die unterm Ärmel angeschlagen wurden aufn, die stillgelegten (41) 43 (49) 53 (55) 59 (61) 65 M str und am Ende 3 M aufn. Das ist die Ärmelmitte. Die erste Masche wird li gestrickt = Nahtmasche.

Nach 2 cm wie folgt abn: 1 M li (Nahtmasche) 2 M re zus, bis zu den letzten 2 M str, 1 abh, 1 M re, die abgeh M darüberziehen. Die Abnahmen ca. alle (2,5) 3,5 (4) 3 (4) 3,5 (4) 3,5 cm wdh bis noch (36) 40 (44) 44 (48) 48 (52) 52 M übrig sind.

Weiterstricken bis der Ärmel ca. (15) 19 (24) 25 (30) 33 (35) 37 cm misst.

Laut Strickschrift str. Nach Ende der Strickschrift 1 Rd re mit Farbe A str. Auf Nadelstärke 3 wechseln und 4 cm Rippen (1 M re, 1 M li) str. In der nächsten Rd abketten

Alle Fäden vernähen und den Pulli in einem feuchten Handtuch trocknen.

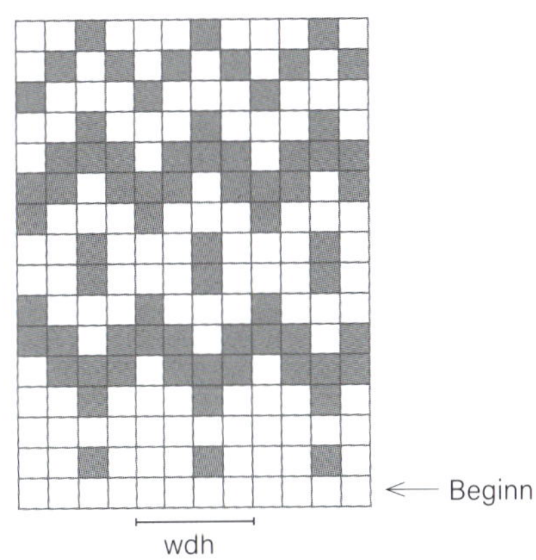

☐ = Farbe A

■ = Farbe B

Kringsjå-Mütze

Eine niedliche Mütze mit demselben zweifarbigen Muster wie am Kringsjå-pulli, -Kapuzenpulli und -Overall.

Schwierigkeitsgrad 2

Grössen
(6-12 M) 1-2 J (3-6 J) 7-12 J (S/M) L/XL

Wolle
Klompelompe SPØT, Farbe A: 7251, Farbe B: 2370

Menge
Farbe A: (50) 50 (100) 100 (100) 100 g
Farbe B: 50 g alle Größen

Nadeln
Rdndl Stärke 3,5, 40 cm,
Nadelspiel Nr. 3,5, ev. 80 cm Rdndl für Magic Loop

Maschenprobe
Maschenprobe: 22 M auf Nadelstärke 3,5 = 10 cm

(72) 80 (88) 96 (100) 104 M mit Nadelstärke 3,5 und Farbe A anschl.

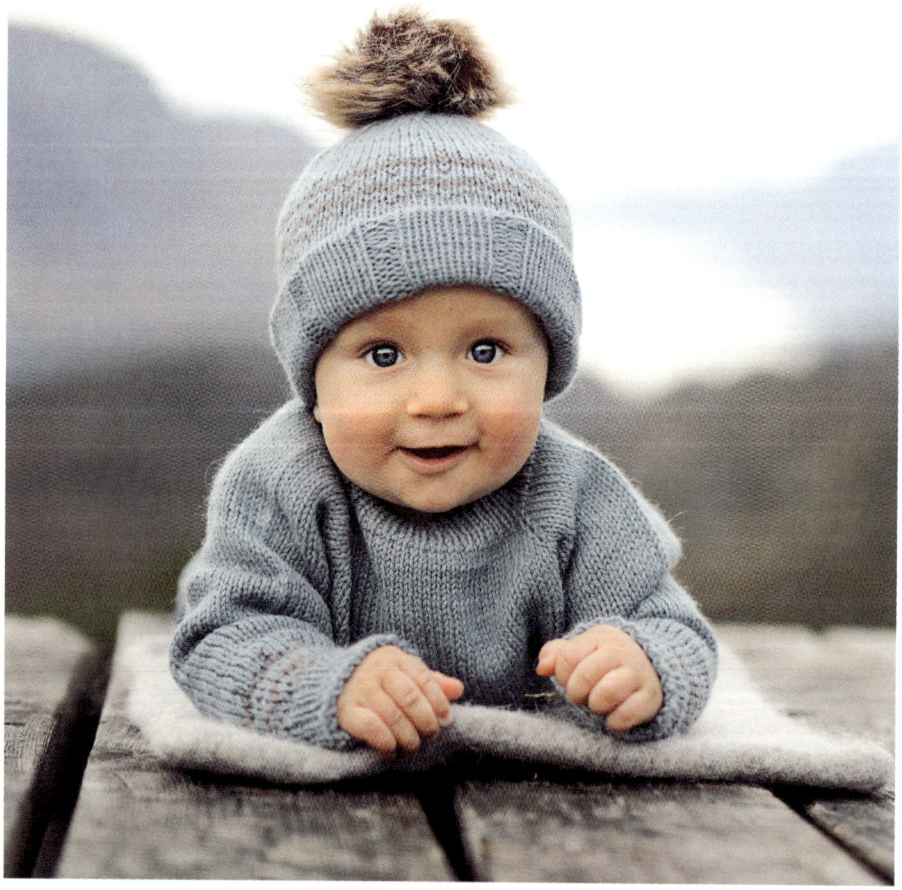

Wie folgt (32) 34 (36) 38 (38) 40 Rd str: *6 M re, 2 M li* (Größen S/M: *8 M re, 2 M li*),von * bis * bis Rd-Ende wdh.

Den Beleg umschlagen und in der nächsten Rd re anstr. Ist Ihnen das zu knifflig, nähen Sie den Beleg später an.

2 Rd re. Die Arbeit umklappen. 1 Rd re und dabei 8 M gleichmäßig verteilt zun. (12) 13 (14) 15 (15) 16 Rd re.

Ab jetzt laut Strickschrift str.

Am Ende der Strickschrift weiter re mit Farbe A str bis die Mütze (12) 13 (15) 17 (18) 19 cm ab der Umbruchkante misst. 1 Rd re, dabei (8) 8 (8) 8 (4) 8 M gleichmäßig verteilt abn.

Alle Größen:
In der nächsten Rd wie folgt abn: *6 M re, 2 M re zus*, von * bis * bis Rd-Ende wdh. 3 Rd re.

Nächste Rd: *5 M re, 2 M re zus*, von * bis * bis Rd-Ende wdh.
2 Rd re.

Nächste Rd: *4 M re, 2 M re zus*, von * bis * bis Rd-Ende wdh.
1 Rd re.

Nächste Rd: *3 M re, 2 M re zus*, von * bis * bis Rd-Ende wdh.
1 Rd re.

Nächste Rd *6 M re, 2 M re zus*, von * bis * wdh bis noch (4) 0 (4) 0 (4) 4 M, übrig sind, diese M re.

Nächste Rd: *5 M re, 2 M re zus*, von * bis * wdh bis noch (4) 0 (4) 0 (4) 4 M übrig sind, diese M re.

Nächste Rd: *4 M re, 2 M re zus*, von * bis * wdh bis noch (4) 0 (4) 0 (4) 4 übrig sind, diese M re.

Nächste Rd: *3 M re, 2 M re zus*, von * bis * wdh bis noch (4) 0 (4) 0 (4) 4 M übrig sind, diese M re.

Nächste Rd: *2 M re, 2 M re zus*, von * bis * bis Rd-Ende wdh.

Nächste Rd: *1 M re, 2 M re zus*, von * bis * bis Rd-Ende wdh.

Nächste Rd: *2 M re zus*, von * bis * bis Rd-Ende wdh.

Faden abschneiden, durch die M fädeln und zusammenziehen. Alle Fäden vernähen und evtl eine Kunstfellbommel annähen.

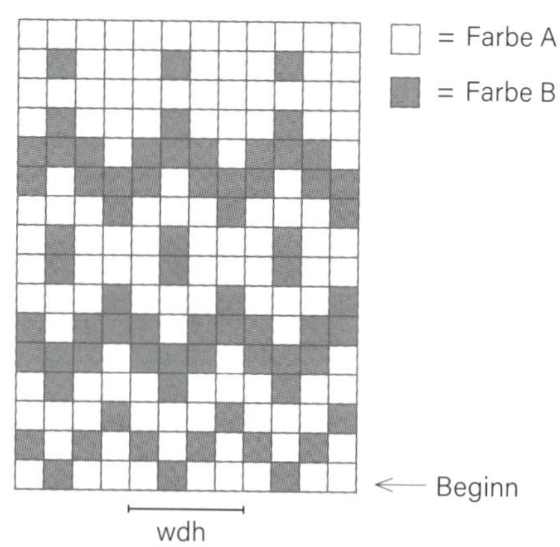

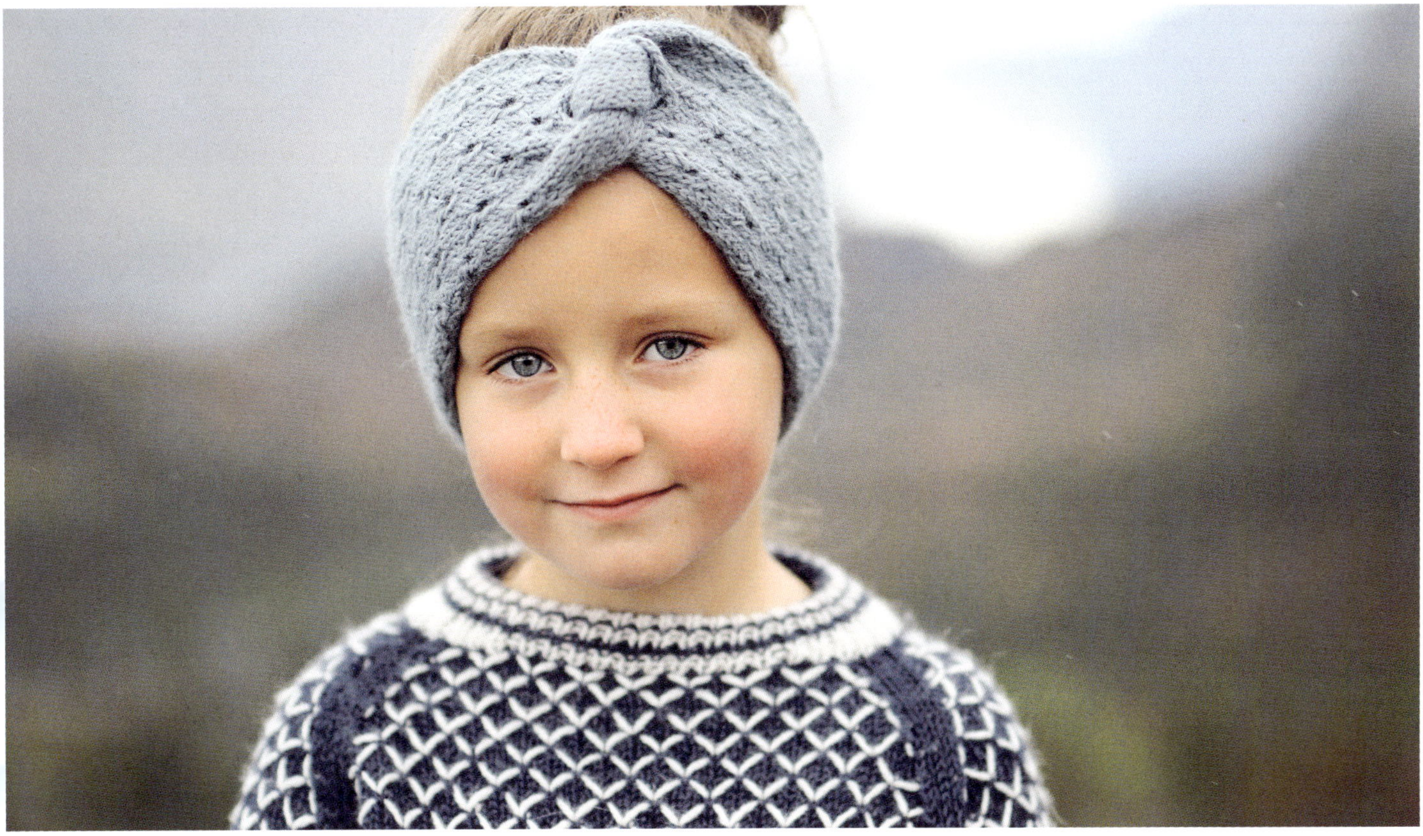

Lillemors Stirnband

Eines unserer Lieblingsstrukturmuster an einem Stirnband mit genähtem Knoten.

Schwierigkeitsgrad 2

GRÖSSEN
(1–4 J) 5–12 J (S/M) L/XL
WOLLE
Klompelompe SPØT, Farbe: 7251
MENGE
Klompelompe SPØT: (50) 50 (100) 100 g
NADELN
Rdndl Stärke 3,5, 80 cm, für Magic Loop, ev. Nadelspiel Nr. 3,5
MASCHENPROBE
22 M auf Nadelstärke 3,5 = 10 cm

1 M lr (1 lange rechte M): 1 M re zwischen den M str, die 2 Rd vorher überzogen zus gestrickt wurden, 1 M re, die auf der rechten Nadel zu einer langen Masche gezogen wird. Die nächste 1 M lr wird in dasselbe Loch gestrickt (s. Erklärvideo auf Klompelompe.no).

MUSTER

1. Rd: *2 M re zus, 1 abh, 1 M re, die abgeh M darüberziehen, 4 M re*, von * bis * bis Rd-Ende wdh
2. Rd: Bis Rd-Ende re
3. Rd: * 1 M lr, 2 M re, 1 M lr, 4 M re*, von * bis * bis Rd-Ende wdh.
4. Rd: Bis Rd-Ende re
5. Rd: *4 M re, 2 M re zus, 1 abh, 1 M re, die abgeh M darüberziehen*, von * bis * bis Rd-Ende wdh
6. Rd: bis Rd-Ende re
7. Rd: *4 M re, 1 M lr, 2 M re, 1 M lr *, von * bis * bis Rd-Ende wdh
8. Rd: Bis Rd-Ende re

Es wird rund mit Magic Loop gestrickt.

(40) 48 (56) 56 M auf Nadelstärke 3,5 anschl. Im Strukturmuster str bis das Stirnband (20) 21 (23) 24 cm misst, dann die zwei Stücke zum Knoten str: Die Arbeit halbieren und die je (20) 24 (28) 28 M einer Seite getrennt stricken. 6 cm glattrechts in Rd mit Magic Loop stricken. Die Maschen jedes Teils stilllegen und einen Knoten knüpfen. Die Teile wieder auf eine Nadel nehmen und in Rd (20) 21 (23) 24 cm im Strukturmuster str. Abketten.

Enden zusammennähen und Fäden vernähen.

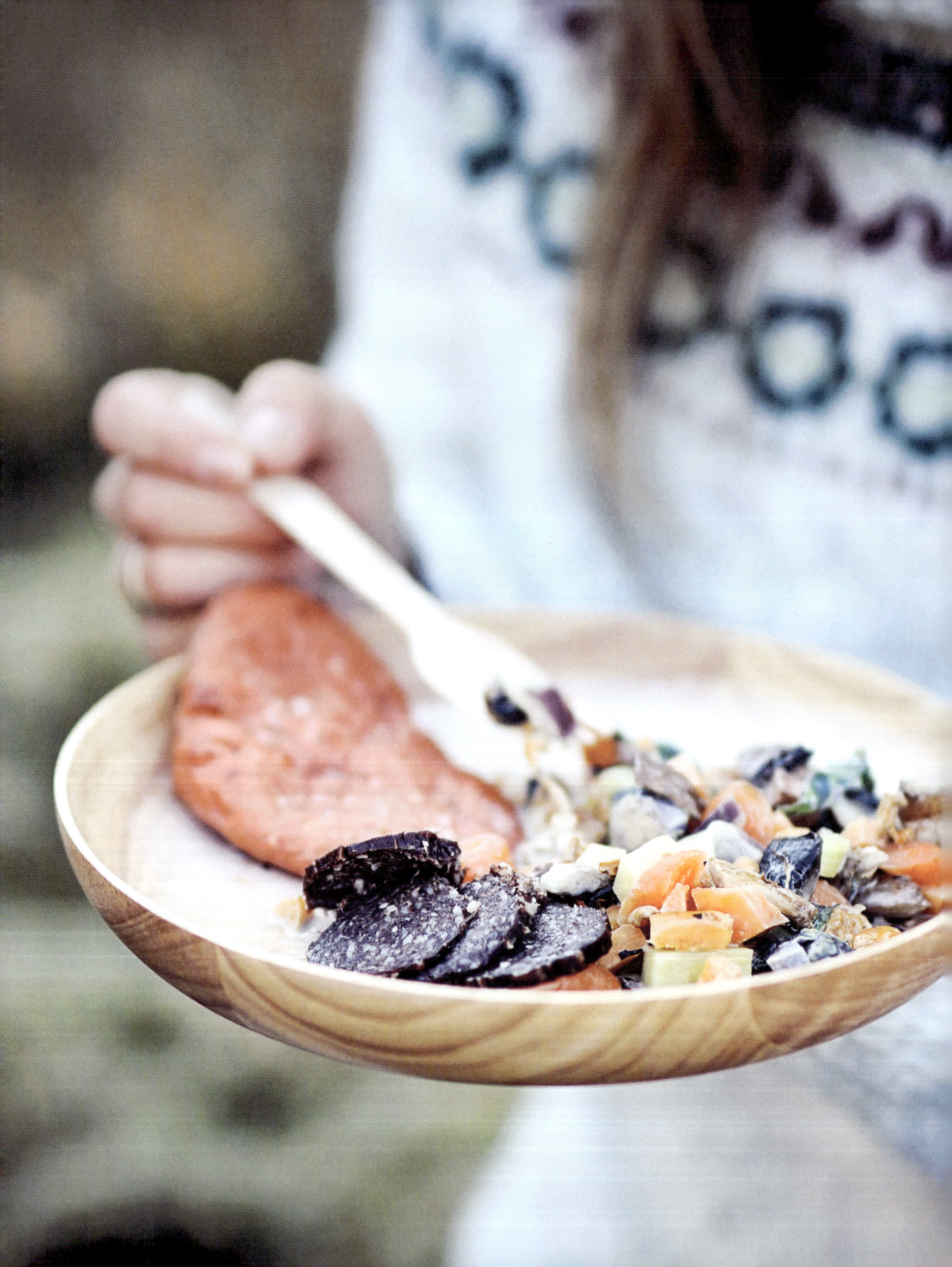

Gebirgseintopf

Ein leckerer Eintopf voll herbstlicher Aromen, den man auf einem Campingkocher zubereiten kann. Kocht man das Wurzelgemüse zu Hause vor, ist der Eintopf ratzfatz fertig. Tauscht man Wurst und Hühnerbrühe aus, ist er vegetarisch und glutenfrei.

ZUTATEN
1 Handvoll Pfifferlinge
½ rote Zwiebel
1 Handvoll roter Rosenkohl

½Süßkartoffel
1 große Möhre
2 kleine Kartoffeln

ca. 150 ml Sahne
1 Würfel Hühner- oder Gemüsebrühe
Salz
Pfeffer, Butter
100 ml Wasser

ZUBEREITUNG
Wurzelgemüse in kleine Würfel schneiden und vorkochen, so dass es weich, aber noch nicht gar ist.

Zwiebel, Pfifferlinge und Rosenkohl klein schneiden. Zwiebel in Butter anbraten, Pfifferlinge dazugeben. Braten bis Zwiebel glasig und Pilze goldbraun sind. Gemüse dazugeben und kurz anbraten. Wasser, Brühwürfel und Sahne bis zur gewünschten Konsistenz hinzugeben. Alles ein paar Minuten kochen. Mit Salz und Pfeffer würzen.

Dazu passen Preiselbeeren, rote Bete, Naanbrot, Salami oder andere Wurst.

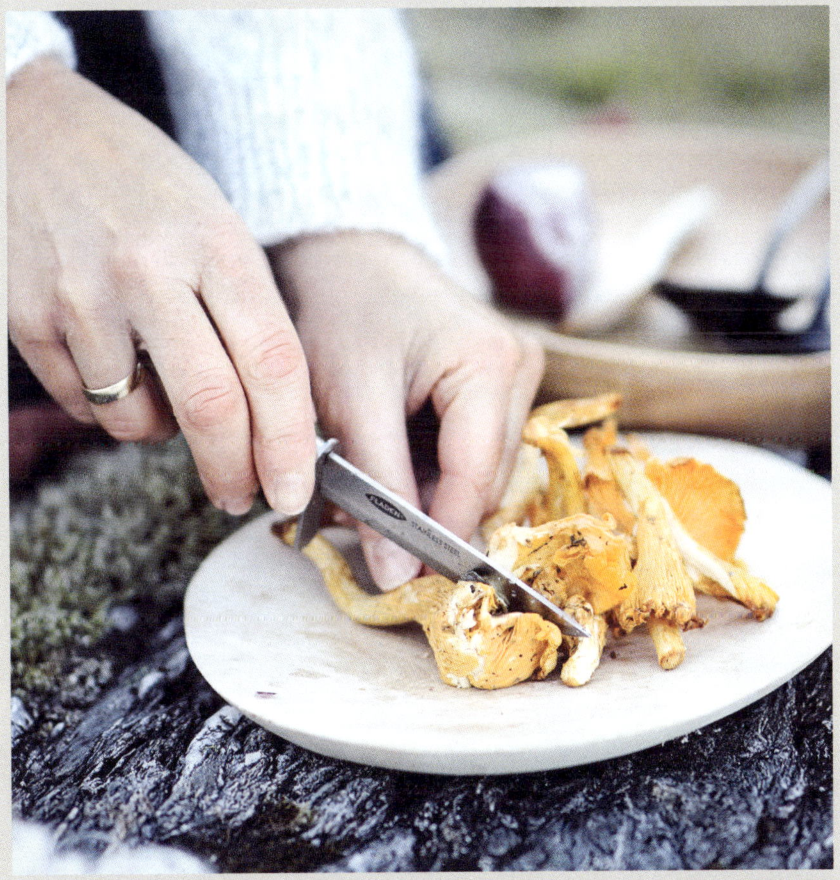

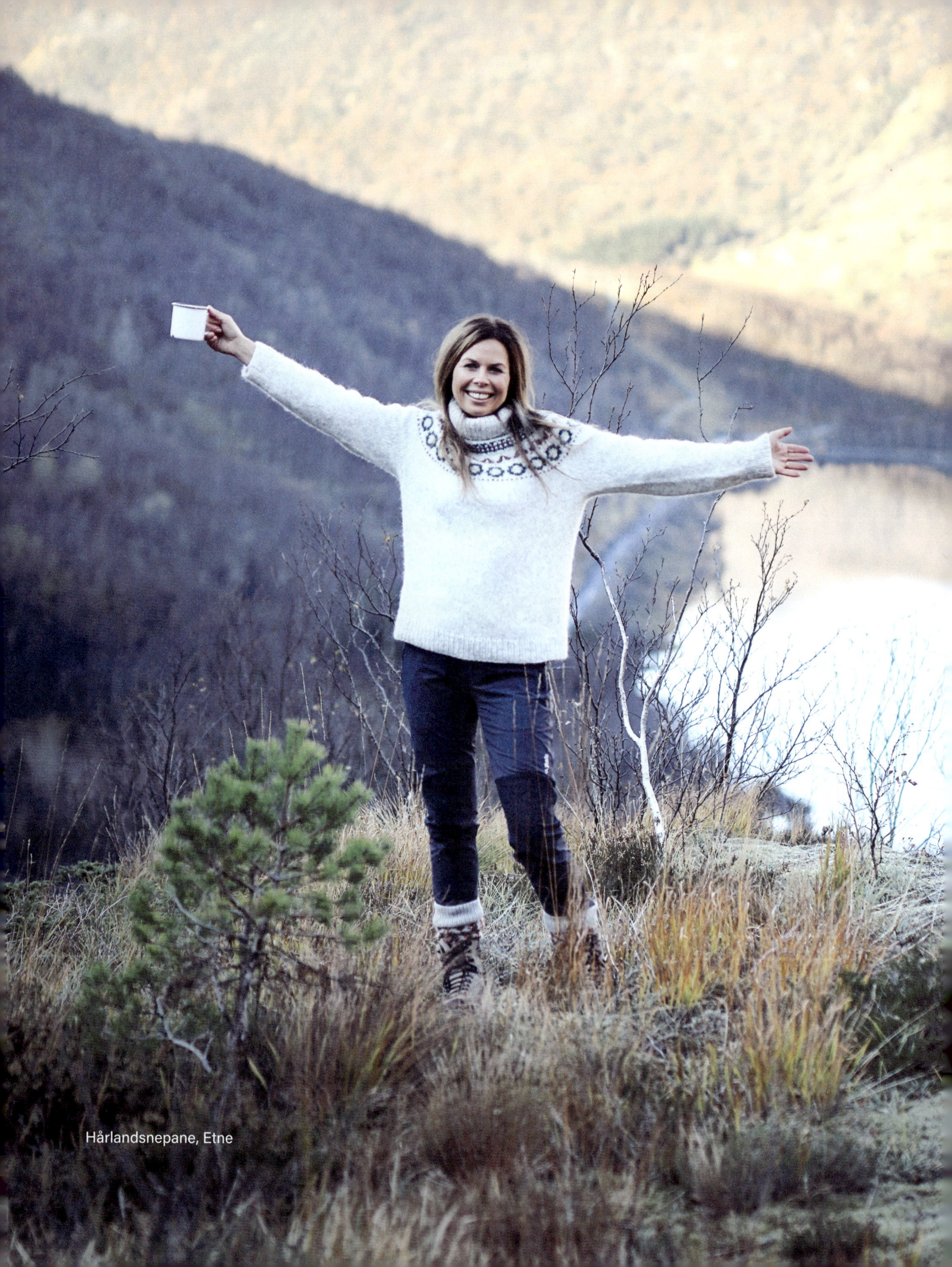

Hårlandsnepane, Etne

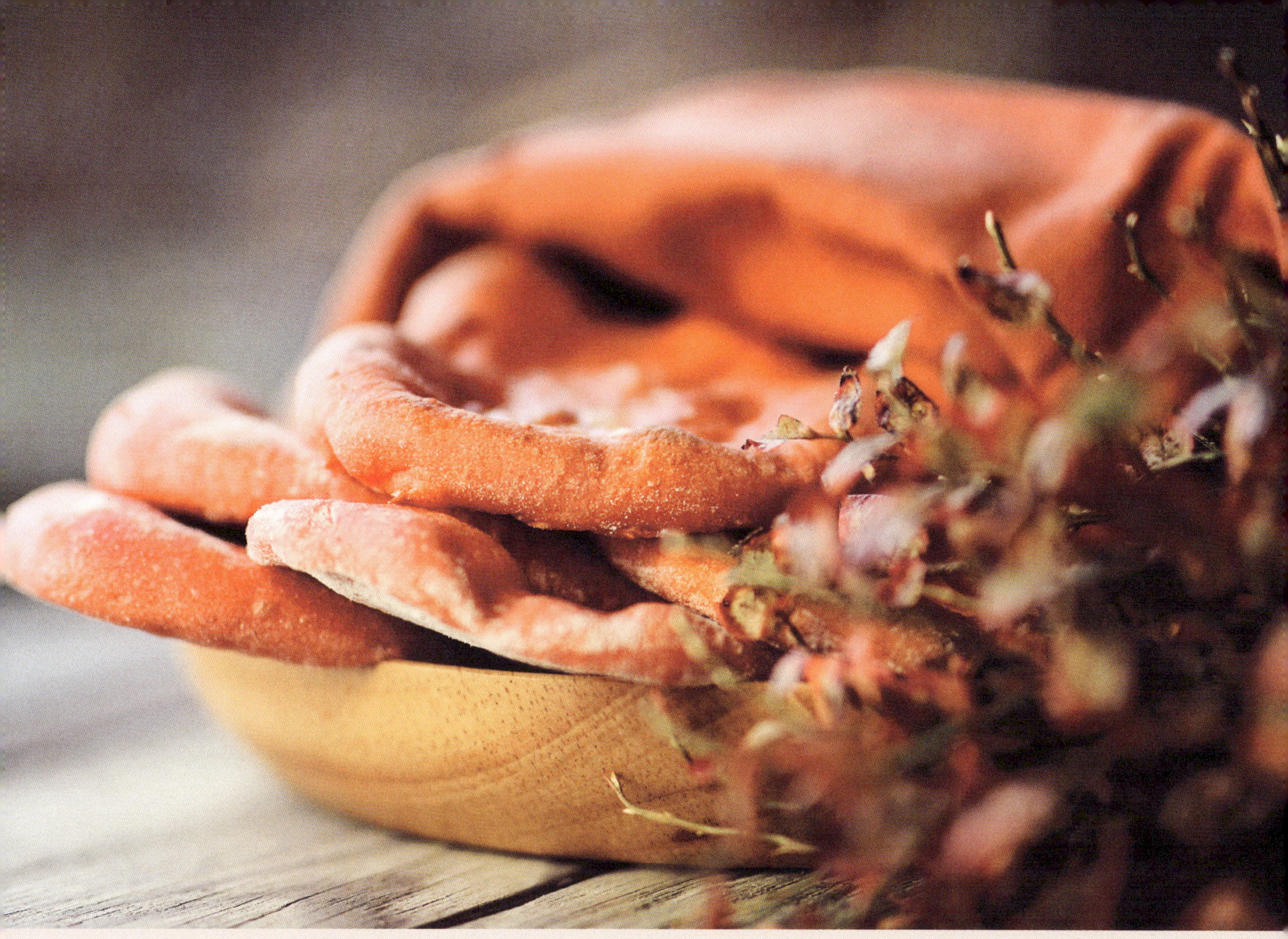

Naanbrot mit Roter Bete

Ca. 10 Stk. Naanbrot

ZUTATEN
1 rote Bete
1 Pk. Trockenhefe
3 EL Milch (lauwarm) 2 EL Zucker
450–500 g Dinkelmehl
1 TL Backpulver
½ TL Salz
150 ml Milch
150 ml Naturjoghurt
1 Ei
Butter, grobes Salz

ZUBEREITUNG
Die rote Bete schälen und würfeln. TIPP: Am besten Handschuhe tragen, wegen der Farbe.

Die rote Bete im Wasser weich kochen. Das Wasser abgießen und die Bete mit einem Stabmixer pürieren. Beiseitestellen.

Die Trockenhefe, die lauwarme Milch und den Zucker in einer kleinen Schüssel vermischen. Ein paar Minuten gehen lassen.

Alle Zutaten in eine Küchenmaschine geben und ca. 10 Minuten zu einem glatten Teig verkneten. Den Teig ca. 1 Stunde gehen lassen.

Den Ofen mit einem Pizzastein oder einem Backblech auf 250 Grad vorheizen. Den Teig in 10 Stücke teilen und flach drücken oder walzen. Gern mit Butter bestreichen und mit dem groben Salz bestreuen.

Die Brote direkt auf den warmen Pizzastein oder das Backblech legen. Ganz oben im Ofen ca. 3 Minuten backen.

Bis zum Servieren in ein Küchentuch schlagen. Das Naanbrot kann auch eingefroren werden.

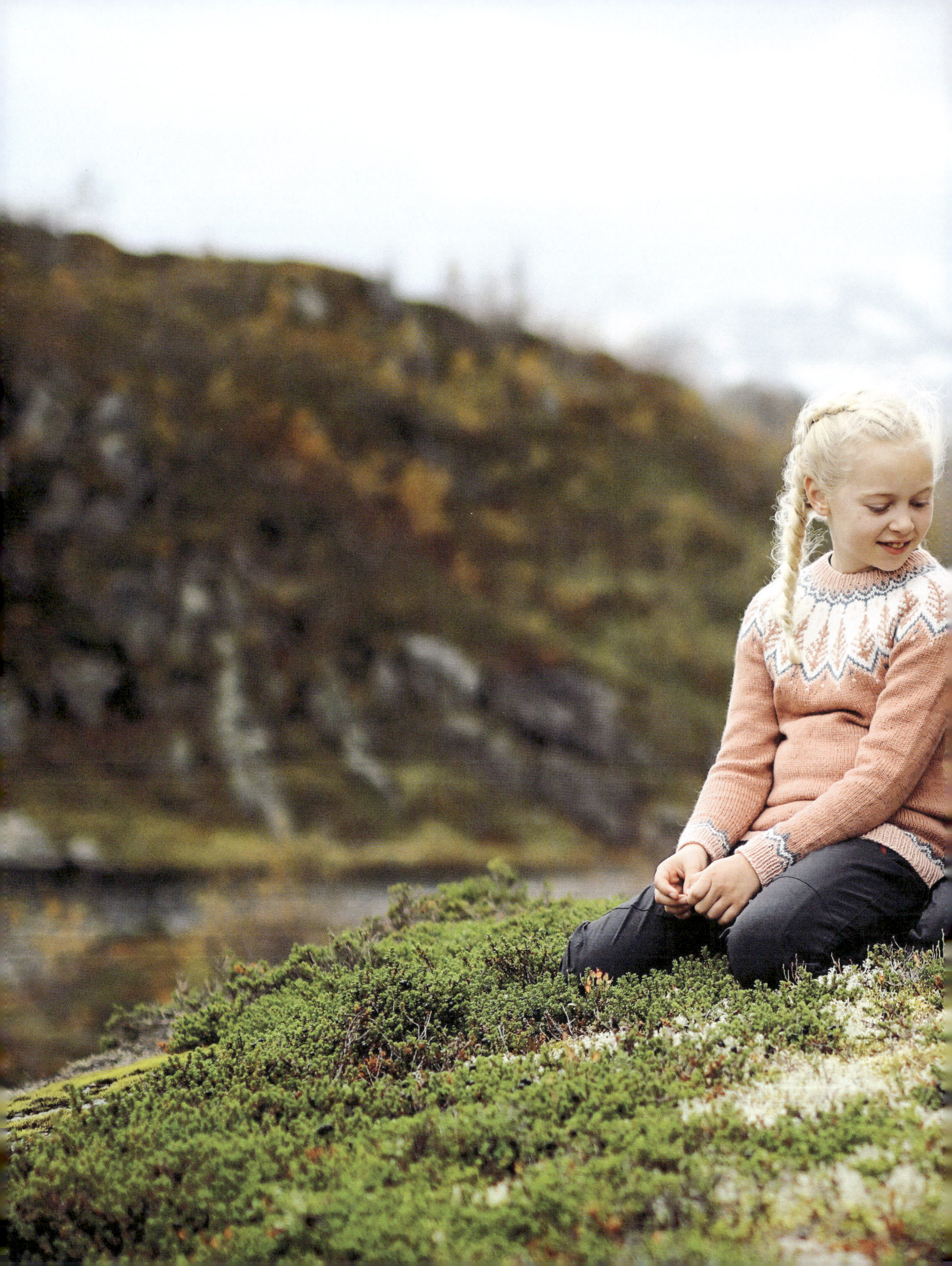

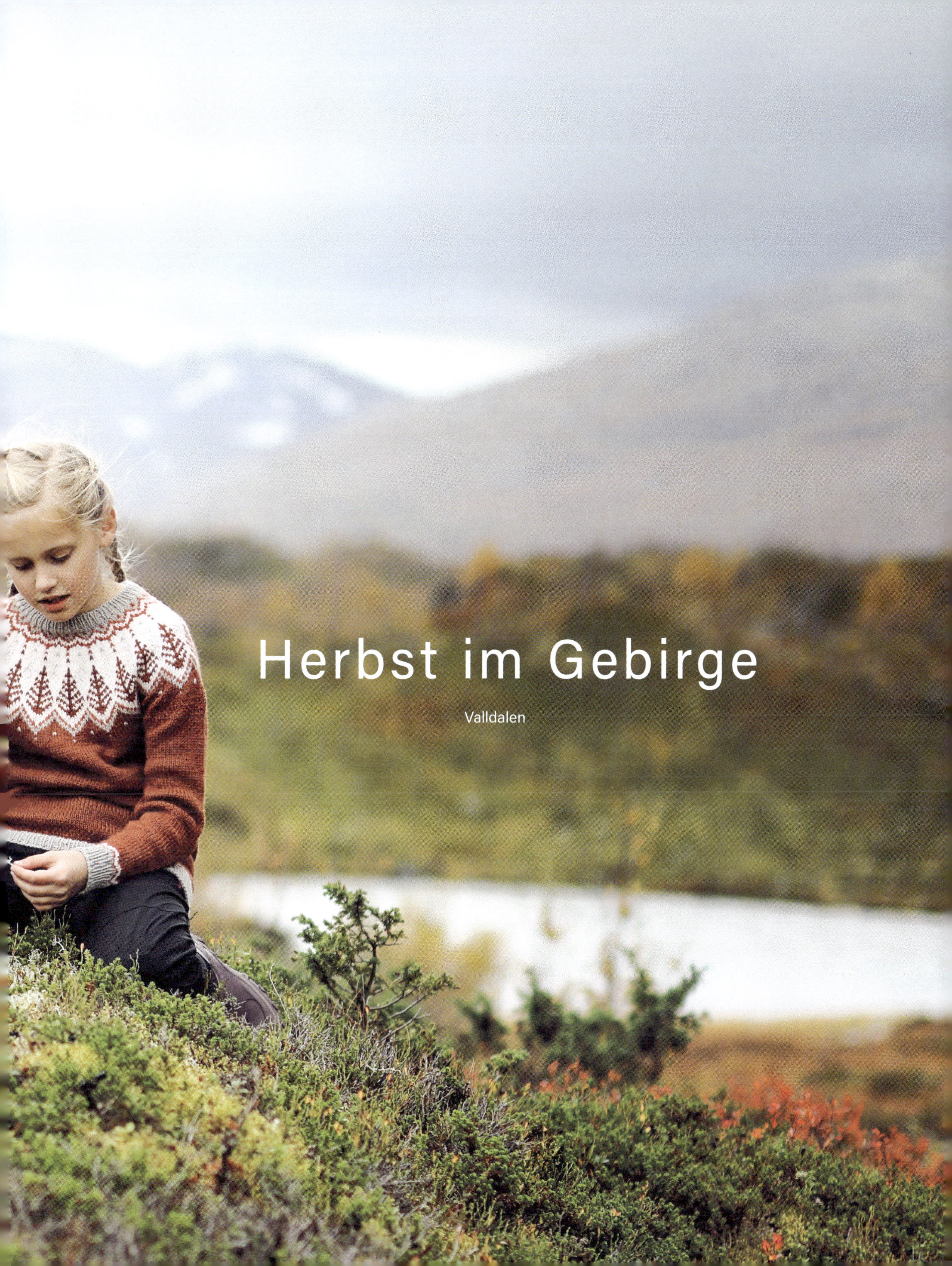

Herbst im Gebirge

Valldalen

Fichtenschössling-Pulli Kind

Ein gemütlicher Pulli mit Rollkragen und einem Muster wie Fichtenschösslinge auf den Ärmeln. Durch die leichte und luftige Garnstruktur ist der Pulli toll zu tragen, und er ist auch noch weich und warm.

Schwierigkeitsgrad 2

GRÖSSEN
(1 J) 2 J (4 J) 6 J (8 J) 10 J (12 J) 14 J
WOLLE
Sandnes Garn KOS, Farbe: 2611
MENGE
(150) 150 (150) 200 (250) 300 (300) 300 g
NADELN
Rdndln Nr. 4 und Nr. 5, beide 40 cm und 60 cm, Nadelspiel Nr. 4 und Nr. 5, ev. Rdndl 80 cm für Magic Loop
MASCHENPROBE
16 M auf Nadelstärke 5 = 10 cm
MASSE
Brustumfang: ca. (62,5) 66 (70) 77,5 (82,5) 87,5 (91) 96 cm
Gesamtlänge: ca. (27) 29 (34) 35 (40) 43 (45) 50 cm

FICHTENSCHÖSSLING

1 M aus einer M 10 Rd darunter aufn (10 M nach unten zählen) und hoch auf die Nadel ziehen. 1 M aus einer M 9 Rd darunter aufn und hoch auf die Nadel ziehen. Bis zur aktuellen Rd wdh und re str = 11 lange M auf der Nadel.
Die erste aufgenommene M über die anderen 10 M ziehen. Die zweite aufgenommene m über die anderen 9 M ziehen. Wdh bis alle M übergezogen wurden und noch 1 M übrig ist (die M aus dieser Rd). (S. Video Sivs auf Klompelompe.no, für eine kleine Version von Fichtenschössling.)

Es wird in Rd auf einer Rdndl von unten gestrickt.

(100) 106 (112) 124 (132) 140 (146) 154 M auf Nadelstärke 4 anschl. (8) 8 (8) 10 (10) 10 (10) 10 Rd Rippen (1 M re, 1 M li) str. Auf Nadelstärke 5 wechseln. Glatt rechts str bis die Arbeit (16) 18 (20) 22 (24) 26 (28) 30 cm misst. Wie folgt beidseitig 8 M abk: 4 M abk, (42) 45 (48) 54 (58) 62 (65) 69 M re, 8 M abk, (42) 45 (48) 54 (58) 62 (65) 69 M re, 4 M abk. Faden abschneiden und alles beiseitelegen.

ÄRMEL

(30) 32 (34) 36 (38) 38 (40) 40 M auf Nadelstärke 4 anschl. (8) 8 (8) 10 (10) 10 (10) 10 Rd Rippen (1 M re, 1 M li) str. Auf Nadelstärke 5 wechseln. 1 Rd re dabei (10) 8 (14) 12 (18) 18 (16) 16 M gleichmäßig verteilt zun = (40) 40 (48) 48 (56) 56 (56) 56 M. Weiter im Muster str bis der Ärmel (21) 24 (27) 31 (34) 37 (39) 41 cm misst.

MUSTER

12 Rd li.
Nächste Rd: *4 M li, Fichtenschössling, 3 M li*, von * bis * bis Rd-Ende wdh.
12 Rd li.
Nächste Rd: *Fichtenschössling, 7 M li*, von * bis * bis Rd-Ende wdh.

In der letzten Rd die ersten und letzten 4 M abk. Beiseitelegen und einen zweiten Ärmel stricken.

Die Ärmel- und Körpermaschen auf eine Nadel schieben = (148) 154 (176) 188 (212) 220 (226) 234 M. Vorder- und Rückenteil werden glattrechts, die Ärmel im Muster gestrickt. Das Ärmelmuster verschwindet durch Abn allmählich.

An jd Naht einen MM setzen = 4 Raglan-MM. Rd-Beginn am linken Ärmel.

2 Rd re (mit Ärmelmuster).

Wie folgt in jd 1. Rd abn:

2 M li zus, bis 2 M vor MM str, 2 M li zus, 2 M re zus, bis 2 M vor MM str, 1 M abh, 1 M re, die abgeh M darüberziehen, von * bis * wdh = 8 M abgenommen.

So insg (9) 10 (10) 11 (11) 14 (16) 18 Mal abn.

Faden abschneiden und die Rd ab jetzt in der Mitte des Rückenteils beginnen. Das Ärmelmuster beenden und nur noch links str (HinR li, RückR re). Vorder- und Rückenteil weiter glattrechts str (HinR re, RückR li). Weiter in jd 2. Rd die Raglanabnahmen str.

Fällt die Abnahme in eine RückR, 2 M li verschr zus.

Bis nach den ersten 6 M des Vorderteils str, wenden, bis nach den ersten 6 M des Vorderteils auf der anderen Seite str, wenden, bis 2 M vor der letzten WendeM str, wenden, bis 2 M vor der letzten WendeM str, wenden, bis 2 M vor der WendeM str, wenden, bis 2 M vor der WendeM str, wenden, bis 3 M vor der WendeM str, wenden, bis 3 M vor der WendeM str, wenden, bis 3 M vor der WendeM str, wenden, bis 3 M vor der WendeM str, wenden, bis Rd-Beginn (rückwärtige Mitte) str.

1 Rd re und auf (56) 56 (56) 64 (64) 64 (72) 72 M zun oder abn. (14) 18 (22) 26 (26) 26 (30) 30 cm Rippen (4 M re, 4 M li) str, ebenfalls mit Nadelstärke 5. In der letzten Rd locker abk.

Alle Fäden vernähen, die Öffnungen unter den Armen schließen und den Pulli in einem feuchten Handtuch trocknen.

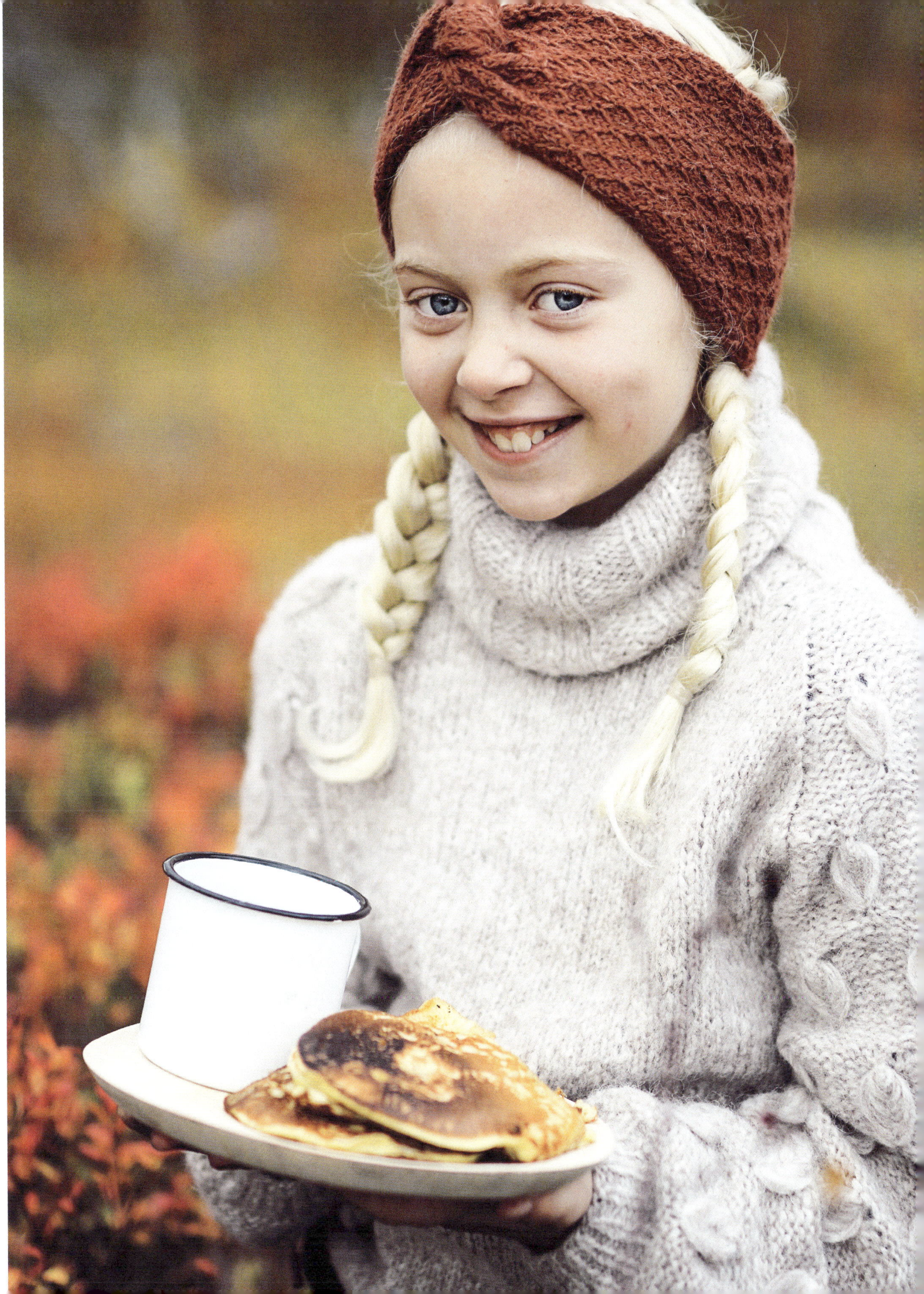

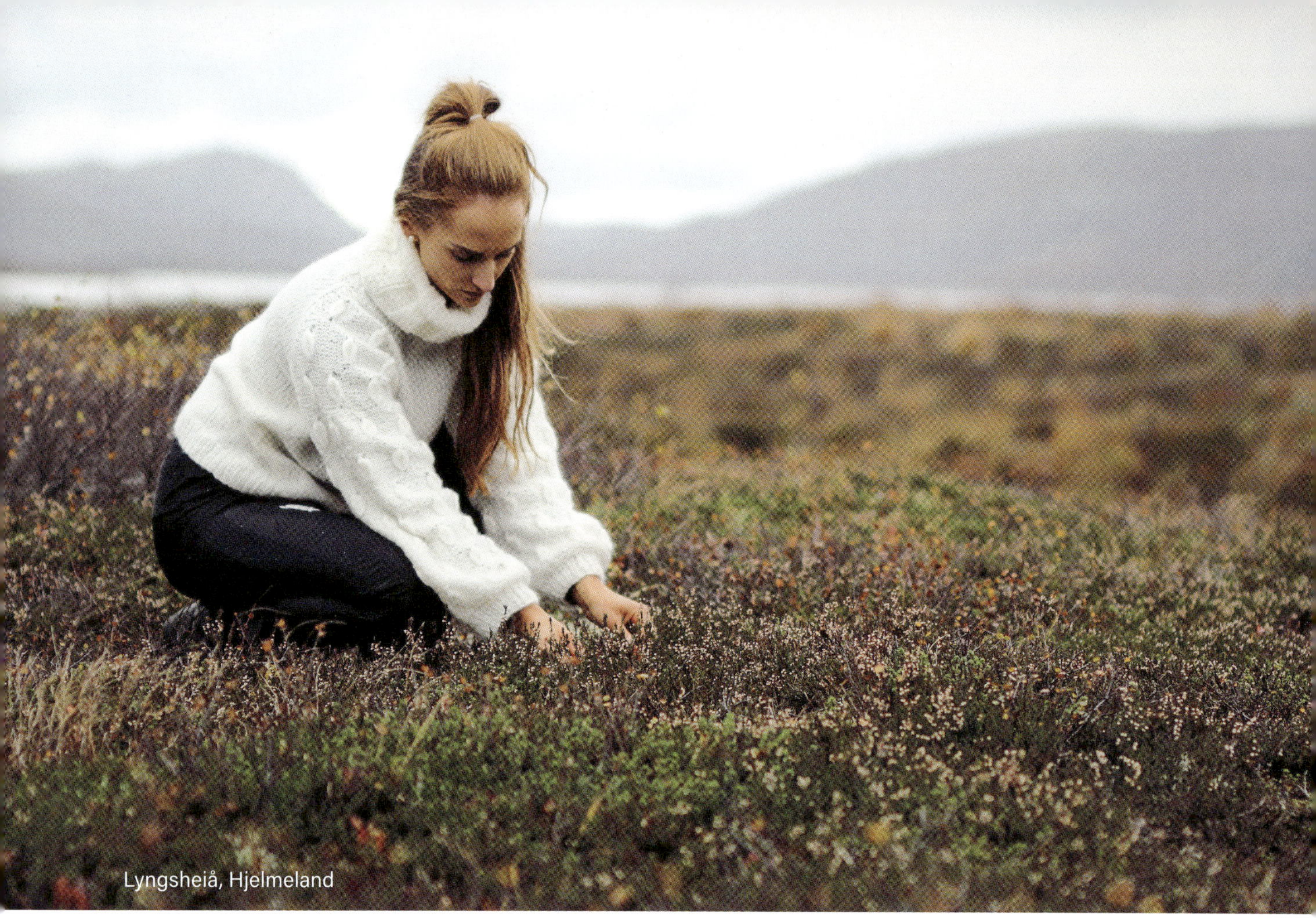

Lyngsheiå, Hjelmeland

Fichtenschössling-Pulli Damen

Schwierigkeitsgrad 2

Grössen
(XS) S (M) L (XL)

Wolle
Sandnes Garn KOS, Farbe: 1012

Menge
(350) 400 (450) 450 (500) g

Nadeln
Rdndln Nr. 4 und Nr. 5, beide 40 cm und 80 cm

Maschenprobe
16 M auf Nadelstärke 5 = 10 cm

Masse
Brustumfang: ca. (96) 99 (104) 106,5 (111,5) cm
Gesamtlänge: ca. (55) 61 (68) 73 (79) cm

FICHTENSCHÖSSLING

1 M aus einer M 10 Rd darunter aufn (10 M nach unten zählen) und hoch auf die Nadel ziehen. 1 M aus einer M 9 Rd darunter aufn und hoch auf die Nadel ziehen. Dieses bis zur aktuellen Rd wdh und re str = 11 lange M auf der Nadel. Die erste aufgenommene M über die anderen 10 M ziehen. Die zweite aufgenommene M über die anderen 9 M ziehen. Wdh bis alle M übergezogen wurden und noch 1 M übrig ist (die M aus dieser Rd). (S. Sivs Video auf Klompelompe.no, für eine kleine Version von Fichtenschössling.)

Man beginnt mit den Ärmeln und strickt von unten nach oben.

ÄRMEL

40 M auf Nadelstärke 4 anschl. 12 Rd Rippen (1 M re, 1 M li) str. Auf Nadelstärke 5 wechseln. 1 Rd re dabei (16) 16 (16) 24 (32) M gleichmäßig verteilt zun = (56) 56 (56) 64 (72) M.

Weiter im Muster str bis der Ärmel 48 cm oder die gewünschte Länge misst.

MUSTER

12 Rd li.
Nächste Rd: *4 M li, Fichtenschössling, 3 M li*, von * bis * bis Rd-Ende wdh.
12 Rd li.
Nächste Rd: *Fichtenschössling, 7 M li*, von * bis * bis Rd-Ende wdh.

In der nächsten Rd die ersten und letzten 4 M abk. Den Ärmel beiseitelegen und einen zweiten str.

KÖRPER

(154) 158 (166) 170 (178) M auf Nadelstärke 4 anschl. 24 Rd Rippen (1 M re, 1 M li) str. Auf Nadelstärke 5 wechseln. Glatt rechts str bis die Arbeit (40) 45 (49) 51 (53) cm misst.
8 M abk, (69) 71 (75) 77 (81)M re,
8 M abk, (69) 71 (75) 77 (81) M re.

Ärmel- und KörperM auf eine Nadel heben = (234) 238 (246) 266 (290) M.

Vorder- und Rückenteil jetzt glattrechts und die Ärmel mit Muster stricken. Das Ärmelmuster fällt durch die Abnahmen nach und nach weg.

An jd Naht einen MM setzen = 4 Raglan-MM. Die Rd beginnt am linken Ärmel.

2 Rd re (mit Ärmelmuster).
In jd 2 Rd wie folgt abn:

2 M li zus, bis 2 M vor MM str, 2 M li zus, 2 M re zus, bis 2 M vor MM str, 1 M abh, 1 M re, die abgeh M darüberziehen, von * bis * wdh – 8 M abgen.

So insg (16) 17 (18) 20 (21) Mal abn. Faden abschneiden und die Rd ab jetzt in der Mitte des Rückenteils beginnen. Das Ärmelmuster beenden und nur noch links str (HinR li, RückR re). Vorder- und Rückenteil weiter glattrechts str (HinR re, RückR li). Weiter in jd 2. Rd die Raglanabnahmen str.

Bis nach den ersten 6 M des Vorderteils str, wenden, bis nach den ersten 6 M des Vorderteils auf der anderen Seite str, wenden, bis 2 M vor dem letzten Wendepunkt, wenden, bis 2 M vor dem letzten Wendepunkt, wenden, bis 2 M vor der WendeM str, wenden, bis 2 M vor der WendeM str, wenden, bis 3 M vor der WendeM str, wenden, bis 3 M vor der WendeM str, wenden, bis 3 M vor der WendeM str, wenden, bis 3 M vor der WendeM str, wenden, bis Rd-Beginn str (rückwärtige Mitte).

Auf (80) 80 (80) 88 (88) M zun oder abn. 32 cm Rippen (4 M re, 4 M li) str (weiter mit Nadelstärke 5). In der letzten Rd locker abk.

Alle Fäden vernähen, Öffnung unter den Armen schließen und den Pulli in einem feuchten Handtuch trocknen.

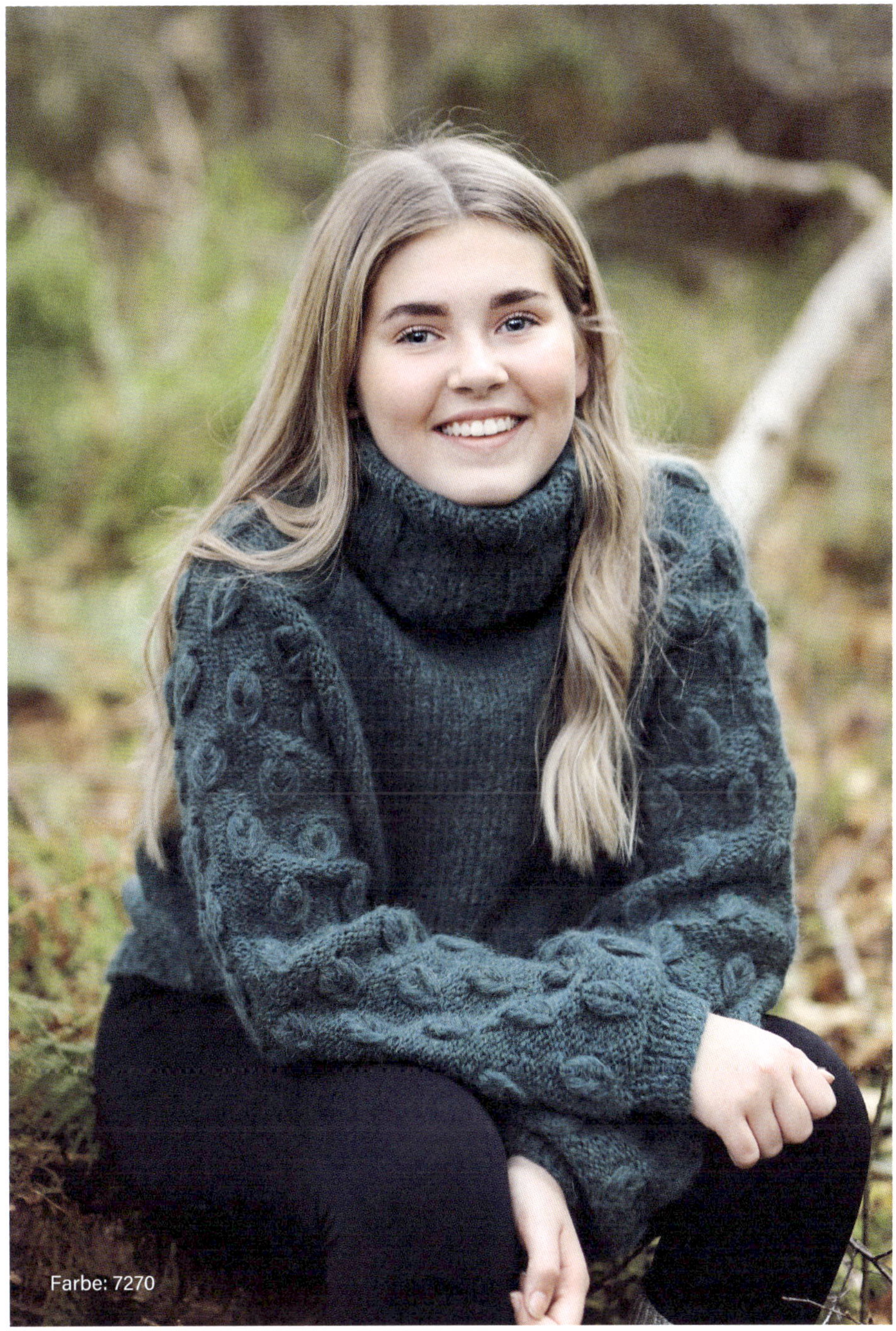

Farbe: 7270

Klompelompe Sitzunterlage

Auf nichts sitzt man wärmer als auf einer tollen Filzunterlage.
Die Wolle isoliert und wärmt auch wenn sie feucht ist.

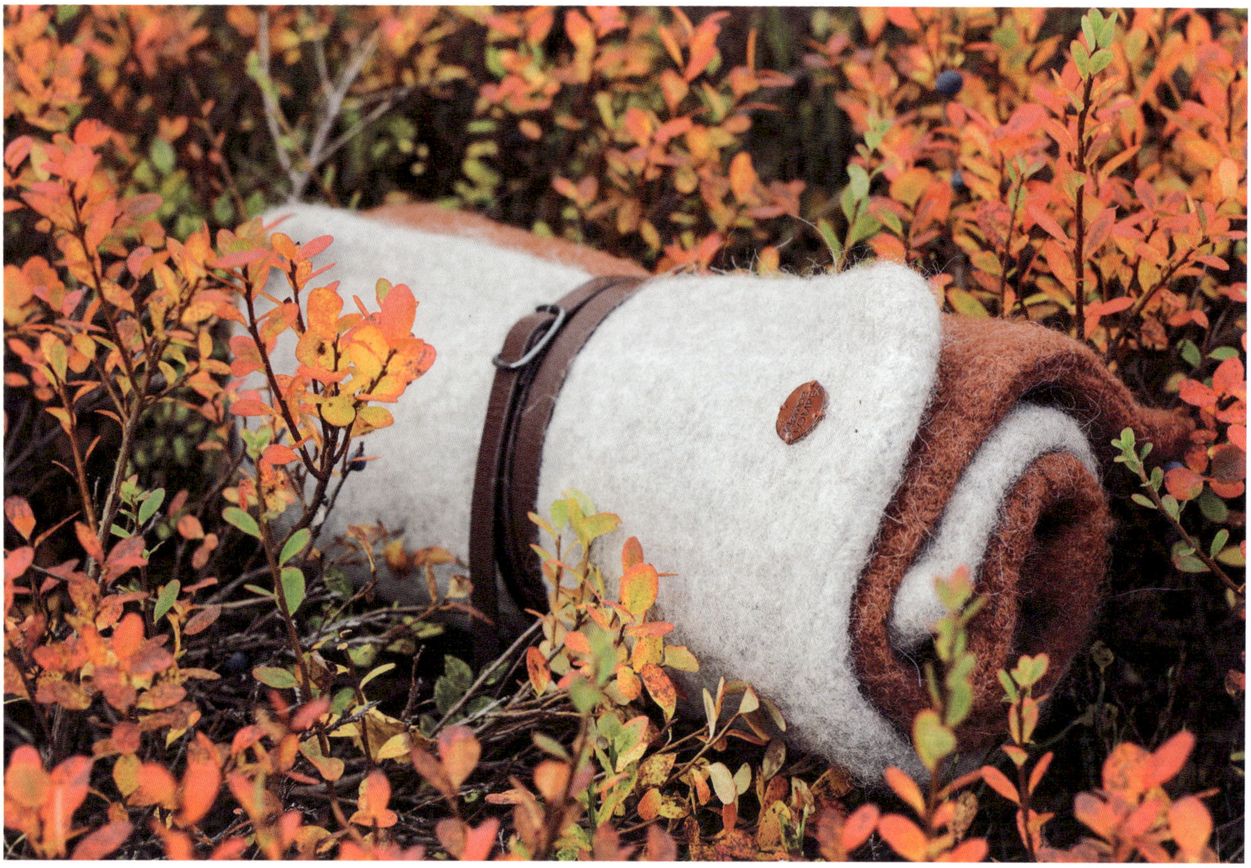

Schwierigkeitsgrad 1

GRÖSSEN
ca. 42 x 34 cm

WOLLE
Klompelompe SPØT, Farbe 1042 oder 3355

MENGE
250 g

NADELN
Rdndl Stärke 8, 60 cm oder 80 cm

MASCHENPROBE
13,5 M auf Nadelstärke 8 = 10 cm

84 M auf Nadelstärke 8 anschl. 144 cm glattrechts in Reihen sticken. In der letzten R abketten.

Das Strickstück in der Mitte zusammenlegen und die Seiten zusammennähen. Auch ein paar Stiche in der Mitte nähen. Alle Fäden vernähen.

FILZEN
Die Sitzunterlage im normalen Waschprogramm bei 40 Grad mit normalem Waschmittel waschen (gern mit 1600 schleudern). Waschmaschinen waschen unterschiedlich, sollten Sie finden, dass die Unterlage nicht genug gefilzt ist, können Sie sie noch zusätzlich etwas im Trockner filzen. Nehmen Sie sie immer wieder mal heraus, um zu sehen, wann sie die gewünschte Größe hat.

Als Schmuck kann man ein Lederstück aufnähen. Wir haben die Sitzunterlage für den Transport mit einem alten Ledergürtel zusammengebunden.

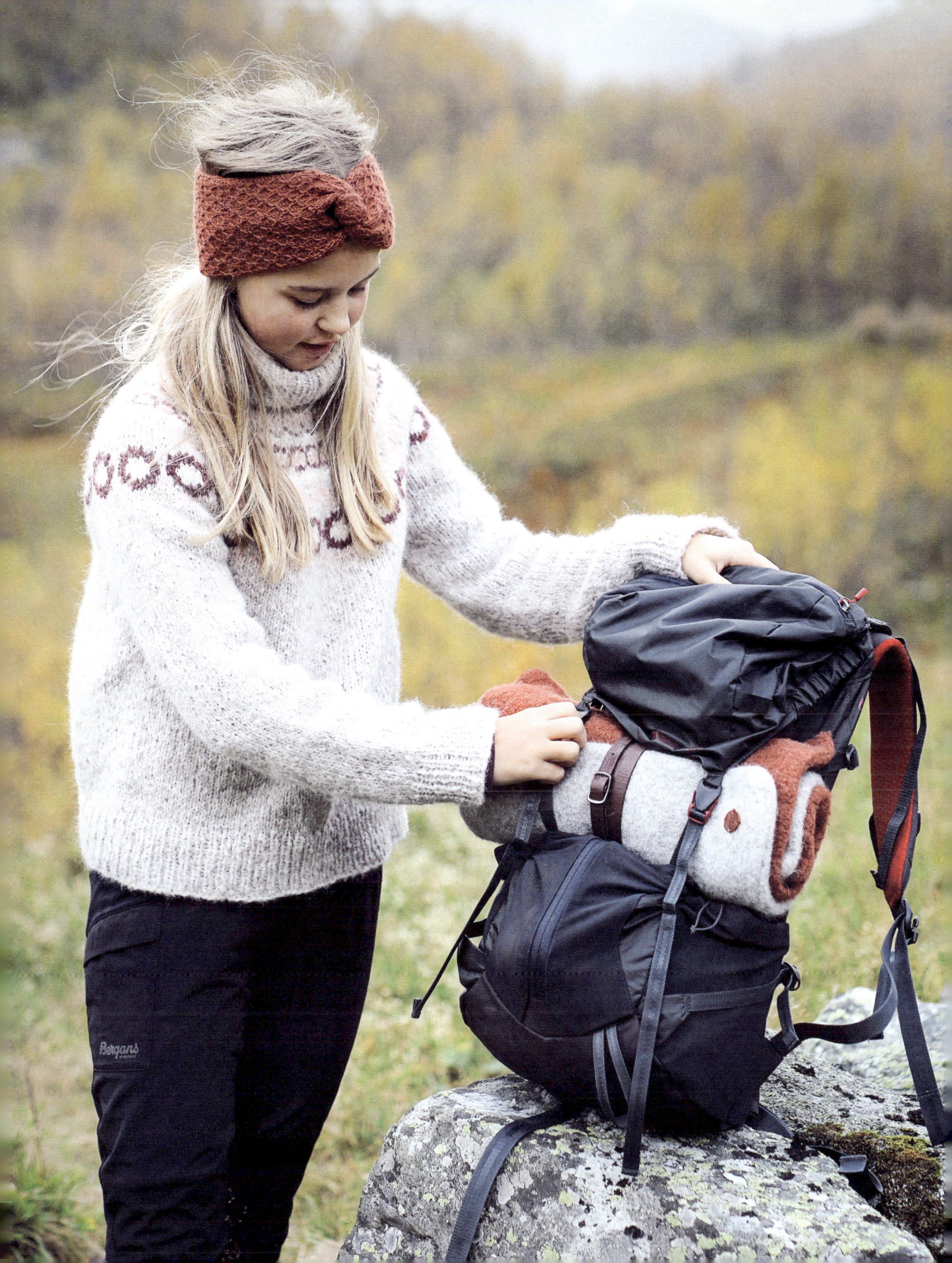
Bergans

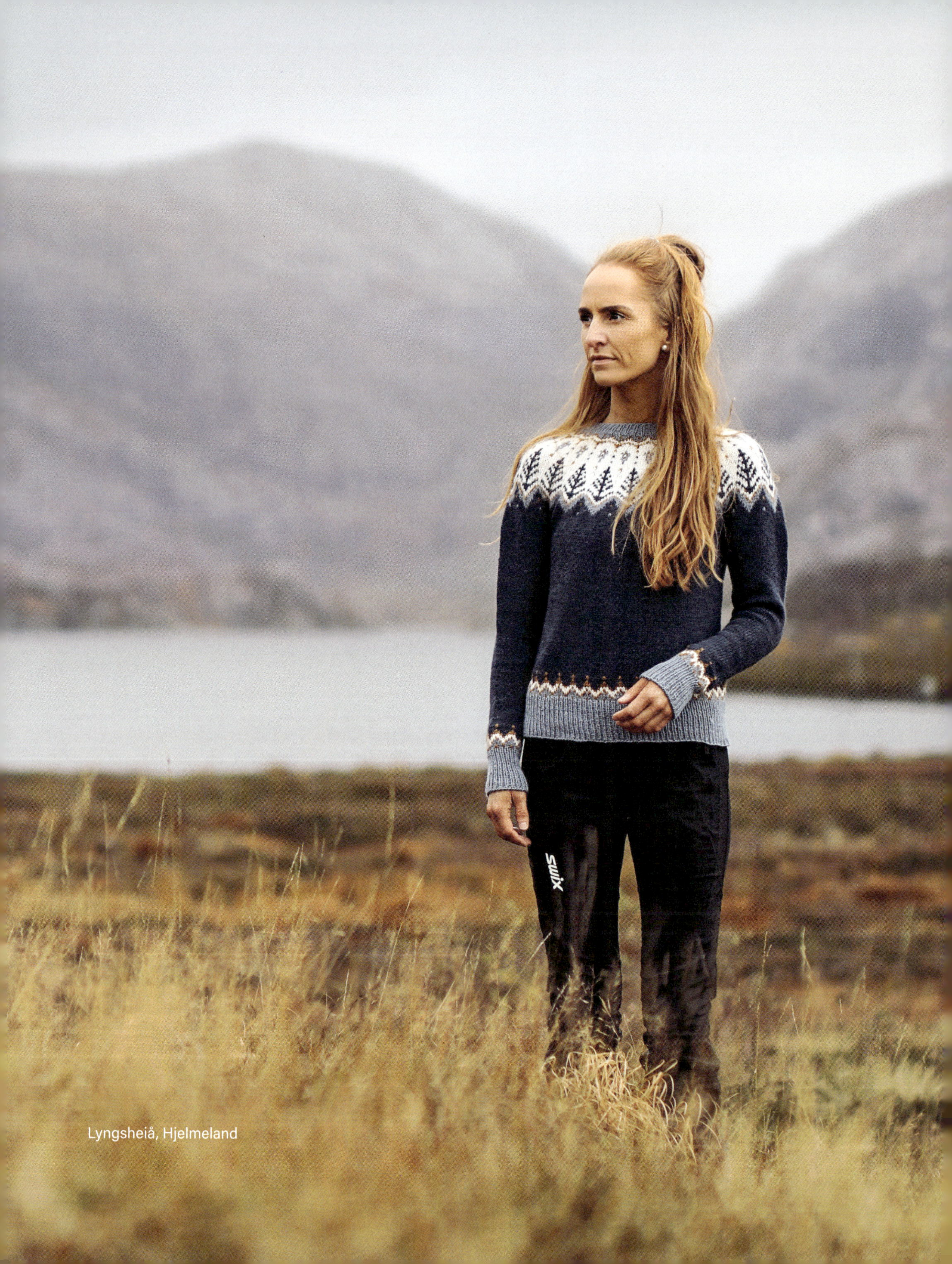

Lyngsheiå, Hjelmeland

Tannenpullover Damen

Ein klassischer Pullover mit einem tollen, mehrfarbigen Muster.

Schwierigkeitsgrad 3

GRÖSSEN
(XS–S) M (L) XL

WOLLE
Klompelompe SPØT, Farbe: A: 6081, B: 6051, C: 2546, D: 1002

MENGE
Farbe A: (250) 250 (300) 350 g
Farbe B: 100 g alle Größen
Farbe C und D: 50 g alle Größen

NADELN
Rdndln Nr. 3 und Nr. 3,5, beide 40 cm und 60 cm, Nadelspiel Nr. 3 und Nr. 3,5

MASCHENPROBE
22 M auf Nadelstärke 3,5 = 10 cm
Brustumfang: ca (89) 94 (107) 118 cm
Gesamtlänge: ca (56) 58 (62) 64 cm

Es wird von oben gestrickt. (92) 92 (94) 94 M auf Rdndl Stärke 3 mit Farbe B anschl. 8 Rd Rippen (1 M re, 1 M li) str. Auf Nadelstärke 3,5 wechseln.

1 Rd re dabei (34) 34 (44) 44 M gleichmäßig verteilt zun – (126) 126 (138) 138 M. Laut Strickschrift str. Am Ende der Strickschrift sind (294) 294 (322) 322 M auf der Nadel.

Zu Farbe A wechseln. 7 Rd re. 1 Rd re dabei (22) 36 (42) 30 M gleichmäßig verteilt zun = (316) 330 (364) 392 M.

5 (5) 8 (5) Rd re str.

Größe XL:
1 Rd re und dabei 40 M gleichmäßig verteilt zun. 5 Rd re str.

Wie folgt Ärmel abteilen: Die ersten (69) 71 (73) 75 M (Ärmelmaschen) stilllegen, 9 M anschl, (89) 94 (109) 121 M re, die nächsten (69) 71 (73) 75 M (Ärmelmaschen) stilllegen, 9 M anschl, (89) 94 (109) 121 M re = insg (196) 206 (236) 260 M.

VORDER- UND RÜCKENTEIL

In Rd str. Glatt rechts str bis die Arbeit (45) 47 (51) 53 cm misst. 1 Rd re, dabei auf 198 (204) 234 (258) M zu- oder abnehmen. Strickschrift B str. Zu Farbe B wechseln. 1 Rd re.

Auf Nadelstärke 3 wechseln und 8 cm Rippen (1 M re, 1 M li) str. In der letzten Rd abketten.

ÄRMEL

Ärmel mit Nadelstärke 3,5 und Farbe A str. 5 M ab der Mitte aus den 9 unterm Arm angeschlagenen M aufn, (69) 71 (73) 75 stillgelegte M re und am Ende 4 M aufn.

Das ist die untere Ärmelmitte. Die erste M immer li str = Nahtmasche.

Die Ärmel rund str. Nach 2,5 cm wie folgt abn: 1 M li (Nahtmasche) 2 M re zus, bis zu den letzten 2 M re, 1 M abh, 1 M re, die abgeh M darüberziehen. Die Abn ca. alle 2 cm wdh bis noch (48) 48 (48) 54 M übrig sind. Weiterstricken bis der Ärmel 36 cm (oder die gewünschte Länge) misst. Strickschrift B str. Zu Farbe B wechseln, 1 Rd re dabei (2) 2 (0) 4 M gleichmäßig verteilt abn. Auf Nadelstärke 3 wechseln und 8 cm Rippen (1 M re, 1 M li) str.

In der letzten Rd abketten.

Fäden vernähen und den Pulli vorsichtig dämpfen oder in einem feuchten Handtuch trocknen.

Strickschrift A

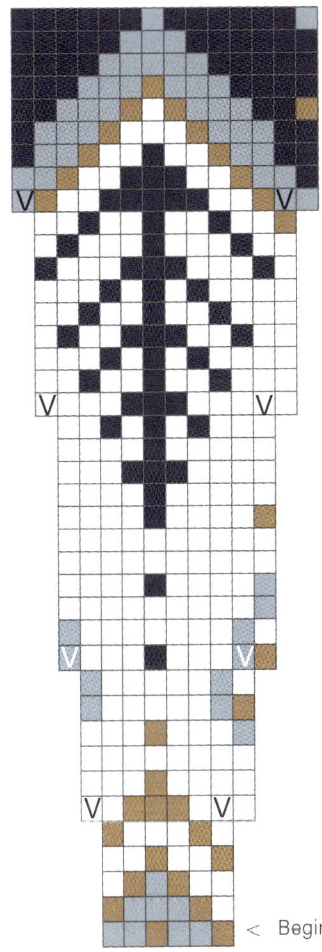

< Beginn

= Farbe A
= Farbe B
= Farbe C
= Farbe D
V = zun (Querfaden re verschr str)

Strickschrift B

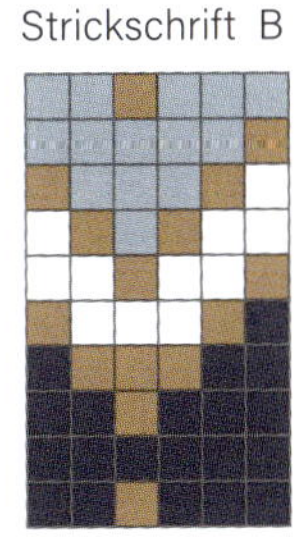

Klompelompe-Pulli

Denselben Kuschelpullover, den wir schon für Erwachsene gestrickt haben, gibt es auch für Kinder. Der Pulli ist leicht wie eine Feder, aber weich und warm.

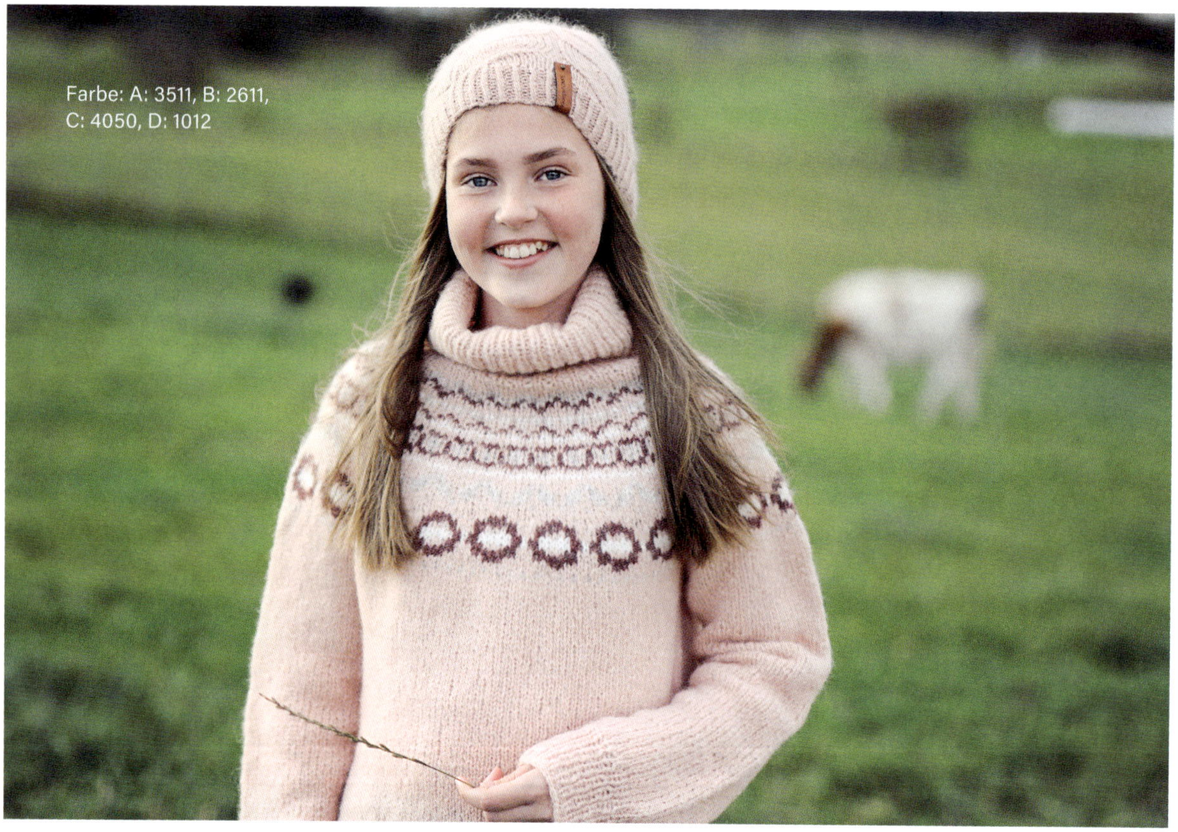

Schwierigkeitsgrad 3

Grössen
(4) 6 (8) 10 (12) 14 J

Wolle
Sandnes Garn KOS, Farbe: A: 2611, B: 3511, C: 4050, D: 1012

Menge
Farbe A: (150) 200 (200) 200 (250) 250 g
Farbe B, C und D: je 50 g

Nadeln
Rdndln Nr. 4 und Nr. 5, beide 40 cm und 80 cm

Maschenprobe
16 M auf Nadelstärke 5 = 10 cm

Masse
Brustumfang: ca. (70) 77,5 (82,5) 87,5 (91) 95 cm
Gesamtlänge: ca. (40) 42 (46) 49 (51) 53 cm

Es wird von oben gestrickt.

(60) 62 (64) 68 (72) 78 M auf der kurzen Rdndl Stärke 4 mit Farbe A anschl. (14) 16 (16) 18 (20) 20 cm Rippen (1 M re, 1 M li). Auf Nadelstärke 5 wechseln. 1 Rd re dabei (20) 18 (24) 20 (24) 18 M gleichmäßig verteilt zun = (80) 80 (88) 88 (96) 96 M.

Weiter laut Strickschrift str. Am Ende der Strickschrift sind (150) 170 (190) 200 (210) 220 M auf der Nadel. 1 Rd re mit Farbe A.

1 Rd re dabei (18) 14 (14) 16 (16) 12 M

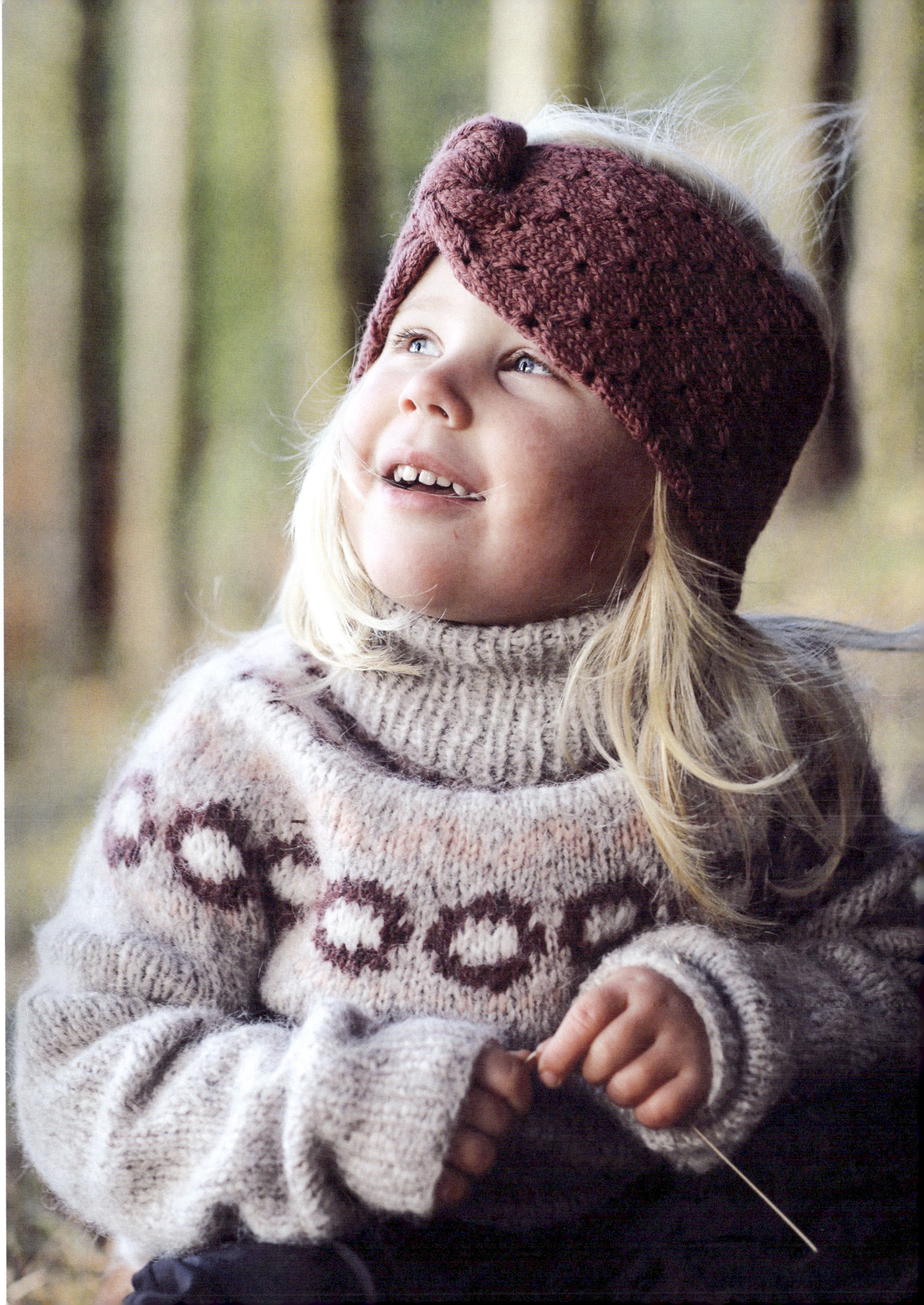

gleichmäßig verteilt zun = (168) 184 (204) 216 (226) 232 M.

1 Rd re.

Wie folgt Ärmel abteilen:
Die ersten (34) 36 (42) 44 (46) 46 M (Ärmelmaschen) stilllegen, 6 M anschl, (50) 56 (60) 64 (67) 70 M re, die nächsten (34) 36 (42) 44 (46) 46 M (Ärmelmaschen) stilllegen, 6 M anschl, (50) 56 (60) 64 (67) 70 M re = insg (112) 124 (132) 140 (146) 152 M.

VORDER- UND RÜCKENTEIL

In Rd str bis das Strickstück (35) 37 (41) 44 (46) 48 cm ab der Schulter misst. Auf Nadelstärke 4 wechseln und 5 cm Rippen (1 M re, 1 M li) str. In der letzten Rd abketten.

ÄRMEL

Die Ärmel mit Nadelstärke 5 stricken. 3 M anschl, die stillgelegten (34) 36 (42) 44 (46) 46 M str und 3 M anschl. Die nächste M, die mittlere unterm Ärmel, wird li gestrickt = Nahtmasche.

Die Ärmel werden in Runden gestrickt. Nach 4 cm wie folgt abn: 1 M li (Nahtmasche), 2 M re zus, bis zu den letzten 2 M re, 1 abh, 1 M re, die abgeh M darüberziehen. Die Abnahme ca. alle (4,5) 2,5 (4) 3,5 (4) 4 cm wdh, bis noch (28) 30 (30) 32 (32) 32 M übrig sind.

Stricken bis der Ärmel (29) 31 (35) 38 (40) 42 cm (oder die gewünschte Länge) misst. Auf Nadelstärke 4 wechseln und 5 cm Rippen (1 M re, 1 M li) str. In der letzten Rd abketten.

Öffnung unter den Armen schließen, Fäden vernähen, den Pulli vorsichtig dämpfen oder in einem feuchten Handtuch trocknen.

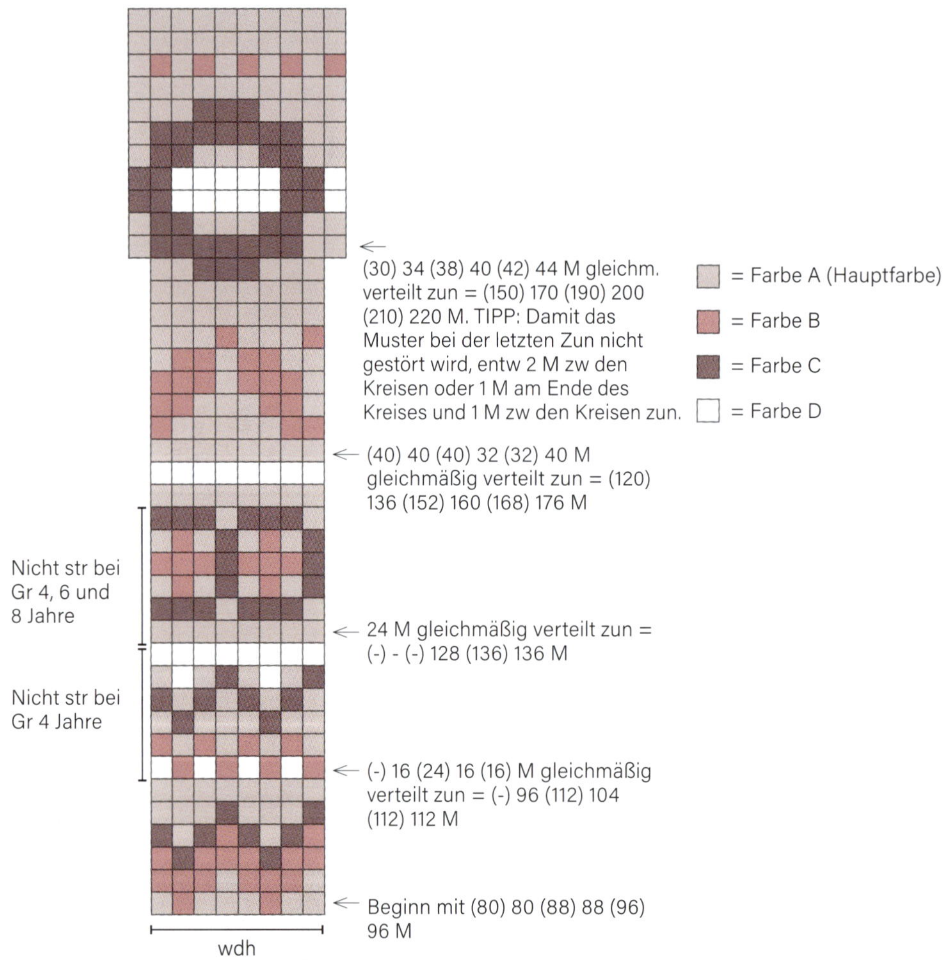

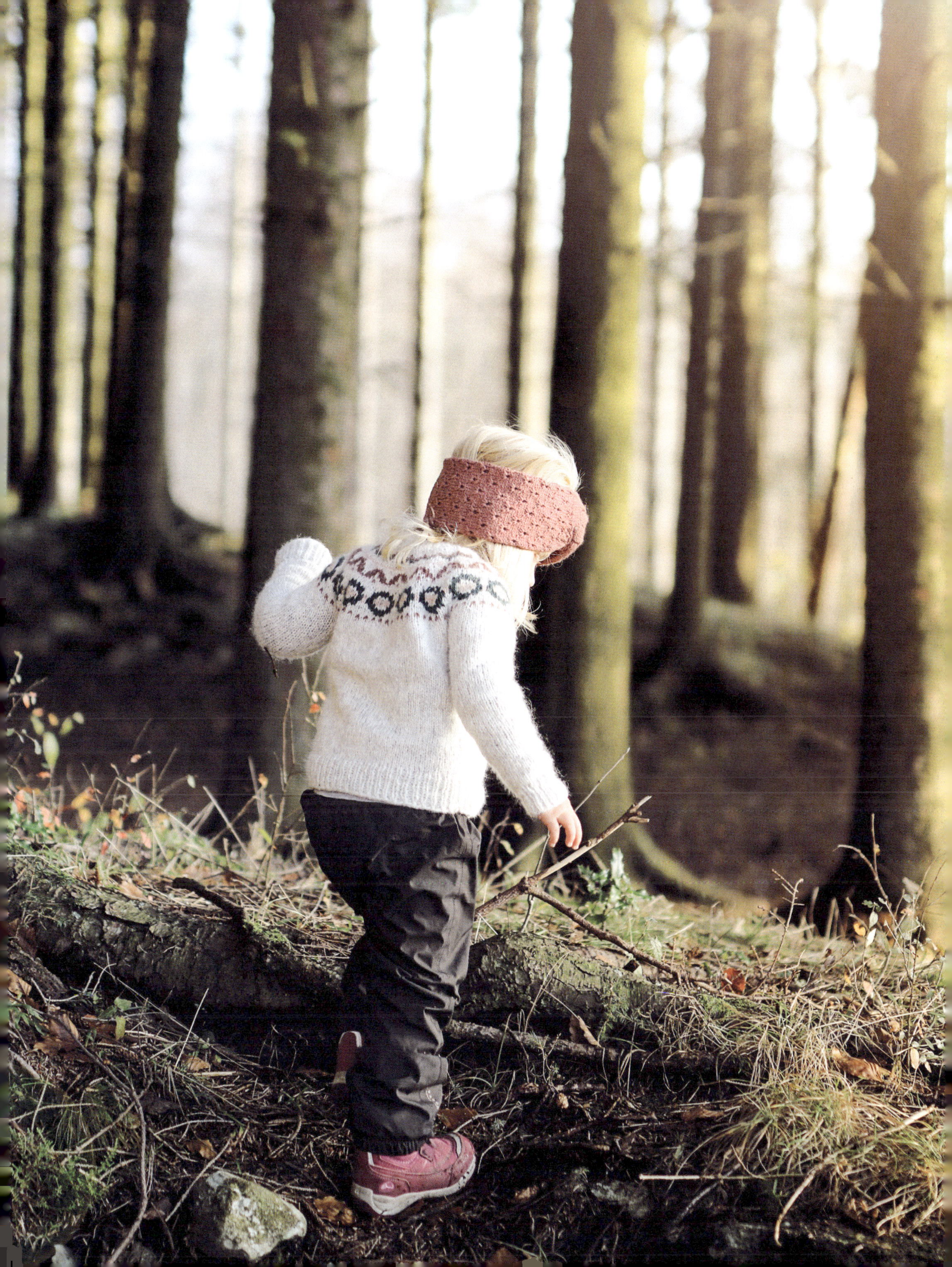

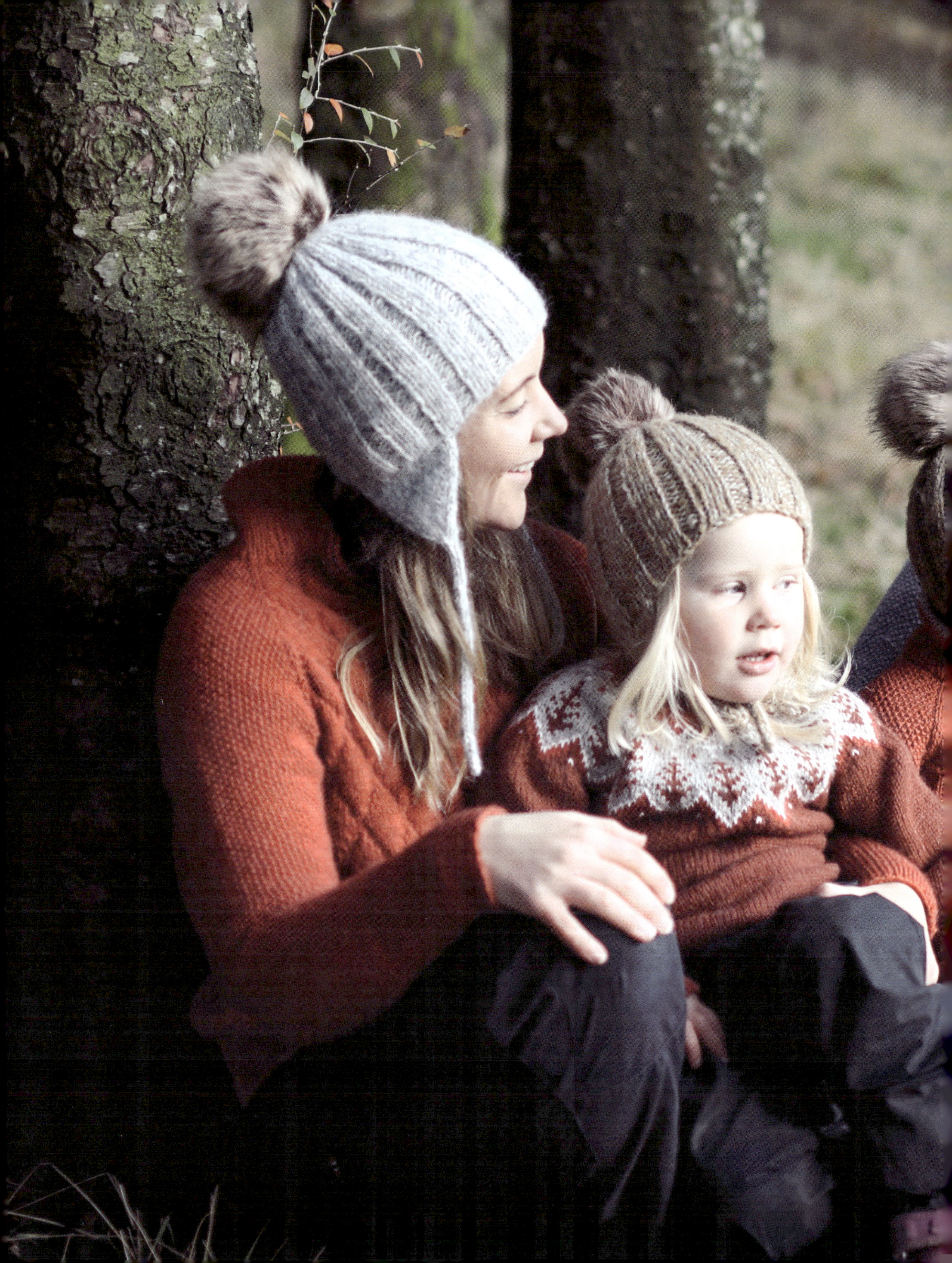

Im Wald

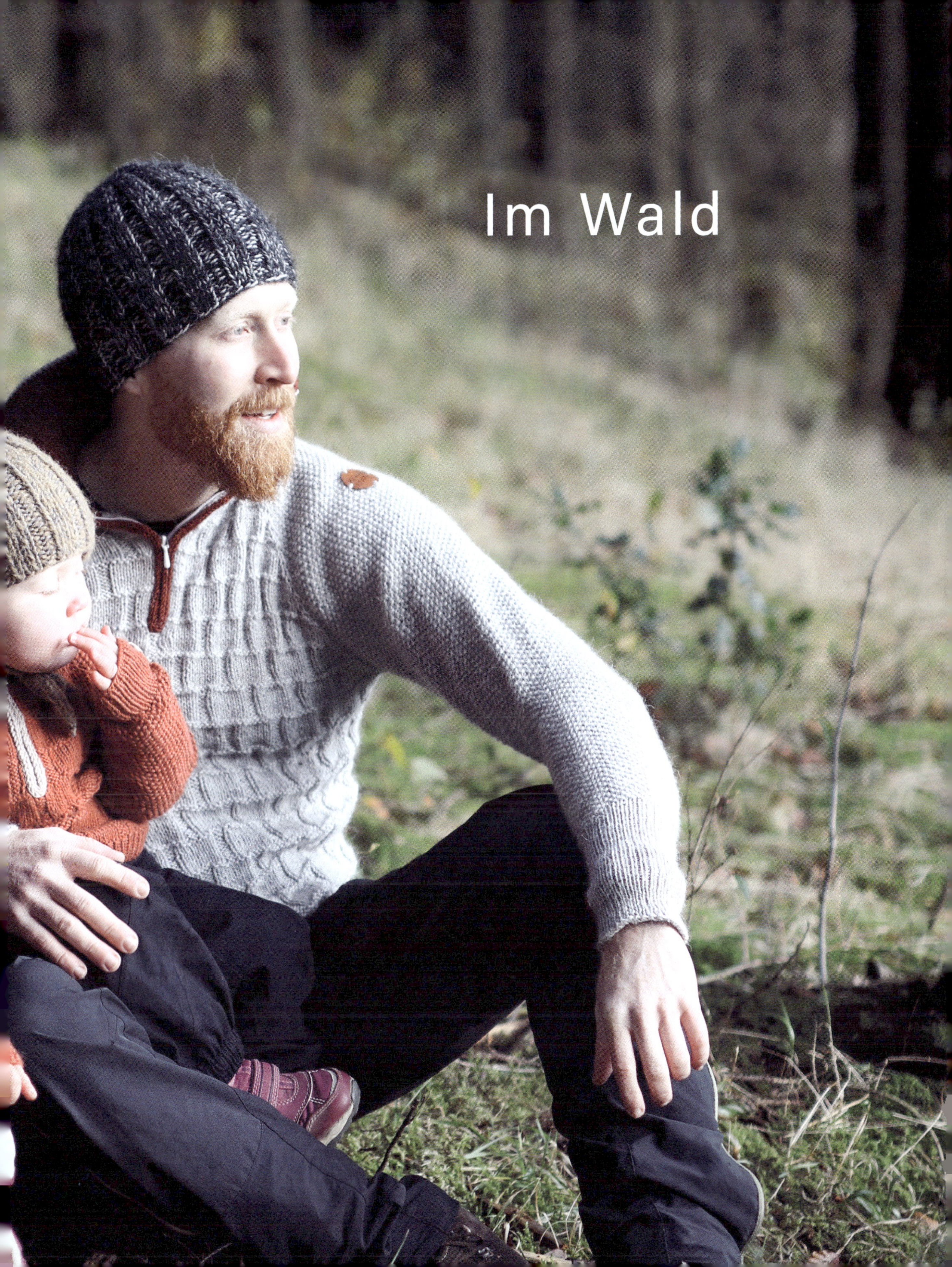

Kringsjå-Overall

Ein klassischer Overall mit einem zweifarbigen Einstrickmuster.

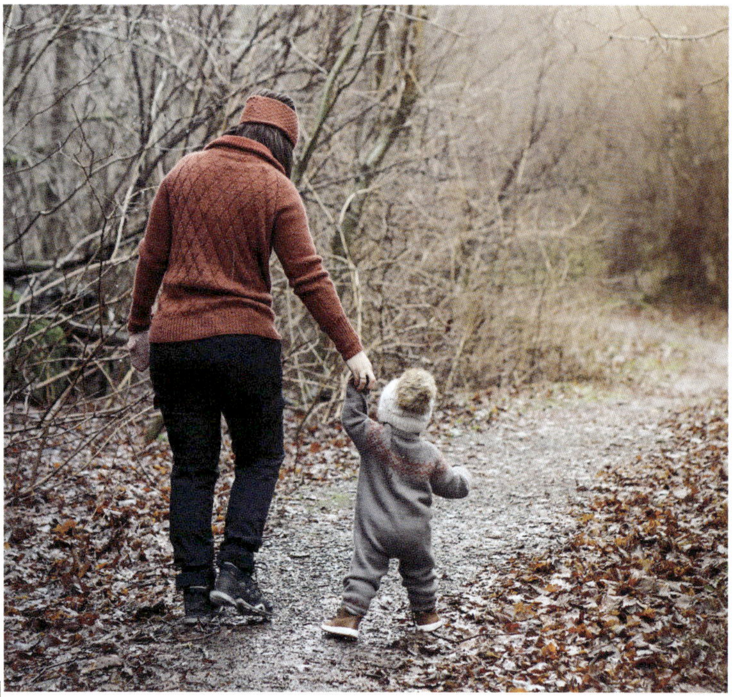

Schwierigkeitsgrad 3

GRÖSSEN
0–2 M (3 M) 6–9 M (12 M) 18 M (2 J) 3 J
WOLLE
Klompelompe SPØT
Farbe A: 2370, Farbe B: 3355
MENGE
Farbe A: 150 (200) 200 (250) 250 (300) 300 g
Farbe B: 50 (50) 50 (50) 50 (50) 50 g
NADELN
Rdndln Nr. 3 und Nr. 3,5, 60 cm, Nadelspiel Nr. 3 und Nr. 3,5, ev. Rdndl 80 cm für Magic Loop
MASCHENPROBE
22 M auf Nadelstärke 3,5 = 10 cm
MASSE
Brustumfang: ca. 52 (56) 59 (63) 65 (67) 70 cm
Gesamtlänge: ca. 48 (51) 57 (59) 66 (68) 72 cm

Es wird von unten und in Runden gestrickt.

34 (36) 38 (38) 40 (40) 40 M auf Nadelstärke 3 anschl. 8 Rd Rippen (1 M re, 1 M li) str.

Auf Nadelstärke 3,5 wechseln. 1 Rd re. 1 Rd re dabei 10 (12) 10 (10) 12 (12) 12 M gleichmäßig verteilt zun = 44 (48) 48 (48) 52 (52) 52 M.

1 Rd re. Laut Strickschrift str.

Re str bis das Bein 6,5 cm misst.

Nächste Rd: 1 M re, 1 M zun, bis zur letzten M re, 1 M zun, 1 M re.

Die Abn jeweils nach 1 cm wdh bis 58 (62) 66 (70) 72 (74) 78 M auf der Nadel sind.

Weiter str bis das Bein 15 (17) 20 (23) 25 (27) 32 cm misst.

Das zweite Bein genauso str.

Wie folgt die Beine auf eine Nadel nehmen:

Die M des 1. Beins re, 8 M anschl, die M des 2. Beins re und am Ende 8 M anschl = 132 (140) 148 (156) 160 (164) 172 M. 1 Rd re.

Die Rd beginnt jetzt in der Mitte der zuletzt angeschlagenen 8 M.

Die hintere und die vordere Mitte mit einem MM markieren.

Dann wie folgt abn: *3 M re, 1 M abh, 1 M re, die abgeh M darüberziehen, bis 5 M vor MM re, 2 M re zus, 3 M re*, von * bis * wdh.

Insgesamt 4 Mal in jd 4. Rd abn.

1 Rd re.

In der nächsten Rd die mittleren 6 M abk = 110 (118) 126 (134) 138 (142) 150 M.

In der nächsten Rd dort, wo 6 M abgekettet worden, 9 Steeking-M anschl

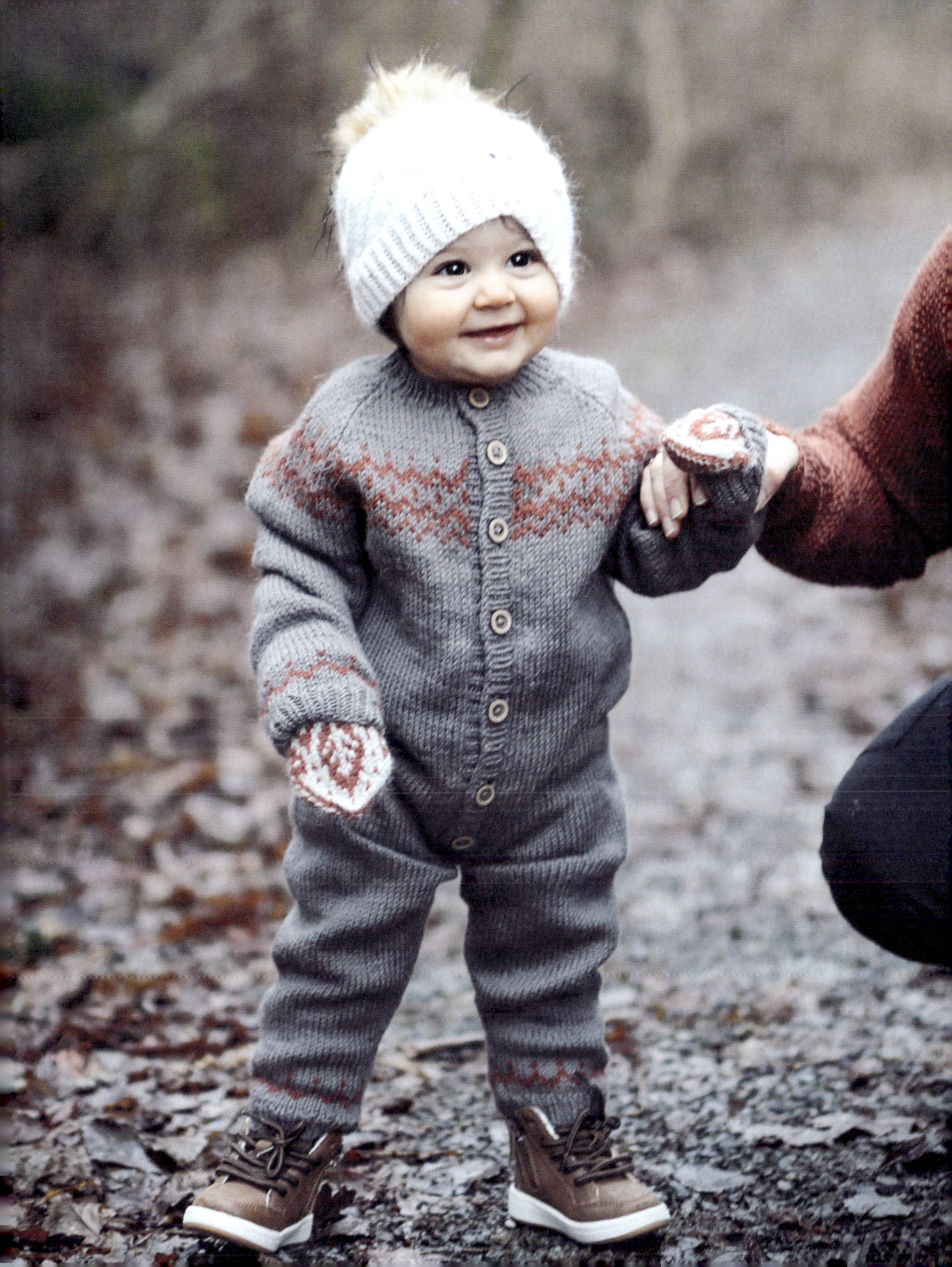

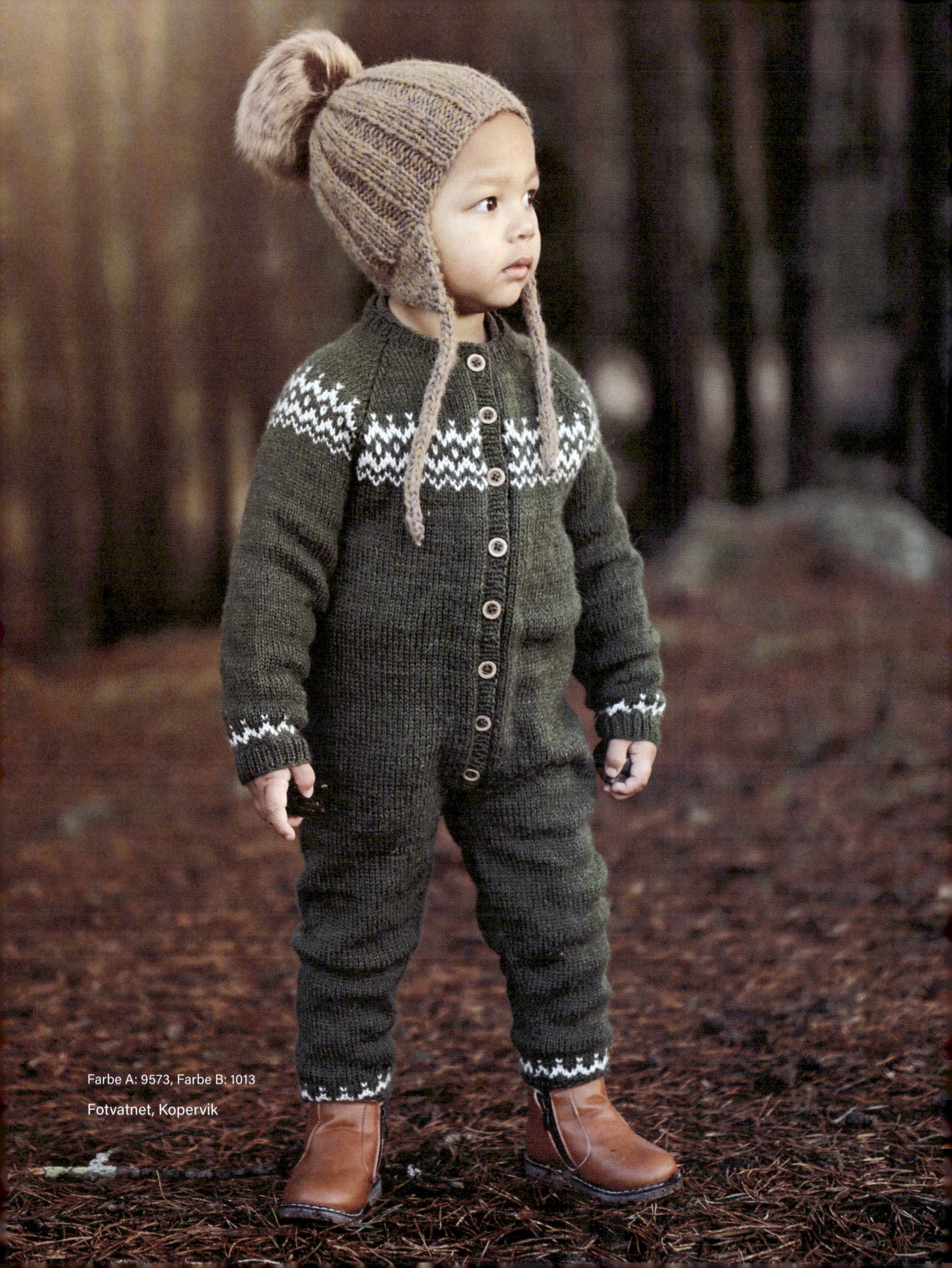

Farbe A: 9573, Farbe B: 1013

Fotvatnet, Kopervik

(Steeking-M werden bei der Maschenzahl und der Strickschrift nicht mitgezählt).

Wie folgt das Rückenteil länger str (verkürzte Reihen mit Doppelmaschen str s. Video Klompelompe.no):

Größen 0–2 M (3 M) 6–9 M:
16 M über den hinteren MM str, wenden, 32 M li, wenden, 37 M re, wenden, 42 M li, wenden, 47 M re, wenden, 52 M li, wenden bis Rd-Ende re.

Größen (12 M) 18 M (2 J) 3 J:
16 M über den hinteren MM str, wenden, 32 M li, wenden, 37 M re, wenden, 42 M li, wenden, 47 M re, wenden, 52 M li, wenden, 57 M re, wenden, 62 M li, wenden, bis Rd-Ende re.

Re bis das Strickstück 37 (39) 43 (47) 51 (54) 57 cm misst.

Nächste Rd: 24 (26) 28 (30) 31 (32) 34 M re, 5 M abk, 52 (56) 60 (64) 66 (68) 72 M re, 5 M abk, 24 (26) 28 (30) 31 (32) 34 M re.

ÄRMEL

30 (30) 32 (34) 36 (38) 40 M auf Nadelstärke 3 anschl. 8 Rd Rippen. Auf Nadelstärke 3,5 wechseln und 1 Rd re. 1 Rd re und auf 32 (32) 36 (36) 40 (40) 44 M zun oder abn.

1 Rd re.

Laut Strickschrift str.

1 Rd re.

Wie folgt in der nächsten Rd zun:

1 M re, 1 M zun, bis zur letzten M re, 1 M zun, 1 M re.

Abnahmen alle (1,5) 1,5 (1,5) 1,5 (2) 3 (3) 4 cm wdh bis 42 (44) 46 (48) 50 (52) 54 M auf der Nadel sind. Weiterstricken bis der Ärmel 16 (18) 20 (22) 24 (26) 28 cm misst. In der nächste Rd die ersten 3 M und die letzten 2 M abk. Beiseitelegen und zweiten Ärmel str.

Ärmel und restl Strickstücke auf eine Nadel heben = 174 (186) 198 (210) 218 (226) 238 M.

An jd Naht einen MM setzen.

2 Rd re dabei in der 2. Rd in der hinteren Mitte 1 M abn.

Dann wie folgt abn:

bis 2 M vor MM re, 1 M abh, 1 M re, die abgeh M darüberziehen, 2 M re zus, von * bis * an jedem MM wdh, bis Rd-Ende re.

In jd 2. Rd abn. Nach 2 Abnahmen (in der nächste Rd wird zum 3. Mal abgenommen) laut Strickschrift str, dabei weiterhin in jd 2 Rd abn.

Wdh bis 12 (13) 14 (15) 16 (17) 18 Mal abgenommen wurde, eine Rd ohne Abn str.

In der nächsten Rd die Steeking-M abk, den Faden abschneiden und die ersten und letzten 8 (9) 8 (9) 9 (9) 8 M stilllegen.

Nächste R (HinR): 1 R re mit Raglanabnahmen.

Nächste R (RückR): 2 M li zus, bis zu letzten 2 M li, 2 M li zus.

Diese 2 R noch 0 (1) 2 (2) 2 (2) 3 Mal wdh.

Die 1. R noch einmal wdh. Faden abschneiden.

HALSAUSSCHNITT

In der vorderen Mitte mit Nadelstärke 3 beginnen. Die ersten stillgelegten 8 (9) 8 (9) 9 (9) 8 M re, 3 (3) 3 (6) 6 (6) 6 M aufn, die M auf der Nadel re, 3 (3) 3 (6) 6 (6) 6 M aufn, die letzten stillgelegten 8 (9) 8 (9) 9 (9) 8 M re.

6 R Rippen (1 M re, 1 M li) und In der letzten Rd abketten.

AUSARBEITEN

Beidseitig der Steeking-M je zwei enge Maschinennähte nähen. Aufschneiden. Mit Nadelstärke 3 M für die Knopfleisten aufnehmen, ca. 1 M aus jeder M, aber jede 4. M überspringen.

6 R Rippen (1 M re, 1 M li) str. Abketten (nicht zu stramm).

Für Jungen die Knopflöcher links, für Mädchen rechts einstricken.

6 (6) 7 (7) 7 (8) 8 Knopflöcher gleichmäßig verteilt einstricken, dafür in der 2. R 2 M re zus, 1 U str.

Die abgeschnittene Kante nach innen klappen und mit kleinen Stichen anheften. Sollte es schwierig sein, eine ordentliche Kante zu erhalten, kann man einen Beleg anstricken, der darüber genäht wird. Dafür M aufnehmen (wie für die Knopfleisten). Glattrechts str bis die offene Kante bedeckt ist. Abketten und annähen, am besten mit der Hauptfarbe, damit es unsichtbar ist.

Alle Fäden vernähen, die Knopfleiste an den Enden festnähen, Knöpfe annähen und alles in einem feuchten Handtuch trocknen.

Ärmel- und hintere Mitte

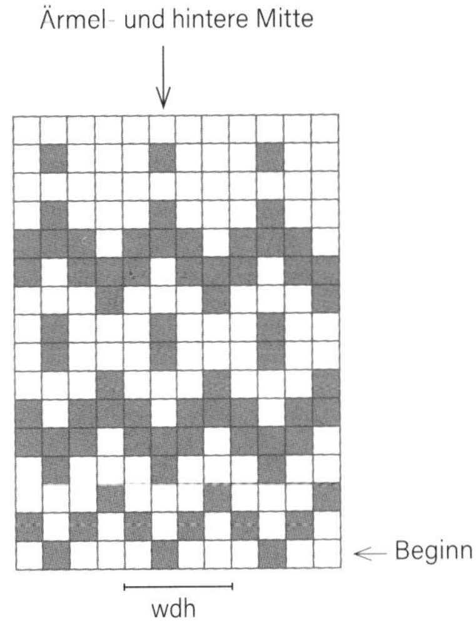

Ärmel und Bein

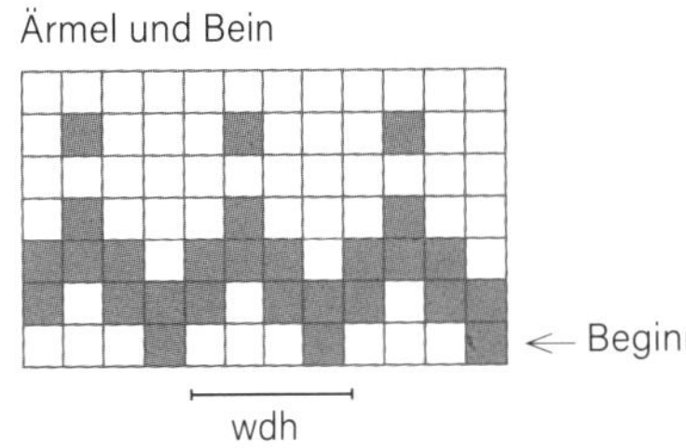

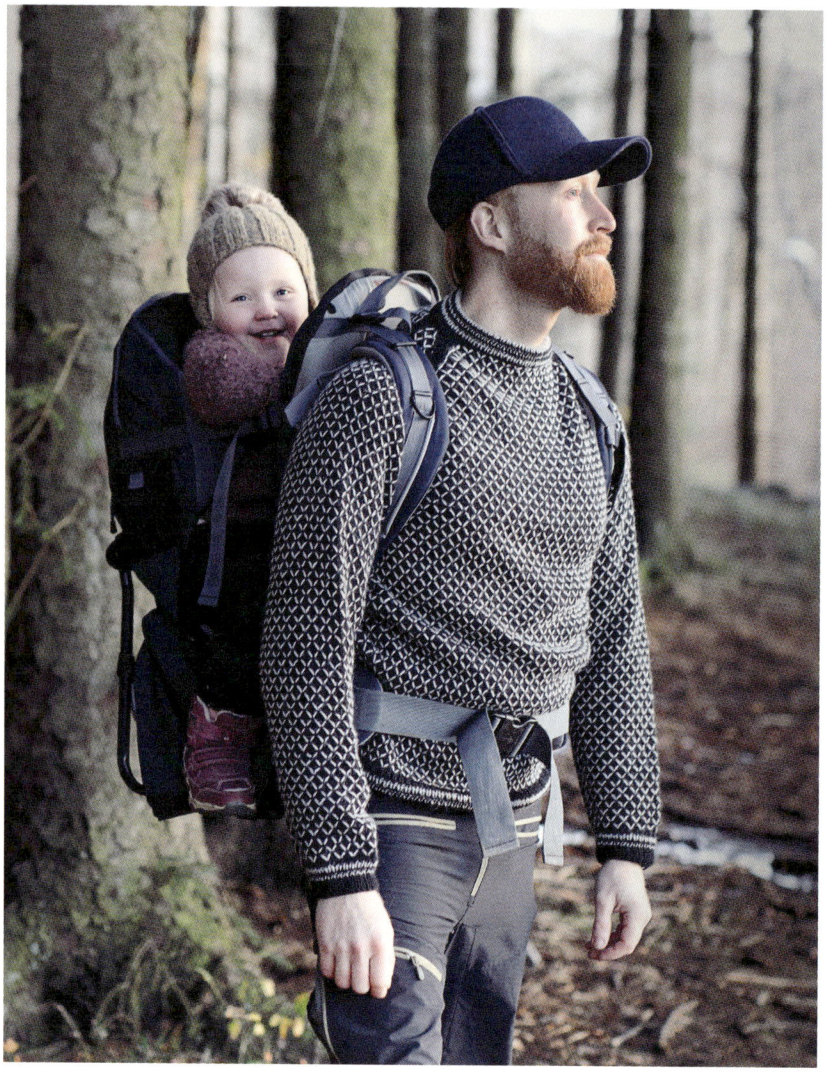

Rippenmütze

Das ist eine unserer Lieblingsmützen aus unserem ersten Buch. Tolle Passform und schlichte Struktur, deswegen liebten viele diese Mütze. Hier nun eine dickere Version, für alle vom Neugeborenen bis zum Erwachsen.

Schwierigkeitsgrad 1

GRÖSSEN
(0–1 M) 1–3 M (4–M) 1–3 J (4–6 J) 7–14 J (S/M) L/XL

WOLLE
Klompelompe SPØT, Farbe: 2370 und Sandnes Garn Børstet Alpakka, Farbe: 2543

MENGE
Je 50 g für alle Größen

NADELN
Rdndln Nr. 5, 40 cm, Nadelspiel Nr. 5, ev. Rdndl 80 cm für Magic Loop

MASCHENPROBE
16 M auf Nadelstärke 5 = 10 cm

TIPPS: Wenn man die Ohrenklappen weglässt, die Mütze vor den Abnahmen 2 cm länger stricken.

(50) 55 (60) 60 (65) 65 (70) 75 M mit einem Faden Klompelompe SPØT und einem Faden Sandnes Garn Børstet Alpakka auf Nadelstärke 5 anschl.

(10) 12 (13) 14 (15) 16 (17) 18 cm Rippen (3 M re, 2 M li) str.

ABNAHMEN

In jd 2. glattrechten Streifen 2 M re zus str.

1 Rd im Muster str.

In jd anderen 2. glattrechten Streifen 2 M re zus str.

1 Rd im Muster str.

In jd 2. linken Streifen 2 M li zus str.

In jd anderen 2. linken Streifen 2 M li zus str.

In jd glattrechten Streifen 2 M re zus str.

Nächste Rd: *1 M abh, 1 M re, die abgeh M darüberziehen*, von * bis * bis Rd-Ende wdh.

Faden durch die Maschen fädeln und zusammenziehen.

OHRENKLAPPEN

Mit Nadelstärke 5 die Ohrenklappen mit (9) 9 (11) 11 (13) 13 (15) 15 M Zwischenraum am Hinterkopf wie folgt str:

(11) 11 (13) 13 (13) 15 (15) 17 M auf der vorderen Seite aufn. 1 R li, 1 R re, 1 R li str.

Weiter glattrechts str und in jd rechten R wie folgt abn:

1 M re, 1 M abh, 1 M re, die abgehob M darüberziehen bis zu den letzten 3 M re, 2 M re zus, 1 M re.

Wenn noch 5 M übrig sind, wie folgt abn:

1 M re, 1 M abh, 2 M re zus, die abgeh M darüberziehen, 1 M re.

Mit den letzten 3 M eine 20 (22) cm lange Kordel str (s. Video Klompelompe.no).

Alle Fäden vernähen. Eine Kunstfellbommel annähen.

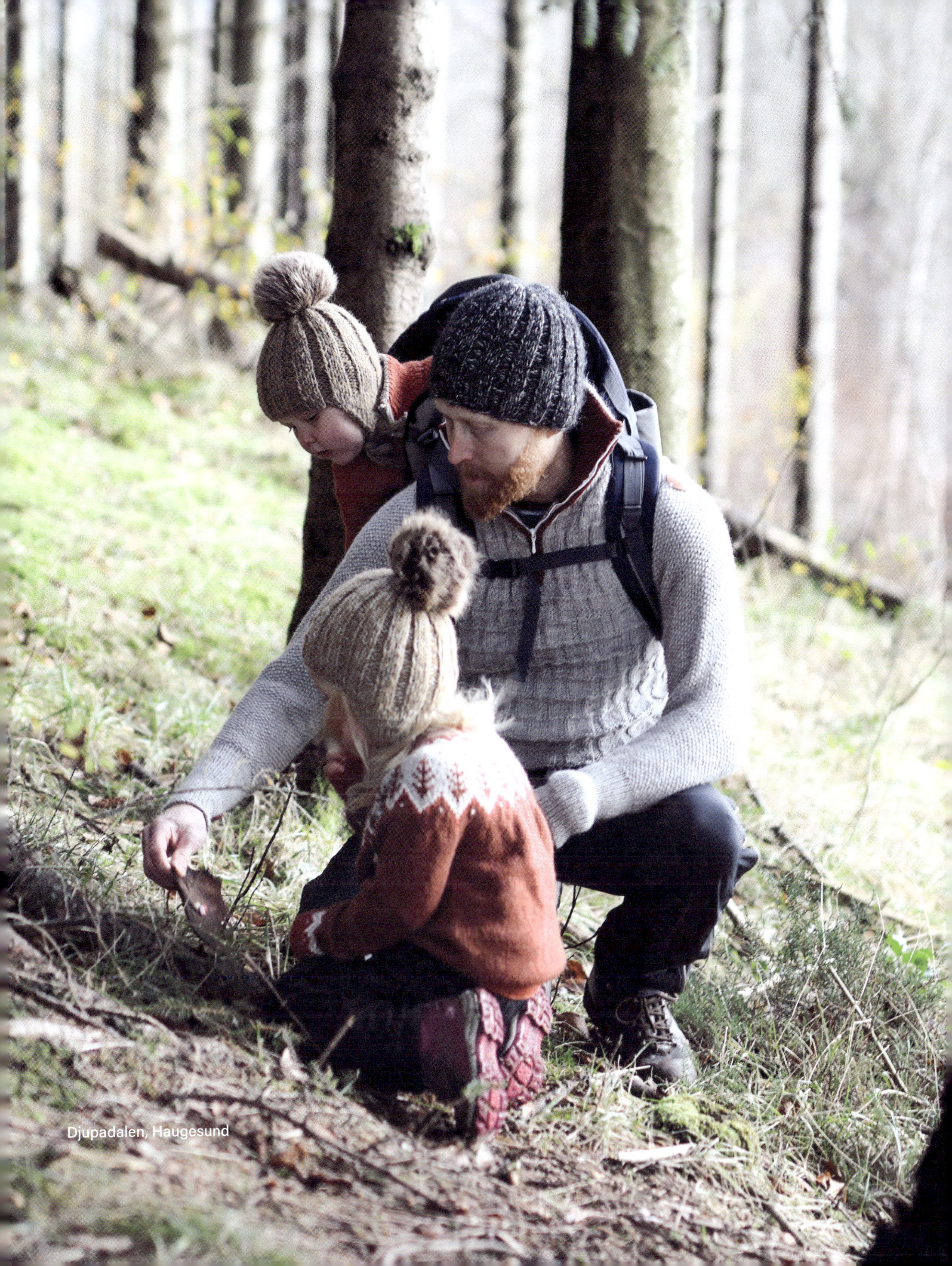

Djupadalen, Haugesund

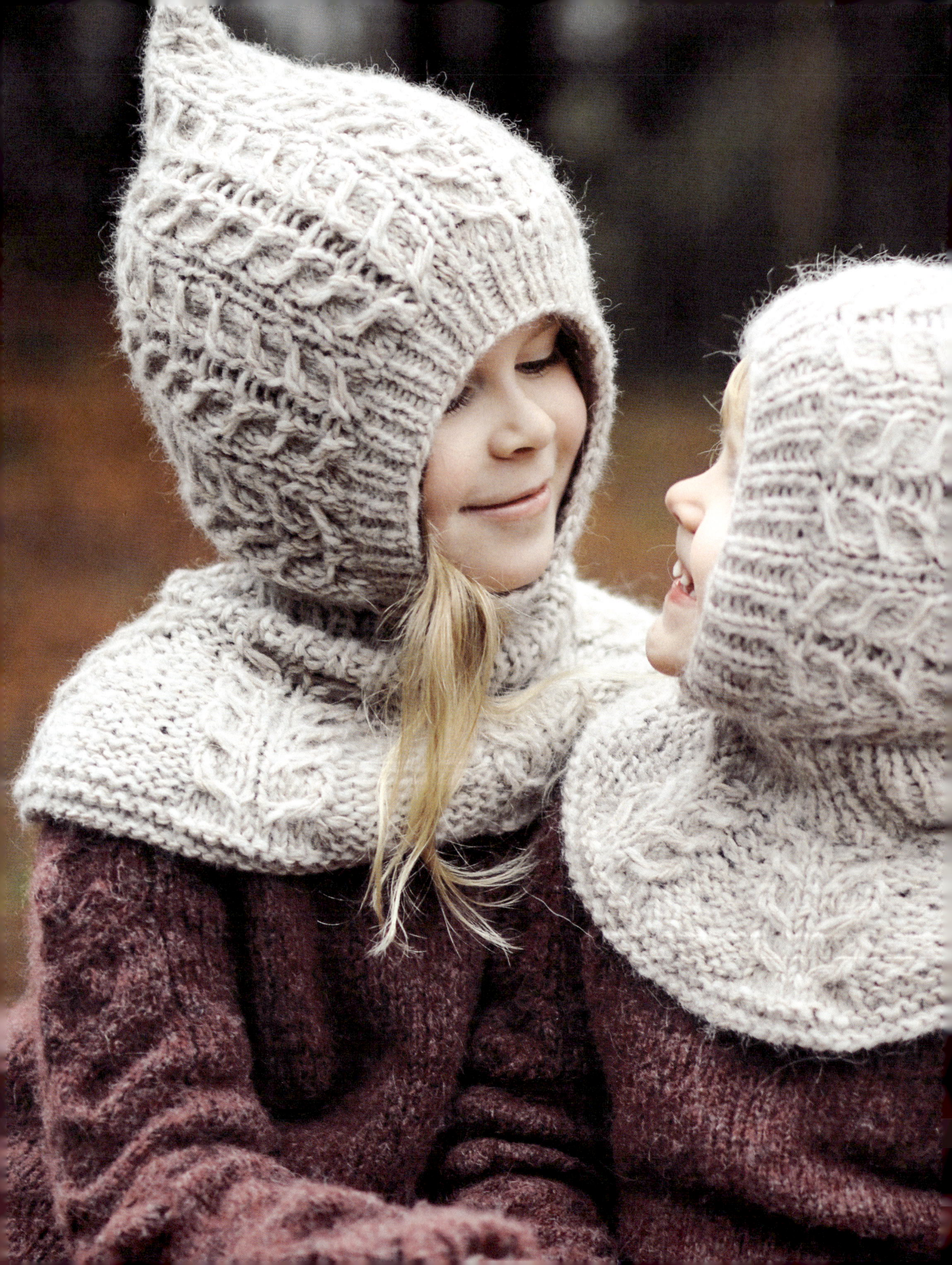

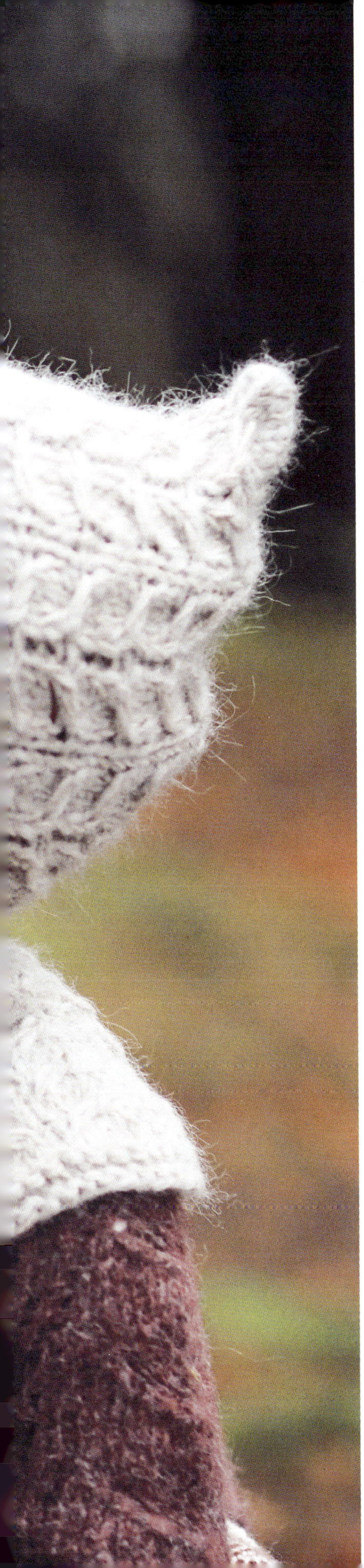

Minsten Balaclava

Ein flauschiger, leichter und weicher Kapuzenkragen.

Schwierigkeitsgrad 2

GRÖSSEN
6–12 M (1–2 J) 3–4 J (5–6 J)

WOLLE
Klompelompe Tynn Merinoull, Farbe: 2650 und Sandnes Garn KOS, Farbe: 2611

MENGE
Klompelompe Tynn Merinoull: 50 (100) 100 (100) g
Sandnes Garn KOS: 50 (100) 100 (100) g

NADELN
Rdndln Nr. 8 und Nr. 5, beide 40 cm und 60 cm

MASCHENPROBE
14 M auf Nadelstärke 8 = 10 cm

Es wird in Reihen gestrickt.

61 (71) 71 (81) M auf Nadelstärke 8 anschl.

Laut Strickschrift str.

Wenn die Strickschrift insg 4 (5) 6 (7) Mal gestrickt wurde, nächste HinR wie folgt str (beim Wenden die 1. M abh und anziehen):

Im Muster laut Strickschrift bis zu den letzten 5 M str, wenden, im Muster bis zu den letzten 5 M str, wenden, im Muster bis 1 M vor dem letzten Wendepunkt, wenden, im Muster bis 1 M vor dem letzten Wendepunkt, wenden, im Muster bis 2 M vor dem letzten Wendepunkt, wenden, im Muster bis 2 M vor dem letzten Wendepunkt str, wenden. So weiter str und bis 2 M vor dem letzten Wendepunkt str, bis insg an jd Seite 6 Mal gewendet wurde. Im Muster bis R-Ende str.

Das Strickstück rechts auf rechts legen, so dass die Nadelspitzen aufeinander liegen. Mit einer 3. Nadel wie folgt zusammenstr: 1 M der vorderen Nadel mit einer 1 M der hinteren Nadel re zus, so weiterstr und gleichzeitig abketten. Die letzte M re, dann Faden durchziehen.

RIPPEN AM HALS

Mit Nadelstärke 8 an der unteren Kante M aufn, in der hinteren Mitte beginnen. 25 (26) 27 (28) M aufn, 4 (4) 6 (6) M anschl und am Schluss 25 (26) 27 (28) M anschl = 54 (56) 60 (62) M.

10 (10) 12 (14) Rd Rippen (1 M re, 1 M li) str. 1 Rd re dabei 1 (4) 0 (4) M gleichmäßig verteilt zun.

Nächste Rd: Laut Strickschrift str mit 1 (0) 0 (1) M li zwischen jeder Strickschrift.

Außerdem in jd 2. Rd insg 5 (6) 6 (8) Mal je 1 M zwischen jeder Strickschrift aus dem Querfaden li versch zun, Die Strickschrift insg 3 (4) 4 (5) str.

Mit 2 Querrippen enden und In der letzten Rd abketten.

RIPPEN UMS GESICHT

Mit Ndl 5 M ab der Mitte aus den 4 (4) 6 (6) M, die für den Hals angeschlagen wurden, rund ums ganze Gesicht aufn bis 50 (56) 58 (62) M auf der Nadel sind.

8 Rd Rippen (1 M re, 1 M li) str und In der letzten Rd abketten.

Alle Fäden vernähen.

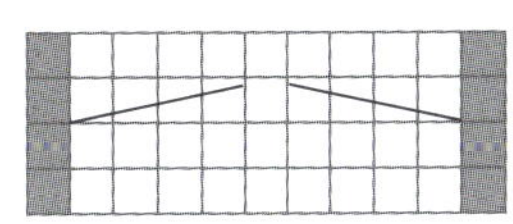

← Beginn

wdh

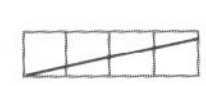 = 3 M auf einer Hilfsnadel hinter die Arbeit legen, 1 M re, die 3 M von der Hilfsnadel re

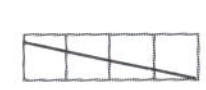 = 1 M auf einer Hilfsndl vor die Arbeit legen, 3 M re, die M von der Hilfsndl re

 = re

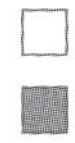 = li

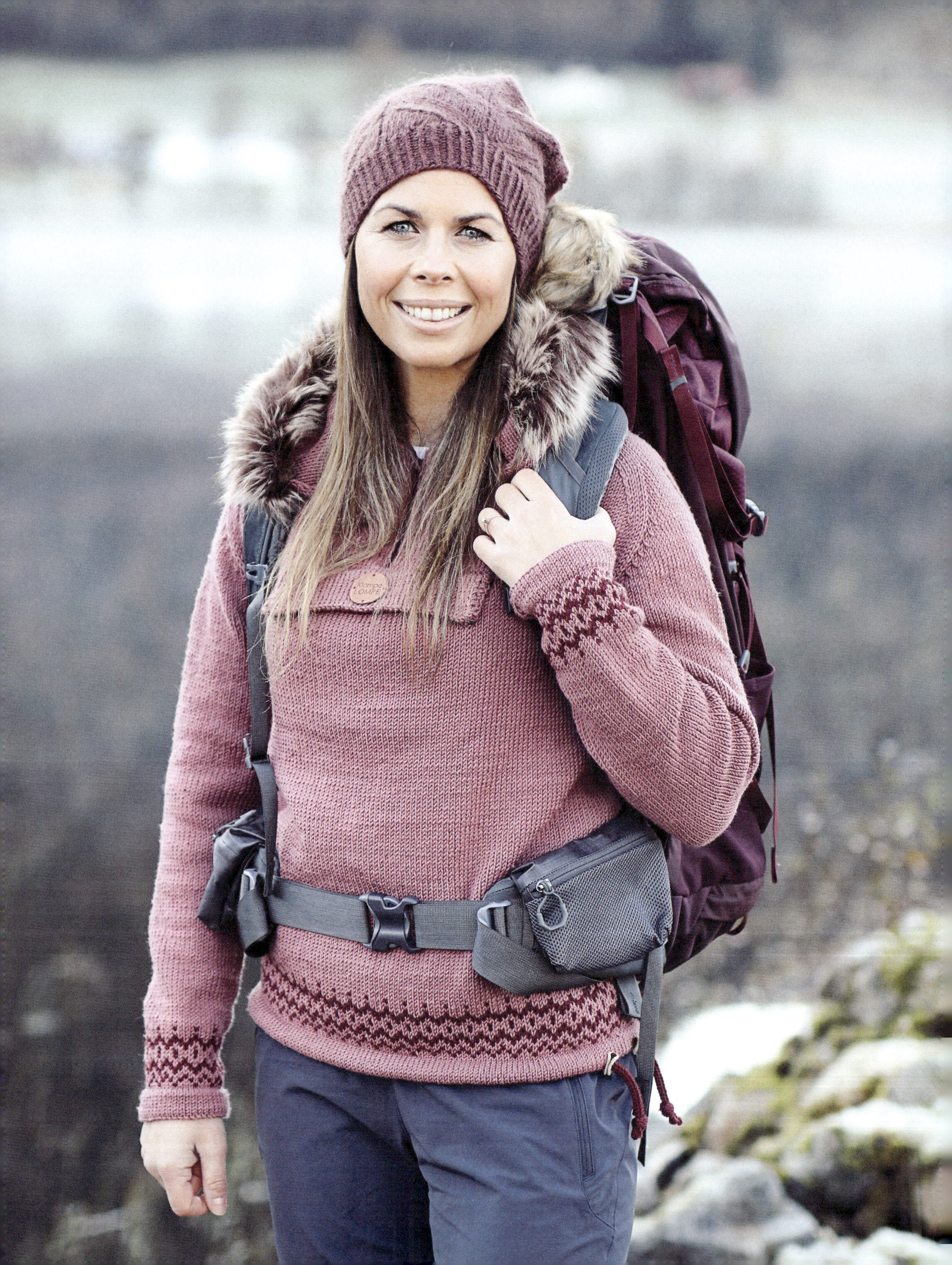

Kringsjå-Kapuzenpulli unisex

Der perfekte Pullover für Ausflüge, mit praktischer Brusttasche und großer Kapuze.

Schwierigkeitsgrad 3

GRÖSSEN
(S Damen/XS Herren) M Damen/S Herren (L Damen/M Herren) XL Damen/L Herren (XXL Damen/XL Herren)
WOLLE
Klompelompe Merinoull,
Farbe: A: 4344, B: 4554
Klompelompe Tynn Merinoull,
Farbe: 4554
MENGE
Farbe A (650) 750 (750) 800 (900) g
Farbe B: 50 g alle Größen
NADELN
Rdndln Nr. 3 und Nr. 3,5, je 60 cm und 80 cm, ev. Nadelspiel Nr. 3 und Nr. 3,5
MASCHENPROBE
22 M auf Nadelstärke 3,5 = 10 cm
MASSE
Brustumfang: ca. (94) 97 (107) 115 (118) cm
Gesamtlänge: ca. (59) 61 (63) 68 (70) cm

Es wird von unten in Runden gestrickt, der Rundenbeginn liegt an der Seite.

(206) 214 (236) 252 (260) M auf Nadelstärke 3 anschl. 14 Rd re, aber in der 9. Rd wie folgt str:

2 M re, 2 M re zus, 1 U, (94) 98 (109) 117 (121) M re, 2 M re zus, 1 U, 5 M re, 2 M re zus, 1 U, (94) 98 (109) 117 (121) M re, 2 M re zus, 1 U, 3 M re.

Den Beleg umschlagen und in der nächsten Rd re anstricken. Wenn Ihnen das zu knifflig ist, kann man den Beleg auch später annähen.

Auf Ndl 3,5 wechseln. Laut Strickschrift str. In der kleinsten Gr 2 M gleichm verteilt abn.

Glatt rechts str bis die Arbeit (43) 45 (47) 49 (50) cm misst.

In der nächsten Rd wie folgt an jd Seite 8 M abk: 4 M abk, (95) 99 (110) 118 (122) M re, 8 M abk, (95) 99 (110) 118 (122) M re, 4 M abk. Beiseitelegen und die Ärmel str.

ÄRMEL
(48) 48 (52) 52 (52) M auf Nadelstärke 3 anschl.

7 R glattrechts in Reihen str.

1 RückR re str. 8

Rd glattrechts str.

Nächste Rd (HinR) re und gleichzeitig den Beleg anstricken. Wenn Ihnen das zu knifflig ist, kann man den Beleg auch später annähen.

Auf Nadelstärke 3,5 wechseln. Ab jetzt in Runden str.

Laut Strickschrift str. Nach der Strickschrift weiter glattrechts und wie folgt zun: 2 M re, 1 M zun, bis zu den letzten 2 M re, 1 M zun, 2 M re. Alle (3) 2,5 (3) 2,5 (2) cm zun bis (68) 72 (74) 78 (82) M auf der Nadel sind.

Weiterstr bis der Ärmel 48 cm (oder die gewünschte Länge) misst. Die ersten und letzten 4 M abk = 8 M abgen.

Die Ärmel und den Körper auf eine Nadel nehmen. Die Rd beginnt hinten, vor dem linken Ärmel. An jd Naht einen MM setzen = (310) 326 (352) 376 (392) M.

2 Rd re.

Jetzt wie folgt nur an den Ärmeln abn:

1 M re, 1 M abh, 1 M re, die abgeh M darüberziehen, 1 M re, 2 M re zus, bis 6 M vor MM str, 1 M abh, 1 M re, die abgeh M darüberziehen, 1 M re, 2 M re zus, 1 M re, bis zum nächsten MM str, von * bis * wdh, bis Rd-Ende re.

1 Rd re und wie folgt die Taschenmaschen mit einem Wollrest stricken:

(25) 27 (32) 36 (37) VorderteilM re, die nächsten (45) 45 (46) 46 (48) M mit einem Wollrest abstr, diese (45) 45 (46) 46 (48) M wieder auf die linke Nadel heben und mit dem Arbeitsfaden str.

An den Ärmeln in jd 2. Rd insg 3 Mal abn.

Faden abschneiden und die Maschen bis zur Vorderteilmitte auf die rechte Nadel schieben. Bei Größe (S Damen/XS Herren) M Damen/S Herren die mittlere M abn. Ab nun ist das der R-Beginn, es wird jetzt in Reihen gestrickt. In der RückR werden alle M li gestrickt, in der HinR re, dabei insg 10 Mal (inkl. der ersten 3 Abn) abn.

Nun wie folgt beidseitig des MM abn: Bis 3 M vor MM re, 2 M re zus, *1 M re, 1 M abh, 1 M re, die abgeh M darüberziehen, bis 3 M vor MM re, 2 M re zus, 1 M re*, von * bis * 3 Mal wdh, 1 M re, 1 M abh, 1 M re, die abgeh M darüberziehen, bis R-Ende re.

Insg 6 Mal in jd 2. R (HinR) abn.

Jetzt nur am Vorder- und Ruckenteil wie folgt abn: *Bis 6 M vor MM str, 1 M abh, 1 M re, die abgeh M darüberziehen, 1 M re, 2 M re zus, 1 M re, bis zum nächsten MM str, 1 M re, 1 M abh, 1 M re, die abgeh M darüberziehen, 1 M re, 2 M re zus*, von * bis * wdh, bis R-Ende re.

In jd 2. R (HinR) insg (10) 11 (14) 17 (19) Mal abn = (101) 109 (112) 112 (112) M.

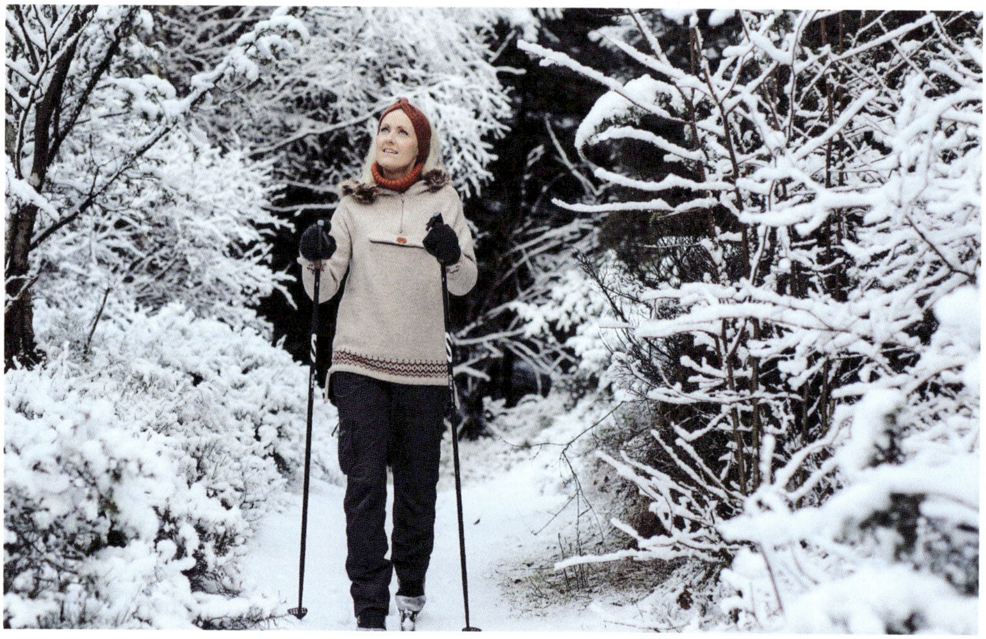

KAPUZE

Die Kapuze wird ab der 1. KapuzenR gemessen. 6 R glattrechts. Beidseitig der mittleren (9) 9 (8) 8 (8) M hinten an der Kapuze je 1 MM setzen. In jd HinR je 1 M beidseitig der (9) 9 (8) 8 (8) M zun, insg 5 Mal = (111) 119 (122) 122 (122) M. Glattrechts str bis die Kapuze (35) 35 (35) 36 (37) cm misst.

Die Kapuze rechts auf rechts legen. Mit einer 3. Nadel je 1 M von der vorderen und hinteren Nadel re zus, dabei abketten.

Wie folgt mit Nadelstärke 3 Klappen vorn an die Ärmel str:

8 M hinten aus der Kante aufn und und 8 M vorn aus der Kante aufn. In Rd glattrechts str, Magic Loop oder mit einem Nadelspiel. 8 Rd re.

Nächste Rd: 3 M re, 2 M abk, 6 M re, 2 M abk, 3 M re. In der nächsten Rd über den abgeketteten M je 2 neue M anschl.

6 Rd re. 1 Rd re, dabei wie vorher Knopflöcher einstr.

In der nächsten Rd über den abgeketteten M je 2 neue M anschl.

3 Rd re.

Nächste Rd: *2 M re zus, 4 M re, 1 M abh, 1 M re, die abgeh M darüberziehen*, von * bis * wdh.

In der nächsten Rd wie folgt abn: *2 M re zus, 2 M re, 1 M abh, 1 M re, die abgeh M darüberziehen*, von * bis * wdh.

TASCHE

(wird wie ein Daumen gestrickt und am Schluss gewendet):
Mit Nadelstärke 3 und Klompelompe Tynn Merinoull über und unter dem Wollrest M aufnehmen = (90) 90 (92) 92 (96) M. 1 Rd re dabei 20 M gleichmäßig verteilt zun. Glattrechts str bis die Tasche 14 cm misst. Die Tasche wenden, flach hinlegen, Nadel auf Nadel und mit einer 3. Nadel je 1 M von der vorderen und hinteren Nadel re zus, dabei abketten.

Mit Nadelstärke 3,5 und Klompelompe Tynn Merinoull über der Tasche M für die Klappe aufn.
1 M aus jd M aufn = (45) 45 (46) 46 (48) M. 5 cm glattrechts str, 1 RückR re, 5 cm glattrechts str. In der letzten R abketten.

Klappe umschlagen, die abgeketteten M fest- und die Seiten zusammennähen. 2 Druckknöpfe annähen.

Zwei Knöpfe für die Klappen hinten an die Ärmel nähen.

Den Reißverschluss einsetzen und die Kunstpelzkante annähen.

2 Kordeln str (Kordel, s. Video Klompelompe.no), eine für die Kapuze und eine für den Tunnelzug unten. An die Kordelenden einen Knoten knüpfen.

Alle Fäden vernähen und den Pulli in einem feuchten Handtuch trocknen.

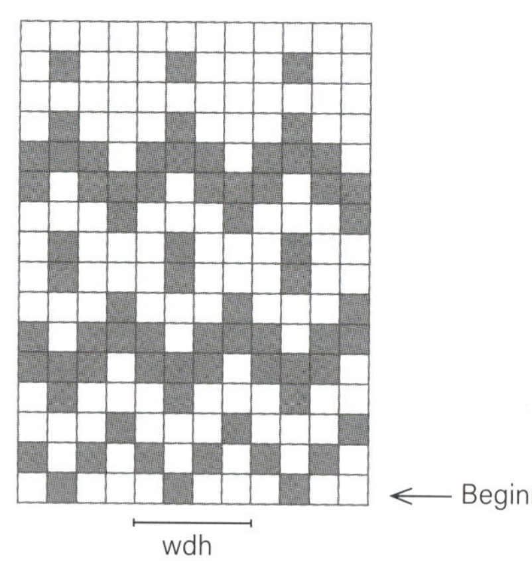

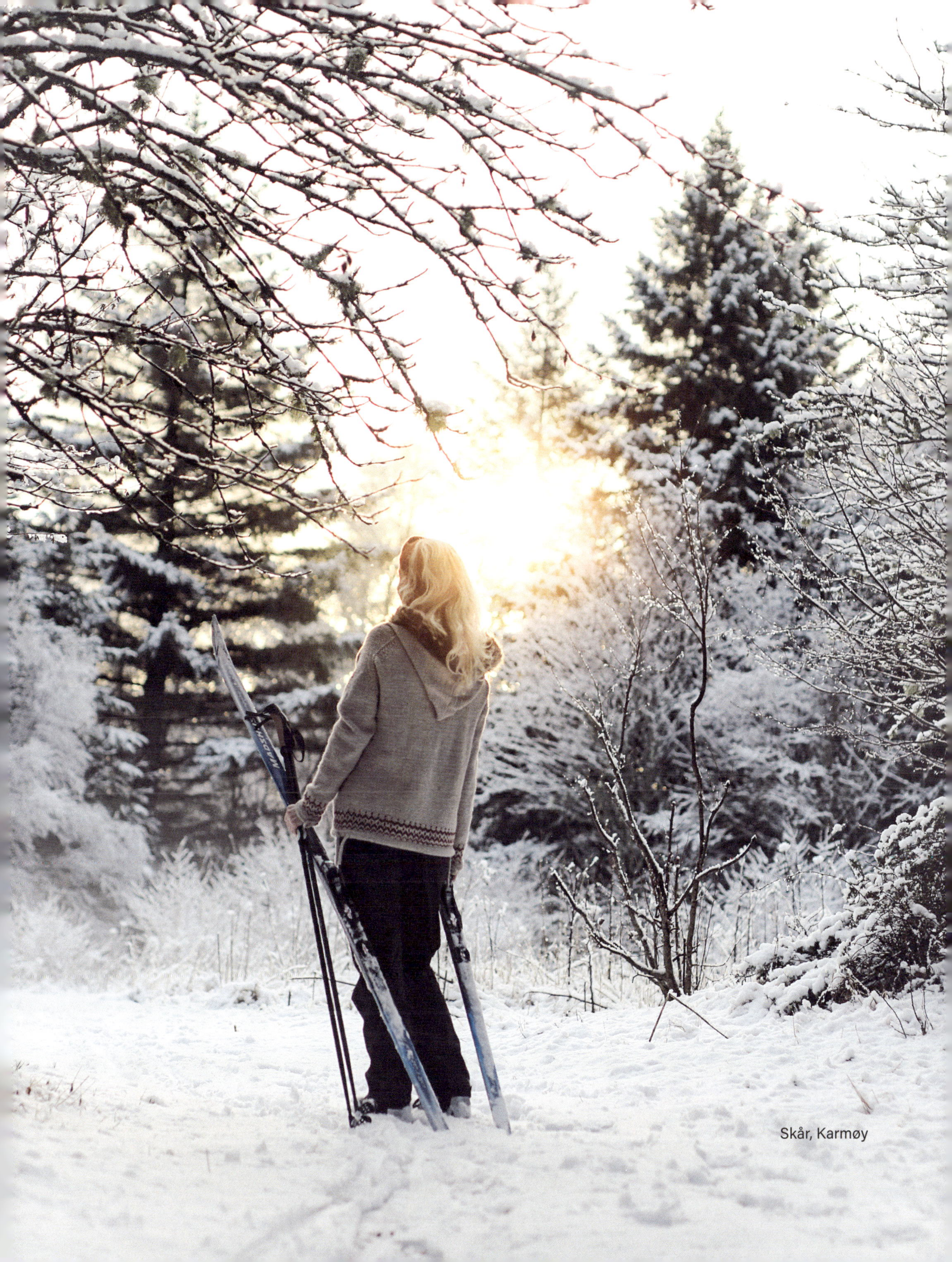

Skår, Karmøy

Langlauf

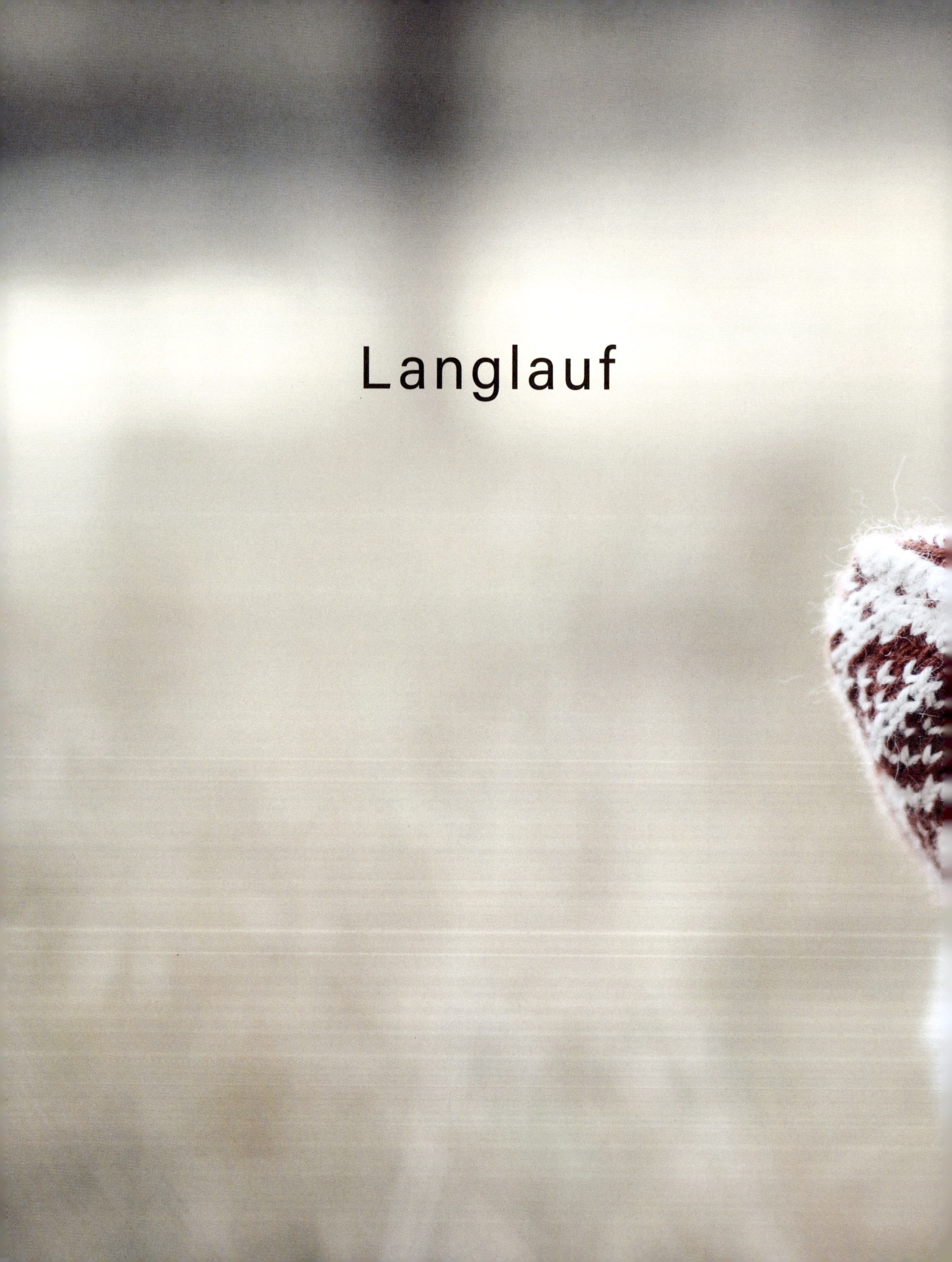

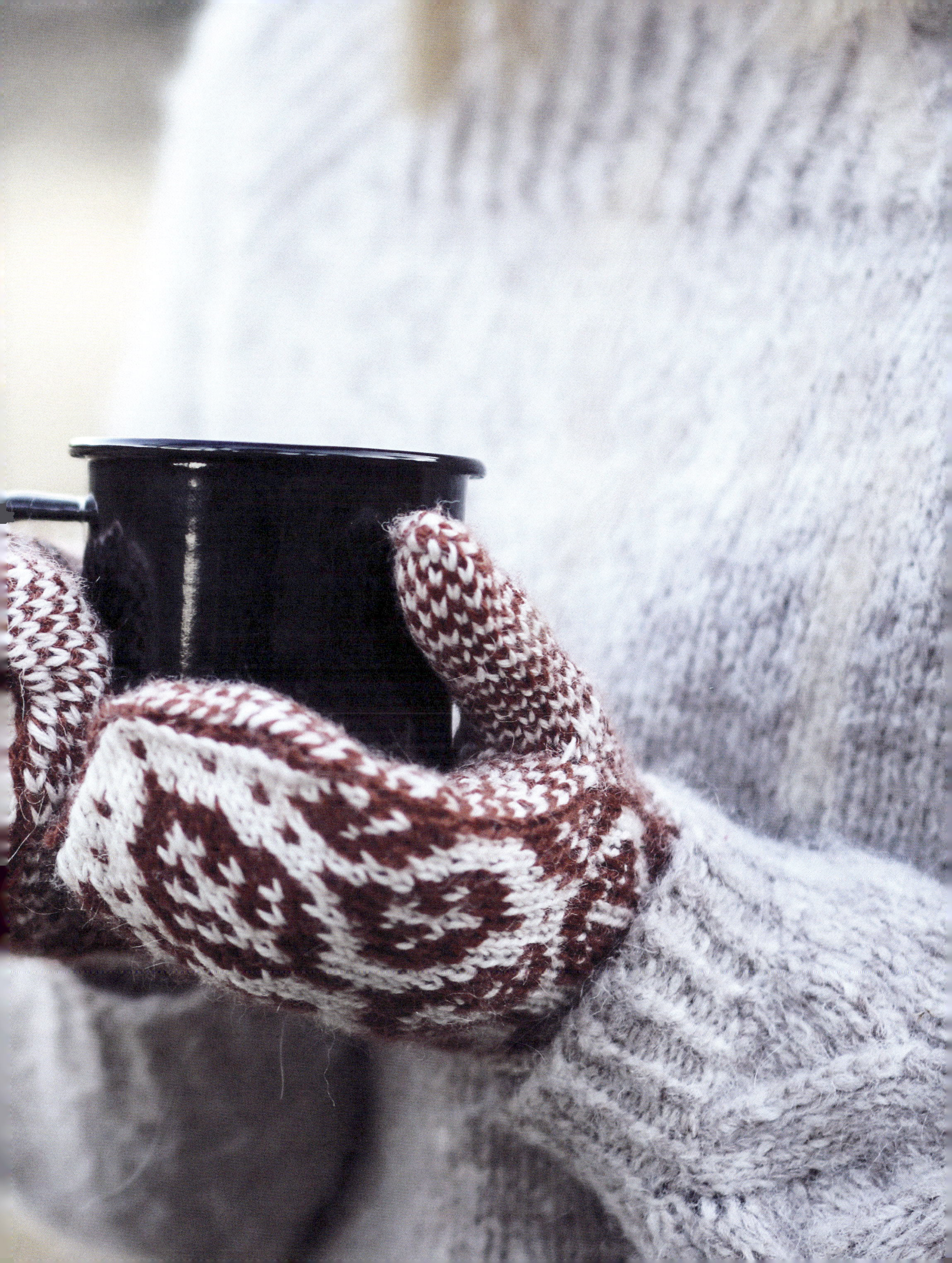

Kronenstirnband ohne Knoten

Ein einfaches Stirnband mit tollem Strukturmuster, das Männern wie Frauen steht.

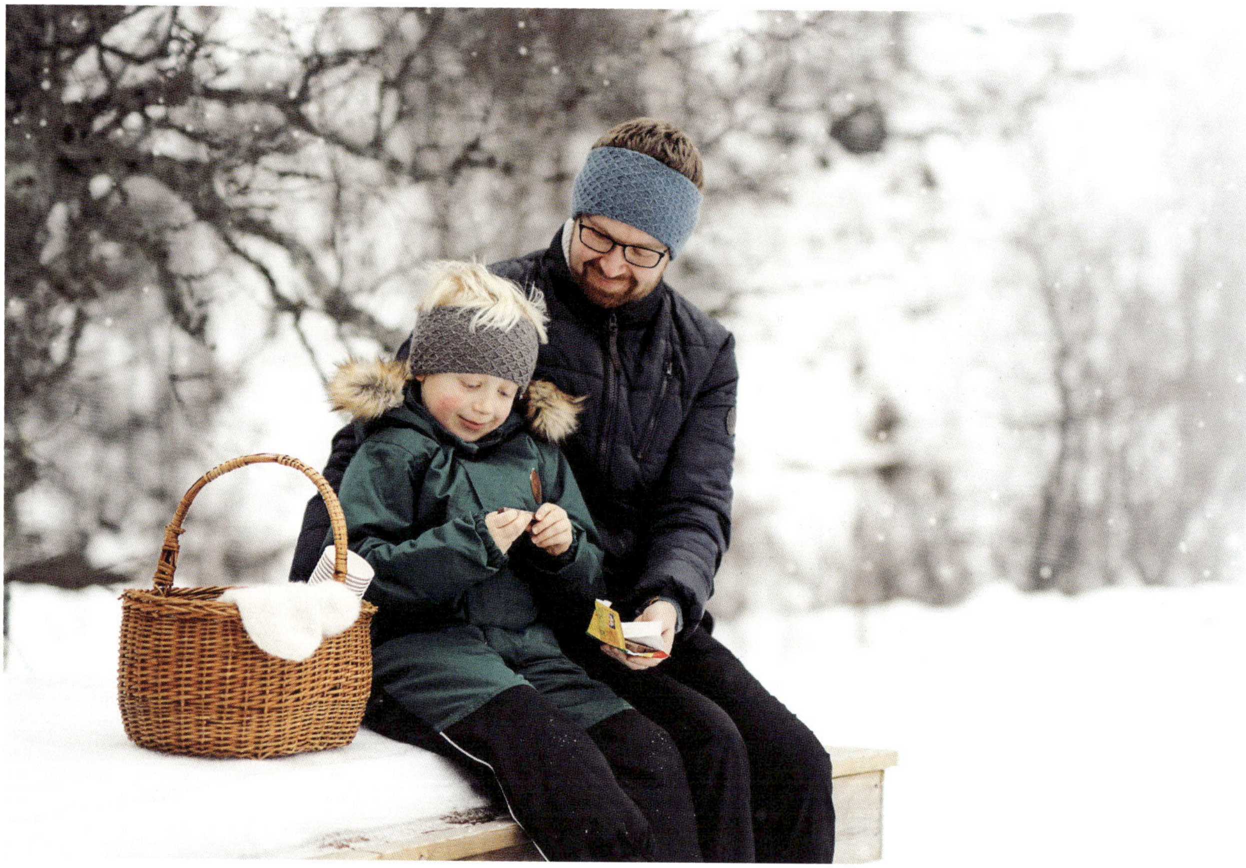

Schwierigkeitsgrad 1

GRÖSSEN
(1–4 J) 5–12 J (S/M) L/XL

WOLLE
Klompelompe SPØT, Farbe: 2370 oder 6871

MENGE
(50) 50 (100) 100 g

NADELN
Rdndl Stärke 3,5, 80 cm, für Magic Loop, ev. Nadelspiel Nr. 3,5

MASCHENPROBE
22 M auf Nadelstärke 3,5 = 10 cm

ABKÜRZUNGEN
Fdv: mit Faden vor der Arbeit
Fdh: mit Faden hinter der Arbeit
mFdn: mit Faden (den Faden, der vor der Arbeit liegt anheben und mit der M re zus str)

STRUKTURMUSTER
1 M li, 3 M abh Fdv, von * bis * bis Rd-Ende wdh.

2 Rd re.

Nächste Rd: 2 M re, 1 M re mFdn *3 M re, 1 M re mFdn*, von * bis * bis zur letzten M wdh, 1 M re.

Nächste Rd: 2 M abh Fdv, 1 M li *3 M abh Fdv, 1 M li*, von * bis * bis zur letzten M wdh, 1 M abh Fdh.

2 Rd re.

Nächste Rd: 1 M re mFdn *3 M re, 1 M re mFdn*, von * bis * bis zu den letzten 3 M wdh, 3 M re.

Es wird rund mit Magic Loop gestrickt.

(40) 48 (56) 56 M auf Nadelstärke 3,5 anschl. Im Strukturmuster (44) 48 (52) 58 cm str. Abketten. Die Enden zusammennähen und alle Fäden vernähen.

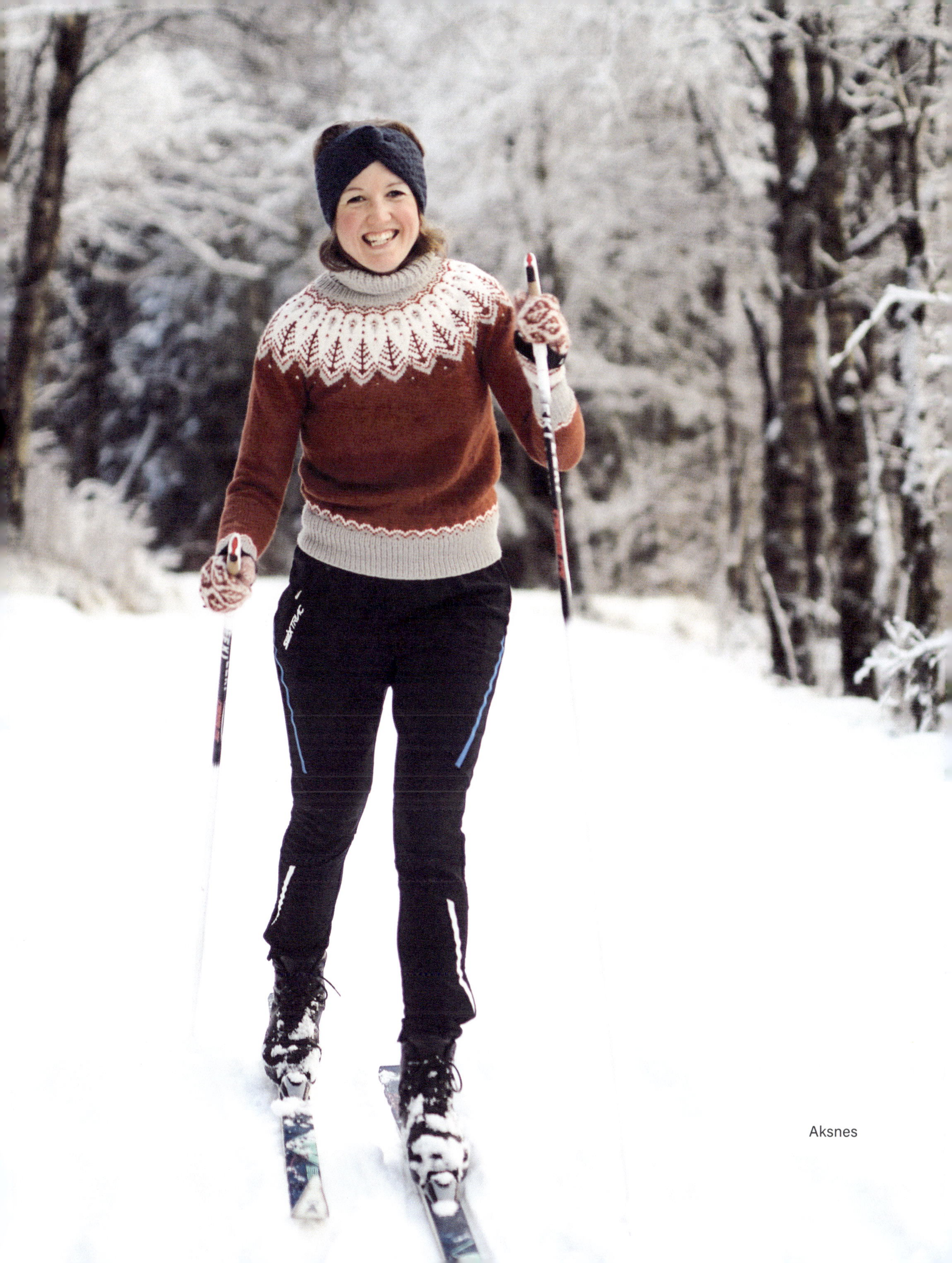

Aksnes

Valldals-Fäustlinge

Perfekte Ausflugshandschuhe mit elegantem Blattmuster. Das Stricken macht so viel Spaß, dass es uns nicht wundern würde, wenn Sie gleich mehrere arbeiten.

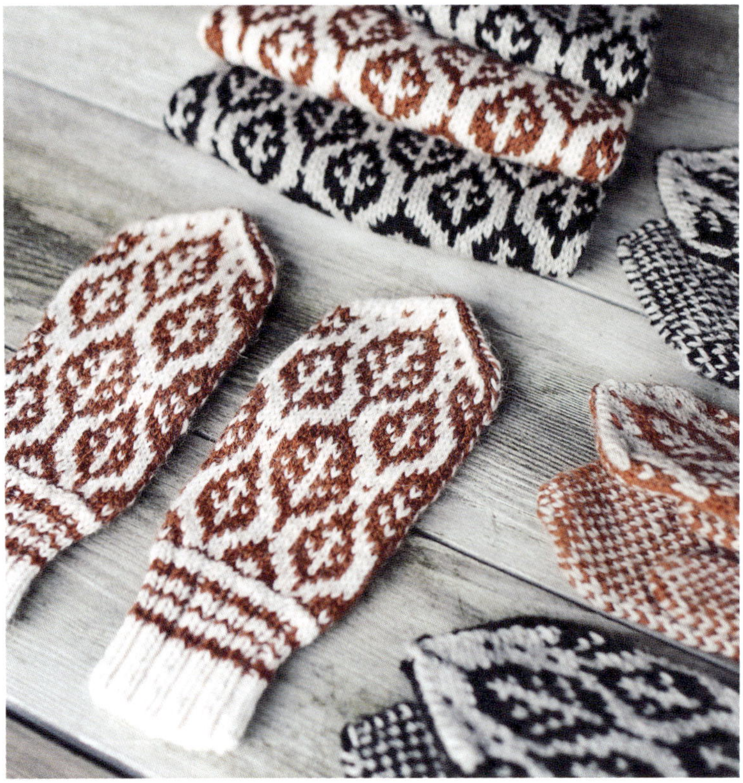

Schwierigkeitsgrad 1

GRÖSSEN
(1–3 J) 3–6 J (6–8 J) 8–12 J (Damen) Herren

WOLLE
Klompelompe SPØT,
Farbe A: 1013, Farbe B: 3355

MENGE
Farbe A und B: Je 50 g für alle Größen

NADELN
Nadelspiel Nr. 3, ev. Rdndl 80 cm für Magic Loop

MASCHENPROBE
25 M auf Nadelstärke 3 = 10 cm

(36) 36 (40) 44 (48) 52 M auf Nadelstärke 3 mit Farbe A anschl. (8) 10 (10) 10 (12) 14 Rd Rippen (2 M re, 2 M li) str.
Zu Farbe B wechseln, 2 Rd Rippen.
Zu Farbe A wechseln, 2 Rd Rippen.
Zu Farbe B wechseln, 1 Rd Rippen.
Zu Farbe A wechseln, 2 Rd Rippen.
Zu Farbe B wechseln, 2 Rd Rippen.
Zu Farbe A wechseln, (2) 2 (2) 3 (3) 4 Rd Rippen str.

Zu Farbe B wechseln, 1 Rd re, dabei (4) 4 (4) 4 (8) 8 M zun = (40) 40 (44) 48 (56) 60 M.

Laut Strickschrift str, die Vorder- und Innenseite nach der jeweiligen Strickschrift arbeiten. An jeder Seite wird je 1 Masche immer mit Farbe B gestrickt.

Nachdem die Strickschrift über (3) 3,5 (4) 4,5 (5,5) 6 cm gestrickt wurde, wie folgt die Daumenöffnung stricken:

Rechter Handschuh: 2 M im Muster str, (8) 8 (8) 8 (10) 12 M mit einem Wollrest re anstricken, die (8) 8 (8) 8 (10) 12 M zurück auf die linke Nadel heben und weiter laut Strickschrift str.

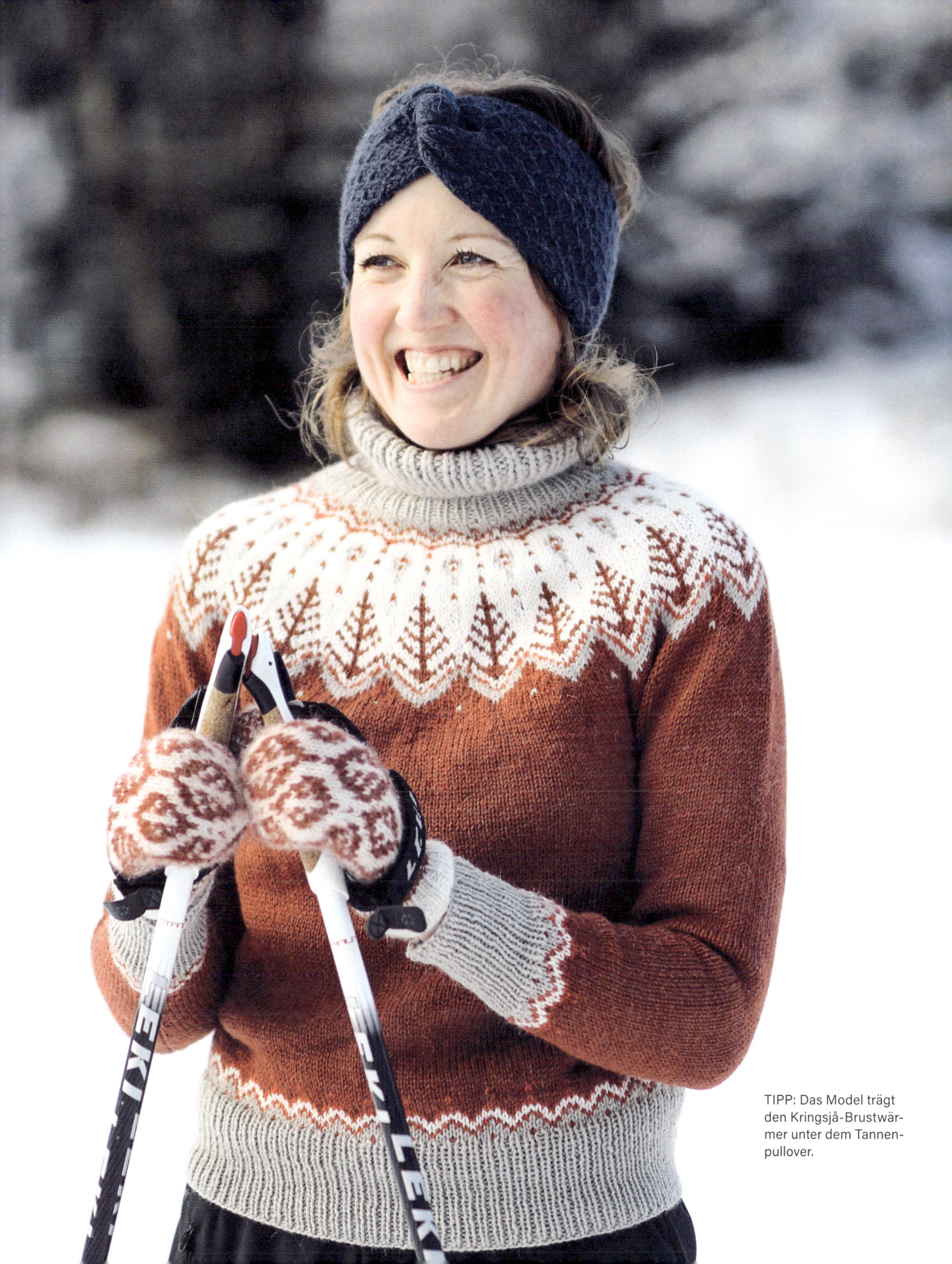

TIPP: Das Model trägt den Kringsjå-Brustwärmer unter dem Tannenpullover.

Linker Handschuh: Im Muster str bis noch (10) 10 (10) 10 (12) 14 M an der Innenseite übrig sind, (8) 8 (8) 8 (10) 12 M mit einem Wollrest re abstr, die (8) 8 (8) 8 (10) 12 M zurück auf die linke Nadel heben und weiter laut Strickschrift str.

Wie in der Strickschrift angegeben abnehmen:

1 M re, 2 M re zus, Laut Strickschrift bis zu den letzten 2 M str, 1 M abh, 1 M re, die abgeh M darüberziehen, von * bis * an der Innenseite wdh. Die Abn immer mit der in der Strickschrift angegebenen Farbe str. Nach Ende der Strickschrift den Faden abschneiden, durch die M fädeln und zusammenziehen.

DAUMEN

Die (8) 8 (8) 8 (10) 12 M unter und über dem Wollrest sowie je 1 M aus der Seite aufn. Den Wollrest entfernen. Die Seiten markieren, nach (9) 9 (9) 9 (11) 13 M vorn und (9) 9 (9) 9 (11) 13 M innen. Über (3,5) 4 (5,5) 6 (6,5) cm das Muster der Innenseite str. Nächste Rd wie folgt str: *2 M re zus, bis 2 M vor MM im Muster str, 1 M abh 1 M re, die abgeh M darüberziehen*, von * bis * wdh.

Die Abn in jd R insg (3) 3 (3) 3 (4) 4 Mal str. Faden durch die M fädeln und zusammenziehen. Alle Fäden vernähen.

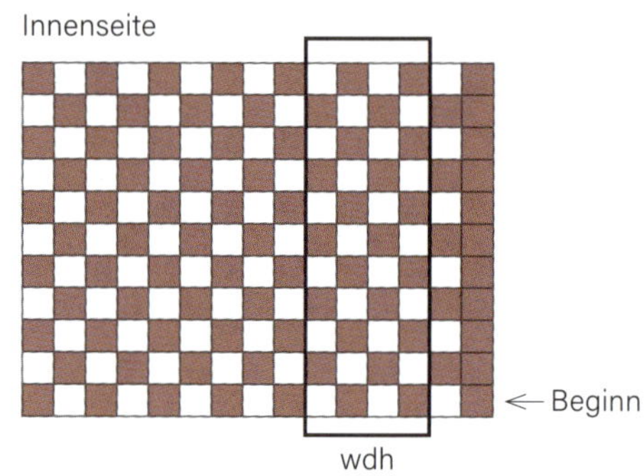

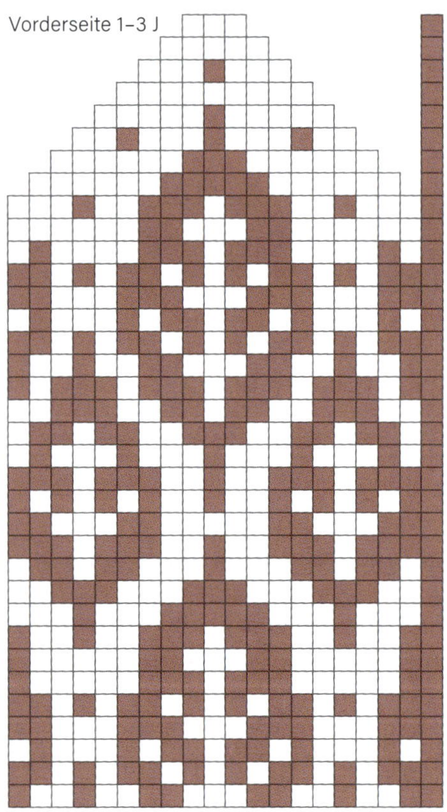

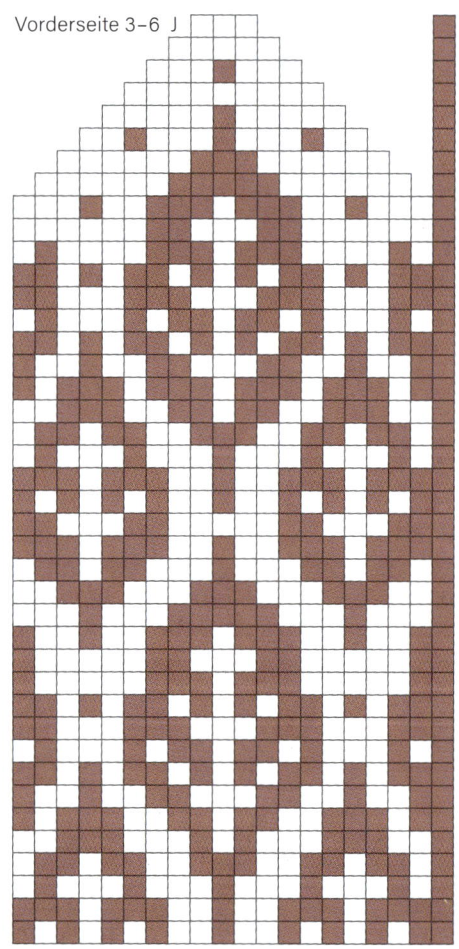

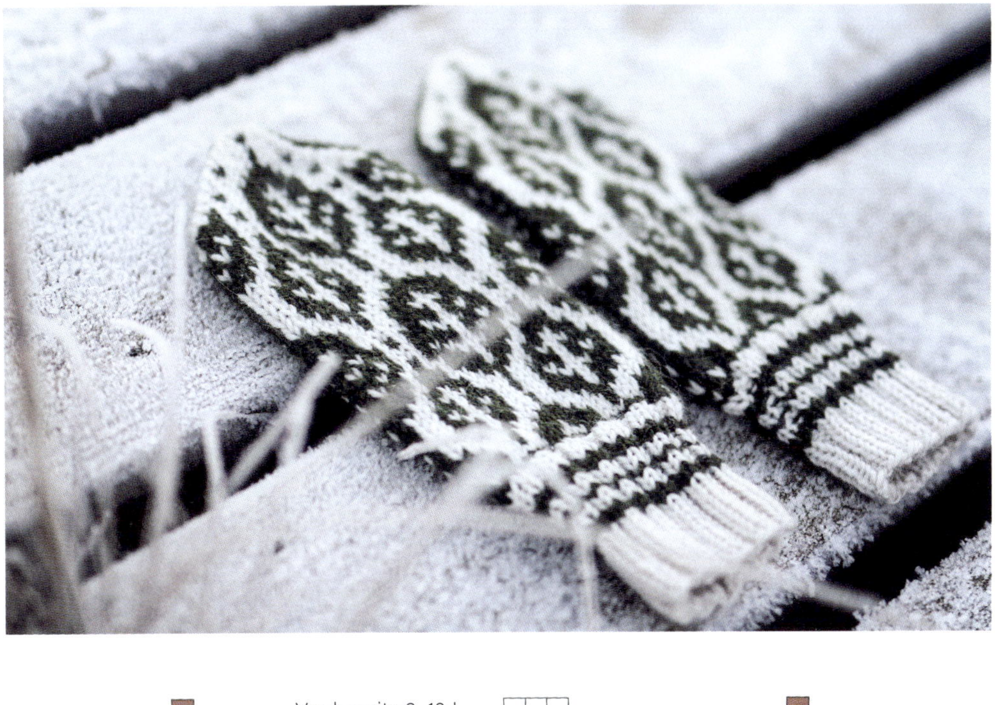

Vorderseite 6–8 J

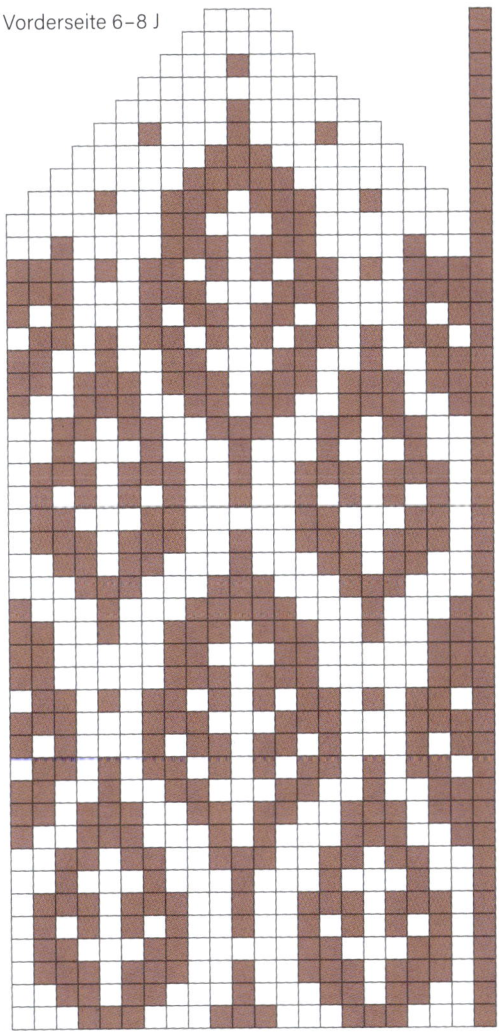

Vorderseite 8–12 J

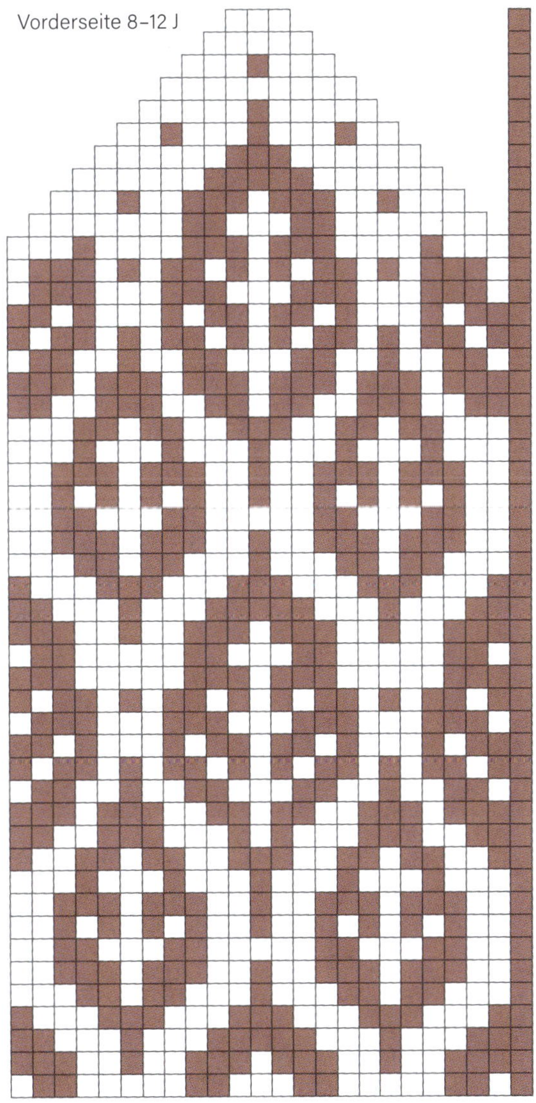

Vorderseite Gr S/M

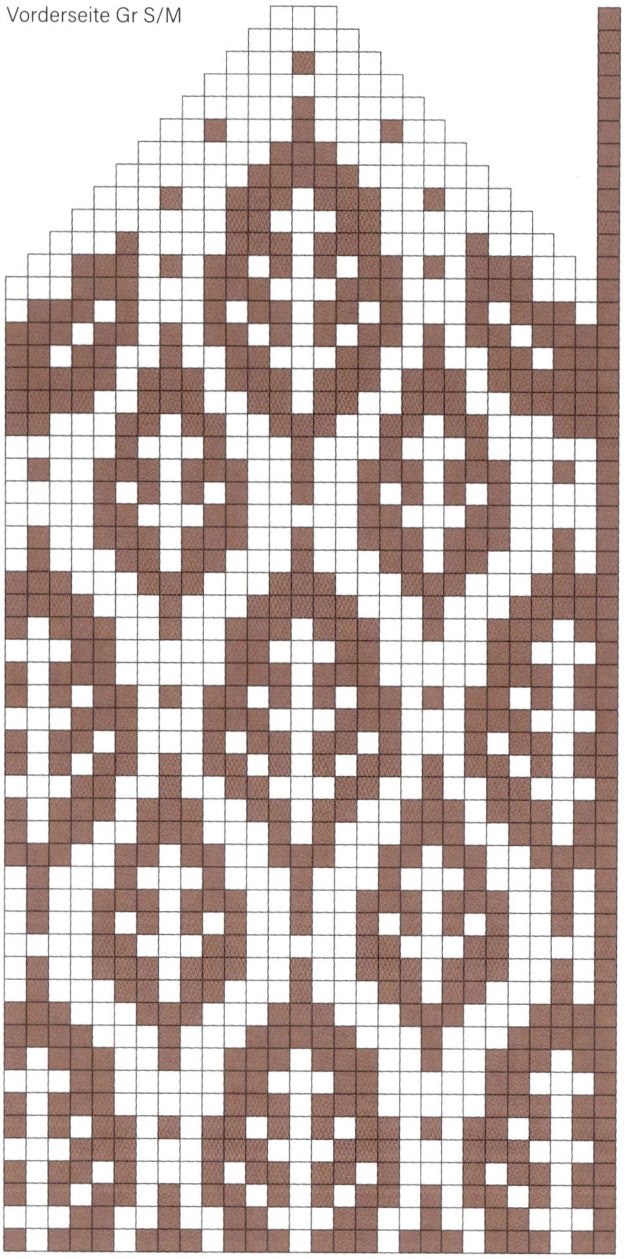

Vorderseite Gr L/XL

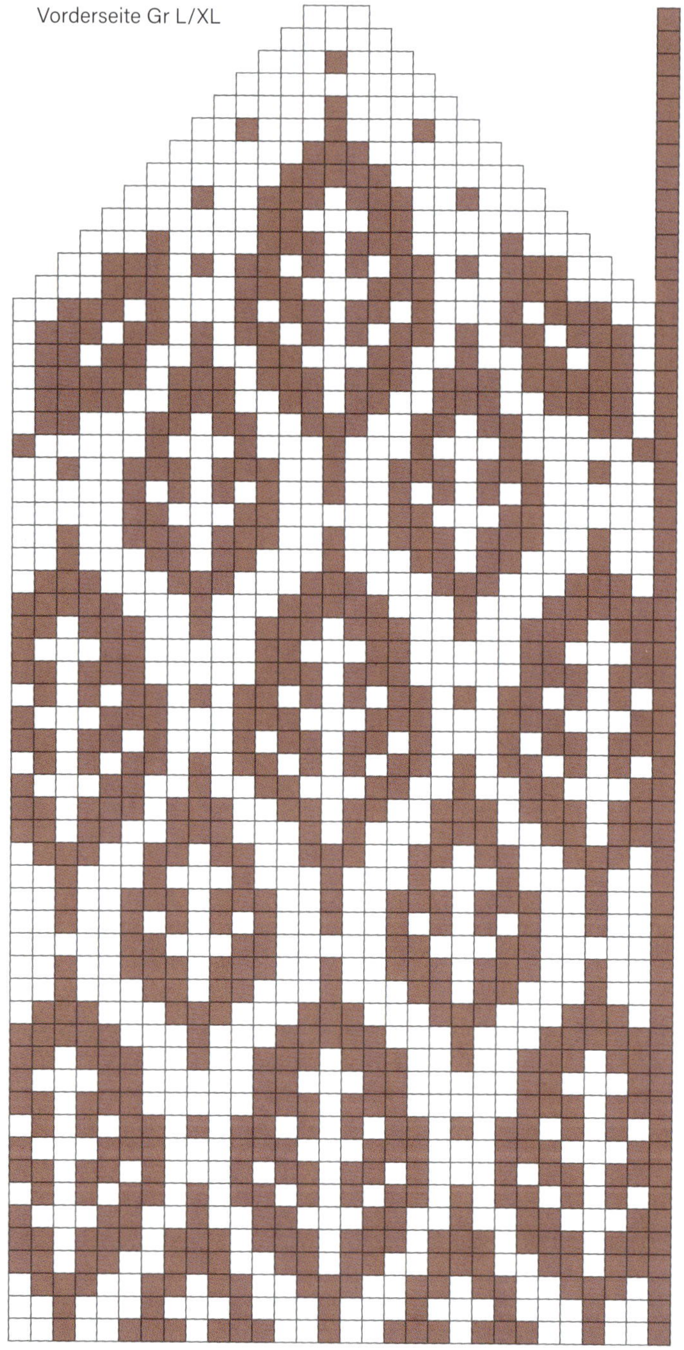

Dicke Socken

Wundervoll weiche Kuschelsocken, die man an regennassen und kalten Tagen auch in Stiefeln tragen kann.

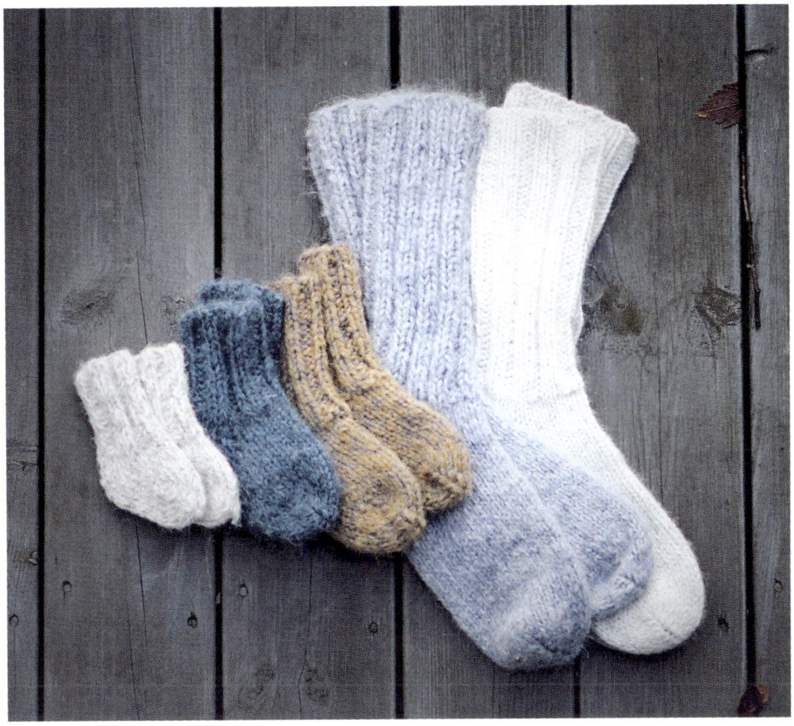

Schwierigkeitsgrad 2

GRÖSSEN
(0–2 M) 3–6 M (6–12 M) 1–3 J (3–6 J) 7–12 J (S) M (L/XL)

WOLLE
Klompelompe SPØT, Farbe 1013 und Sandnes Garn Børstet Alpakka, Farbe: 1012

MENGE
Klompelompe SPØT: (50) 50 (50) 50 (50) 100 (100) 100 (100) g
Sandnes Garn Børstet Alpakka: (50) 50 (50) 50 (50) 100 (100) 100 (100) g

NADELN
Rdndl Stärke 5, 80 cm, für Magic Loop oder Nadelspiel Nr. 5

MASCHENPROBE
16 M auf Nadelstärke 5 = 10 cm

(20) 20 (24) 24 (28) 28 (32) 36 (40) M auf Ndl 5 mit einem Faden Sandnes Garn Børstet Alpakka und einem Faden Sandnes Garn SPØT anschl. (6) 7 (8) 10 (12) 17 (20) 22 (22) cm Rippen (2 M re, 2 M li) str.

(1) 1 (1) 2 (2) 3 (3) 3 (3) Rd re.

Verkürzte Fersenreihen gern mit Doppelmaschen str (s. Video Klompelompe.no).

FERSE
(0–2 M und 3–6 M):
Nächste Rd: 5 M re, wenden, 10 M li, wenden, 9 M re, wenden, 8 M li, wenden, 7 M re, wenden, 6 M li, wenden, bis Rd-Ende re.

1 Rd re.

Nächste Rd: 3 M re, wenden, 6 M li, wenden, 7 M re, wenden, 8 M li, wenden, 9 M re, wenden, 10 M li, wenden, bis Rd Ende re.

FERSE
(6–12 M und 1–3 J):
Nächste Rd: 6 M re, wenden, 12 M li, wenden, 11 M re, wenden, 10 M li, wenden, 9 M re, wenden, 8 M li, wenden, 7M re, wenden, 6 M li, wenden, bis Rd-Ende re.

1 Rd re.

Nächste Rd: 3 M re, wenden, 6 M li wenden, 7 M re, wenden, 8 M li, wenden, 9 M re, wenden, 10 M li, wenden, 11 M re, wenden, 12 M li, wenden, bis Rd-Ende re.

FERSE
(3–6 J und 7–12 J):
Nächste Rd: 7 M re, wenden, 14 M li, wenden, 13 M re, wenden, 12 M li,

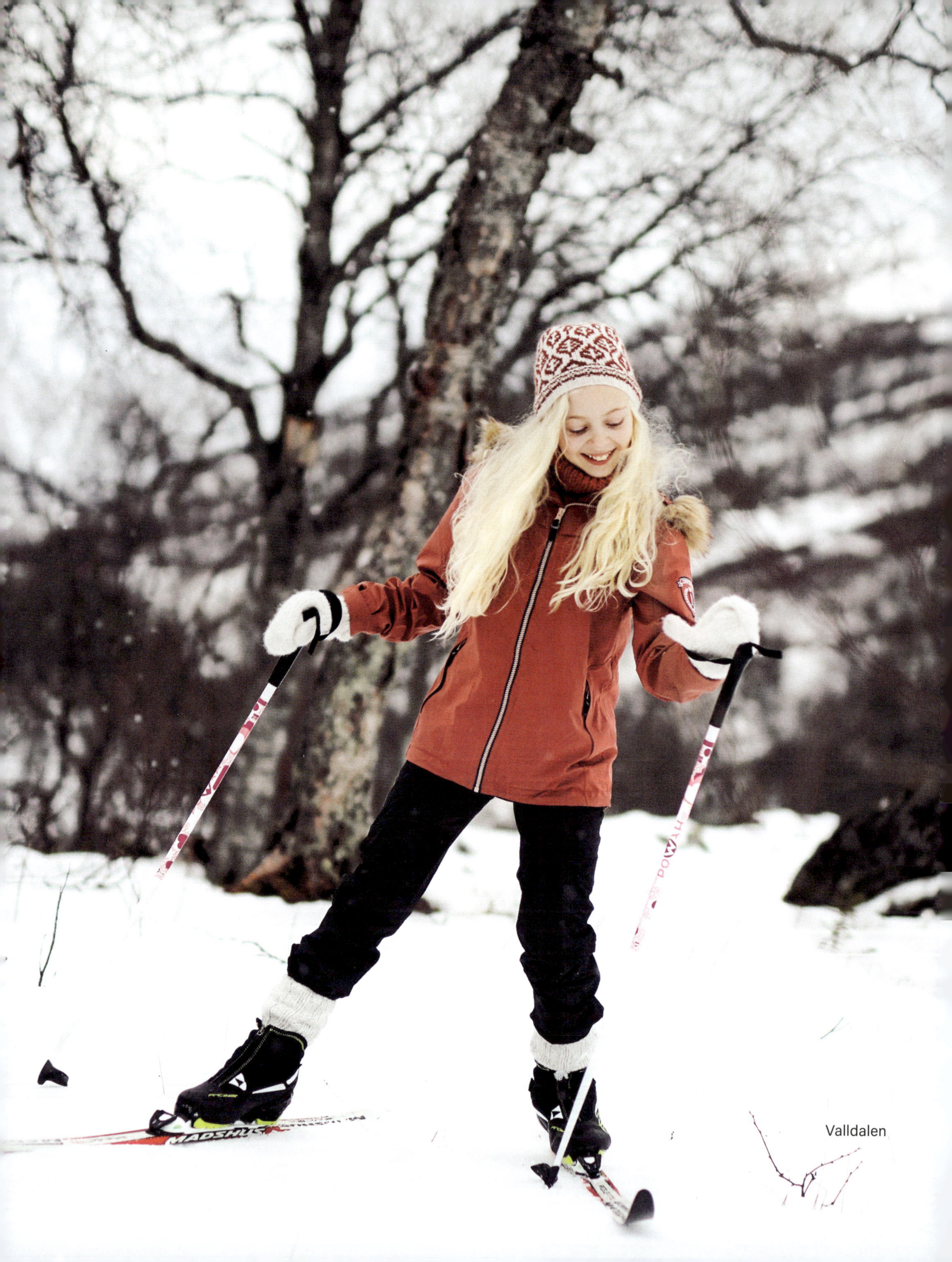

Valldalen

wenden, 11 M re, wenden, 10 M li, wenden, 9 M re, wenden, 8 M li, wenden, 7 M re, wenden, 6 M li, wenden, bis Rd-Ende re.

1 Rd re.

Nächste Rd: 3 M re, wenden, 6 M li wenden, 7 M re, wenden, 8 M li, wenden, 9 M re, wenden, 10 M li, wenden, 11 M re, wenden, 12 M li, wenden, 13 M re, wenden, 14 M li, wenden, bis Rd-Ende re.

FERSE

(S) M (L/XL):

Nächste Rd: 8 M re, wenden, 16 M li, wenden, 15 M re, wenden, 14 M li, wenden, 13 M re, wenden, 12 M li, wenden, 11 M re, wenden, 10 M li, wenden, 9 M re, wenden, 8 M li, wenden, 7M re, wenden, 6 M li, wenden, bis Rd-Ende re.

1 Rd re.

Nächste Rd: 3 M re, wenden, 6 M li wenden, 7 M re, wenden, 8 M li, wenden, 9 M re, wenden, 10 M li, wenden, 11 M re, wenden, 12 M li, wenden, 13 M re, wenden, 14 M li, wenden, 15 M re, 16 M li, bis Rd-Ende re.

Alle Größen:

Glattrechts bis der Fuß (7) 8 (10) 12 (14) 16 (19) 22 (25) cm ab der Ferse misst (ab der Rd in der die M zwischen dem Wenden re gestrickt wurden).

SPITZE

Je einen MM an jd Seite setzen.

Nächste Rd: *Bis 2 M vor MM re, 1 M abh, 1 M re, die abgeh M darüberziehen, 2 M re zus*, von * bis * wdh, bis Rd-Ende re.

In jd Rd wdh bis noch 8 M übrig sind.

Faden durch die M fädeln und zusammenziehen.

Alle Fäden vernähen. Die Socken in einem feuchten Handtuch trocknen.

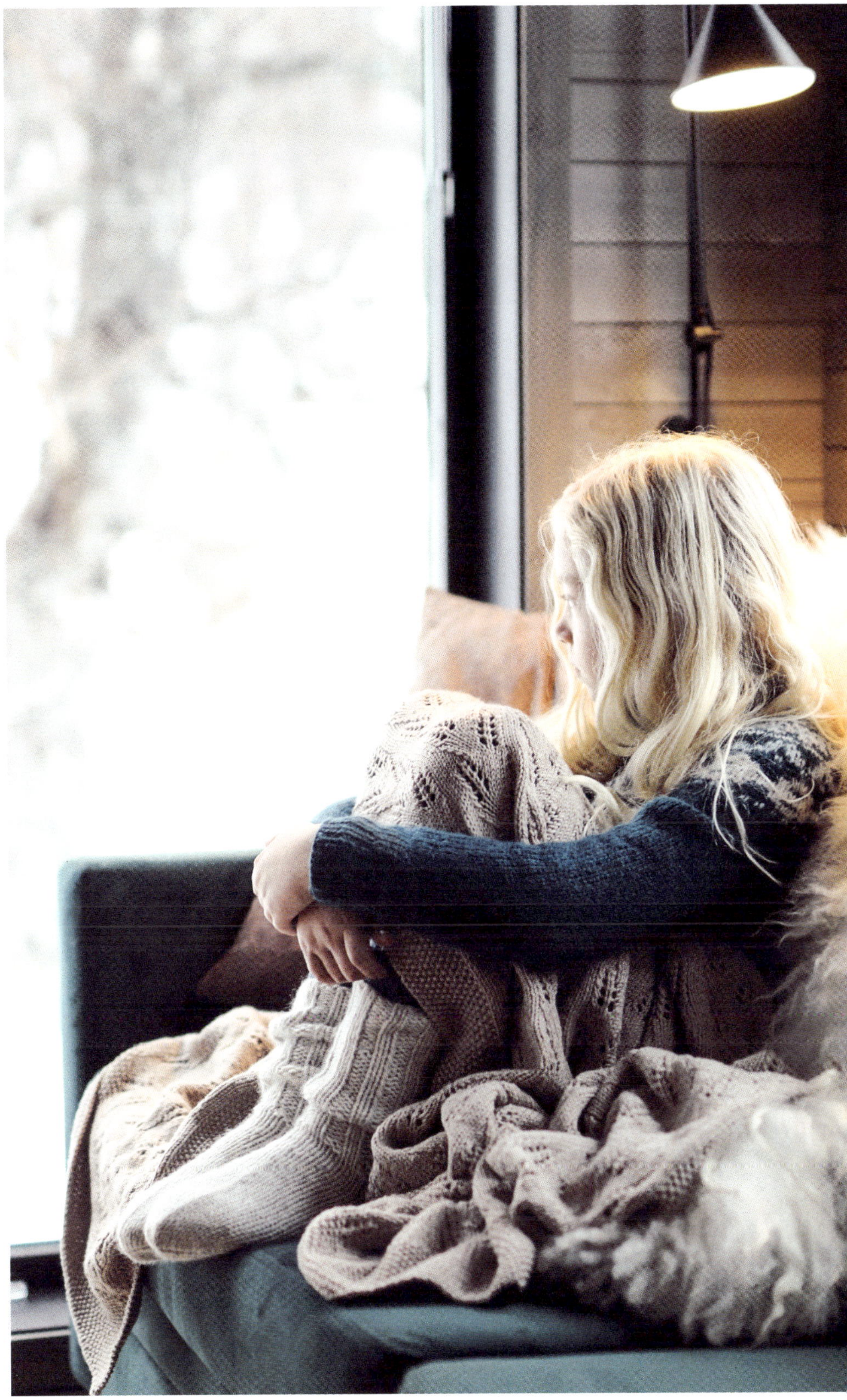

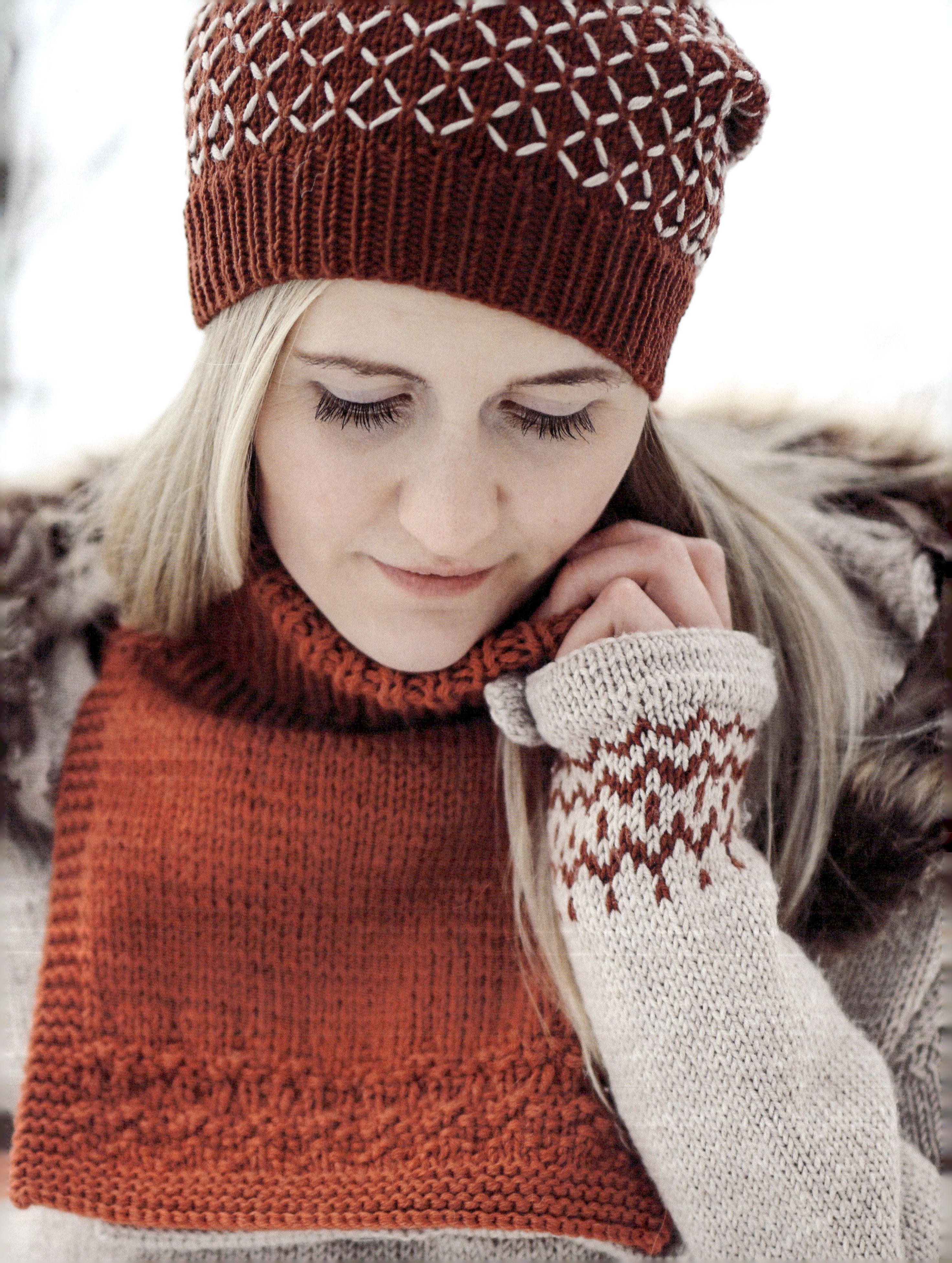

Kringsjå-Brustwärmer

Hübscher und weicher Brustwärmer, der mit doppeltem Faden gestrickt wird.

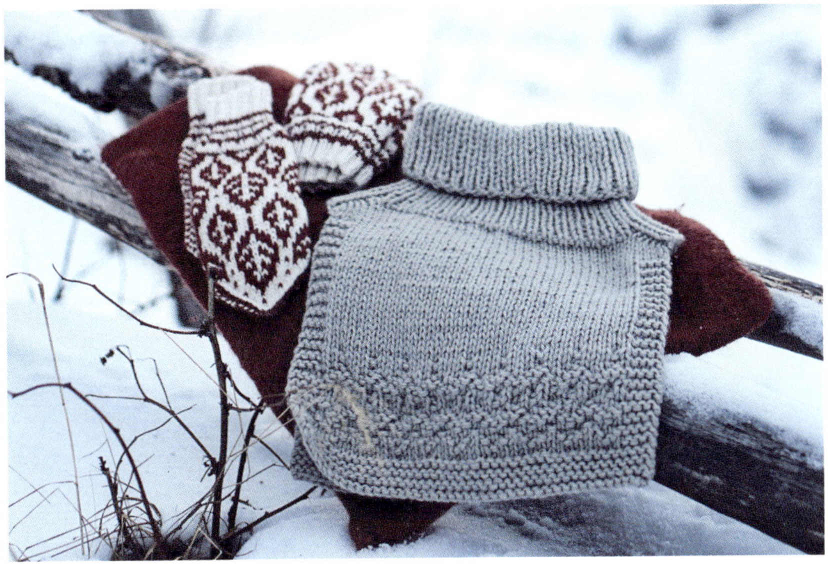

Schwierigkeitsgrad 2

Grössen
(6–12 M) 1–4 J (5–7 J) 8–14 J (Erwachsene)
Wolle
Klompelompe SPØT, Farbe 4035
Menge
(100) 100 (100) 150 (150) g
Nadeln
Rdndl Stärke 5, 40 cm
Maschenprobe
17 M mit doppeltem Faden und Nadelstärke 5 = 10 cm

Es wird von oben und in Runden gestrickt.

(68) 72 (72) 72 (80) M auf Nadelstärke 5 mit doppeltem Faden Klompelompe SPØT locker anschl.

(12) 14 (16) 18 (20) cm Rippen (1 M re, 1 M li) str.

Nächste Rd: (13) 14 (14) 14 (16) M re, 1 M zun (re geneigt), 7 M Rippen str (Schulter), 1 M zun (li geneigt), (27) 29 (29) 29 (33) M re, 1 M zun (re geneigt), 7 M Rippen (Schulter), 1 M zun (li geneigt), (14) 15 (15) 15 (17) M re.

Man kann neben jede Seite der Schultermaschen einen MM setzen.

In jeder Rd an jeder Seite der 7 Schultermaschen (die in Rippen gestrickt werden) zun, die restl Maschen glattrechts str.

Weiterstricken bis insg (4) 4 (5) 5 (5) Mal zugenommen wurde. In der nächsten Rd die Schultermaschen im Rippenmuster abk. Das Vorderteil stilllegen und nur das Rückenteil str. Ab jetzt die äußeren 4 M an jeder Seite krausrechts str (jede R re), die restl M glattrechts. Weiterstricken bis das Strickstück ab den Halsrippen (8) 10 (12) 12 (14) cm misst. Laut Strickschrift str (außer die RandM weiter krausrechts).

Mit 4 krausrechten Querrippen enden (jd R re) und in der letzten R abketten.
Das Vorderteil genauso beenden.

Alle Fäden vernähen und in einem feuchten Handtuch trocknen.

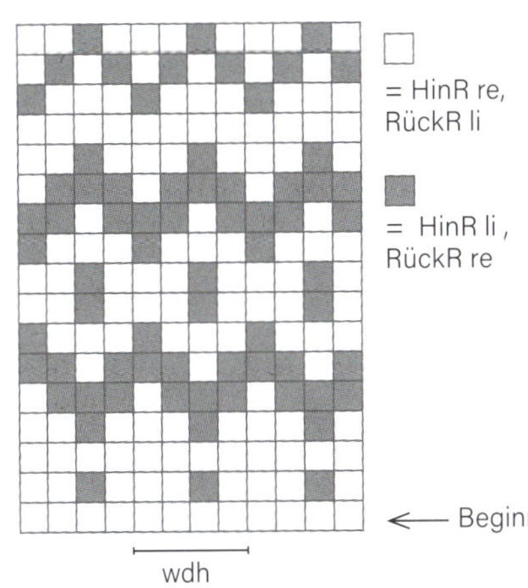

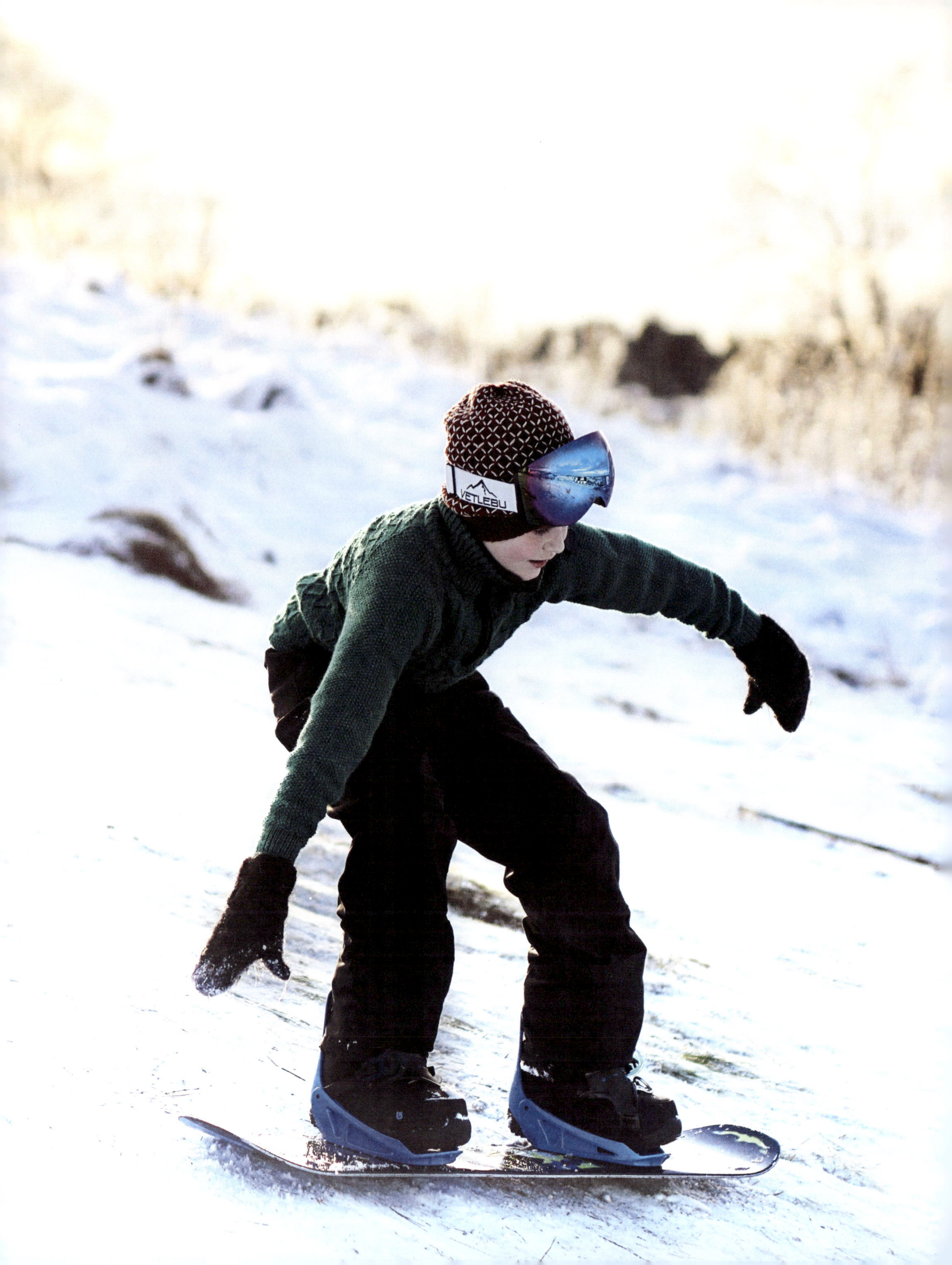
VETLEBU

Erling-Pulli Kind

Ein genialer Pullover für draußen mit Daumenschlitzen und warmem Rollkragen.

Schwierigkeitsgrad 3

Grössen
(4 J) 6 J (8 J) 10 J (12 J) 14 J
Wolle
Klompelompe SPØT, Farbe: 7755
Klompelompe Merinoull, Farbe: 5885
Menge
Klompelompe SPØT: (250) 300 (300) 350 (400) 450 g
Klompelompe Merinoull: 50 g
Nadeln
Rdndln Nr. 3 und Nr. 3,5, beide 40 cm und 80 cm
Maschenprobe
22 M auf Nadelstärke 3,5 = 10 cm
Masse
Brustumfang: ca. (66) 68 (72) 75,5 (79) 83 cm
Gesamtlänge: ca. (40) 45 (49) 55 (58) 60 cm

Siehe Strickschrift S. 91 und S. 95 und Bilder S. 91. Der Pulli wird von oben und in Reihen gestrickt.

(85) 87 (91) 91 (95) 95 M auf Nadelstärke 3 mit Klompelompe Merino anschl. (7) 7 (8) 10 (11) 12 cm Rippen (1 M re, 1 M li) str. Zu Klompelompe SPØT wechseln und noch (7) 7 (8) 10 (11) 12 cm Rippen str.

Auf Nadelstärke 3,5 wechseln. 1 R re und dabei die Anschlagsmaschen mitstricken. Beidseitig die äußeren 3 M nicht mitstricken, damit für den Reißverschluss eine Öffnung bleibt. Wenn Ihnen das zu knifflig ist, können Sie die Maschen am Ende auch annähen.

Wie folgt in der nächsten R (RückR) MM setzen:

(15) 15 (15) 15 (15) 15 M im Muster laut Strickschrift, MM setzen, 1 M li (Raglannahtmasche), (10) 11 (13) 13 (15) 15 M im Perlmuster (Ärmelmaschen), 1 M li (Raglannahtmasche), MM setzen, (31) 31 (31) 31 (31) 31 M im Muster laut Strickschrift, 1 M li (Raglannahtmasche), (10) 11 (13) 13 (15) 15 M im Perlmuster (Ärmelmaschen), 1 M li (Raglannahtmasche), MM setzen, (15) 15 (15) 15 (15) 15 M im Muster laut Strickschrift.

Vorder- und Rückenteil weiter laut Strickschrift str und in der HinR wie in der Strickschrift angegeben zunehmen. Die Ärmelmaschen Perlmuster str und in jeder HinR an jeder Nahtmasche

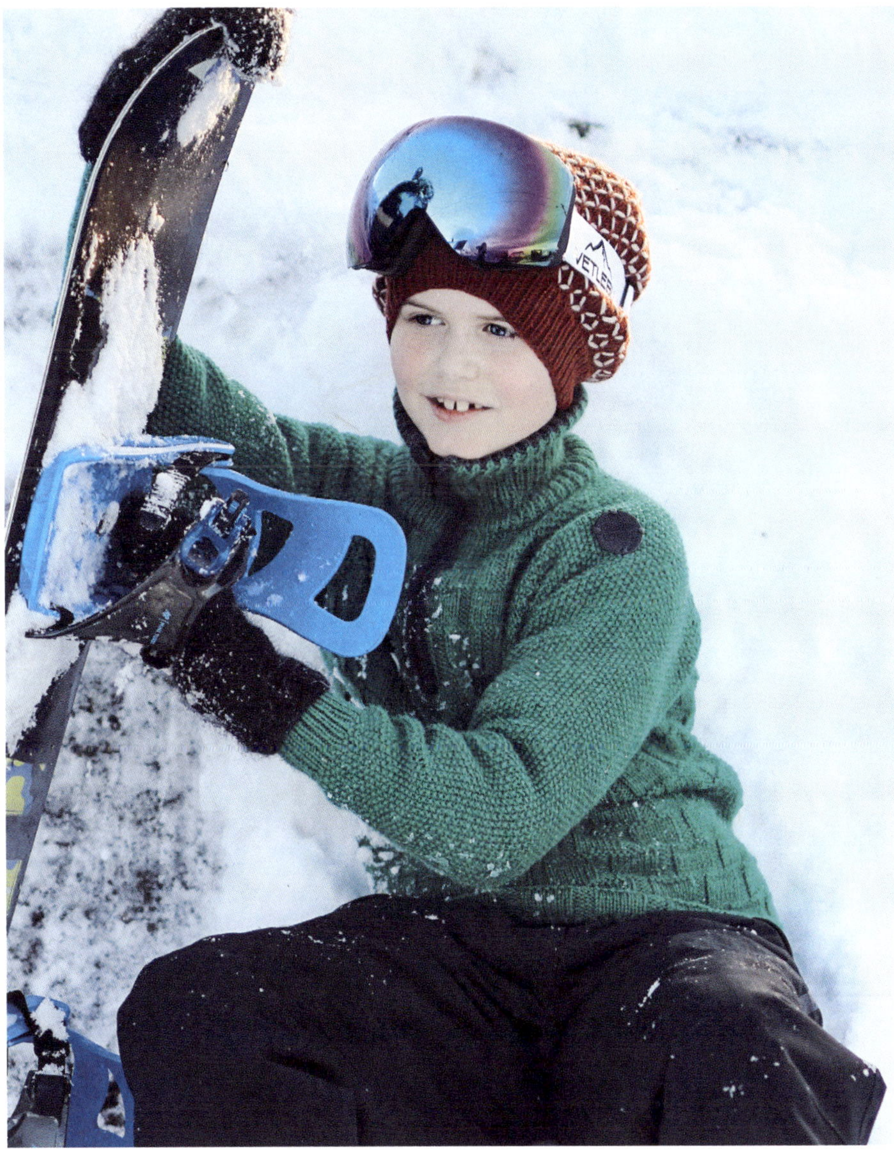

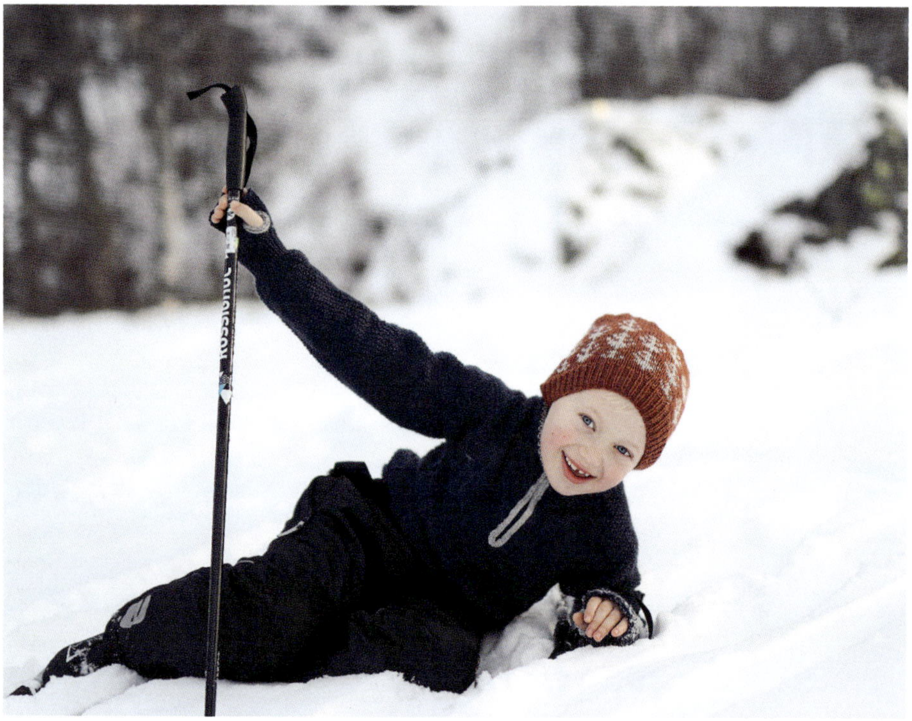

zunehmen und zwar indem der Querfaden zwischen den M re oder li verschr gestrickt wird, abhängig vom Perlmuster oder dem Muster der Strickschrift = 8 M zugenommen.

Die Nahtmaschen in der HinR re und in der RückR li str.

Nach 19 Zunahmen den Faden abschneiden. Die M so verteilen, dass der R-Beginn jetzt vor der Nahtmasche für den linken Ärmel liegt und dort, wo vorher eine Öffnung war, 1 M anschl, ab jetzt in Rd str. Weiter in jd 2. Rd zunehmen.

Nach (18) 19 (21) 23 (25) 27 Zunahmen 2 Rd ohne Zun str = (230) 240 (260) 276 (296) 312 M.

In der nächsten Rd die Ärmel- und Nahtmaschen stilllegen und unter jedem Arm 6 M anschl.

Weiter im Muster, ab jetzt die 6 M unterm Arm im Perlmuster str = (146) 150 (158) 166 (174) 182 M.
Weiterstricken bis das Strickstück (34) 39 (43) 49 (52) 54 cm ab der Schulter misst. Auf Nadelstärke 3 wechseln und 6 cm Rippen str (1 M re, 1 M li) und in der letzten Rd abketten.

ÄRMEL
Mit Nadelstärke 3,5 ab der Mitte der 6 unterm Arm aufgeschl M 3 M aufn, die (48) 51 (57) 61 (67) 71 stillgelegten M im Perlmuster str und am Ende 3 M aufn.

Die erste M ist die Nahtmasche und wird immer li gestrickt.

Den Ärmel im Perlmuster str bis er (29) 31 (35) 38 (40) 42 cm misst.

Nach 2,5 cm wie folgt abn (Je nachdem, wo man im Perlmuster ist):

1 M li, 2 M re zus, im Perlmuster bis zu den letzten 2 M, 1 M abh, 1 M re, die abgeh M darüberziehen.

Oder so:

1 M li, 2 M li zus, im Perlmuster bis zu den letzten 2 M, 2 M li zus.

Die Abn alle (3,5) 3,5 (3) 3 (2,5) 2 cm wdh bis (38) 41 (41) 43 (43) 43 M auf der Nadel sind. In der letzten R bei allen Größen (außer 4 Jahre) die Nahtmasche abn.

Auf Nadelstärke 3 wechseln. (5) 5 (5) 6 (6) 7 cm Rippen (1 M re, 1 M li) str.

LINKER ÄRMEL
10 M Rippen, wenden. (4) 4 (5) 5 (5) 5 cm Rippen in Reihen str. Dann wieder in Rd str. (2) 2 (2) 3 (3) 3 cm Rippen str und in der letzten Rd abketten.

RECHTER ÄRMEL
Rippen bis zu den letzten 10 M str, wenden. (4) 4 (5) 5 (5) 5 cm Rippen in Reihen str. Dann wieder in Rd str. (2) 2 (2) 3 (3) 3 cm Rippen str und in der letzten Rd abketten.

KANTE AN DER DAUMENÖFFNUN
Mit Nadelstärke 2,5 und Klompelompe Merinoull rund um die Öffnung 1 M aus jd M aufn, dabei jd 5 M überspringen. Mit Kordel abketten.

MIT KORDEL ABKETTEN
*1 M re, 2 M re versch zus, die 2 M von der re auf die li Ndl heben *, von * bis * wdh, bis noch 2 M übrig sind, 1 M über die andere heben und Faden durchziehen.

HALSAUSSCHNITT
Mit Ndl 3 und Klompelompe Merinoull von oben links nach oben rechts M aus dem Halsausschnitt aufn (wo der Reißverschluss hinkommt).

Faden abschneiden. Oben links beginnen und mit Kordel abketten:

3 M auf der Ndl anschl, * 2 M re, 2 M re verschr zus. 3 M von der re auf die li Ndl heben*, von *bis* bis R-Ende wdh.

Den Reißverschluss wie auf dem Foto gezeigt einsetzen. Den Teil in Klompelompe Merinoull umklappen und auf der anderen Seite des Reißverschluss annähen.

BELEG
6 M auf Nadelstärke 3 mit 1 Faden Klompelompe SPØT anschl. In Reihen glattrechts str, bis der Beleg so lang wie der Reißverschluss ist. Mit Klompelompe SPØT annähen.

Alle Fäden vernähen und den Pulli in einem feuchten Handtuch trocknen.

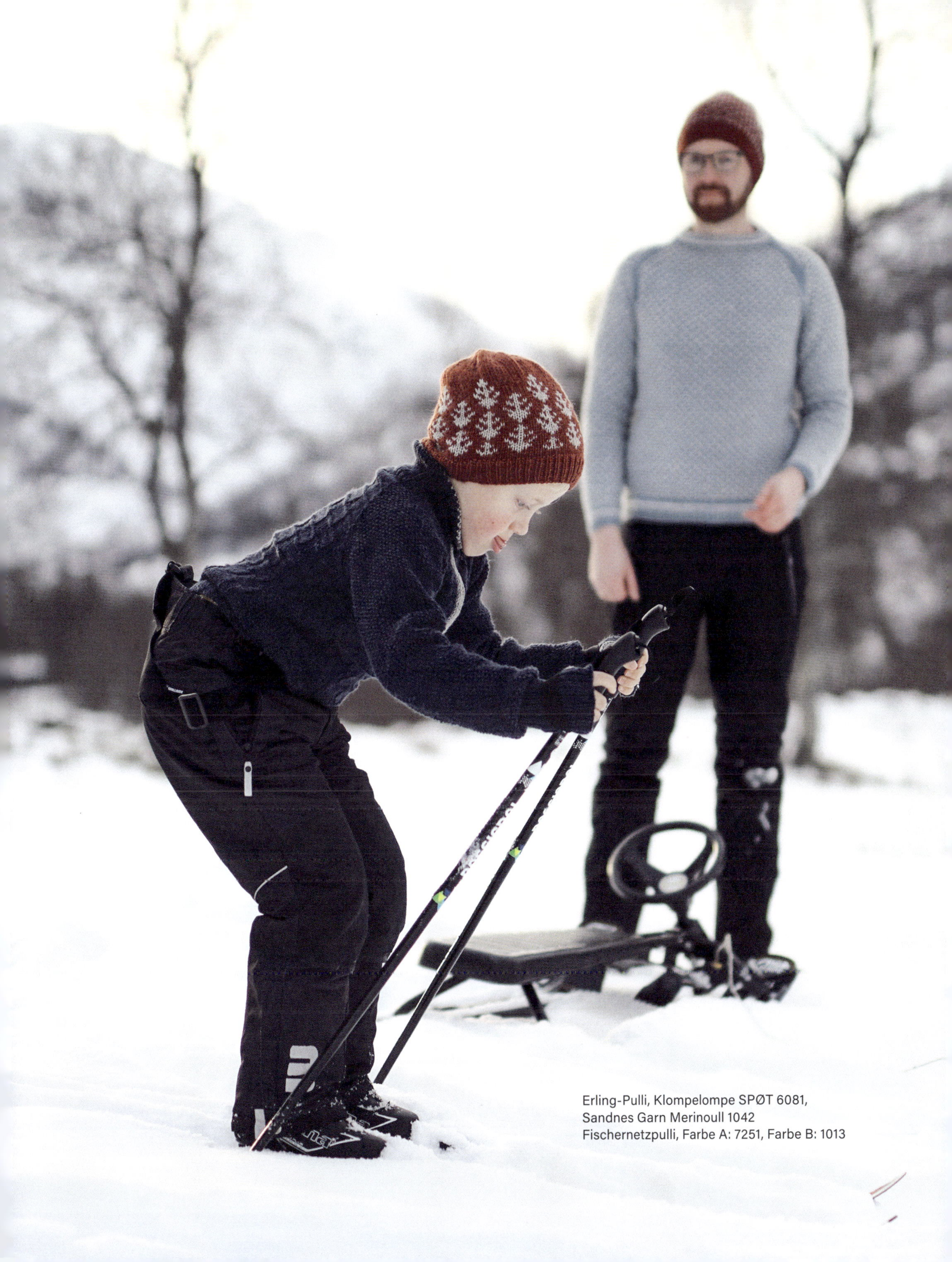

Erling-Pulli, Klompelompe SPØT 6081,
Sandnes Garn Merinoull 1042
Fischernetzpulli, Farbe A: 7251, Farbe B: 1013

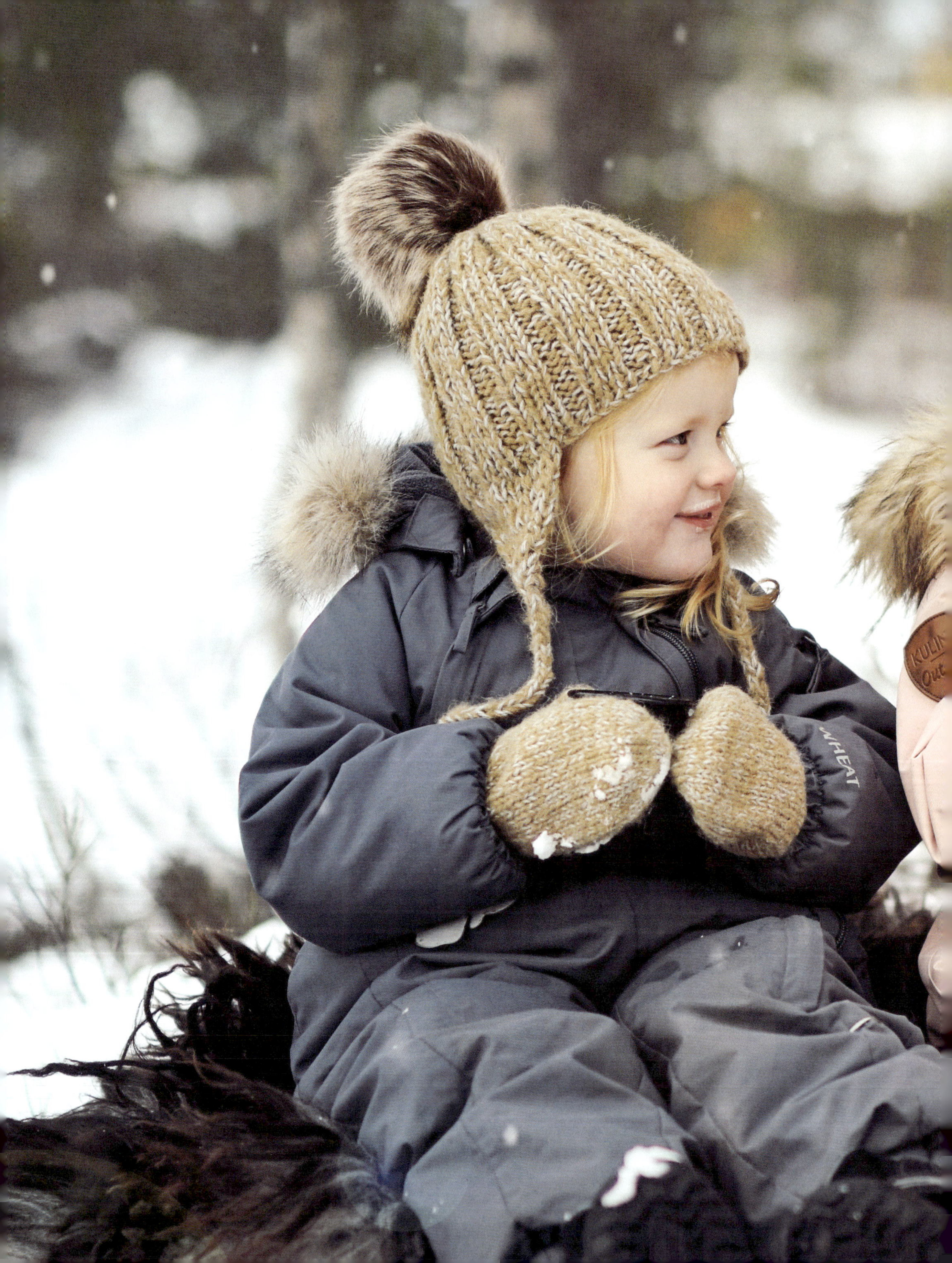

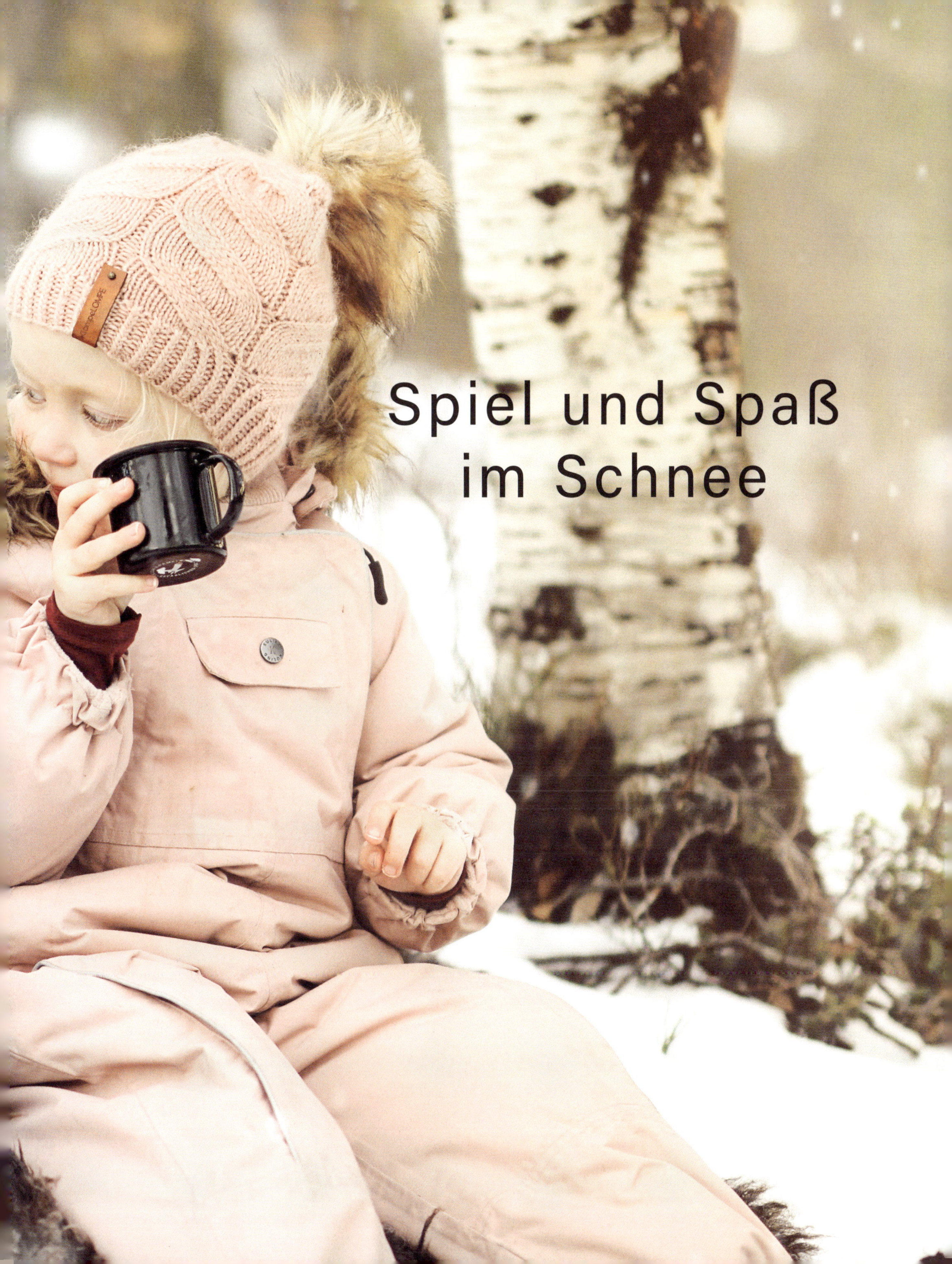

Spiel und Spaß im Schnee

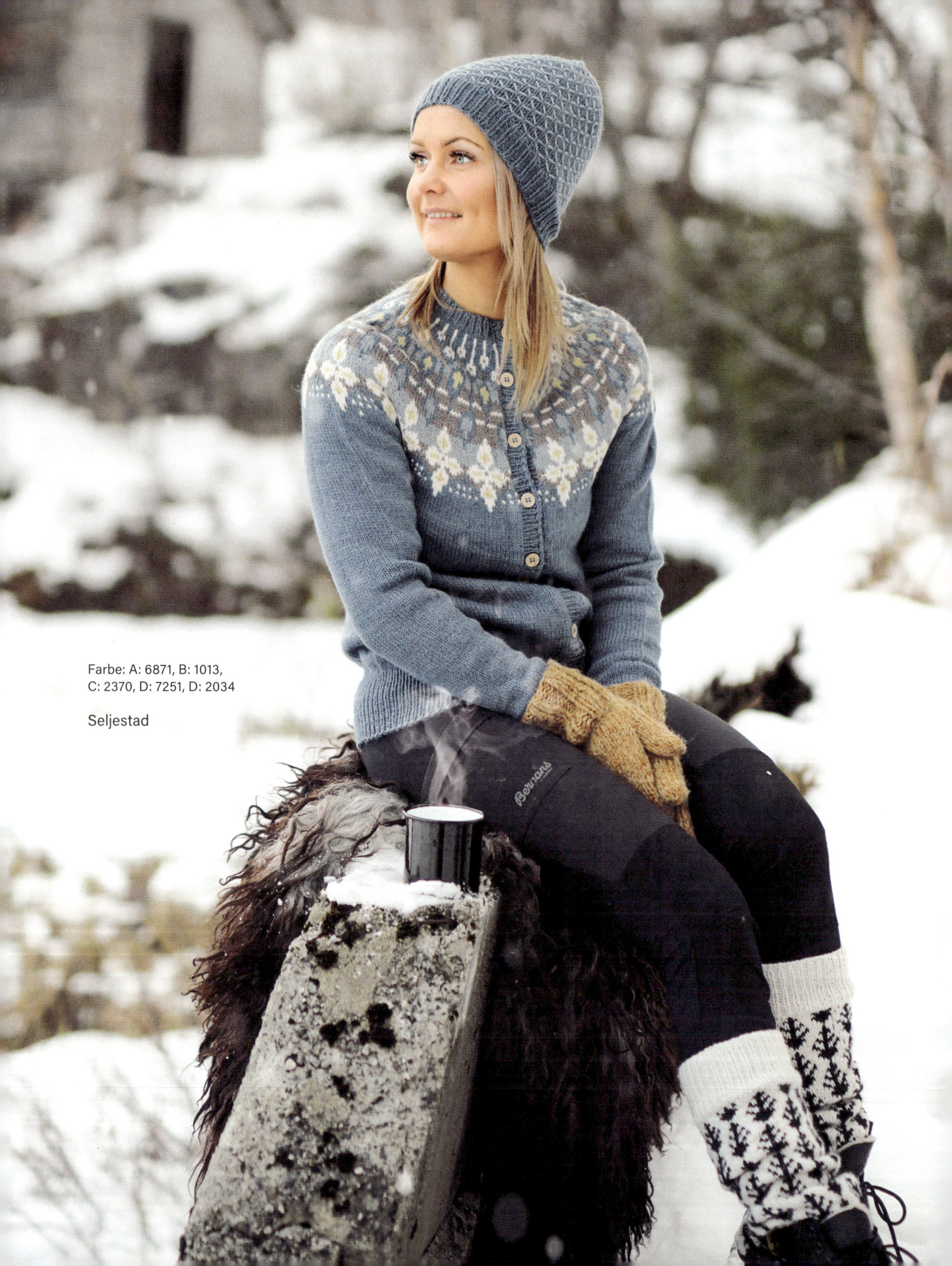

Farbe: A: 6871, B: 1013,
C: 2370, D: 7251, D: 2034

Seljestad

Hardangerstrickjacke Damen

Bunte Einstrickmuster und dickere Wolle ergeben eine kuschelige Jacke.

Schwierigkeitsgrad 3

Grössen
(XS–S) M (L) XL

Wolle
Klompelompe SPØT, Farbe: A: 1042, B: 1013, C: 6081, D: 6041, E: 2546

Menge
Farbe A: (400) 400 (450) 450 g
Farbe B, C, D, E: 50 g oder ein Rest in jeder Farbe

Nadeln
Rdndln Nr. 3 und Nr. 3,5, beide 40 cm und 60 cm, Nadelspiel Nr. 3 und Nr. 3,5, ev. Rdndl 80 cm für Magic Loop

Maschenprobe
22 M auf Nadelstärke 3,5 = 10 cm

Masse
Brustumfang: ca. (91,5) 96 (110) 120 cm
Gesamtlänge: ca. (63) 65 (67) 69 cm

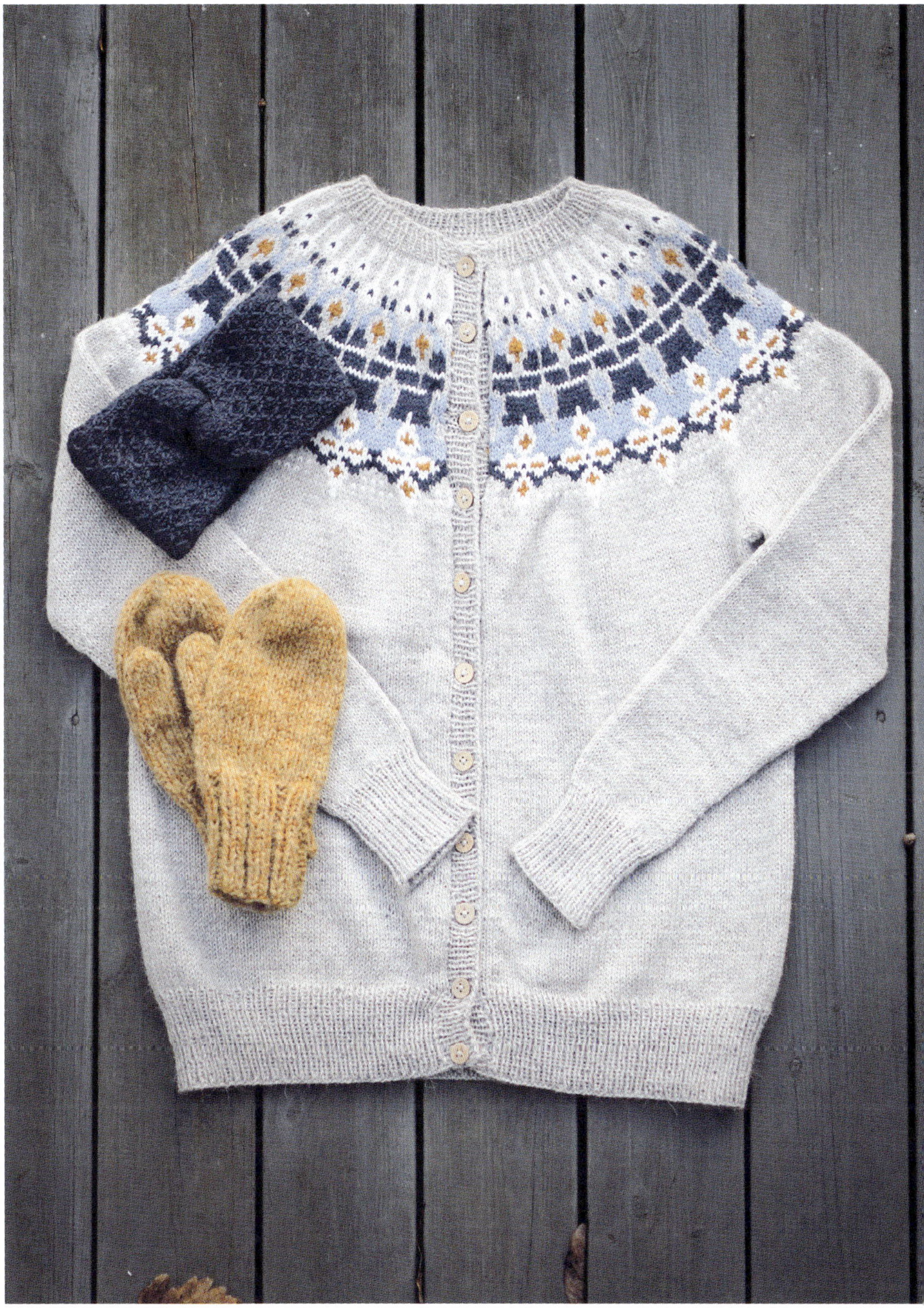

Die Jacke wird von oben und zunächst in Reihen gestrickt.

(93) 93 (95) 95 M auf der Rdndl 3 mit Farbe A anschl. 8 R Rippen (1 M re, 1 M li).

Auf Nadelstärke 3,5 wechseln.

1 Rd re und dabei (22) 22 (32) 44 M gleichmäßig verteilt zun und am Schluss 9 Steeking-M anschl = (115) 115 (127) 139 M. Steeking-M werden bei der Maschenzahl oder der Strickschrift nicht mitgezählt. Ab jetzt in Runden str.

Weiter laut Strickschrift str. Nach der Strickschrift sind (305) 305 (337) 369 M auf der Nadel.

1 Rd re mit Farbe A.

1 Rd re und dabei (0) 11 (13) 9 M gleichmäßig verteilt zun = (305) 316 (350) 378 M.

5 Rd re.

1 Rd re und dabei (12) 15 (15) 15 M gleichmäßig verteilt zun = (317) 331 (365) 393 M. (2) 2 (4) 4 Rd re.

Wie folgt Ärmel abteilen:
(45) 47 (55) 61 M re, die nächsten (69) 71 (73) 75 M (Ärmelmaschen) stilllegen, 9 M anschl, (89) 95 (109) 121 M re, die nächsten (69) 71 (73) 75 M (Ärmelmaschen) stilllegen, 9 M anschl, (45) 47 (55) 61 M re = insg (197) 207 (237) 261 M.

VORDER- UND RÜCKENTEIL

In Rd str. Glatt rechts str bis die Arbeit (55) 57 (59) 61 cm misst. 1 Rd re, dabei die Steeking-M abk. Ab jetzt in Reihen stricken.

Auf Nadelstärke 3 wechseln, 8 cm Rippen (1 M re, 1 M li) str und in der letzten R abketten.

ÄRMEL

Mit Nadel 3,5 stricken. 5 M anschl, die (69) 71 (73) 75 stillgelegten M re und 4 M anschl. Die erste M, die mittlere unterm Arm, li str = Nahtmasche. Die Ärmel werden in Runden gestrickt. Wie folgt nach 2,5 cm abn: 1 M li (Nahtmasche) 2 M re zus, bis zu den letzten 2 M re, 1 abh, 1 M re, die abgeh M darüberziehen. Die Abn ca. alle (2,5) 2 (2) 2 cm wdh bis noch (46) 46 (48) 50 M übrig sind. Stricken bis der Ärmel 40 cm (oder die gewünschte Länge) misst.

Auf Nadelstärke 3 wechseln und 8 cm Rippen (1 M re, 1 M li) str.

In der letzten Rd abketten.

AUSARBEITEN

Beidseitig der Steeking-M je zwei enge Maschinennähte nähen. Aufschneiden. Mit Nadel 3 für die Knopfleisten ca. 1 M aus jeder M aufn, aber jede 4. M überspringen. 8 R re Rippen (1 M re, 1 M li) str. Abketten (nicht zu fest).

Die Knopflöcher werden rechts gestrickt. (10) 10 (10) 11 (11) Knopflöcher gleichmäßig verteilt wie folgt stricken: In der 3. R 2 M re zus, 1 U, der in der 4. R re gestrickt wird.

Die abgeschnittene Kante nach innen klappen und mit kleinen Stichen anheften. Das ist etwas einfacher, weil es hier mehr Steeking-M als üblich gibt. Sollte es trotzdem schwierig sein, eine ordentliche Kante zu erhalten, kann man einen Beleg anstricken, der darüber genäht wird. Dafür M aufnehmen (wie für die Knopfleisten). Glattrechts str bis die offene Kante bedeckt ist. Abketten und annähen, am besten mit der Hauptfarbe, damit es unsichtbar ist.

Alle Fäden vernähen, Knöpfe annähen und die Strickjacke in einem feuchten Handtuch trocknen oder vorsichtig dämpfen.

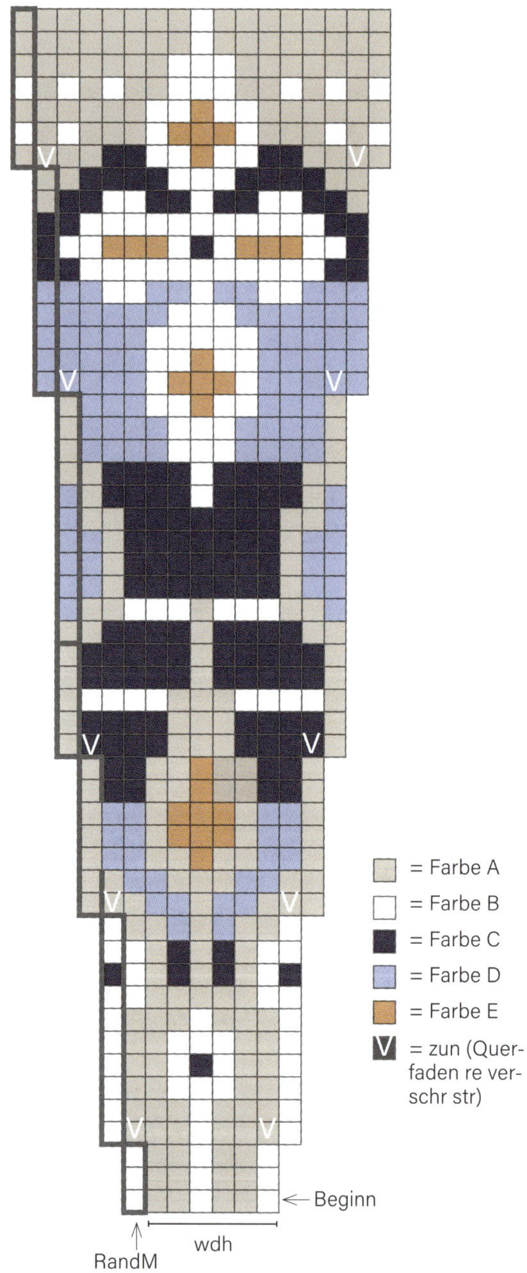

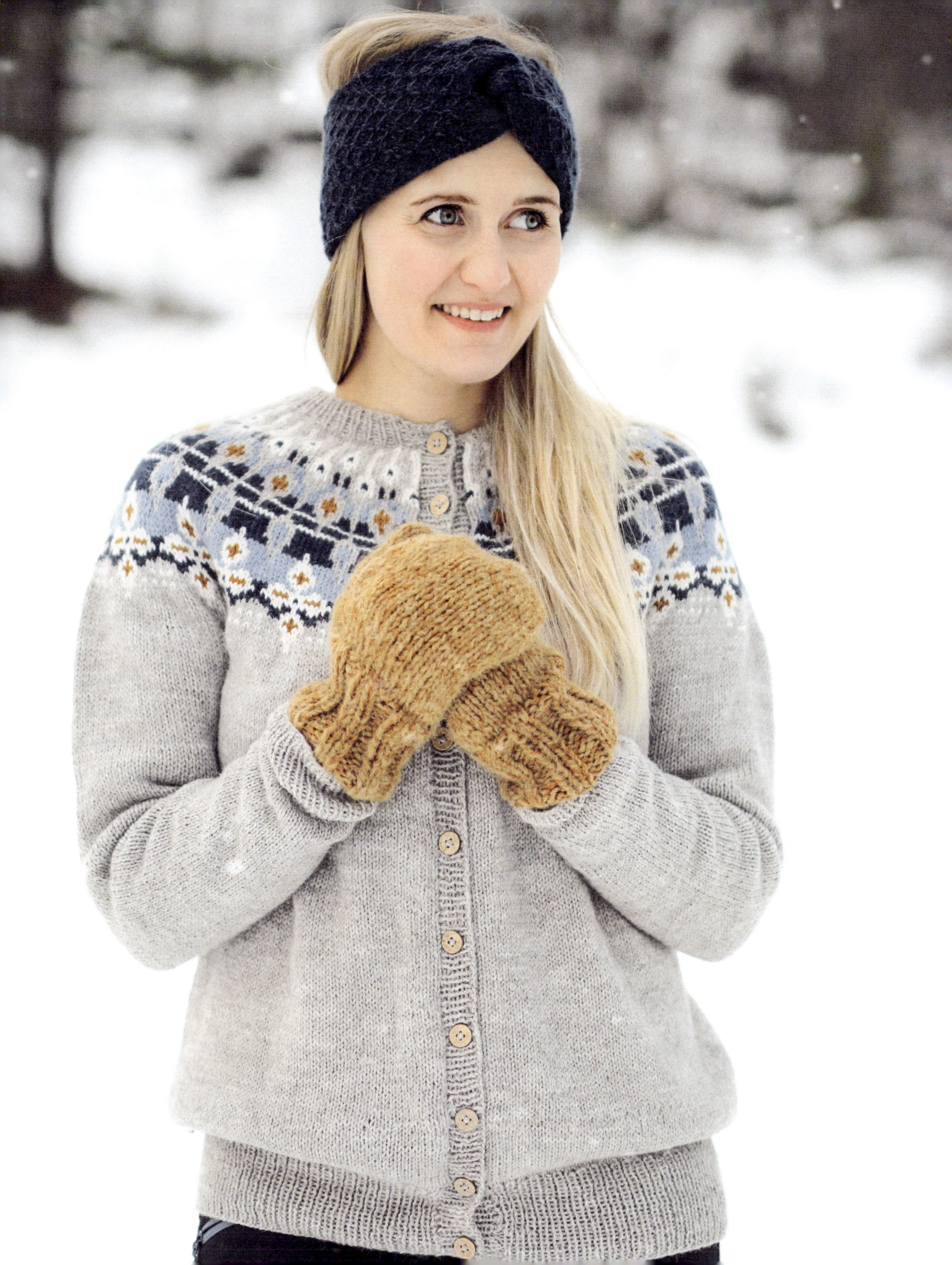

Fischernetzmütze

Eine Mütze mit demselben Strukturmuster wie der Fischernetzpullover.

Schwierigkeitsgrad 2

Grössen
6–24 M (3–6 J) 8–12 J (S/M)
L/XL
Wolle
Klompelompe Merinoull,
Farbe A: 3355, Farbe B: 2650
Menge
Farbe A: 50 (50) 100 (100) 100 g
Farbe B: 50 (50) 50 (50) 50 g
Nadeln
Rdndln Nr. 3,5 und Nr. 4, beide 40 cm
Maschenprobe
22 M auf Nadelstärke 4 = 10 cm

ABKÜRZUNGEN
Fdv: mit Faden vor der Arbeit
Fdh: mit Faden hinter der Arbeit
mFdn: mit Faden (den Faden, der vor der Arbeit liegt anheben und mit der M re zus str)

72 (80) 80 (88) 96 M mit Nadelstärke 3,5 und Farbe A anschl. 3 (3) 4 (5) 5 cm Rippen (1 M re, 1 M li) str. Auf Nadelstärke 4 wechseln. 1 Rd re dabei 8 M gleichmäßig verteilt zun = 80 (88) 88 (96) 104 M.

MUSTER
Zu Farbe B wechseln und *1 M li, 3 M abh Fdv*, von * bis * bis Rd-Ende wdh.
Zu Farbe A wechseln und 2 Rd re.
Nächste Rd wie folgt str: 2 M re, 1 M re mFdn,* 3 M re, 1 M re mFdn*, von * bis * bis zur letzten M wdh, 1 M re, den Faden von Farbe B vorn.
Zu Farbe B wechseln.
2 M abh Fdv, 1 M li *3 M abh Fdv, 1 M li*, von * bis * bis zur letzten M wdh, 1 M abh FdH.
Zu Farbe A wechseln und 2 Rd re.
Nächste Rd wie folgt str: 1 M re Fdn, *3 M re, 1 M re mFdn*, von * bis * bis zu den letzten 3 M wdh, 3 M re.

Nach 5 (6) 7 (7) 8 Musterwiederholungen wie folgt weiterstr:
Zu Farbe B wechseln.
1 M li, 3 M abh Fdv, von * bis * bis Rd-Ende wdh.

Zu Farbe A wechseln.
1 M re, *1 M abh, 2 M re zus, die abgeh M darüberziehen, 5 M re*, von * bis * bis zu den letzten 7 M wdh, 1 M abh, 2 M re zus, die abgeh M darüberziehen, 4 M re. 1 Rd re.
Nächste Rd:
1 M re, 1 M re mFdn, *2 M re, 1 M re mFdn*, von * bis * bis zur letzten M wdh, 1 M re, den Faden von Farbe B Fdv.

Zu Farbe B wechseln.
1 M abh Fdv, 1 M li, *2 M abh Fdv, 1 M li*, von * bis * wdh bis noch 1 M, 1 M abh Fdh.

Zu Farbe A wechseln und 2 Rd re.
Nächste Rd: *1 M re mFdn, 2 M re*, von * bis * bis Rd-Ende wdh.

Zu Farbe B wechseln.
1 M li, 2 M abh Fdv, von * bis * bis Rd-Ende wdh.

Zu Farbe A wechseln und 1 Rd re.
Nächste Rd: 1 M re, 2 M re zus *4 M re, 2 M re zus*, von * bis * bis zu den letzten 3 M wdh, 3 M re.
Nächste Rd: *1 M re, 1 M re mFdn, 2 M re, 1 M re mFdn*, von * bis * bis Rd-Ende wdh.

Zu Farbe B wechseln.
1 M abh Fdv, 1 M li, 2 M abh Fdv, 1 M li, von * bis * bis Rd-Ende wdh.

Zu Farbe A wechseln und 2 Rd re.
Nächste Rd: *1 M re, mFdn, 2 M re, 1 M re mFdn, 1 M re*, von * bis * bis Rd-Ende wdh.

Zu Farbe B wechseln
1 M li, 2 M abh Fdv, 1 M li, 1M abh Fdv, von * bis * bis Rd-Ende wdh.

Zu Farbe A wechseln und 1 Rd re.
Nächste Rd: 1 M re, 2 M re zus, *3 M re, 2 M re zus*, von * bis * bis zu den letzten 2 M wdh, 2 M re.
Nächste Rd *1 M re, 1 M re mFdn*, von * bis * bis Rd-Ende wdh.

Zu Farbe B wechseln.
* 1 M abh Fdv, 1 M li*, von * bis * bis Rd-Ende wdh.
Zu Farbe A wechseln und 2 Rd re.
Nächste Rd: *1 M re mFdn, 1 M re*, von * bis * bis Rd-Ende wdh.
2 M re, 2 M re zus, von * bis * bis Rd-Ende wdh. 1 Rd re.
1 M re, 2 M re zus, von * bis * bis Rd-Ende wdh.

Faden durch die M fädeln und zusammenziehen. Alle Fäden vernähen.

Die Mütze in einem feuchten Handtuch trocknen oder vorsichtig dämpfen. Aber nie das Rippenbündchen mit einem Bügeleisen dämpfen.

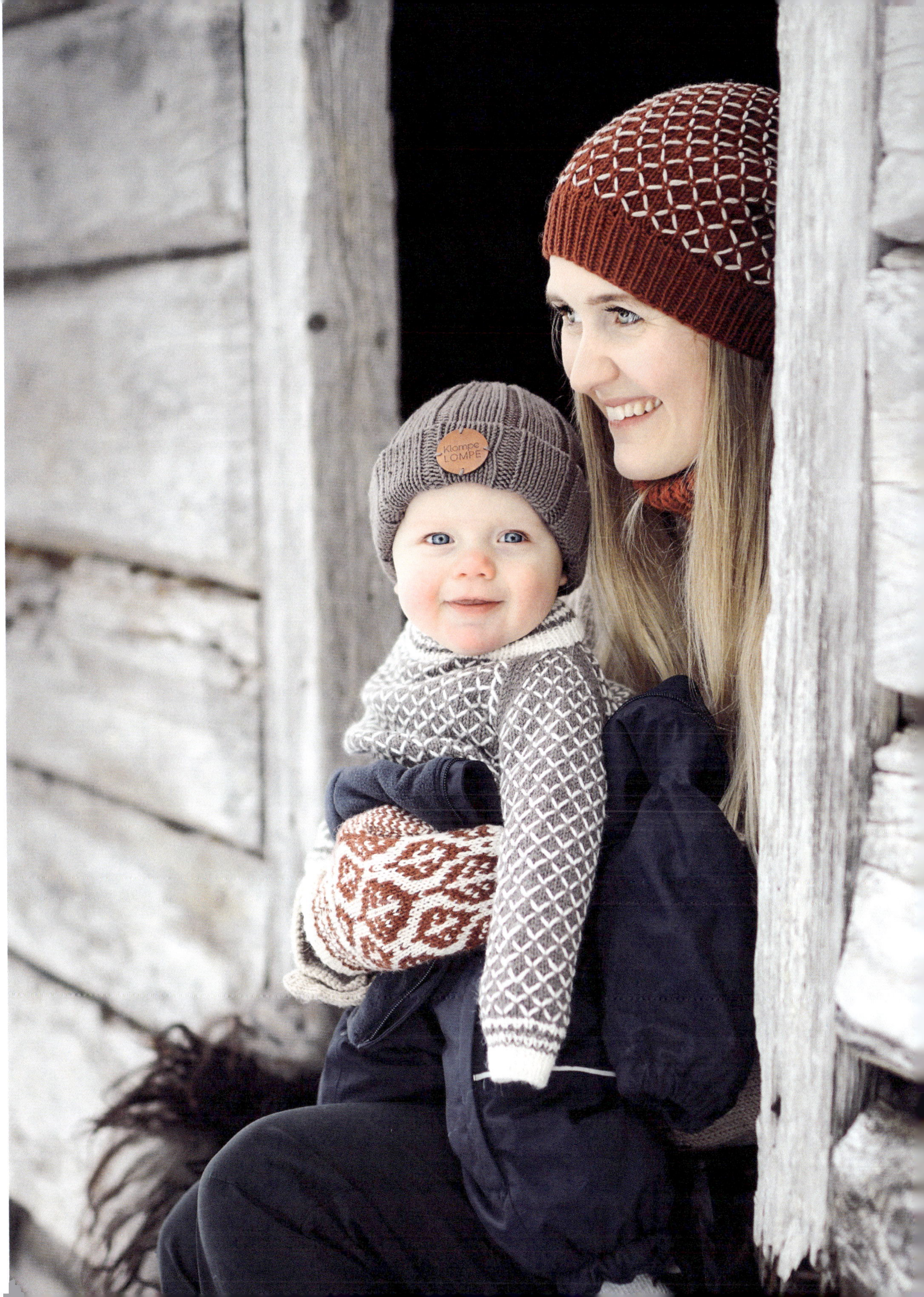
Klompe
LOMPE

Omas Decke

Marianne, eine unserer Teststrickerinnen, hat sich in die Babydecke aus einem früheren Buch verliebt und sich eine große Decke mit demselben Muster gewünscht. Das Ergebnis hat uns begeistert!

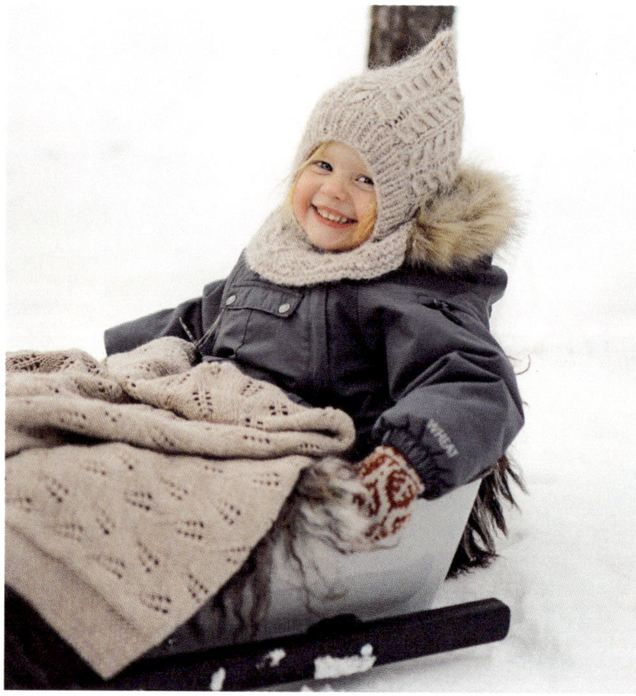

Schwierigkeitsgrad 2

Grössen
ca. 95 x 160 cm

Wolle
Klompelompe Merinoull 2650

Menge
1000 g

Nadeln
Rdndl Stärke 4,5, 100 cm

Maschenprobe
19 M auf Nadelstärke 4,5 = 10 cm

PERLMUSTER

1. R: *1 M re, 1 M li *, von * bis * wdh.

2. R: *1 M li, 1 M re*, von * bis * wdh (re M über li und li M über re M str).

Es wird in Reihen auf einer Rdndl gestrickt.

209 M auf Nadelstärke 4,5 anschl. 30 R im Perlmuster str.

An beiden Seiten über die äußeren 12 M weiter im Perlmuster str.

ACHTUNG: Mit 3 M re enden, bevor man auf der anderen Seite das Perlmuster strickt.

Wenn die Musterwiederholung 26 Mal gestrickt wurde, noch mal 30 R im Perlmuster str. In der letzten Rd abketten.

Fäden vernähen und in einem feuchten Handtuch trocknen oder leicht dämpfen.

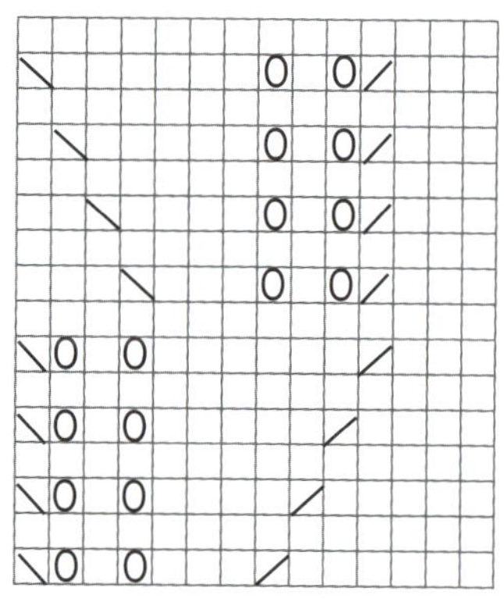

← Beginn

wdh

□ = re

⧄ = 2 M re zus

⧅ = 1 M abh, darüberziehen

O = 1 U

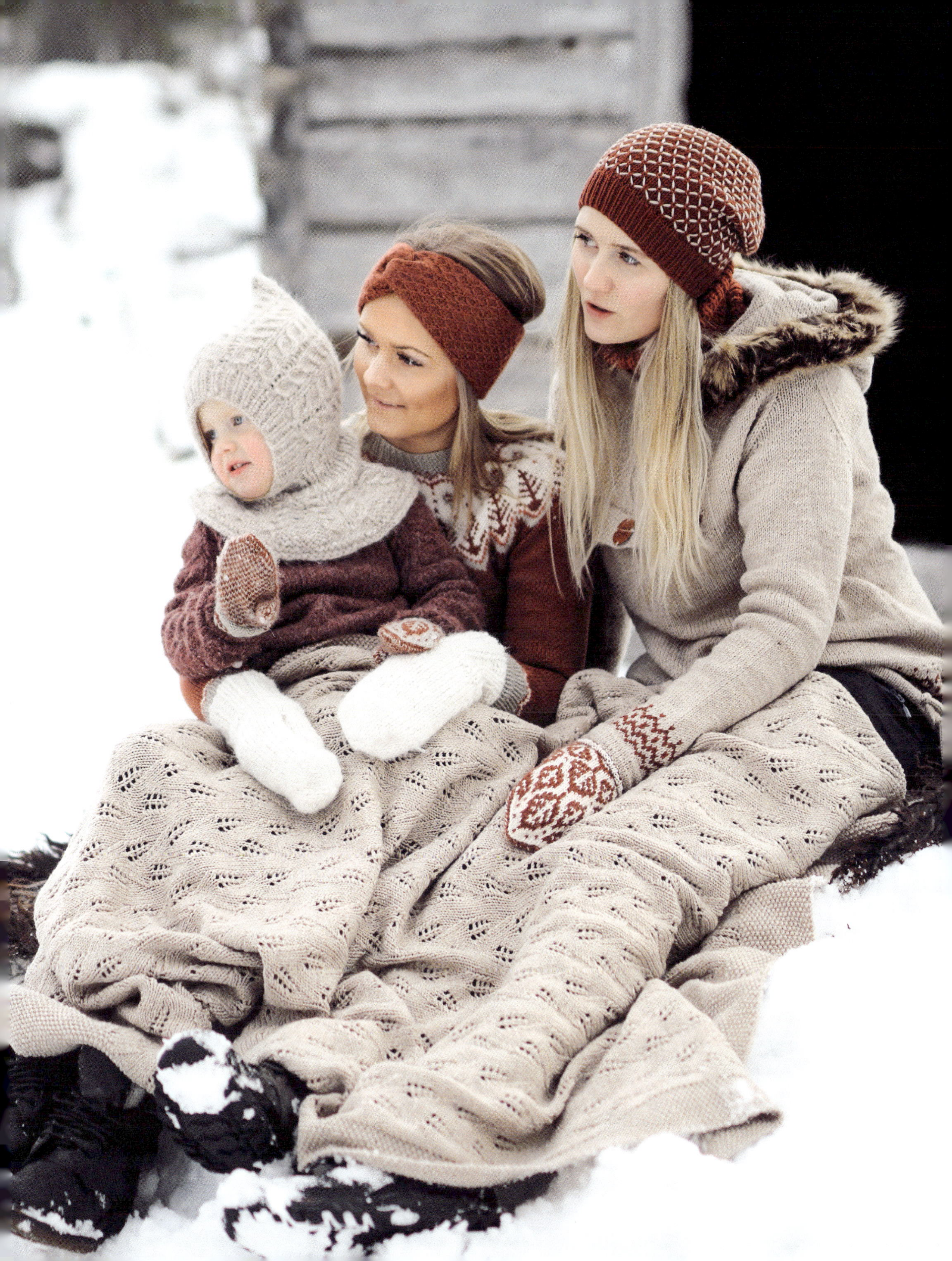

Dicke Handschuhe

Weiche und wärmende Fäustlinge die auf dicken Nadeln schnell gestrickt sind. Ein perfektes Projekt für Anfänger.

Schwierigkeitsgrad 1

Grössen
(0–2 M) 3–6 M (6–12 M)
1–3 J (3–6 J) 7–12 J (S/M) L/XL

Wolle
Klompelompe SPØT, Farbe: 2431 und Sandnes Garn Børstet Alpakka, Farbe: 2543

Menge
Klompelompe SPØT: (50) 50 (50) 50 (50) 50 (50) 100 g
Sandnes Garn Børstet Alpakka: (50) 50 (50) 50 (50) 50 (50) 100 g

Nadeln
Rdndl Stärke 5, 80 cm, für Magic Loop oder Nadelspiel Nr. 5

Maschenprobe
16 M auf Nadelstärke 5 = 10 cm

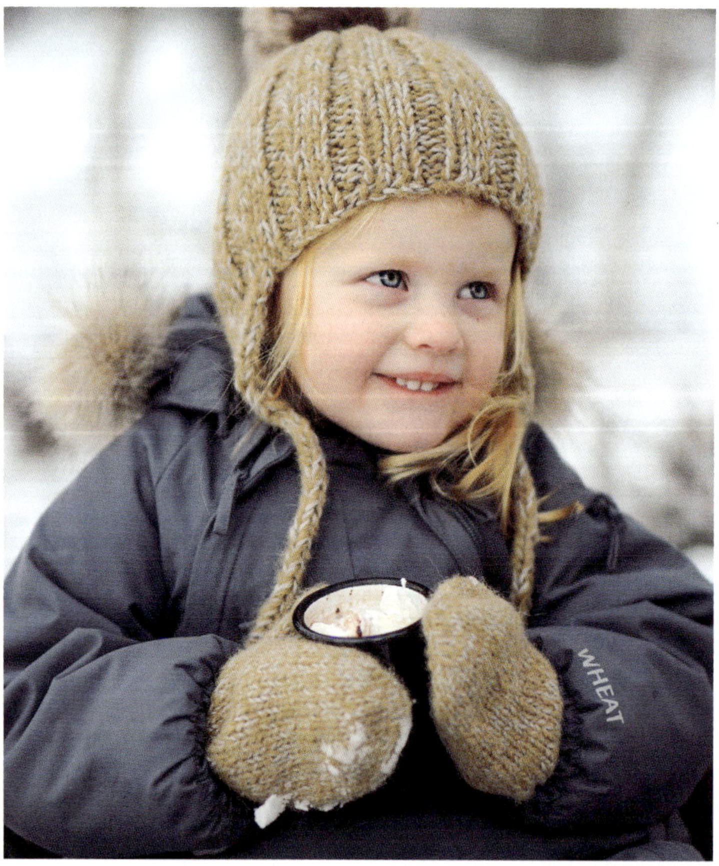

(16) 16 (20) 20 (24) 24 (28) 32 M auf Nadelstärke 5 mit einem Faden Spøt und einem Faden Alpaka anschl. (8) 10 (12) 14 (16) 18 (18) 18 Rd Rippen (2 M re, 2 M li) str.
1 Rd re dabei (4) 6 (2) 4 (4) 4 (4) 4 M gleichmäßig verteilt zun = (20) 22 (22) 24 (28) 28 (32) 36 M.
Die Seiten mit einem MM markieren (einer zu Rd-Beginn und einer nach (10) 11 (11) 12 (14) 14 (16) 18 M).

Weiter in Runden glattrechts str.

Größen 1–3 J (3–6 J) 7–12 J (S/M) L/XL
Nach 8 (10) 13 (15) 16 cm wie folgt die Daumenöffnung str:

LINKER HANDSCHUH
Vorderteil str, 8 (9) 9 (10) 12 M re, die nächsten 3 (4) 4 (5) 5 M mit einem Wollrest abstricken, die 3 (4) 4 (5) 5 M zurück auf die linke Nadel heben und die Rd zu Ende str.

RECHTER HANDSCHUH
Vorderteil str, 1 M re, die nächsten (3) 4 (4) 5 (5) M mit einem Wollrest abstricken, die (3) 4 (4) 5 (5) M zurück auf die linke Nadel heben und die Rd zu Ende str.

Alle Größen:
Glatt rechts str bis die Arbeit (8,5) 10 (13) 15 (19) 23 (25) 27 cm misst.

Jetzt wie folgt abnehmen:

1 M re, 2 M re zus, bis 2 M vor MM re, 1 M abh, 1 M re, die abgeh M darüberziehen, von * bis * in jd Rd wdh bis noch 8 M übrig sind. Den Faden durch die Maschen fädeln und zusammenziehen.

DAUMEN
Größen 1–3 J (3–6 J) 7–12 J (S/M) L/XL:

Zu beiden Seiten des Wollrests M aufnehmen: 3 (4) 4 (5) 5 M darüber, 1 M an der Seite, 3 (4) 4 (5) 5 M darunter, 1 M an der Seite = 8 (10) 10 (12) 12 Daumen-M.

Wollrest entfernen und glattrechts in Rd str. Wenn der Daumen 4 (5) 6 (7) 7 cm misst, bis Rd-Ende 2 M re zus str.

Faden abschneiden, durch die Maschen fädeln und zusammenziehen.

Alle Fäden vernähen, die Handschuhe in einem feuchten Handtuch trocknen.

Tannenpullover: Farbe A: 3355, B: 2431, C: 4035, D: 1013

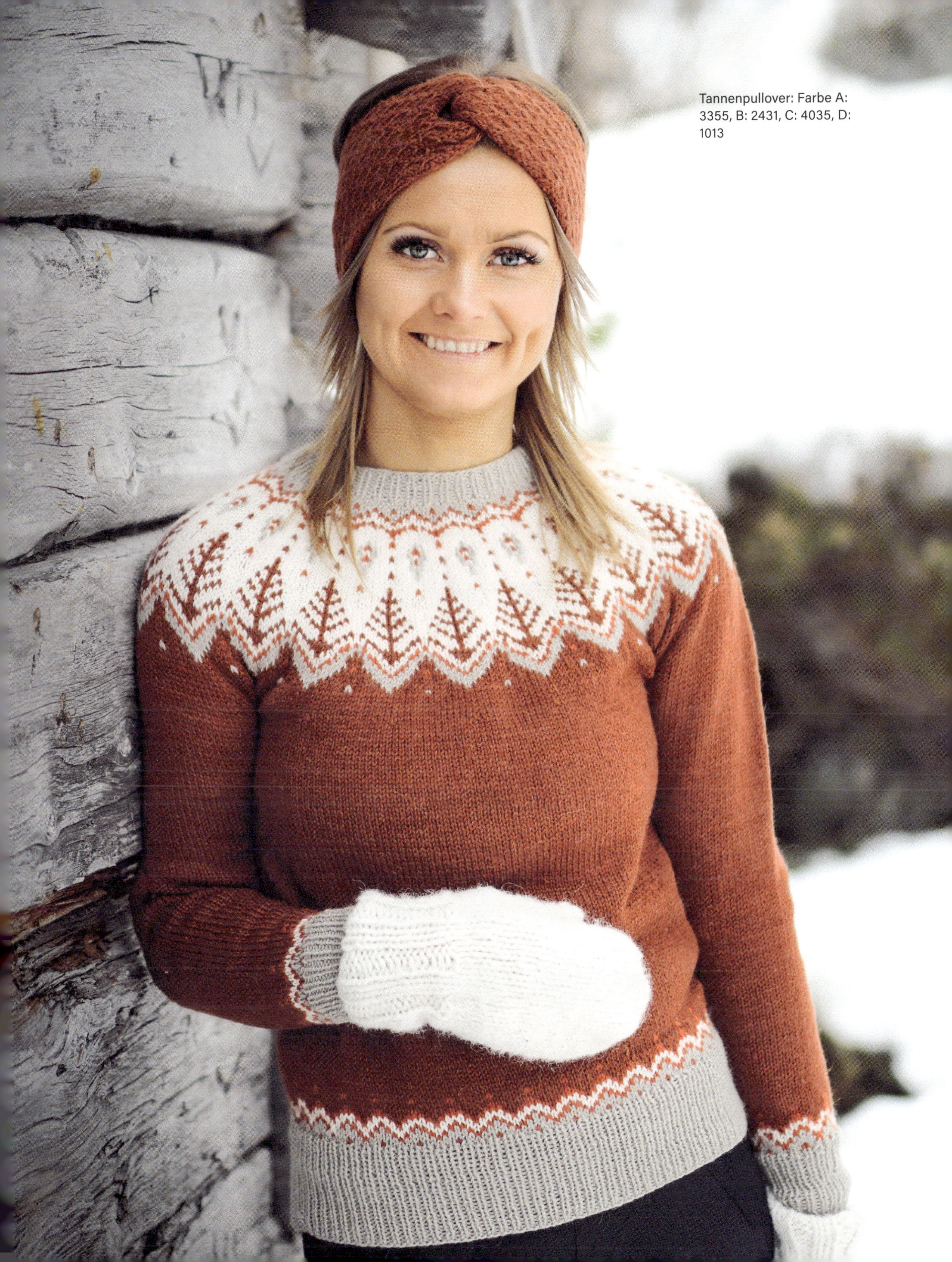

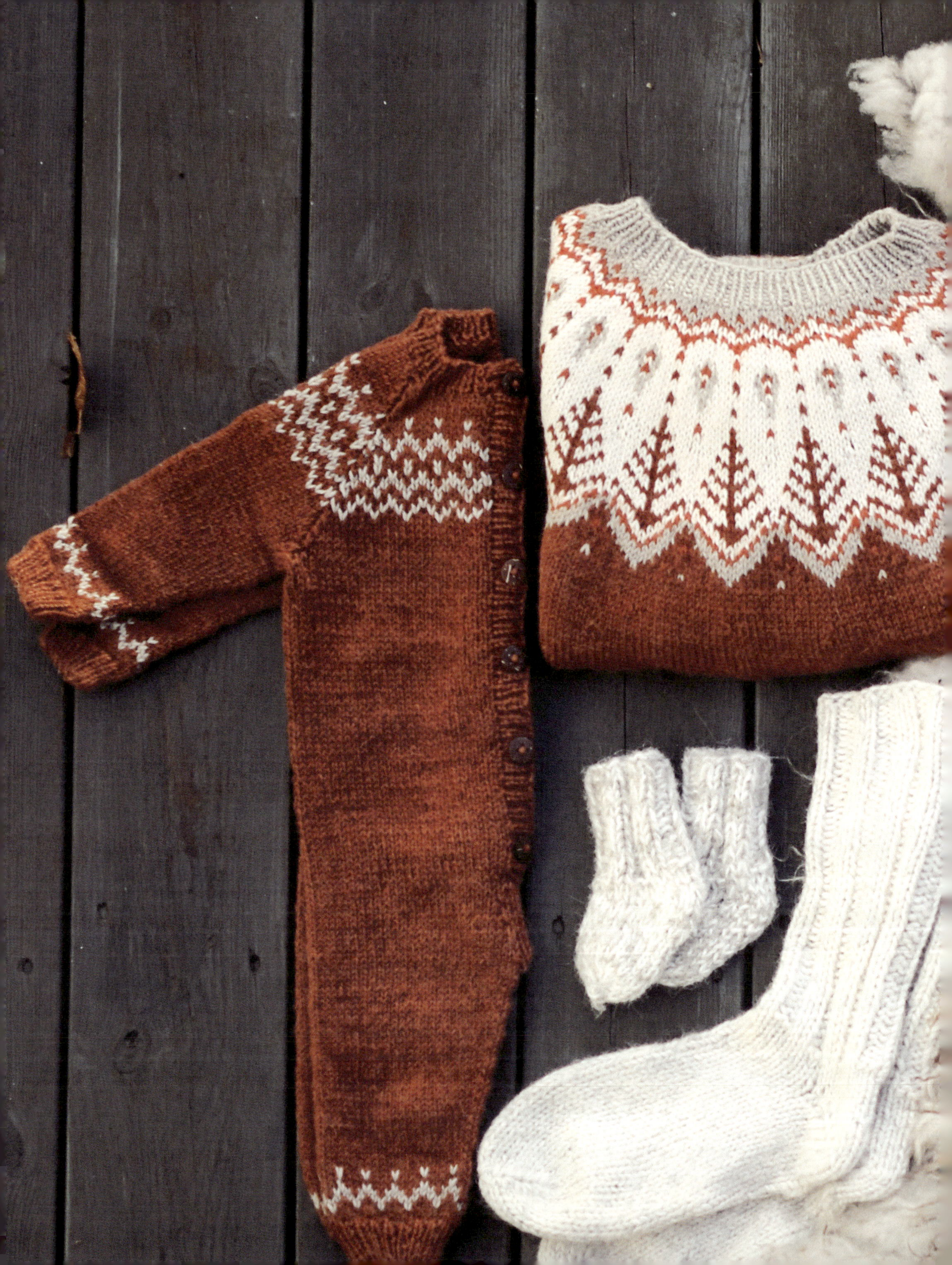

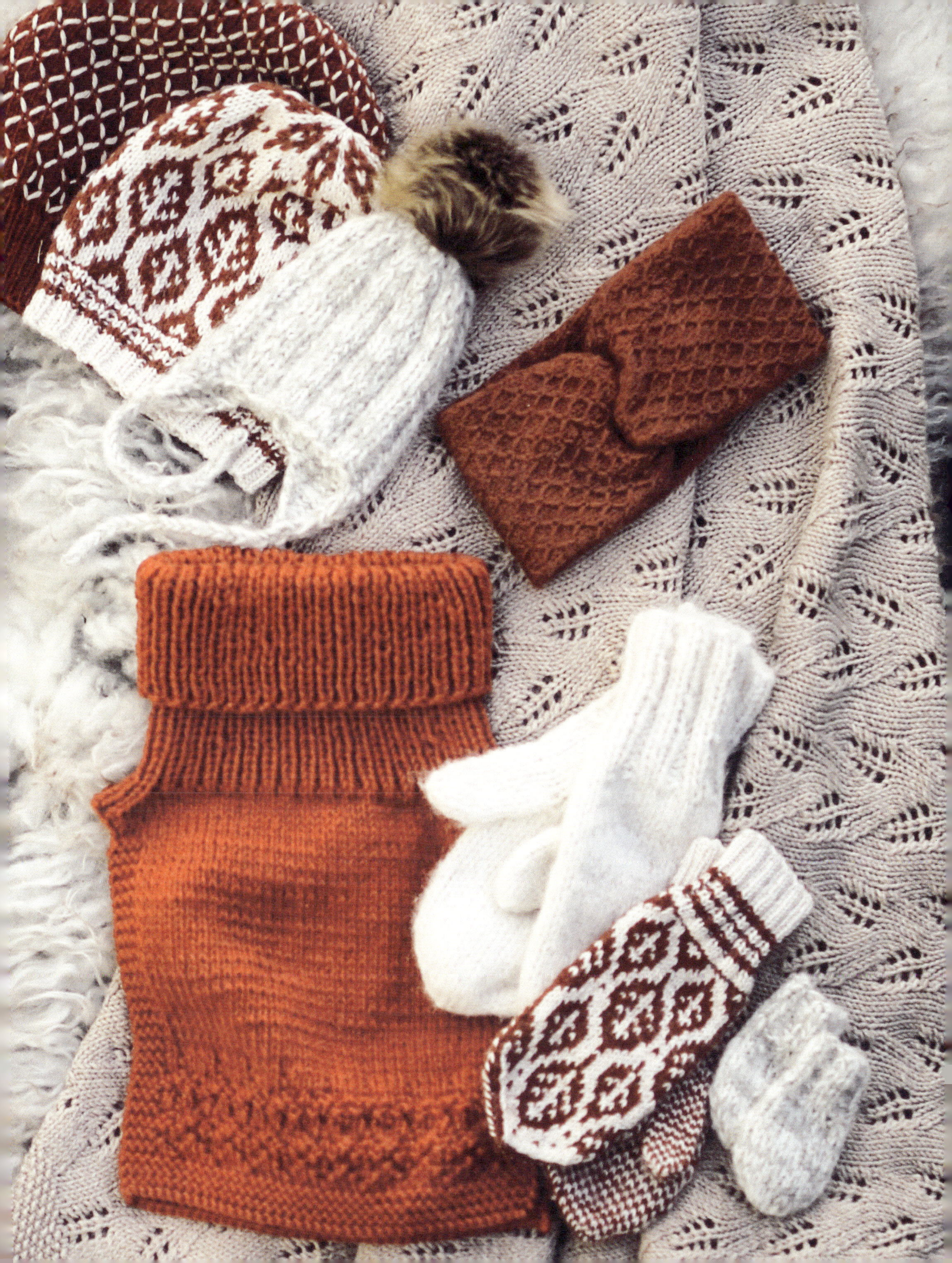

INFORMATIONEN ZU DEN VERWENDETEN GARNEN:
Sandes Garn KOS: 62 % Alpaka, 9 % Wolle, 29 % Nylon; Lauflänge 150 m/50 g

Sandnes Garn Børstet Alpakka: 96 % Alpaka, 4 % Nylon; Lauflänge: ca. 110 m/50 g

Sandnes Garn LINE: 53% Baumwolle, 33% Viskose, 14% Leinen; Lauflänge 110 m/50 g

Sandnes Garn Tynn Line: 53% Baumwolle, 33% Viscose, 14% Leinen; Lauflänge 220 m/50 g

Klompelompe Merinoull: 100% Merino; Lauflänge 105 m/50 g

Klompelompe Tynn Merinoull: 100% Merino; Lauflänge 175 m/50 g

Klompelompe Spøt: 40% Alpaka, 40% Merino, 20% Polyamid; Lauflänge 135 m/50 g

Sandnes Garn erhalten Sie bei Ihrem Fachhändler. Bezugsquellen und Händler in Ihrer Nähe und Informationen zu den Garnen erhalten Sie hier:

SandnesGarn Deutschland, Siv Molven Sliper
Mail: siv.sliper@sandnesgarn.de
und online unter: www.sandnesgarn.de

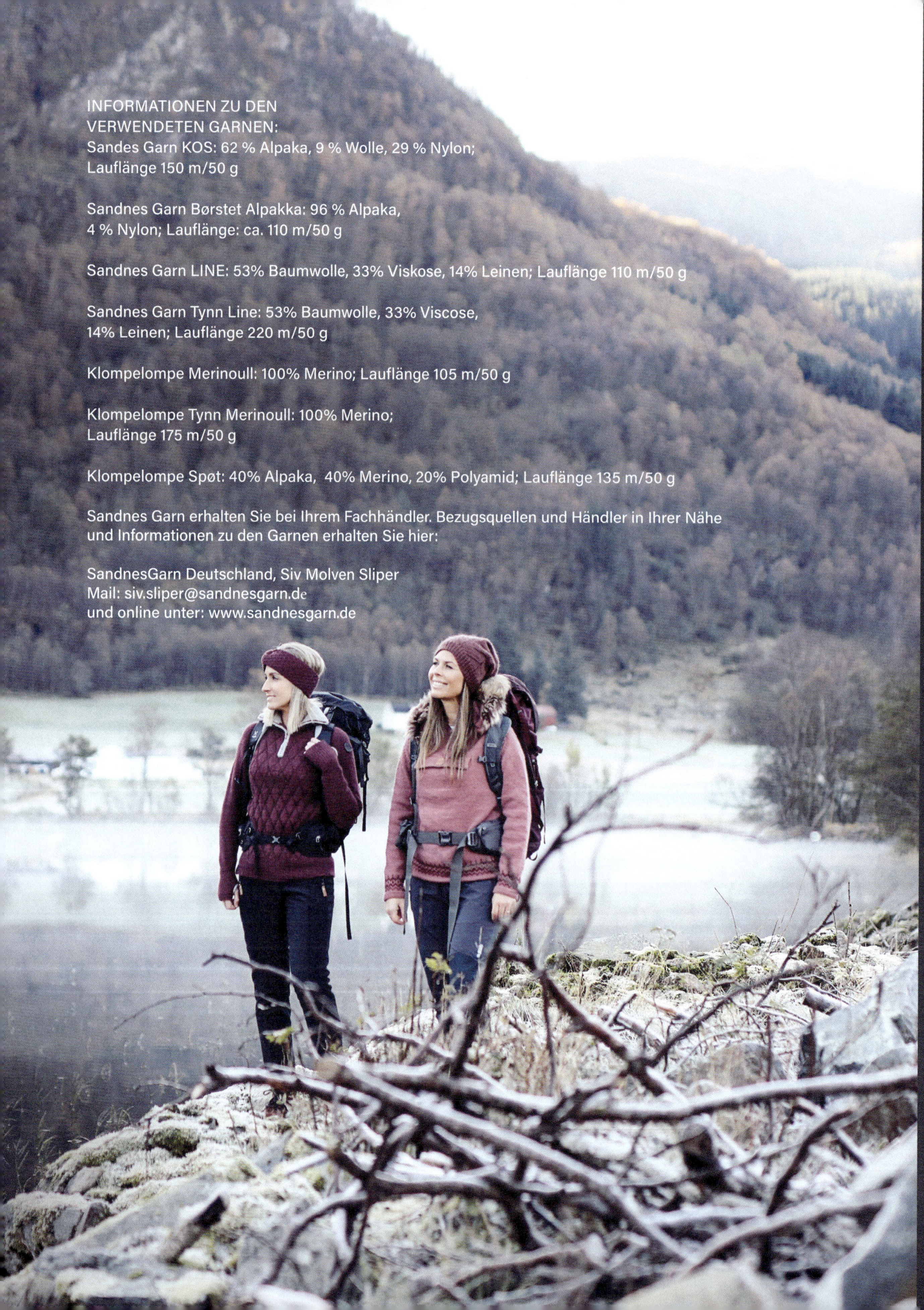

Danke

Wir sind Freunden und Familie dankbar, weil sie für die Fotos auf Berggipfel posierten, auf Inseln, der Heide und in Wälder. Es hat Spaß gemacht, es war allerdings auch eine Herausforderung, diese Strickstücke für draußen in ihrem wahren Element zu präsentieren, aber wir haben das Glück, dass so viele engagiert sind und mitmachen, wenn wir sie darum bitten.
Models:
Rebecca, Steinar, Camilla, Jacob, Elida, Hiwot, Marnat, Gunhild, Ingrid, Nora Martine, Lillian, Jonas, Geir Kristian, Vilde, Kaja, Elisabeth, Jeanette, Erling, Stig Øyvind, Olivia, Espen, Jon, Ludvig, Sølve, Eiril, Liva, Helene, Tilda, Eirik, Reidar, Gunnar, Marit, Kristian, David, Matilde, Selma, Torunn, Even, Jens, Øystein, Henrik, Tora, Matheus, Lene, Tuva, Synne, Svanhild, Linda, Erle, Alise, Sarah, Tobias, Sunniva, Elisabeth, Katrine, Karin Iren, Solfrid, Kristine, Line, Henry und Gunn Synnøve.

Dank unseren geschickten Teststrickerinnen, wir sind so froh, ein solches Team im Rücken zu haben:
Ingrid H. Hiller, Kristin Karlsen, Solveig Hartwedt, Gunnvor Thulin, Line Tangen, Marianne Hartwedt, Sissel Eikeland, Lillian H. Johansen, Inger Utvik, Aina Pedersen, Gro Torunn Utvik, Mary Therese Utvik, Linda Andreassen, Gunn Marit Hølland, Astrid A. Thorsen, Vibeke Lindtner, Lena T. Yrke, Linnea Hilbig, Magnhild Hovin, Elisabeth Jensen, Caroline Lillesund, Johanna F.K. Gismervik, Svanhild Andreassen, Kristine Leirdal, Elise Leirdal, Tina Kvilhaug, Gunn Nordis Ekornrud, Randi Andreassen, Tove Kalstø Milje, Bodil Bang, Merete H. Helle, Esther Storesund, Britt Alise K. Stange, Eva Britt Kvalevaag, Inger V. Andreassen, Åse Osmundsen, Alfhild Aarvik, Katrine Hettervik und Ingunn F. Hartwedt.

Dank an Sandnes Garn für die gute Zusammenarbeit und für Qualitätsgarn.

Dank dem Team bei Kagge und J.M. Stenersen, das wir während der Entstehung des Buchs leider nicht besuchen konnten. Dank guter digitaler Lösungen war die Zusammenarbeit trotzdem super.

Danke an Anne Vines für die gute Zusammenarbeit beim Buchdesign.
Dank an unsere Bande zu Hause, über die wir so glücklich sind.

Litledalen, Etne

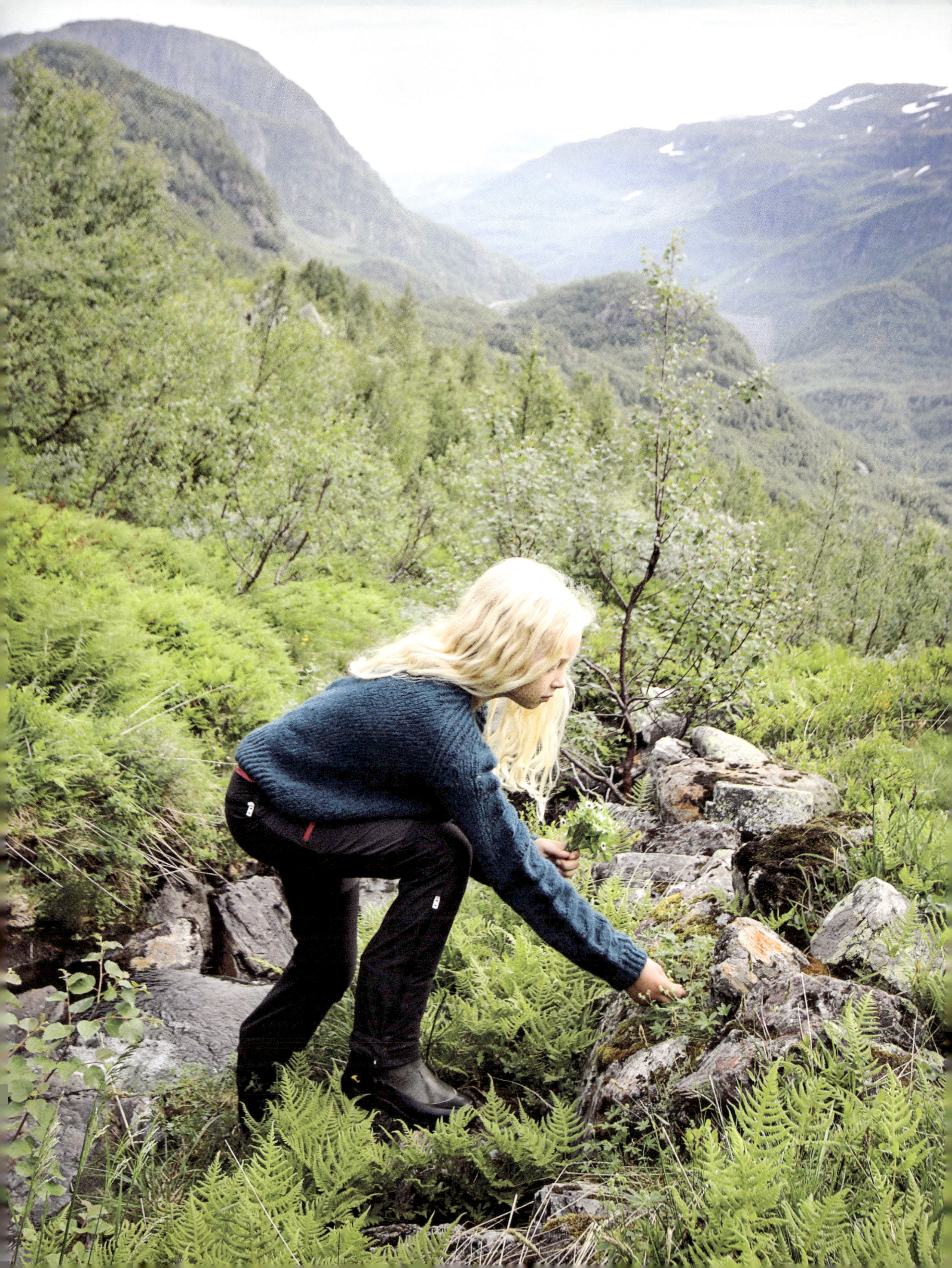

Register

PULLOVER
Erling-Pullover 88
Erling-Pulli Kind 149
Erle-Pullover Damen 92
Fischernetzpulli Kind 37
Fischernetzpulli Herren 39
Kuscheliger Zopfpulli Kind 66
Kuscheliger Zopfpulli Damen 9
Tannenpullover Kind 31
Tannenpullover Erwachsene 115
Fichtenschösslings-Pulli Kind 108
Fichtenschösslings-Pulli Damen 110
Klompelompe-Pulli 116
Klompelompe-Pulli Damen 83
Kringsjå-Kapuzenpulli unisex 131
Kringsjåpullover 99
Kronenpulli Kind 18
Kronenpulli Damen 24
Leinentop Damen 49

STRICKJACKEN
Hardangerstrickjacke Kind 13
Hardangerstrickjacke Damen 155
Leinenjacke Damen 47
Sommerblumenjacke Kind 63
Sommerblumenjacke Damen 59

HOSE
Kringsjå-Overall 122

ACCESSSOIRES
Rippenmütze 126
Dicke Socken 143
Dicke Handschuhe 162
Fischernetzmütze 158
Kuschelige Zopfmütze 69
Tannenmütze 97
Tannensocken Damen 75
Hipstermütze 42
Kringsjå-Brustwärmer 147
Kronenstirnband mit Knoten 29
Kronenstirnband ohne Knoten 136
Lillemors Stirnband 101
Minsten Balaclava 129
Småtroll-Hipstermütze 17
Valldals-Fäustlinge 138
Valldals-Loop 76
Valldals-Mütze 81

DECKEN und NETZ
Kuscheldecke 78
Klompelompe Sitzunterlage 112
Omas Decke 160
Strandnetz 53

TOURREZEPTE
Gebirgseintopf 103
Naanbrot mit Roter Bete 105

Kuscheliger Zopfpullover, Farbe 6870

Valldalen

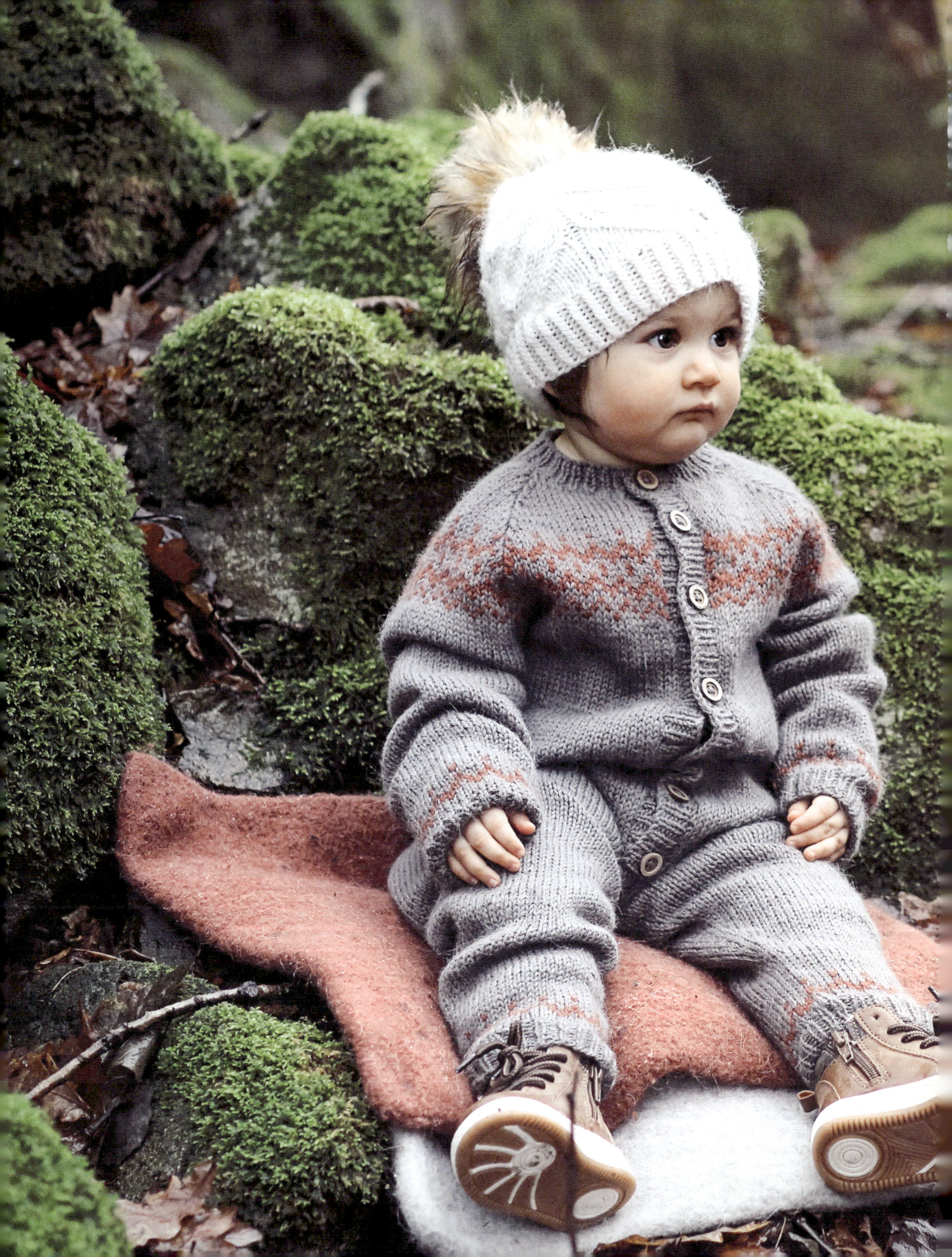